PIK ASS

FARIDAH ÀBÍKÉ-ÍYÍMÍDÉ

LAGO

Bibliografische Information der Deutschen Nationalbibliothek
Die Deutsche Nationalbibliothek verzeichnet diese Publikation in der Deutschen Nationalbibliografie. Detaillierte bibliografische Daten sind im Internet über http://d-nb.de abrufbar.

Für Fragen und Anregungen
info@lago-verlag.de

Originalausgabe
1. Auflage 2022

Türkenstraße 89
80799 München
Tel.: 089 651285-0
Fax: 089 652096

Wichtiger Hinweis:
Die gewählte männliche Form bezieht sich immer zugleich auf weibliche, männliche und diverse Personen. Auf konsequente Mehrfachbezeichnung wurde aufgrund besserer Lesbarkeit verzichtet.

Übersetzung: Tanja Ohlsen
Redaktion: Larissa Rabe
Umschlaggestaltung: Catharina Aydemir, dem Original nachempfunden
Umschlagabbildung: Elizabeth H. Clark
Satz: Satzwerk Huber, Germering
Druck: CPI
Printed in the EU

ISBN Print 978-3-95761-217-5
ISBN E-Book (PDF) 978-3-95762-322-5
ISBN E-Book (EPUB, Mobi) 978-3-95762-323-2

Wir produzieren nachhaltig
www.m-vg.de

Weitere Informationen zum Verlag finden Sie unter

www.lago-verlag.de

Beachten Sie auch unsere weiteren Verlage unter www.m-vg.de

Für all die schwarzen Kids, die unterzugehen drohen und verzweifelt nach einem Ausweg suchen: Dieses Buch ist für euch.

Und für meine Mutter, die als Erste an mich geglaubt hat und mir die Liebe zu Geschichten vermittelt hat.

»Es heißt, das Leben stecke voller Überraschungen und dass unsere Träume wahr werden können. Allerdings auch unsere Albträume …«

Gossip Girl

»Ich weiß nur, dass ich manchmal nervös werde, wenn zu viele Weiße um mich herum sind …«

Get Out

STUNDENPLÄNE

Chiamaka Adebayo

Tag/ Stunde	Montag	Dienstag	Mittwoch	Donnerstag	Freitag
7:45–8:00	Registrierung	Registrierung	Registrierung	Registrierung	Registrierung
1 8:00–9:00	Wahlfach Mathematik	Französisch	Englisch	Wahlfach Mathematik	Biologie
2 9:00–10:00	frei	Biologie	frei	Französisch	Geschichte
3 10:00–11:00	Chemie	Wahlfach Mathematik	Biologie	frei	Wahlfach Mathematik
4 11:00–12:00	Englisch	Wahlfach Mathematik	Wahlfach Mathematik	Biologie	Englisch
5 12:00–13:00	Mittagspause	Mittagspause	Mittagspause	Mittagspause	Mittagspause
6 13:00–14:00	Französisch	Geschichte	Französisch	Englisch	Chemie
7 14:00–15:00	Geschichte	Chemie	Chemie	Chemie	frei

Devon Richards

TAG/ STUNDE	MONTAG	DIENSTAG	MITT-WOCH	DONNERS-TAG	FREITAG
7:45–8:00	Registrierung	Registrierung	Registrierung	Registrierung	Registrierung
1 8:00–9:00	Musik	Wahlfach Englisch	Musik	Musik	Wahlfach Englisch
2 9:00–10:00	Wahlfach Englisch	Mathematik	frei	Wahlfach Englisch	Musik
3 10:00–11:00	frei	Spanisch	frei	Wahlfach Englisch	Politik
4 11:00–12:00	Mathematik	Musik	Mathematik	Spanisch	frei
5 12:00–13:00	Mittagspause	Mittagspause	Mittagspause	Mittagspause	Mittagspause
6 13:00–14:00	Spanisch	frei	Spanisch	frei	Mathematik
7 14:00–15:00	Politik	Politik	Wahlfach Englisch	Mathematik	Spanisch

TEIL I

ELFENBEINTURM

1

DEVON

Montag

Die Versammlungen am ersten Tag nach den Ferien sind so nutzlos wie nur was.

Und das will was heißen bei der Niveus-Akademie, deren Grundprinzip die Nutzlosigkeit ist.

Wir sitzen im Lion-Saal – benannt nach einem der Sponsoren, die Privatschulen Geld schenken, auch wenn sie keins brauchen, und warten auf den Schulleiter, damit er seine Rede in der üblichen Reihenfolge runterbetet:

1. Herzlich willkommen zu einem weiteren Jahr – wie schön, dass ihr den Sommer überlebt habt
2. Vorstellung der vier Senior Prefects und des Head Prefect
3. Die Werte unserer Schule
4. Ende

Versteht mich nicht falsch, ich bin total für Struktur, da könnt ihr alle meine Freunde fragen. Oder besser gesagt: meinen Freund. Ich bin sicher, sonst weiß niemand, dass ich überhaupt existiere, obwohl ich schon drei Jahre hier bin. Nur Jack, der sich normalerweise so verhält, als wäre etwas grundlegend falsch an mir. Ich bezeichne ihn trotzdem als Freund, weil wir uns schon ewig kennen und weil der Gedanke, ganz allein zu sein, noch schlimmer ist.

Aber zurück zu den Strukturen: Ich bin ein Fan davon. Jack kennt die vielen Rituale, die ich erledigen muss, bevor ich mich ans Klavier setze. Ohne sie kann ich nicht vernünftig spielen. Und das ist der Unterschied zwischen meinen Ritualen und diesen Schulversammlungen: ohne die wäre das Leben an der Niveus-Akademie genau dieselbe endlose Plackerei aus Geschwätz, Geld und Lügen.

Das laute Kreischen des Mikrofons zwingt mich, aufzusehen. Hier werden zwanzig Minuten meines Lebens mit einer Versammlung vergeudet, deren Infos man ebenso gut als E-Mail hätte verschicken können.

Ich lehne mich auf meinem Stuhl zurück, als sich ein großer, blasser Kerl mit stumpfen schwarzen Augen ans Podium stellt. Er hat ölig schwarzes Haar, das bestimmt mit einem ganzen Topf Pomade zurückgegelt ist, trägt einen langen dunklen Mantel, der fast auf dem Boden schleift, und sieht uns alle an, als wären wir Ungeziefer und er eine Katze.

»Mein Name ist Mr Ward, aber ihr müsst mich alle mit Rektor Ward ansprechen«, sagt die Katze mit schmierig-schlüpfriger Stimme. Ich blinzle ihn an. Was zur Hölle ist aus Rektor Collins geworden?

Um mich herum nehme ich verwundertes Flüstern und unbeeindruckte Gesichter wahr.

»Ich bin sicher, einige von euch wissen, dass Rektor Collins kurz vor den Sommerferien gekündigt hat, und ich bin hier, um euch alle durch euer letztes Jahr an der Niveus-Akademie zu begleiten«, fährt die Katze fort und schürzt die Lippen.

»Dann sind die Gerüchte also wahr«, flüstert jemand in meiner Nähe.

»Sieht ganz so aus … Ich hab ja gehört, dass die Reha heutzutage erstklassig ist, aber …«

Ich hatte nicht mitbekommen, dass Rektor Collins krank war, vor den Sommerferien schien es ihm gut zu gehen. Manchmal habe ich das Gefühl, ich bin so sehr in meiner eigenen Welt gefangen, dass ich Dinge nicht mitbekomme, die für andere offensichtlich sind.

»Deshalb«, erhebt sich Rektor Wards Stimme laut über die aller anderen, »behalten wir die Tradition von Niveus bei und beginnen die heutige Versammlung mit der Verkündung der vier Senior Prefects und des Head Prefect.«

Erwartungsvoll dreht er sich um, während ein Lehrer, im Anzug und mit steifer Haltung, nach vorne eilt und ihm einen cremefarbenen Umschlag reicht. Schweigend öffnet Rektor Ward ihn. Die Lautsprecher verstärken das Knistern des Papiers zu lautem Gekreisch. Ward nimmt eine kleine Karte aus dem Umschlag und legt ihn dann vor sich aufs Podium. Ich beginne das Interesse zu verlieren.

»Unsere vier Senior Prefects sind …« Er hält inne und seine Pupillen flitzen hin und her wie schwarze Fliegen in einem Glas. »… Miss Cecilia Wright, Mr Maxwell Jacobson, Miss Ruby Ainsworth und Mr Devon Richards.«

Zuerst denke ich, er hat einen Fehler gemacht. Mein Name wird nie bei formellen Anlässen aufgerufen. Die Versammlungen sind üblicherweise auf die Leute ausgerichtet, die die anderen Schüler kennen und mögen. Wenn Niveus ein Filmset wäre, wäre ich wahrscheinlich ein namenloser Statist.

Jack stupst mich mit dem Ellbogen an und holt mich aus meiner Schockstarre, damit ich aufstehen kann. Auf knarrenden Stühlen drehen sich die Leute um und starren mich an, als ich versuche, mich durch die Reihen zu schieben. Ich murmle »Sorry«, als ich einem Kerl auf die Designerschuhe trete, die wahrscheinlich mehr kosten als meine Mutter an Miete zahlt. Schließlich bin ich vorne, wo die Lehrer stehen. Meine Schuhe quietschen auf dem schwarzen Holzboden, mein Herz schlägt heftig und der spärliche Applaus erstirbt.

Die anderen drei hier oben kenne ich, auch wenn ich noch nie mit ihnen gesprochen habe. Max, Ruby und Cecilia sind blasse, blonde Klone, neben denen ich mit meiner kleinen Gestalt und der dunklen Hautfarbe hervorsteche wie ein Geschwür. Sie sind die Hauptdarsteller.

Ich stehe neben Rektor Ward, der aus der Nähe noch beunruhigender wirkt. Er ist unnatürlich groß. Seine Beine enden buchstäblich auf Höhe meiner Brust. Seine Pupillen wenden sich mir zu und er starrt mich an, auch wenn sein Gesicht noch nach vorne gerichtet ist.

Ich sehe weg.

»Nun zum Head Prefect: Von unserer neuen Schülersprecherin für dieses Schuljahr habe ich schon einiges gehört«, erklärt Ward mit schleppender Stimme, die einen sicher positiv gemeinten, lebendigen Satz so leblos klingen lässt wie eine Grabrede. »Daher sollte es keine Überraschung sein, dass die Schülersprecherin niemand anderes ist als Chiamaka Adebayo.«

Laute Jubelrufe erklingen im dunkel getäfelten Saal, als Chiamaka nach vorne geht. Ich sehe die Mitglieder ihrer Klon-Armee in den ersten Reihen, die mit unheimlicher Präzision im Gleichtakt klatschen und allesamt so puppenhaft hübsch sind wie ihre Anführerin. Auf ihrem Gesicht liegt ein selbstzufriedener Ausdruck, als sie sich zu uns gesellt. Beinahe verdrehe ich die Augen, aber sie ist das beliebteste Mädchen an der Schule und ich habe keine Todessehnsucht.

Verlegen trete ich von einem Fuß auf den anderen und fühle mich immer stärker fehl am Platze. Wenn Max, Ruby und Cecilia die Hauptdarsteller des Films sind, dann ist Chiamaka die Protagonistin. Alle hier oben passen zueinander. Und ich? Ich warte jeden Augenblick auf die

Leute mit der Kamera, die mir sagen, dass das alles nur ein Scherz war. Das würde mehr Sinn ergeben.

Ich weiß, dass solche Sachen wie die mit den Senior Prefects ein Beliebtheitswettbewerb sind. Die Lehrer stimmen jedes Jahr für ihre Lieblinge und das ist immer der gleiche Typus. Es ist jemand, der beliebt ist – und das bin ich nicht. Vielleicht hat ja mein Musiklehrer ein gutes Wort für mich eingelegt? Wer weiß.

»Wie ihr alle wisst, solltet ihr euer Amt ernst nehmen. Mit großer Macht geht auch große Verantwortung einher. Es geht nicht nur darum, an den Beratungsgesprächen mit mir teilzunehmen, große Events zu organisieren oder einen Kollegen zu beeindrucken. Man muss auch das gesamte Schuljahr lang ein Musterschüler sein, was diese fünf Schüler hier während ihrer Zeit bei Niveus stets gewesen sind und was sie hoffentlich auch bleiben werden, wenn sie Niveus schon lange hinter sich gelassen haben.« Hier ringt sich Rektor Ward ein dünnes Lächeln ab. »Ich bitte noch einmal um Applaus für unsere Amtsinhaber dieses Jahr«, sagt Ward und entlockt dem Meer aus blassen Gesichtern vor uns lautes Klatschen.

Ich spüre, wie mich ein paar Augen ansehen, und versuche, den Blicken auszuweichen und etwas Interessantes auf dem Fußboden zu entdecken, anstatt mich auf die Tatsache zu konzentrieren, dass mich da jede Menge Leute beobachten.

Ich hasse es, beobachtet zu werden.

»Und jetzt zu den Werten der Schule.«

Wie immer wenden wir uns dem großen Bildschirm hinter uns zu und warten darauf, dass die Werte der Schule wie der Abspann eines Films darüberlaufen, während im Hintergrund die Nationalhymne ertönt. Bei normalen Versammlungen schwören wir Treue auf die Fahne, doch da heute die erste Versammlung des Jahres ist, macht die Niveus-Akademie das, was sie am besten kann: die Dramatik erhöhen.

Der Bildschirm ist riesig und schwarz und nimmt den größten Teil des großen, doppelt verglasten Fensters hinter der Bühne ein. Niveus ist eine Schule mit noblen dunklen Holzwänden, Marmorfußböden und riesigen Glasfenstern. Das Äußere ist alt und gleicht einem Spukschloss, das Innere ist neu und modern und stinkt geradezu nach Reichtum. Es ist, als wollte es die Außenwelt dazu verlocken, doch einmal hineinzuschauen.

Ein lautes Klicken ertönt und auf dem Bildschirm erscheint eine Spielkarte. In allen vier Ecken steht das Wort Ass und in der Mitte ist groß das Emblem für Pik abgebildet.

Das ist neu.

Ich drehe mich um, suche Jack im Publikum und will ihm unseren »Was soll das denn?«-Blick zuwerfen, doch er sieht auf den Bildschirm, als würde ihn das nicht im Geringsten überraschen. Und alle anderen im Publikum sehen ebenso unbeteiligt aus wie er. Das ist seltsam.

»Äh, da scheint es eine technische Störung zu geben …«, verkündet Mrs Blackburn, meine alte Französischlehrerin, aus dem Hintergrund. Nach ein paar weiteren Klicks ist alles wieder normal. Aus den Lautsprechern plärrt die Nationalhymne und wir singen mit, während wir, die Hand auf der Brust, zusehen, wie die Werte unserer Schule an uns vorüberziehen: Großzügigkeit, Gnade, Demut, Integrität, Idealismus, Noblesse, Entschlossenheit, Respekt, Eloquenz.

Neun Werte, die den meisten an dieser Schule fehlen. Einschließlich mir.

»Und jetzt eine Rede unseres Head Prefect Chiamaka.« Bei der Nennung ihres Namens klatschen die Schüler noch wilder als zuvor und jubeln ihr zu wie einer Göttin – was sie nach den Maßstäben von Niveus praktisch auch ist.

»Danke, Rektor Ward«, sagt Chiamaka, als sie ans Rednerpult tritt. »Zunächst möchte ich den Lehrern dafür danken, dass sie mich zum Head Prefect gewählt haben – damit hätte ich nie gerechnet.«

Chiamaka ist jetzt zum dritten Mal hintereinander Head Prefect, sie war es in der 10. und in der 11. Klasse – an ihrer Wahl ist also wirklich nichts überraschend. Bei mir hingegen …

Die Hand vom Singen der Nationalhymne noch immer auf dem Herzen, sieht sie die Lehrer an und tut wie jedes Jahr völlig überrascht.

Ich möchte wirklich nur zu gerne die Augen verdrehen.

»Als Schülersprecherin werde ich mich dafür einsetzen, dass unser letztes Jahr bei Niveus das beste wird! Es beginnt mit dem Senior Snowflake Charity Ball am Ende des Monats. Der Schülerrat dieses Jahres wird dafür sorgen, dass man noch lange von dieser Nacht sprechen wird.«

Die Leute beginnen zu klatschen, doch Chiamaka tritt nicht zurück. Stattdessen zieht sie das Mikrofon zu sich, denn sie ist mit ihrem Vortrag noch nicht fertig.

»Vor allem verspreche ich, dafür zu sorgen, dass der Großteil der Spendengelder, die wir bekommen, an den richtigen Stellen landet. Ich hasse es, wenn ich sehe, wie die Großzügigkeit unserer Sponsoren verschwendet wird. Als Head Prefect werde ich dafür sorgen, dass die richtigen Leute Vorrang bekommen – die Schüler, die die Mathe-Wettbewerbe gewinnen und bei den Wissenschaftstagen mitmachen, diejenigen, die tatsächlich etwas für diese Schule beitragen. Vielen Dank.«

Chiamaka ist fertig und grinst schelmisch, als der Saal erneut frenetisch applaudiert.

Dieses Mal verdrehe ich tatsächlich die Augen und bin mir ziemlich sicher, dass mich das Mädchen mit den roten Schleifen im Haar in der ersten Reihe dafür verächtlich ansieht.

Wir bleiben zurück, um unsere Abzeichen entgegenzunehmen, während die anderen zu ihren ersten Schulstunden gehen. Ich schaue ihnen nach in ihren glänzenden neuen Uniformen, mit ihren Taschen aus Krokodilleder und ihren Gesichtern aus Plastik. Wenn ich auf meine ausgetretenen Schuhe und den fadenscheinigen Blazer blicke, verspüre ich einen Stich.

Es gibt vieles an der Niveus, was ich hasse. Zum Beispiel, dass niemand (außer Jack) von meiner Seite der Stadt stammt und alle in großen Häusern mit Holzzaun wohnen, mit Köchinnen, die ihnen Frühstück machen, mit Fahrern, die sie zur Schule bringen, und mit Kreditkarten ohne Limit in ihren Designerrucksäcken. Manchmal habe ich in dieser Umgebung das Gefühl, als würde mein Inneres bersten. Ich weiß, es bringt nichts, das, was ich habe, und das, was sie haben, miteinander zu vergleichen, doch das ganze Geld und die Privilegien zu sehen und selbst keine zu haben, ist schmerzhaft. Ich versuche, mich davon zu überzeugen, dass es nichts ausmacht, ein Schüler mit einem Stipendium zu sein, und dass es für mich keine Rolle spielen sollte.

Manchmal klappt das.

Die Abzeichen haben verschiedene Farben. Meines ist rot und glänzend und unter dem Wort Senior Prefect ist Devon eingraviert. Die Senior Prefects des Abschlussjahrgangs, die von den Lehrern gewählt werden, haben grundsätzlich gute Noten und werden daher gleichzeitig als Topkandidaten für die Abschlussrede gehandelt. Wahrscheinlich fällt die Wahl dieses Mal auf Chiamaka, doch es gefällt mir, dass man mich dafür zumindest in Betracht gezogen hat. Wer weiß, wenn ich Senior Prefect werden kann, kann mir das Universum doch auch gleich noch einen Gefallen tun und mich zum Abschlussredner machen?

Normalerweise erlaube ich mir nicht so viele Träume – die Enttäuschung ist schmerzhaft und ich halte mich lieber an das, was realistischer ist. Aber ich bin noch nie auf dem Radar der Lehrer aufgetaucht – und auch bei niemand anderem. Ich bin ausgezeichnet darin, unbemerkt zu bleiben, nie werde ich zu Partys eingeladen oder so. Und jetzt, wo ich hier bin, wo mir tatsächlich mal so etwas passiert, kann ich nur glauben, dass das ein Zeichen ist, dass dieses Jahr gut laufen wird …

oder zumindest besser als die letzten drei. Ein Zeichen, dass ich es vielleicht auf die Uni schaffe – und meine Mutter stolz auf mich sein wird.

Endlich entlässt uns Ward und ich renne aus dem Saal, dränge mich zwischen den paar Schülern hindurch, die sich noch hier herumdrücken, und gelange in einen der leeren Marmorgänge mit einer Reihe von staubgrauen Spinden. Erst als eine Lehrerin um die Ecke kommt, werde ich langsamer. Sie sieht mich scharf an und wirkt mit ihrem glatten Bob ähnlich einschüchternd wie Edna Mode aus The Incredibles. Erst als sie an mir vorbei ist, kann ich wieder normal atmen.

Ich fahre herum, als die Tür eines Schließfachs zuschlägt. Ein dunkelhaariger Junge mit stark geschminkten Augen und einem »Verpiss dich«-Ausdruck starrt mich an. Josh? Jared? Ich kenne das Gesicht, aber an den Namen kann ich mich nicht erinnern.

Es ist der Junge, der letztes Jahr beim Abschlussball der 11. Klasse sein Coming-out hatte und händchenhaltend mit seinem Freund aufgetaucht ist. Es war keine große Sache. Die Leute freuten sich für ihn. Aber ich erinnere mich daran, weil ich ihn und seinen Freund ansah, wie sie so Hand in Hand dastanden, und weil ich unglaublich eifersüchtig war.

Der Abschlussball ist eines der vielen obligatorischen und bedeutungslosen Ereignisse an der Niveus-Akademie. Den ganzen Abend lang habe ich die beiden wie ein Masochist von einer der Seitenbänke des Saals aus beobachtet. Ich habe sie beim langsamen Tanzen beobachtet, wie sie die Arme umeinander gelegt hatten, als wären sie vollkommen in Sicherheit. Als könnte ihnen nichts Schlimmes passieren. Als würde sie keiner ihrer Freunde außerhalb der Schule verspotten oder verletzen. Als würden ihre Eltern nicht aufhören, sie zu lieben. Als würden ihre Eltern sie nicht im Stich lassen. Als würde alles gut werden.

Bei dem Gedanken schnürte sich mir das Herz zusammen. Ich sah verschwommen und die Lichter im Raum bekamen bunte Ränder.

Ich drängte die Tränen zurück und wischte sie schnell mit dem Ärmel meines geliehenen schwarzen Smokings von den Wangen und sah den beiden weiter beim Tanzen zu – wie ein Spanner. Erst als es zu schmerzhaft wurde, schaute ich weg.

»Was ist?«, schneidet eine tiefe Stimme durch meine Erinnerung. Blinzelnd merke ich, dass mich der Kerl am Schließfach immer noch anstarrt und noch genervter aussieht als zuvor.

Schnell drehe ich mich um und gehe in die Gegenrichtung davon, ohne mich noch mal umzudrehen. Denn erstens macht mir Jared? Jim? – der Kerl eben – eine Heidenangst und außerdem … Wieder denke ich an den Abschlussball, an ihre ineinander verflochtenen Finger, ihr Lächeln … Ich presse die Augen zusammen und zwinge mich, an etwas anderes zu denken. Zum Beispiel an den Musikunterricht.

Ich gehe die Treppe zum ersten Stock hoch, wo mein Musikraum ist, verbrenne die deprimierende Erinnerung und werfe die Asche aus meinem Schädel.

Mein Körper kribbelt, als ich die dunkle Eichentür mit dem gravierten Türschild Musikzimmer sehe, und die Traurigkeit schwindet. Es ist mein liebstes Klassenzimmer, der einzige Ort an dieser Schule, an dem ich mich je zu Hause gefühlt habe. Es gibt auch noch andere Musikzimmer, hauptsächlich für Aufnahmen oder Einzelübungen, aber diesen Raum mag ich am liebsten. Er ist offener und weniger einsam.

»Hallo, Devon! Willkommen zurück und Gratulation zu deiner Ernennung zum Senior Prefect«, begrüßt mich Mr Taylor beim Eintreten. Mr Taylor ist mein Lieblingslehrer. Seit ich hier angefangen habe, hat er mich in Musik unterrichtet, und er ist der einzige Lehrer, mit dem ich außerhalb des Unterrichts spreche. Sein Gesicht strahlt immer und er lächelt die ganze Zeit. »Du kannst mit dem Rest der Klasse mit deinem Jahresprojekt anfangen.«

Meine Klassenkameraden sind in ihre eigenen Musikwelten versunken, einige am Keyboard, andere schreiben mit fest umklammerten Stiften Melodien auf das frische weiße Notenpapier. Eigentlich hätten wir mit der Planung unseres Abschlussprojekts schon in den Ferien beginnen sollen, damit wir es vorstellen können, wenn wir zurückkommen. Aber ich war den größten Teil des Sommers mit meinem Bewerbungsstück für die Uni beschäftigt – und mit anderen, nicht ganz so akademischen Angelegenheiten.

Ich sehe meinen Platz hinten an einem der Fenster, wo ein Keyboard auf dem Tisch liegt und meine Initialen DR mit Goldbuchstaben ins Holz geprägt sind. Da nicht so viele Schüler Musikunterricht haben, haben wir alle feste Plätze. Ich mochte dieses Klassenzimmer immer schon, weil es mich an die Musiksäle aus den Klassikkonzerten erinnert, die online zu sehen sind. Es ist oval und hat braun getäfelte Wände. In diesem Raum habe ich das Gefühl, mehr zu sein als ein Schüler mit einem Stipendium. Es ist, als würde ich hierher gehören, in dieses Leben, zu diesen Leuten.

Auch wenn ich weiß, dass das nicht stimmt.

»Danke«, sage ich und gehe zu dem Keyboard, von dem ich den ganzen Sommer lang geträumt habe. Zu Hause habe ich keins, denn erstens haben wir keinen Platz und außerdem sind sie teurer, als sie aussehen. Ich bin sicher, Ma würde mir eins kaufen, wenn ich sie darum bitten würde, aber sie tut so schon so viel für mich, und ich habe das Gefühl, ich würde sie mehr belasten, als ich sollte. Außerhalb der Schule improvisiere ich also. Ich summe Melodien, schreibe Noten auf und höre und beobachte alles Mögliche. Bei der Musik geht es mir sowieso mehr um Komposition und Songwriting. Trotzdem tut es gut, wieder ein Instrument vor sich zu haben.

Ich schließe das Keyboard an und es erwacht zum Leben. Der kleine quadratische Monitor in der Ecke leuchtet auf. Ich setze die Kopfhörer auf, lasse meine Finger über die schwarzweißen Plastiktasten gleiten und entlocke dem Gerät eine wirre Melodie, dann setze ich mich zurecht, schließe die Augen und stelle mir den Ozean vor. Blaugrün mit Fischen und leuchtenden Meerespflanzen. Ich springe hinein und lasse mich ins Wasser sinken.

Das vertraute Gefühl von Frieden steigt in mir auf und meine Hände strecken sich nach den Tasten aus.

Und dann spiele ich.

2

CHIAMAKA

Montag

Die Highschool ist wie ein Königreich, nur dass es statt launischer Adliger, goldener Throne und aus Europa importierter Designerklamotten in den Gängen laute postpubertäre Teenager gibt, Klassenzimmer mit hölzernen Tischen und Schüler in hässlichen Faltenröcken, marineblauen Hosen und steifen blauen Blazern.

In diesem Königreich erbt die Königin ihre Krone nicht. Um an die Spitze zu gelangen, muss sie jeden vernichten, der ihr im Weg steht. Hier ist jeder Augenblick entscheidend, es gibt keine zweite Chance. Ein einziger Fehler kann einen an das unterste Ende der Nahrungskette befördern, zu den Mädchen, die allen Ernstes Polyester tragen und sich ihre Freunde nur erfinden. Das klingt dramatisch, aber so ist es nun mal, und so wird es auch immer sein.

Die Leute ganz oben in der Highschool kommen an die besten Universitäten, sie bekommen die besten Jobs, sie werden irgendwann mal das Land regieren und Nobelpreise gewinnen. Der Rest endet mit Sackgassen-Jobs und Herzproblemen, und wenn sie in ihrem Leben etwas Aufregung wollen, müssen sie eine Affäre mit ihren Assistenten anfangen.

Und das nur, weil sie sich nicht darum bemühen, es an der Highschool zu etwas zu bringen.

Wenn man an einer Schule wie Niveus beliebt bleiben will, geht es nicht nur darum, wie viele Freunde man hat. Es geht darum, die Rolle auszufüllen, die besten Noten zu haben und mit den richtigen Leuten auszugehen. Jeder muss sich wünschen, du zu sein oder dein Leben zu leben. Für einen Außenseiter klingt das sicher schrecklich – man macht Leute verlegen oder neidisch und vernichtet jeden, der einem im Weg steht –, aber ich habe gelernt, dass es darum geht, zu töten oder getötet zu werden. Und wenn ich jedes Mal innehalten und ein schlechtes Gewissen haben müsste, wenn ich jemandem auf die Zehen getreten habe, um die Krone zu behalten, wäre mir sicher furchtbar langweilig.

Außerdem wird es völlig unabhängig von mir immer ein Königreich, einen Thron und eine Königin geben.

Ich betrachte das Abzeichen, auf dem Senior Head Prefect und Chiamaka in das goldglänzende Metall eingraviert ist. Es ist schon komisch, dass sich die ganzen drei Jahre, in denen ich mich die Leiter hochgekämpft habe, auf etwas so Kleines und scheinbar Unbedeutendes reduzieren lassen. Lächelnd streiche ich mit dem Daumen über die glatte Oberfläche. Obwohl es im Großen und Ganzen gesehen so winzig ist, ist es doch genau das, was ich seit der 9. Klasse wollte. Und jetzt habe ich es auch in diesem Schuljahr geschafft.

»Dein Abzeichen ist echt hübsch, Chi. Gratuliere«, sagt Ruby, als ich den Lion-Saal verlasse. Sie und Ava, das andere Mädchen, mit dem ich meist zusammen bin, warten vor der Tür auf mich. Im Gang stehen Schüler herum, unterhalten sich und vertreiben sich die Zeit, bis es zum Unterricht klingelt. Der neue Direktor hat mich noch ein wenig länger zurückgehalten als die anderen, um sich richtig vorzustellen.

Ich hoffe, ich habe bei ihm einen guten ersten Eindruck hinterlassen. Dieses erste Bild, das sich jemand von einem macht, bleibt für immer ins Gedächtnis eingebrannt. Aber der neue Rektor schien von mir nicht übermäßig begeistert. Er hat mich nur kühl angesehen, als hätte ich seinen schleimigen Anzug beleidigt oder ihm gesagt, dass seine Krawatte nicht zu seinen Schuhen passt. Aber das habe ich nicht getan, ich war sehr höflich. Und doch …

Ich stecke das Abzeichen in meine Blazertasche und lasse mit einem Achselzucken das Lächeln aus meinem Gesicht verschwinden. Zu erpicht darauf will ich auch nicht wirken.

»Danke.« Ich sehe auf Rubys dunkelblaues Abzeichen, das stolz auf ihrer Brust prangt. »Ich gratulier dir auch.«

Sie schenkt mir ein breites, aber leeres Lächeln und reißt die grünen Augen weit auf. »Danke, Chi.«

Ich ziehe eine Braue hoch. Normalerweise kommt von Ruby mehr, ein kleiner Stich, der den meisten harmlos erscheint, doch ich weiß es besser.

»Ich meine, es ist schon dumm, dass sie gewisse Titel nicht immer den Leuten geben, die sie auch verdienen … Aber auf dem Foto am Jahresende wirst du toll aussehen Chi.«

Da ist es ja.

Ich lächle wieder, während wir auf mein Schließfach zugehen. »Das weiß ich. Ich freue mich, dass du jetzt endlich mit mir zusammen auf dem Foto sein wirst. Das hat ja nur … waren es drei Jahre? … gedauert.«

Ruby strahlt noch immer, als sie nickt. »Genau. Drei Jahre.«

Ava räuspert sich. »Was haltet ihr denn von dem neuen Rektor?«, fragt sie. Offensichtlich will sie die Spannung lockern und das merkwürdige Machtgeplänkel beenden, das Ruby seit letztem Jahr mit mir ausficht.

An manchen Tagen macht es den Eindruck, als betete Ruby dafür, dass ich abstürze, an anderen scheint sie mit ihrer Position an der Schule ganz zufrieden zu sein. Andererseits: So ist Ruby eben. Die aalglatte, verzogene Senatorentochter. Ich kenne sie schon seit der 6. Klasse, aber erst seit der Highschool, als ich jemand wurde, mit dem es sich zu reden lohnt, sprechen wir miteinander. Jedenfalls war sie schon immer eine Bitch, aber vielleicht haben wir uns deshalb gegenseitig angezogen. Mädchen wie wir, die keine Angst haben, ihre Meinung zu verkünden, kommen für gewöhnlich gut miteinander aus.

Ava habe ich in der 10. Klasse kennengelernt, als sie aus einer schicken Privatschule in England an die Niveus-Akademie kam. Sie ist der Typ hübsche blonde Sexbombe und alle mögen sie sofort mit ihrem britischen Akzent und ihrer direkten Art. Anders als Ruby ist sie nett und ehrlich – zumindest meistens.

»Der neue Rektor? Der ist ein bisschen unheimlich. Wo kommt er eigentlich her?«, frage ich, stelle meine Tasche in den Spind und bin froh, dass ich dieses anstrengende Spiel mit Ruby so früh am Morgen nicht weiterspielen muss. Ich kann es kaum erwarten, zum Unterricht zu gehen und ihren schneidenden Bemerkungen zu entkommen.

Die meisten Leute halten uns drei für Freundinnen, weil sie uns immer zusammen sehen.

Aber das sind wir nicht.

Unsere Beziehung ist ein Geschäftsvorgang. Ich brauche einen kleinen, attraktiven Kreis um mich. Klein, denn je kleiner die Gruppe, desto weniger Leute wissen etwas über mich – und desto mehr wollen etwas wissen. Im Gegenzug genießen Ava und Ruby es, wie mächtig wir gemeinsam sind.

Ruby richtet sich auf, wie immer, wenn sie eine Information hat, die ich nicht habe. Ihre roten Locken leuchten, als sie sich strahlend vorneigt: »Wie ich gehört habe, kommt er aus England, wo er Direktor an einem strengen Privatinternat war.«

»Ich wusste gar nicht, dass Rektor Collins sich zurückziehen wollte«, sage ich. Es ärgert mich, dass drei Jahre Arbeit, die ich in ihn investiert habe, umsonst waren. Vor allem angesichts Rektor Wards abweisender, kühler Haltung. Ich nehme gerade einen Labello aus der Tasche, als mir jemand auf die Schulter tippt. Hinter mir steht eine strahlende Zehntklässlerin, einen Becherhalter mit zwei Getränken in der Hand.

»Guten Morgen, Chi! Ich habe dir auf dem Weg zur Schule einen Soja-Latte und einen Zimt-Latte gekauft. Ich wusste nicht, was du lieber magst … Ich weiß nur noch vom letzten Jahr, dass du beides magst, aber wenn du deine Meinung geändert hast, kann ich dir morgen etwas anderes bringen«, plappert sie, immer roter werdend, und ist sichtlich erleichtert, als ich den Kaffee mit Zimt nehme.

»Danke, Rachel«, sage ich, nehme einen Schluck Kaffee und wende mich wieder an Ruby und Ava.

»Ehrlich gesagt, heiße ich Moll –«

»Vor den Sommerferien schien es ihm doch gut zu gehen«, fahre ich fort.

»Ich habe gehört, Collins hätte eine Art Nervenzusammenbruch gehabt«, erwähnt Ava. Ich werfe ihr einen Blick zu, bei dem sie ein wenig zurückzuckt. Ich kann ja noch verstehen, dass Ruby etwas mehr weiß als ich, sie steckt ihre Nase immer in die Angelegenheiten anderer Leute. Aber Ava? Ich bin wohl im Laufe des Sommers etwas nachlässig geworden.

Bevor ich nachhaken kann, sehe ich nur noch schwarz, weil mir jemand von hinten die Augen zuhält. Ich muss mich nicht erst umdrehen, um zu wissen, dass es Jamie ist.

»Wer bin ich?«, fragt er leise. Ich hoffe, dass die Leute im Gang das sehen. Ich kann ihre Gedanken fast hören: Sind Chiamaka und Jamie im Sommer zusammengekommen? Sie wären das perfekte Paar. Ich würde töten, um wie Chiamaka zu sein … Sie sterben vor Neid. Bei dieser Vorstellung muss ich lächeln.

»Hmm, groß, dunkel, gutaussehend und mit ein paar Milliarden Gehirnzellen zu wenig?«, frage ich.

Die Hände verschwinden und ich sehe wieder etwas. Ruby ist nicht überrascht und Ava lächelt verschmitzt.

»Korrekt«, bestätigt Jamie, küsst mich auf den Kopf und zerzaust mir die Haare, als wäre ich sein Hund oder seine kleine Schwester. Ich hoffe, das hat niemand gesehen. Ich streiche mir übers Haar und weiche den Blicken von Ruby und Ava aus.

»Wir sollten zum Unterricht gehen«, schlägt Ruby vor und ich höre die Freude in ihrer Stimme. Sie liebt meine Momente von Schwäche und ich schätze, mein einziger schwacher Punkt ist, dass trotz all der harten Arbeit, die ich in meine eigene Perfektion investiere, Jamie immer noch nur mein bester Freund ist und nicht mein fester Freund.

Vorerst zumindest.

Ich ringe mir ein Lächeln ab. »Ruby hat recht. Wir wollen doch keinen schlechten Eindruck beim neuen Rektor hinterlassen, schon gar nicht jetzt, wo ich Head Prefect bin – nicht, dass das eine Überraschung wäre.«

Jamie schüttelt lachend den Kopf. »Du bist zu eingebildet. Wieso warst du so sicher, dass du das dieses Jahr wieder wirst?«

Ich zucke mit den Schultern, obwohl ich genau weiß, warum ich so sicher war. Ich war jedes Jahr Head Prefect– außer in der Neunten. Neuntklässler können das nicht werden. Das hat nichts mit Glück zu tun, das ist Wissenschaft. Egal, wer etwas anderes behauptet, ich habe es verdient.

Ich bekomme nur Einser, ich bin die Präsidentin des Debattierclubs, der Young Medics und Model UN, wo wir in Simulationen die Arbeit der Vereinten Nationen nachstellen. Ich spreche vier Sprachen, wenn man Englisch mitrechnet, sogar fünf, und werde an der Yale-Universität Medizin studieren. Das ist zumindest der Plan. Es gibt niemanden, der für den Posten des Senior Head Prefect besser geeignet ist als ich – und niemanden, der härter dafür gearbeitet hat.

Dieser Posten ist das Tüpfelchen auf dem i. Er zeigt Universitäten wie Yale, dass mir Niveus etwas bedeutet (was auch stimmt) und dass ich eine Führungspersönlichkeit bin (was ebenfalls stimmt). Ich bin geradezu überqualifiziert für den Posten als Senior Head Prefect. Obwohl ich weiß, dass es mir nichts ausmachen sollte, ärgert es mich, wenn man Mädchen als eingebildet bezeichnet, nur weil sie wissen, was sie wollen und wie sie es erreichen. Jungen, die wissen, was sie wollen, sind dagegen selbstbewusst oder stark. Der Grund, warum ich Senior Head Prefect sein sollte, ist der, dass ich es verdient habe. Gerade Jamie sollte das wissen.

Wahrscheinlich hat er es nicht so gemeint, daher verdränge ich seinen Kommentar, als wir durch den Flur gehen. Wie ich es seit drei Jahren gewohnt bin, teilt sich das Meer aus Blau, die Leute machen Platz, als wir vorbeigehen, saugen unsere Gesichter, unsere Kleidung und unsere Frisuren in sich auf. Ich bevorzuge einen schlichten Stil. Heute sind es schwarze Overknee-Strümpfe, eine Dolce&Gabbana-Jacke aus Samt und wildlederne Jimmy-Choo-Pumps. Je lässiger es aussieht, desto besser. Ich stecke die Hand in die Blazertasche und fühle nach dem Abzeichen, dem Einzigen, was ich für meine Bemühungen vorzeigen kann. Für all das, was ich bewältigt habe.

Ich spüre, wie mich Energie durchpulst und Aufregung in mir aufsteigt. Ich weiß nicht, woher es kommt, vielleicht ist es die Tatsache, endlich im letzten Schuljahr zu sein, vielleicht bin ich tatsächlich eingebildet. Aber irgendetwas sagt mir, dass dieses Jahr anders wird als die vorigen.

Dieses Jahr wird das Jahr, in dem sich endlich alles zusammenfügt und in dem sich Blut, Schweiß und Tränen endlich auszahlen.

3

DEVON

Montag

Einer der wenigen Lichtstreifen am Horizont von Niveus liegt darin, dass ich ein paar Unterrichtsstunden auslassen kann, um an meinem Bewerbungsstück für die Juilliard zu arbeiten.

Seit ich die Möglichkeit erwähnt habe, mich dort am Konservatorium zu bewerben, hat mir Mr Taylor geholfen, das Problem meiner Anwesenheit im Unterricht zu »beheben«. Da es für die Schüler von Niveus Priorität hat, an die besten Colleges zu kommen, ist es nicht unüblich, dass die höheren Jahrgänge gelegentlich ein paar Unterrichtsstunden auslassen, um Extrastunden in ihren Wahlfächern zu nehmen.

So wie jetzt. Nach der ersten Stunde hat mich Mr Taylor in einen der kleineren Übungsräume gehen lassen. Eigentlich sollte ich in der vierten Stunde Mathematik haben, aber stattdessen klimpere ich hier auf dem Keyboard herum. Dann drehe ich mich um und suche im Schrank hinter mir nach leeren Notenblättern, doch als ich an der Schublade ziehe, geht sie nicht auf. Seufzend erhebe ich mich. In meinem Schließfach habe ich immer einen großen Stapel Notenpapier für den Fall, dass ich ein paar Ideen zu neuen Melodien aufschreiben will.

Ich laufe die Treppe hinunter, biege in den Gang ein, in dem mein Schließfach ist, und halte inne, als die Schüler dort stehen bleiben und mich anstarren. Alle. Manche grinsen breit, andere werfen mir berechnende Blicke zu. Als ob sie mich kennen würden. Normalerweise sehen die Leute durch mich hindurch, als hätte ich eine Art Tarnumhang an. Komisch, dass sie nicht im Unterricht sind. Nicht, dass ich da etwas sagen könnte, ich bin es ja auch nicht.

Ich schiebe mich zu meinem Schließfach durch und fühle mich ein wenig verwirrt und orientierungslos.

»Ist das der Typ?«, flüstert jemand. Noch immer sehen mich einige Leute an.

Ich versuche, mich auf meine Kombination zu konzentrieren und nicht darauf, dass jemand nach Luft schnappt oder dass sich missbilligende Blicke in meinen Rücken bohren.

1 … 8 … 6, beginne ich, werde aber durch ein Schultertippen unterbrochen und lasse die Hand sinken. Hinter mir steht Mindy Lion, ein Mädchen aus meiner Musikklasse, mit dem ich ab und zu spreche. Ihr langes lila Haar und der knallrote Lippenstift sind schwer zu übersehen, egal, wie sehr man sich bemüht.

»Hi, Devon … alles in Ordnung?«, erkundigt sie sich voller Mitleid, was echt seltsam ist, denn zum einen leide ich nicht unter einem Resting Bitch Face, gehe also davon aus, dass ich normal aussehe, und zum anderen sind Mindy und ich höchstens Bekannte.

»Ja, und bei dir?«, erkundige ich mich, denn offensichtlich kümmern wir uns jetzt umeinander.

»Ja, natürlich. Ich wollte nur kurz rüberkommen, weil ich weiß, wie schwer das für dich sein muss, wo doch dieses Bild kursiert und so.«

»Was für ein Bild?«

Mindy klappt der Unterkiefer herunter.

»Du hast es nicht gesehen?«

Ich schüttle den Kopf und versuche, unbeteiligt auszusehen. Dann sehe ich auf. Jetzt gaffen die Schüler hinter Mindy ganz offen.

»Was für ein Bild?«, wiederhole ich mit etwas brüchiger Stimme. Es ist, als wüsste mein Körper bereits vor meinem Gehirn, dass das, wovon sie redet, nichts Gutes sein kann.

Mindy kramt ihr Telefon aus der knallroten Designertasche, tippt darauf herum und zeigt mir das Display.

Ich starre auf ihr Telefon. Es zeigt das Bild zweier Jungen. Ich sehe sie wieder an, denn was hat das mit mir zu tun? Doch dann lässt mich ein ungutes Gefühl noch einmal genauer hinsehen. Es sind nicht irgendwelche Jungs, es sind zwei bekannte Gestalten – einer mit blauen Flecken am Hals und der andere mit einem Gesicht, das ich nur zu gut kenne. Ich sehe es jeden Tag im Spiegel. Sie sind in einem Zimmer und küssen sich.

Mein Magen macht einen Purzelbaum und will sich aus meinem Körper verabschieden und mein Herz hört auf zu schlagen.

Oh, verdammt.

4

CHIAMAKA

Montag

Ich habe Schmerzen.

Keine schlimmen Schmerzen, die einem durch den Körper schießen – sondern ich muss so sehr lachen, dass mir alles wehtut.

Ich versuche, nicht zu Jamie hinüberzuschauen, denn er ist der Grund dafür. Der einzige Nachteil, meinen besten Freund als Laborpartner zu haben, ist dieses schmerzhafte Lachen und die Ablenkung von der eigentlichen Aufgabe.

Er reißt eine Seite aus seinem Heft, rollt sie zusammen und hält das eine Ende in die Flamme des Bunsenbrenners. Dann führt er es an die Lippen und tut so, als nähme er einen Zug.

»Ich leide ja so. Ich höre The 1975. Ich habe mir die Haare pink gefärbt, aus Ironie, denn weißt du, meine Seele ist schwarz und mein Vorname ist Peter, aber mein Clan nennt mich Tortured Stone – weil ich so offensichtlich leide, aber auch weil ich ein Bad Boy bin.«

»Ich will einen anderen Laborpartner«, verlange ich und wische mir mit dem Ärmel meines weißen Laborkittels die Lachtränen aus den Augen.

Jamie schiebt meine Hand weg.

»Dann sieh dir mal die Auswahl an, Chi«, fordert er mich auf und deutet auf die Tische um uns herum. »Du könntest neben Lance sitzen, der jedes Instrument, das er anfasst, kaputt macht. Neben Clara, die das Material frisst, oder neben mir, der Perfektion an sich.«

Ich verdrehe die Augen. Nichts davon stimmt. Na ja, bis auf das Letzte vielleicht.

Jamie sieht mich mit hochgezogener Braue an, als forderte er mich heraus, ihn und sein aufgeblasenes Ego infrage zu stellen. Und da hat er die Frechheit, mich eingebildet zu nennen. Die goldenen Sommersprossen tanzen auf seinen Wangen, als sein Grinsen breiter wird.

»Wahrscheinlich hast du recht«, gebe ich zu.

Triumphierend sieht er mich an. »Gute Wahl, Chi, gute Wahl!«

Er stellt die Flamme von orange auf blau um, wie es in den Anweisungen steht. An seinen Handgelenken baumeln die bunten Armbändchen, die seine Mutter ihm von ihrer Reise nach Indien mitgebracht hat.

Ich lege die Hand auf den Bauch, der mir vom Lachen immer noch wehtut.

»Fangt an, einzupacken, in fünf Minuten ist Schluss!«, verkündet Mr Peterson.

Jamie stöhnt und zieht einen Flunsch in Richtung Bunsenbrenner.

Ich drehe das Gas ab und stelle unsere Geräte auf das weiße Tablett, auf dem wir sie bekommen haben – sehr zu Jamies Ärger. Er liebt die feuertechnischen Elemente in unseren Experimenten. Ich glaube, seine Pyromanie begann in der 10. Klasse nach einem langen Sommer in dem Ferienlager, in das jedes Jahr ein paar auserwählte Niveus-Schüler eingeladen werden. Nicht, dass mir das etwas ausmachen würde. Jeder weiß, dass nur Legatenkinder zu diesen Events eingeladen werden.

Legatenkinder sind Schüler mit supermächtigen Eltern, und Schüler, deren Familien seit Generationen ihre Kinder auf die Niveus schicken.

Wie Jamies gesamte Familie seit Anbeginn der Zeiten. Meine Eltern sind keine Amerikaner und daher kein alter amerikanischer Geldadel, nur italienischer Geldadel, daher genieße ich nicht die gleichen Privilegien wie die Legatenkinder. Ehrlich gesagt wäre vieles leichter für mich, wenn ich auch so ein Kind wäre. Meine Zukunft wäre sicherer und ich müsste nicht so hart dafür arbeiten.

Als Jamie noch in den Windeln lag, wusste er schon, dass er an die Elitehochschule gehen kann, die er sich aussucht, dass er das milliardenschwere Unternehmen seines Vaters erben wird, Verbindungen zu allen wichtigen Organisationen in Amerika hat und in seinem Leben eigentlich nicht einen Tag zu arbeiten braucht. Ich hätte gerne eine ebenso perfekte Zukunft, in der alles nahtlos zusammenpasst. Mit Geld allein kommt man nicht weit, man braucht auch Macht und Einfluss – und die Fitzjohns, Jamies Familie, hat alles drei.

»Ich muss dir in der Mittagspause was erzählen«, flüstert Jamie. Die Dringlichkeit in seiner Stimme lässt mich ein wenig zusammenzucken. Ich nicke und seine Schulter streift meine. Jamie liebt Aufmerksamkeit. Jede Bewegung – eine Berührung mit der Hand, ein Stoß mit dem Ellbogen – ist voller Bedeutung. Er weiß, wie er es anstellen muss, um der Einzige zu sein, auf den man sich konzentriert. Das und sein gewinnendes Lächeln machen ihn unwiderstehlich. Ich habe gesehen, wie er sich so von Hausaufgaben und Strafzetteln befreit hat. Ich bin mir sicher, er würde sogar mit dem Tod selbst flirten, wenn nicht die Möglichkeit bestünde, dass er stirbt und nicht mehr im Mittelpunkt stehen kann.

»Okay. Bei Lola?«, frage ich und bemühe mich, beiläufig zu klingen.

Lola haben wir erfunden. In der 9. Klasse fanden wir, es klingt wie ein kleines Café in einer altmodischen Stadt, wo sich die Hausfrauen treffen, um zu ratschen und zu rauchen. Als wir älter wurden, stellten wir fest, dass der Name wohl eher zu einem billigen Strip-Club passt.

Wir benutzen ihn trotzdem noch. Es ist unser Code für »Wir reden unter vier Augen«.

Lola kann irgendein Ort sein, an dem wir allein sind. In der 9. Klasse, als wir uns kennenlernten, machte uns ein Lehrer zum Team und Jamie stellte sich vor als der Kerl, der mein Leben ruinieren würde. Ich erwiderte, er habe eine zu hohe Meinung von sich selbst. Damals war Lola in einer Ecke eines leeren Klassenzimmers. Dort saßen wir in der Mittagspause und lästerten über die Leute in unserem Jahrgang oder redeten darüber, wie wir sein wollten, wenn wir in der 12. Klasse seien. Ich wollte die Beste sein. Beste Noten, am besten aussehend, beste Frisur, bester Freund … in allen Bereichen die Beste, ein Mädchen, das alle beneiden. Jamie sagte, er wolle jemand sein, den seine Eltern respektieren.

In der 10. Klasse war Lola, wenn wir nicht in der Schule waren, in seinem Schlafzimmer und in seinem Bett, unter der Bettdecke …

»Ja«, lächelt er und zwinkert mir zu. »Bei Lola.«

Plötzlich erklingen überall die Geräusche von empfangenen Nachrichten. Auch mein Telefon summt in der Tasche. Ich nehme es heraus.

`[1 neue Nachricht von unbekannt]`

`Hallo, Niveus Highschool. Ich bin es. Wer ich bin? Tut nichts zur Sache. Ihr braucht nur eines zu wissen: Ich bin hier, um zu teilen und zu herrschen. Wie alle großen Tyrannen. Aces`

Teilen und herrschen? Wer redet denn so? Und wer zum Teufel ist Aces? Was soll das bedeuten – Asse? Wie das Ass auf einer Spielkarte?

Wieder summt mein Telefon.

Diesmal gibt es ein Bild zur Nachricht: Zwei Jungen, die sich küssen. Einer mit sehr dunklen Flecken am Hals. Überall wird Gekicher laut. Ich verdrehe die Augen. Leute, wir leben im 21. Jahrhundert. Muss man bei so was wirklich noch anfangen zu kichern? Doch dann lese ich die Bildunterschrift.

`Das Bild sagt alles. Theater und Musik scheinen ja wirklich gut zusammenzupassen. Aces`

Ist das … Scotty? Mit … Devon Richards?

Lautes Lachen lässt mich von meinem Telefon aufblicken. Alle anderen starren auf ihre Handys.

»Ist das Scotty?«, fragt Jamie. Ich nicke.

Scotty ist einer meiner Exfreunde. Deshalb fragt Jamie wohl, obwohl ich nicht Scotty anstarre, sondern Devon. Er ist eigentlich niemand, für den ich etwas übrighabe oder mit dem ich rede, aber es ist schwer, den einzigen anderen Schwarzen an dieser Schule nicht zu bemerken. Noch merkwürdiger als dieses Bild ist die Tatsache, dass ich Devon noch nie ein einziges Wort habe sprechen hören. Heute ist er aus heiterem Himmel zum Senior Prefect ernannt worden … und jetzt das hier?

Ist mir da was entgangen?

»Also … Scotty ist gay? Können Footballspieler überhaupt gay sein? Na ja, er hat auch Theater als Wahlfach, also …«

»Jamie, es gibt schwule Footballspieler und Heteros unter den Theaterschauspielern. Spiel jetzt nicht den aufrechten weißen Jungen, der voll ins Fettnäpfchen tritt. Außerdem könnte Scotty auch bi sein«, füge ich hinzu.

»Es überrascht mich nur«, meint er. Das kann ich verstehen. Ich bin auch überrascht. Ich komme mir verlogen vor, wenn ich Jamie sage, er solle nicht in Stereotypen denken, während ich mich frage, ob ich nur deshalb so schockiert bin, weil Devon schwarz ist und Scotty küsst.

Die Leute packen ein, sehen aber immer noch auf ihre Handys. Ich bin in diesem Schuljahr auch Wissenschaftsassistentin, also helfe ich dabei, alle Geräte wieder sicher zu verstauen. Das ist zwar kein sonderlich glanzvoller Job, aber ich tue alles, damit meine Bewerbung für Yale möglichst gut aussieht. Allerdings heißt das, ich kann nicht mit Jamie zusammen gehen.

»Wir sehen uns heute Mittag?«, frage ich.

Er nickt und küsst mich auf die Stirn. »Bei Lola.«

Sein Kuss ist sehr bewusst.

Jamie tritt einen Schritt zurück und sieht auf mich hinunter. Einen Moment lang schauen wir uns in die Augen, dann lächle ich und wende den Blick als Erste ab.

»Wir sehen uns«, sagt er.

»Bis dann«, antworte ich.

Ich sehe ihm nach, als er das Zimmer verlässt. Die Stelle, die sein Mund berührt hat, ist noch ganz warm und mein Herz schlägt wild. Sein Blick hat mir alles verraten, was ich wissen will.

Ich habe Jamie genau da, wo ich ihn haben will.

Dieses Spiel spielen wir schon seit Jahren, aber ich glaube, heute gibt Jamie endgültig nach.

♠

Es ist die Stunde vor Lola und ich habe Englisch. Aber ich kann mich auf nichts anderes konzentrieren als auf die Aussicht, endlich Jamie Fitzjohns echte Freundin zu sein.

Ich habe lange darauf gewartet – genau gesagt drei Jahre –, dass Jamie mehr in mir sieht als seine beste Freundin. Ich habe gesehen, wie die Mädchen ihn anhimmeln, habe zugehört, wie er über seine hypothetische perfekte Freundin schwadroniert hat, und habe darauf gewartet, dass er sich umsieht und feststellt, dass ich das perfekte Mädchen sein könnte. Das ist frustrierend. Normalerweise habe ich keine Scheu, den ersten Schritt zu tun, wenn es um ein Date mit einem Jungen geht, aber bei Jamie ist das irgendwie anders.

Die meisten Jungen sind berechenbar. Ich durchschaue, was sie wollen, was sie begehren, wie sie ticken. Mein erster Freund war ein

Junge namens Georgie Westerfield. Er war der übliche Frauenschwarm: groß, blond, der Ur-ur-urenkel des Gründers von Westerfield Socks – kurz gesagt, er war milliardenschwer. Für mich als Neuntklässlerin war es allerdings am wichtigsten, dass er zwei Klassen über mir war und alle Mädchen ihn wollten. Als Georgies Freundin wurde ich beachtet und es erlöste mich von dem Dasein als unsichtbares, unbedeutendes, unglückliches Mädchen, das ich in der Mittelschule gewesen war. Als ich an die Niveus kam, wusste ich, dass ich alles werden wollte, was ich zuvor nicht gewesen war. Und als Georgies Freundin war ich nicht nur jemand, den die Leute kennen wollten, sondern jemand, der sie sein wollten.

Es war damals nicht schwer, an Georgie heranzukommen. Zum einen war Jamie durch das Football-Team mit ihm befreundet und zum anderen gefiel es Georgie, dass ich »anders« war – genauer gesagt, dass ich schwarz bin, das ließ ihn cool aussehen. Ich wusste damals schon, dass ich nicht unbegrenzt lange vorgeben konnte, an jemandem wie Georgie interessiert zu sein. So wurde ich Chiamaka, das Mädchen, das den beliebtesten Jungen bekam, und die Erste, die ihm das Herz brach, bevor sie mit dem nächsten Goldjungen von Niveus ausging.

Ich studiere sie immer, bevor ich zuschlage. Ihren gesellschaftlichen Wert. Jeder Junge bringt etwas Neues mit sich. Durch Georgie wurde man auf mich aufmerksam und Scotty, der typische Junge von nebenan mit seinem Zugang zu so vielen gesellschaftlichen Kreisen, machte mich beliebter. Jamie ist der Einzige, an dessen Freundschaft mir etwas liegt und den ich nicht insgeheim hasse. Er ist der Einzige, bei dem die Freundschaft länger hält. Aber es ist oft schwer, jemanden wie Jamie und sein Verhalten richtig zu interpretieren. Wir sind zwar beste Freunde, aber ich schwöre, meistens habe ich keine Ahnung, was er denkt. Deshalb habe ich beschlossen, abzuwarten und ihn den ersten Schritt tun zu lassen.

Und wie immer ist meine Rechnung aufgegangen.

Zu Beginn des letzten Schuljahres, als ich mich immer noch mit Scotty traf, mir aber verzweifelt wünschte, dass Jamie endlich die Augen aufgehen würden, geschah es. Er schmiss die Party des Jahres. Wir haben uns beide total betrunken, so sehr, dass ich mich an nicht viel von dieser Nacht erinnern kann. Aber ich erinnere mich daran, dass Jamie mich endlich angeschaut und mehr als nur platonische Freundschaft gesehen hat. Er hat mich angelächelt, mir eine Haarsträhne hinters Ohr geschoben und mich gefragt, ob ich nach oben gehen wolle.

Und ich habe Ja gesagt. Er bat mich, ihn in seinem Schlafzimmer zu treffen, und auch wenn wir in dieser Nacht nur ein bisschen herumgeknutscht haben, war es doch der Auslöser für das, was das restliche Schuljahr geschah: Jamie küsste mich verstohlen, flüsterte mir ins Ohr, lud mich zu sich ein …

Ich bin nicht so naiv zu glauben, dass mich jemand mag, nur weil er sich mit mir einlässt. Aber bei mir und Jamie ist es irgendwie anders. Gelegentlich ertappe ich ihn dabei, wie er mich ansieht, wie er versucht, mich absichtlich zu ärgern, und breit grinst, wenn es ihm gelingt. Er bringt mich zum Lachen … und sieht mich an, als wäre ich etwas Besonderes.

In den letzten drei Jahren habe ich alles dafür getan, das beliebteste Mädchen der Schule zu sein, das Mädchen, das alles hat, und mir das perfekte Ende für meine Zeit an der Niveus zu sichern. Und jetzt, wo ich Senior Head Prefect bin, fehlen mir nur noch die letzten Details: die Ballkrone, die Zulassung für Yale und Jamie.

Ava, die mit mir zusammen Englisch hat, stupst mich an. Manchmal machen wir uns über die Verschwörungstheorien unserer Lehrerin Mrs Hawthorne lustig. Einmal hat sie behauptet, F. Scott Fitzgerald sei die Reinkarnation von William Shakespeare. Woraufhin Ava meinte: »Und ich bin die Reinkarnation von Jane Austens Arschloch.« Ich musste so lachen, dass Mrs Hawthorne uns androhte, uns auseinander zu setzen. Ich muss zugeben, dass der Unterricht mit Ava zusammen mehr Spaß macht.

Wenn die Hierarchien nicht so wichtig wären und die Leute nicht ständig versuchen würden, mich zu stürzen, könnte ich allen mehr Vertrauen entgegenbringen und Ava und ich wären mehr als nur zwei Mädchen, die sich gegenseitig ausnutzen, um die Highschool zu überleben. Aber Niveus ist und bleibt Niveus. Außerdem habe ich dieses perverse Spiel nicht erfunden, das uns gegeneinander aufhetzt und uns für unseren Status fiese Dinge tun lässt – ich weiß nur, wie man es spielt.

Außerdem habe ich Jamie. Mehr Freunde brauche ich hier nicht.

»Du versuchst nicht mal, so auszusehen, als würdest du zuhören«, flüstert Ava.

»Ich glaube, heute Mittag wird Jamie mich bitten, mit ihm auszugehen«, erkläre ich. Ava reißt die Augen auf.

»Oh, wow! Das ist ja mal was. Ich habe immer geglaubt, dass ihr beide sowieso schon heimlich miteinander geht.«

Ich muss innerlich lächeln. Es ist eine Sache, Jamie davon zu überzeugen, dass wir füreinander geschaffen sind, und eine andere, das die anderen glauben zu lassen.

»Nun, das wird bald offiziell – hoffentlich.«

Jamie redet immer davon, dass er »die Eine« sucht. Er hatte noch nie ein Date, weil er sagt, er habe »sie« noch nicht gefunden. Man hat schon vermutet, dass er gar keine Mädchen mag, doch dann ist er dem Footballteam beigetreten – was wohl die Bestätigung dafür war, dass er hetero ist.

Ich glaube ja auch irgendwie an dieses Konzept, an den einen Menschen, der einen erstrahlen lässt und einem das Gefühl gibt, die Kontrolle zu verlieren, aber nicht so wie Jamie. Jamie tut so, als wäre ihm »die Eine« seit seiner Geburt vorherbestimmt.

Ich dagegen glaube, wir bestimmen unser Schicksal selbst. Wir suchen uns aus, mit wem wir befreundet sind, wen wir küssen und mit wem wir ausgehen. Und ich habe wohl Jamie gewählt.

Als es klingelt, stehe ich auf, werfe meine Sachen in die Tasche und renne aus dem Klassenzimmer, ohne Zeit damit zu verschwenden, mich von Ava zu verabschieden. Ich sehe sie eh später in der Cafeteria.

Jamie hat Geschichte, also warte ich vor seinem Klassenzimmer. Gleich darauf kommt er heraus, ein breites Grinsen auf seinem perfekt sommersprossigen Gesicht. Seine braunen Locken sehen aus, als könnten sie mal wieder geschnitten werden, aber mir gefällt es. Er sieht aus wie das Mitglied einer Boygroup, die ich angeblich nicht leiden kann.

»Zu den Bänken?«, fragt er und hakt sich bei mir ein. Ich nicke und versuche, mich zu beruhigen, als wir zu den Bänken im Hof gehen.

Jamie hat mir erzählt, wie er die Eine um ein Date bitten will. Er sagte, es würde romantisch werden, mit Schokolade und vielleicht mit einem Gedicht, falls er den Nerv dazu hat. Das finde ich zwar ziemlich klischeehaft, aber … ich würde es trotzdem gerne sehen.

Wir gehen an den anderen Schülern vorbei, die aus dem Klassenzimmer kommen. Manche von ihnen sehen uns wissend an. Erst Senior Head Prefect und jetzt das? Der erste Schultag ist erst halb vorbei und schon kann ich sagen, dass das das beste Jahr der Highschool wird.

Wir setzen uns an einem der Holztische einander gegenüber. Ich lege das Kinn in die Hände und er tut das Gleiche. Egal, wo Lola ist, egal, wie öffentlich der Ort ist, es fühlt sich immer intim an.

»Also«, beginnt er.

»Also«, erwidere ich.

»Ich glaube, ich habe die Eine gefunden.«

»Tatsächlich?«, frage ich und klinge viel zu offensichtlich.

»Tatsächlich. Sie ist klug, umwerfend, bringt mich zum Lachen …«

»Klingt großartig«, unterbreche ich. Mein Herz klopft, als würde es zerspringen.

»Du könntest sie kennen.«

Der große Augenblick ist da.

»Sie heißt Belle Robinson …«

Moment mal … was?

»Ich habe sie schon seit Jahren in der Schule gesehen und immer gedacht, sie wäre völlig unerreichbar für mich …« Er grinst mich verlegen an und wird ein bisschen rot. »Aber dann haben wir uns unterhalten und ich wusste sofort, dass sie etwas Besonderes ist.«

Seine Worte verklingen und ich höre nicht mehr zu. So sollte das nicht laufen. Ich spüre, wie etwas in mir zerbricht, wie sich meine Brust schmerzhaft verkrampft. Ich blinzle und Tränen der Wut fallen, die ich schnell wegwische, weil ich mir nicht das Make-up ruinieren will.

»Ich wusste ja, dass du dich für mich freust, aber so sehr …«, versucht Jamie zu scherzen, doch er sieht besorgt aus.

»Ich dachte, du wolltest mir etwas anderes sagen«, bringe ich wider Willen hervor.

Er runzelt die Brauen. »Was denn?«

Ich komme mir dumm vor und sage leise: »Dass du mich magst.«

Ein paar Augenblicke lang herrscht vollkommenes Schweigen, nur der Wind und Gesprächsfetzen aus dem Gebäude sind zu hören.

Jamie verzieht das Gesicht, als wäre der Gedanke an uns beide als Paar unmöglich.

»Du bist meine beste Freundin, Chi. Du weißt, dass ich dich so und nicht anders sehe.«

Mir stehen Bilder vor Augen: der Abend zu Beginn der 11. Klasse, als er mich in sein Schlafzimmer einlud, und die vielen Nächte, die folgten, die Verbindung, die ich zu ihm zu haben schien. Er und ich an der Spitze der Schule, so hätte es sein sollen. Wir hätten gemeinsam an die Uni gehen sollen, heiraten, furchtbar erfolgreich sein, zwei furchtbar erfolgreiche Kinder bekommen und sterben sollen.

»Ich gehe mit Belle aus. Ich dachte, du würdest dich für mich freuen.«

Belle. Blonde, blauäugige, blöde Belle Robinson.

Ich kenne sie aus einigen Kursen im letzten Schuljahr, außerdem spielt sie im Lacrosse-Team der Mädchen. Sie ist halbwegs beliebt, nicht weil sie etwas dafür tut, sondern weil sie hübsch ist. Die Leute belohnen gerne konventionell attraktive Menschen.

Jamie nimmt meine Hand.

»Du bist unglaublich«, beginnt er. Aber ich bin nicht Belle, beende ich den Satz im Stillen für ihn. »Ich glaube nicht, dass du wirklich mich liebst, Chi. Ich glaube, du liebst deine Vorstellung von mir.«

Wieder gleiten seine Worte an mir vorbei und werden zu Hintergrundgeräuschen. Diesen Satz hat er schon so vielen Mädchen gesagt. Er bringt es ihnen schonend bei und sagt ihnen, dass die Idee, mit ihm zusammen zu sein, reine Fantasie ist. Ich kann nicht glauben, dass ich darauf hereingefallen bin. Ich bin ja so dumm. Ich habe es geschafft, mich selbst davon zu überzeugen, dass ich darüberstehe. Dass ich besser bin als Mädchen wie Belle. Aber anscheinend bin ich das nicht.

Ich habe immer geglaubt, Jamie hätte die Mädchen abgelehnt, weil er eigentlich mit mir zusammen sein wollte. Da habe ich mich wohl getäuscht.

Jamie ist sehr gut darin, Leute dazu zu bringen, ihm zu glauben. Er ist der Beste darin, mich zu etwas zu überreden. Und er ist der Beste darin, so zu tun, als wäre nichts geschehen, wenn alles den Bach runtergeht. Und mir das Aufräumen zu überlassen.

Plötzlich steigen ungewollt Erinnerungen in mir auf, Erinnerungen an die Winterferien in der 11. Klasse. An den Abend, den ich seither zu vergessen versuche … Quietschende Reifen, lauter als unsere Stimmen, die kurz zuvor noch Livin' on a Prayer gegrölt hatten. An den Klang eines schrillen Schreis, bei dem Jamie das Steuer herumriss, sodass wir gegen einen Baum krachten und nach vorne geschleudert wurden. An meinen Kopf, der auf dem Armaturenbrett aufschlägt …

»Scheiße!«, schreit Jamie. »Scheiße, Scheiße, Scheiße … Ich glaube wir haben etwas getroffen.«

Ich zittere am ganzen Körper, meine Brust ist so eng, dass ich kaum atmen kann. Eine Welle von Übelkeit läuft durch meinen Körper, als Jamie die Wagentür öffnet und auf die Straße taumelt.

»Scheiße!«, schreit er, torkelt zurück und rauft sich die Haare. Der Lärm aus dem Radio übertönt ihn, ich schlage verzweifelt auf den Aus-Knopf.

»Chiamaka, wir haben ein Scheiß-Mädchen angefahren!«

In meinem Kopf kann ich wieder ihren Schrei hören und mir wird schlecht.

Jamie sieht ins Auto. Seine Haare sind nass vom Regen, der in Strömen fällt, und kleben ihm in der blassen Stirn. Er atmet so schnell, als wäre er gerade einen Marathon gelaufen. Der Geruch der Ledersitze, gemischt mit Jamies schwerem Eau de Cologne, ist überwältigend und macht meinen Kopf ganz träge.

»Chiamaka, wir müssen was tun! Mein Dad darf nichts davon erfahren!«, fleht er. Der Regen prasselt auf die Straße und ich sehe aus dem Fenster auf den Körper – ihren Körper. Durch die Regenrinnsale kann ich ihr Gesicht sehen. Blonde Locken, blasse Haut, eine dunkle Pfütze, die sich wie ein Heiligenschein um ihren Kopf herum ausbreitet. Ich muss würgen, halte mich am kalten, harten Armaturenbrett fest und schließe die Augen.

Mir ist ja so schlecht.

Ich sollte aussteigen und nachsehen, ob sie noch atmet. Aber ich kann mich nicht bewegen, meine Glieder scheinen wie festgeklebt.

»Wir … wir sollten nachsehen, ob sie noch atmet. Und wir müssen einen Rettungswagen rufen und die Polizei …«, sage ich und nehme mit zitternden Fingern mein Telefon aus der Manteltasche.

Jamie blickt mich verzweifelt an, reißt mir das Telefon aus der Hand und steckt es weg.

»Das können wir nicht machen, mein Dad bringt mich um!« Seine Stimme wird schrill. Ich zucke zusammen, als er heftig gegen den Wagen tritt. »Der bringt mich echt um!«

Er beugt sich vor und stützt die Hände auf die Knie. Der Regen läuft ihm übers Gesicht und er atmet noch schwerer als zuvor.

Ich schüttle den Kopf. Jamies Gestalt verschwimmt, weil mir die Tränen kommen.

»Wir müssen, sie scheint echt verletzt zu sein«, stoße ich unsicher hervor. Ich muss hier raus.

»Es wird schon gut gehen – keine Polizei und alles wird gut«, sagt Jamie mit bebender Stimme. »Wir dürfen nicht ins Gefängnis kommen, also keine Polizei. Wir müssen was tun. Mein Dad … Er darf auf keinen Fall davon erfahren.«

Gefängnis? Daran hatte ich nicht gedacht.

Die Worte treffen mich wie ein Stich in die Brust, sie hindern meine Lungen daran, so zu arbeiten, wie sie es sollten. Jedes Mal, wenn ich versuche, Luft zu holen, ist nicht genug Luft da, und wenn ich versuche zu schlucken, scheint etwas in meiner Kehle festzustecken.

Ich höre, wie ich weine, aber es scheint fast, als wäre das jemand anderes. Ich spüre die Tränen nicht, aber ich weiß, dass ich es bin. Das puppenhafte Gesicht des Mädchens ist verzerrt in mein Gedächtnis eingebrannt.

Ich sollte aussteigen und nach ihr sehen. Ich strecke die Hand nach dem Türgriff aus. Ich muss sehen, ob sie noch lebt. Sie bewegt sich nicht. Das Blut. Wir haben sie ziemlich heftig getroffen …

Dann geschieht alles sehr schnell. Ich höre das laute Schlagen der Auto-

tür, als Jamie plötzlich wieder neben mir sitzt, das Geräusch quietschender Reifen auf der nassen Straße, als er rückwärtsfährt. Dann hält er und ich sehe ihn an.

Ich muss raus …

Mit einem Klicken rasten die Schlösser ein und ich rüttle vergeblich am Türgriff.

»Was soll das?«, schreie ich und schlage gegen das Fenster.

Wir können sie nicht hier liegen lassen. Wir können sie nicht hier liegen lassen!

Jamie sieht mich kurz mit verschwommenem Blick an. Dann lenkt er das Auto mit einer schnellen Bewegung um den Körper des Mädchens herum und rast weiter, ohne sich umzusehen.

»Chi?«, sagt Jamie und holt mich in die Gegenwart zurück.

»Du hast recht«, erwidere ich und halte mich an der Bank fest, während ich wieder die Leute in der Ferne reden höre.

Er lächelt.

Jamie ist gut darin, alles vernünftig zu begründen und den Rissen in der Wirklichkeit einen Sinn zu geben.

Besonders, wenn es um Dinge geht, die wir vergessen sollten.

♠

Seit dem Unfall beginnen meine Träume immer so: Wasser dringt auf alle möglichen Arten in meinen Körper ein, es flutet meine Organe, drückt und presst, während ich um Hilfe rufe, doch es dringt immer nur noch mehr Wasser ein, das in meiner Lunge und meiner Kehle brennt, während meine Haut wie Feuer prickelt. Ich sehe zur Seite und da ist Jamie neben mir im Auto und starrt wie versteinert ausdruckslos auf die Straße vor ihm. Ich bewege die Arme, um hinauszuschwimmen, nur weg, doch ich bin nicht länger im Wasser. Ich bin trocken und sitze auf dem Beifahrersitz, ich sehe das Mädchen schreien, mit aufgerissenen Augen, sie fällt um, sobald wir anhalten. In meinen Träumen stolpere ich aus Jamies schwarzem Auto. Der Split sticht mir in die Handflächen, als ich stürze. Ich versuche aufzustehen, doch ich schaffe es nicht. Ich schleppe mich zu dem Körper und sehe das Blut um ihre blonden Locken in den Löchern in der Straße versickern – und alles ist still. Ihr Gesicht ist das Letzte, was ich sehe. Das Gesicht, das ich nie vergessen werde.

Dann schnappe ich nach Luft und ringe keuchend um Atem und wache auf.

Jede Nacht wache ich in meinem dunklen Schlafzimmer auf, schwitzend und keuchend. In manchen Nächten habe ich diesen Traum mehr als einmal. In anderen Nächten kommt ein weiterer Traum dazu, der mindestens genauso verstörend ist. Ich bin betrunken und orientierungslos in einem dunklen Raum gefangen. Um mich herum sind Hunderte von blonden, blutüberströmten Puppen und über mir steht das Mädchen, das Jamie angefahren hat, mit einem Grinsen in ihrem blassen Gesicht.

Dann stehe ich auf und sehe Punkte vor den Augen, renne ins Bad und gebe meinen gesamten Mageninhalt von mir.

In meinen Träumen bin ich kein Feigling. Ich lasse nicht zu, dass wir von dem sterbenden Mädchen wegfahren. Ich steige aus. Ich berühre sie. Ich sehe ihr Blut an meinen Händen. Aber auch in meinen Träumen helfe ich ihr nicht. Ich knie am Boden, starre ihr bleiches Gesicht und ihre geschlossenen Augen an, während sie blutet, bis ich es nicht mehr ertragen kann.

Nachts, wenn ich allein bin, werde ich an die Dinge erinnert, die ich nicht kontrollieren kann. Aber sobald ich in der Schule bin, werde ich zu jemand anderem. Jemandem, den die Leute mögen. Aber wenn ich im Dunkeln sitze und zittere, während diese Nacht immer und immer wieder an mir vorüberzieht und das Gesicht des Mädchens zu einem permanenten Blutfleck wird, dann fällt mir ein, dass die Person, die ich in der Schule darstelle, nicht das Geringste mit mir zu tun hat. Die Chi, die jeden Tag an der Niveus auftaucht, hat vielleicht keine Angst, jemandes Gefühle zu verletzen und etwas dafür zu tun, dass sie bekommt, was sie will. Aber niemals würde sie das tun, was ich getan habe.

Sie ist ein guter Mensch. Jemand, der es verdient, Senior Head Prefect zu sein, nach Yale zu gehen und Ärztin zu werden.

Ich halte mich an der Toilettenschüssel fest, während mein Körper bebt und ich leise schluchze.

Und ich …

Ich bin ein Monster.

5

DEVON

Dienstag

Ein paar Häuserblocks vor der Schule versuche ich mich schon auf das Betreten des Gebäudes und auf die Blicke und das Geflüster gefasst zu machen.

Keine große Sache.

Keine große Sache.

Aber das ist es leider doch.

Ich habe mich bislang nicht mal vor meiner Mutter geoutet und jetzt wissen es alle in der Schule. Ich hatte nie ein Coming-out in der Schule geplant. Nicht, weil ich Angst davor hätte, schikaniert zu werden, es ist nur … Als ich mit Scotty gegangen bin, wollte er es geheim halten, weil er sich noch nicht geoutet hatte, und ich hatte geglaubt, er fürchtete, dass er seine Freunde aus dem Footballteam verlöre. Und als wir uns nicht mehr gesehen haben, war ich der Meinung, dass es niemanden interessiert, mit wem ich gehe – nicht, dass es irgendjemanden etwas anginge. Wenn überhaupt, machte ich mir Sorgen, dass die Information irgendwie in meiner Nachbarschaft auftauchen könnte und dann bei Ma.

Meine größte Angst ist, dass sie es erfährt. Sie wäre wohl furchtbar enttäuscht von mir. Der Gedanke hat mich die ganze Nacht wachgehalten und dreht mir fast den Magen um. Zuerst wird sie aufhören, mir in die Augen zu sehen, dann wird sie aufhören, mit mir zu reden. Und wer weiß, was dann kommt. Ich weiß noch, wie Ma sagte: »Wie schade!«, als der Kerl von Prison Break sein Coming-out hatte. Ich weiß nicht, worauf ich hoffen soll. Vielleicht, dass sie bei mir irgendwie damit klarkommt, auch wenn sie ihre Bibel mehr liebt als alles andere auf der Welt.

Ich mache ein paar Schritte, bleibe stehen, gehe zurück, dann gehe ich noch einmal ein paar Schritte. Je näher ich der Schule komme, desto schlechter fühle ich mich, als würde ich gleich zusammenbrechen. Ich hatte zumindest gehofft, dass ich wie üblich mit Jack gemeinsam gehen würde, aber er hat auf meine Nachrichten nicht reagiert. Ich bin sogar vor der Schule bei ihm gewesen, doch sein Onkel sagte, er sei schon weg.

Wenn Jack bei mir wäre, hätte ich nicht so viel Angst. Ich hoffe, er geht mir nicht aus dem Weg.

Ich reibe mir mehrfach die Augen, bevor ich tief Luft hole.

Keine große Sache.

Wenn die Jungs aus meiner Nachbarschaft, mit denen ich vor Niveus zusammen in die Schule gegangen bin, dieses Bild sehen, bringen sie mich um. Und wenn sie mit mir fertig sind, werfen sie meine Leiche auf den Müll. Sie beobachten mich jetzt schon, wenn ich nach Hause komme, und starren mich grinsend an. Manchmal rufen sie mir irgendwelchen Scheiß nach. Oder sie werfen mich zu Boden und gehen lachend weiter. Das Bild würde mein Leben in dieser Gegend zehnmal schlimmer machen.

Ich weiß, die Wahrscheinlichkeit, dass sie es zu sehen bekommen, ist gering – Niveus ist eine Welt, die mit meiner Nachbarschaft so gar nichts zu tun hat –, aber ich bin trotzdem ein bisschen paranoid.

Je länger ich herumstehe und nachdenke, desto mehr verkrampft sich mein Magen. Ich sehe auf, hole tief Luft und gehe dann weiter ohne anzuhalten, bis ich vor dem schwarzen Eisentor ankomme, das morgens für uns offensteht. Die beiden großen Säulen und die zweiflügelige Eichentür des riesigen weißen Gebäudes ragen vor mir auf. Bevor ich die Stufen hinaufsteige, zögere ich erneut. Mein Herz klopft so laut, dass ich es hören kann. Hinter mir nähern sich die Schritte anderer Schüler. Wenn ich jetzt die Tür nicht aufmache, dann tun sie es. Und ich würde lieber selbst die Kontrolle über die Situation haben.

Ich hasse das hier. Ich hasse das Gefühl, dass mir jeden Augenblick der Atem stocken könnte.

Bevor ich weiter darüber nachdenken kann, stoße ich die Tür auf und trete ein.

Wie erwartet wird es im Gang still, als ich erscheine – wissendes Lächeln und Flüstern von rosa Lippen. Wenn Scotty und das Bild nicht wären, wäre ich genauso uninteressant wie an jedem anderen Tag. Als ich gestern Abend ins Bett gegangen bin, war mir nur klar, dass ich Scotty finden und ihn fragen muss, warum er nach Monaten, in denen es einigermaßen harmonisch verlief, so etwas tun musste.

Hätte ich seine Nummer noch, müsste ich das jetzt nicht persönlich tun.

Merke: Nie die Nummern von Leuten löschen, die man hasst. Man könnte sie noch mal brauchen.

Ich senke den Kopf und laufe so schnell wie möglich zu den Räumen der Theatergruppe. Die Theaterkids hängen für gewöhnlich hinter der Bühne ab, im Crombie-Auditorium, das nach irgendeinem anderen reichen Sponsor benannt ist. Hier werde ich Scotty am ehesten finden, denn seinen Stundenplan kenne ich nicht mehr auswendig wie in der 9. Klasse. Ein paar Wochen, bevor wir miteinander gingen, als ich ihn noch für den süßen weißen Jungen hielt, der hinten in der Schulband Trompete spielt, lernte ich seinen gesamten Stundenplan auswendig, einschließlich der Wege von und zu den Klassenräumen. Ich wollte sichergehen, dass ich ihn immer »zufällig« traf.

Später, nach einer etwa einjährigen, toxischen Beziehung von Ende der 9. bis zu Beginn der 11. Klasse, nach vielen Tränen und Herzschmerzen, nutzte ich dieses Wissen, um ihm so gut wie möglich aus dem Weg zu gehen, als die Sache mit uns nicht mehr funktionierte. Jetzt wage ich mich kaum noch hierher. Ich habe sogar vergessen, wie groß das Crombie-Auditorium ist. Andererseits ist alles an dieser Schule unnötig groß.

Ich steige die Stufen zu der geräumigen dunklen Eichenbühne hinauf und schlüpfe durch die Lücke in dem dicken grünen Vorhang zu einem Kreis von Schülern auf der anderen Seite. Sie sitzen auf schwarzen Metallstühlen und haben weiße Texthefte auf dem Schoß. Abgesehen von einem Mädchen, das mir einen vorwurfsvollen Blick zuwirft, sieht mich niemand an. Es ist so ganz anders als eben im Schulflur.

»Das hier ist eine geschlossene Übung«, sagt das Mädchen, dessen Faltenrock das Einzige ist, was der Schulnorm entspricht. Alles andere an ihr versinkt in Schwarz: schwarze Lederjacke, schwarze Netzstrümpfe, schwarzes Band-T-Shirt, schwarze Stiefel. Der erste Tag an der Schule ist der einzige, an dem man sich an den Dresscode hält. Danach wird er eher zu einer Empfehlung als zu einer strikten Regel. Das ist wohl eines der vielen Dinge, mit denen man an der Niveus durchkommt. Allerdings hatte ich nie das Geld, meine Uniform mit mehr aufzupolieren als mit den ausgetretenen Vans, die ich meistens trage.

»Ich bin hier, um mit Scotty zu reden«, sage ich und drehe mich zu ihm um. Er blättert in seinem Skript und tut, als wäre ich nicht da. Mein Herz stockt kurz, als ich sein Gesicht erblicke, doch nur, weil ich ihn die ganzen Sommerferien nicht gesehen habe, zuletzt beim Abschlussball. Er war mit einem Mädchen aus dem Lacrosse-Team da und hat den ganzen Abend krampfhaft versucht, nicht zu mir herüberzuschauen.

Und seit wir miteinander gesprochen haben, ist es noch länger her. Ich glaube, das letzte Mal, dass ich mit Scotty gesprochen habe, war, als ich mit ihm Schluss gemacht habe.

Sein Haar ist jetzt länger, er trägt einen Teil davon in einem wirren Knoten, während ihm der Rest auf die Schultern hängt. Wie das stirnrunzelnde Mädchen hat auch er seine Uniform personalisiert und wie immer ist er schick und seine Designerschuhe schreien *Reiches Kind!*

Je länger ich ihn ansehe, desto wütender werde ich. Er ist so auf sein dummes Skript konzentriert, dass er mich nicht einmal hat kommen sehen.

Das Mädchen sieht mich wieder finster an, dann dämmert es ihr plötzlich.

»Scheiße, Scotty.«

Endlich sieht er sie an, folgt dann ihrem Blick zu mir und reißt die blauen Augen auf.

»Was sollte das, Scotty?«, stoße ich hervor.

»Können wir rausgehen?«, antwortet er, steht auf und legt das Skript auf den Stuhl.

Alle anderen starren auf ihre Blätter, als wären die Seiten plötzlich viel interessanter geworden – als würden sie nicht jedem einzelnen Wort lauschen. Ich schiebe mich durch den Vorhang, springe von der Bühne und warte auf Scotty, der mir gleich darauf folgt. Ich stoße ihn vor die Brust.

»Hey!« Schützend hebt er die Hände. »Bevor du mich umbringst, solltest du wissen, dass ich das nicht gewesen bin. Ich hab dieses Bild niemandem geschickt«, sagt er und zieht sich seinen Blazer zurecht.

»Und das soll ich dir glauben?«

Natürlich kann ich Scotty kein Wort glauben. Erst hat er mich betrogen, dann hat er bei der Zulassungsprüfung für die Uni geschummelt.

»Ich habe nicht mal mehr Bilder von dir, weil ich ein neues Telefon habe«, sagt er und wedelt damit herum. Das neueste Modell natürlich. »Außerdem, warum sollte ich mich outen? Und dann auch noch an der Niveus? Du weißt doch, wie die auf so was reagieren. Die behandeln mich wie eine Art Promi und fragen mich nach Einzelheiten aus …« Er lächelt.

Wie zu erwarten genießt er es. Scotty mag es, wenn über ihn geredet wird, und anders als zu der Zeit, als wir miteinander gingen – als er es noch streng geheim hielt –, ist seine sexuelle Orientierung unter den Kunstschülern mittlerweile ein offenes Geheimnis. Das Gerede über seine Sexkapaden ist sogar bis zu mir durchgedrungen. Deshalb scheint die Verbreitung dieses Fotos eher gegen mich als gegen ihn gerichtet zu sein. Und deshalb glaube ich auch, dass er dahintersteckt.

»Es ist echt peinlich. Ich weiß gar nicht, wie ich mich beim Footballtraining verhalten soll, ohne dass die Jungs alles Mögliche wissen wollen.«

Es überrascht mich nicht, dass das Scottys größte Sorge ist. Er muss sich keine Sorgen darüber machen, wie die Jungen in seiner Nachbarschaft wohl reagieren, wenn sie das Bild sehen.

Ich hasse mein früheres Ich dafür, dass ich ihm so sehr vertraut habe. Und ihn hasse ich dafür, dass er mich dazu gebracht hat, ihm zu vertrauen. Die erste Stunde hat noch nicht mal begonnen und ich bin schon völlig fertig.

»Ich schwöre dir, Scotty, wenn du mich angelogen hast, bring ich dich um!«

»Ich hab dich nicht angelogen. Wir waren doch echt fotogen, oder?« Er kommt auf mich zu. »Und videogen auch, soweit ich mich erinnern kann. Schade, dass ich die Dateien nicht mehr habe.«

Mein Ex ist ein Psychopath. Das vergesse ich immer, wenn ich an die anderen Gründe denke, aus denen ich mit ihm Schluss gemacht habe.

Ich kneife die Augen zu und versuche verzweifelt, die Tränen zurückzudrängen, die unbedingt herauswollen. Wenn Scotty mich weinen sieht, ist das ein Sieg für ihn und eine Niederlage für mich.

»Bleib mir bloß vom Leib, ja?« Damit weiche ich zurück. »Halt mich aus deinen Spielchen raus!«

Ich drehe mich um, stürme aus dem Crombie-Saal und gehe zu Jacks Schließfach. Es ist komisch, dass ich ihn heute Morgen noch nicht gesehen habe. Ich muss mit jemandem über die Sache reden.

Jack ist in einer Menge immer leicht zu finden. Er ist der Einzige an der Niveus, der einen Bürstenhaarschnitt trägt.

»Hi.«

Jack erstarrt beim Klang meiner Stimme. Er hält kurz inne und sucht dann weiter irgendwas in seinem Schließfach.

»Hi«, sagt er leise.

»Du warst heute Morgen nicht da … dein Onkel hat gesagt, du bist früher zur Schule gegangen.«

Er nickt und seine blasse Haut ist ein wenig rosa. »Ja, ich musste mit meinem Mathelehrer sprechen.«

»Okay«, sage ich ein wenig erleichtert. Zumindest hat er mich nicht wegen des Bildes gemieden.

Ich spüre, wie man uns ansieht. Er scheint es nicht zu bemerken.

»Alles in Ordnung?«, fragt er und schiebt ein paar Papiere in seine Tasche.

»Ja«, nicke ich.

In der Nähe kichert jemand und Jack knallt seine Schranktür zu und dreht sich um.

»Geh und such dir ein Hobby!«, fährt er ein Mädchen an, dessen Grinsen augenblicklich verschwindet. Er schwingt sich die Tasche über die Schulter und dreht sich um, ohne sich zu verabschieden.

»Warte mal!«

»Was ist?«, fragt er und dreht sich um, ohne mich anzusehen. Mein Magen verkrampft sich. Vielleicht meidet er mich doch.

»Was soll das heißen, was ist?«

»Was willst du? Ich muss zur Registrierung.«

Dann sieht er mich plötzlich an und ich erkenne auf einmal, dass er wütend ist.

»Hast du das Bild gesehen … das da im Umlauf ist?«

Zuerst sagt er gar nichts. Er starrt mich nur mit seinen unergründlichen braunen Augen an. »Sie werden dich umbringen. Sie lassen dich nicht mehr für sie dealen.«

Seit gestern hämmert mein Herz die ganze Zeit.

»Wer?«, frage ich und stelle mich dumm.

»Du weißt genau, wer.«

Ich sage nichts.

Jack seufzt. »Ich weiß nicht, in was du da reingeraten bist, Mann, aber ich will nichts damit zu tun haben. Ich kann nicht riskieren, dass meine Brüder zur Zielscheibe werden.«

Ich greife nach Jacks Arm, als er gehen will. Er zieht ihn zurück und sieht sich verlegen um.

»Ich kann … ich rede mit Andre. Ich kann ihm sagen, er soll …«

»Klar kannst du das«, sagt Jack wie üblich angewidert. Aber es schmerzt dennoch. Ich wünschte, er würde mich nicht immer so ansehen, wenn ich Andre erwähne. »Ich kann das jetzt nicht.« Er weicht einen Schritt zurück und sieht mich noch einmal an. »Tut mir leid.«

Dann ist er weg.

Ich bleibe stehen und fühle mich noch mieser als gestern, als ich das Bild gesehen habe.

Immer noch höre ich das Flüstern um mich herum, denn das ist das Einzige, was hier passiert. Man redet über andere.

Jacks Worte hallen in meinem Kopf nach.

Ich kann das jetzt nicht.

Ich versuche, es nicht an mich herankommen zu lassen. Er muss an seine Brüder denken, und die Gegend, aus der wir kommen, funktioniert anders als Niveus. Hier flüstert man über dich. In unserer Gegend dagegen … Wenn sie von dem Bild hören oder es sogar sehen und Jack mit mir gesehen wird, tun sie nicht nur mir, sondern auch Jack und seinen kleinen Brüdern etwas an.

Es wäre nicht das erste Mal, dass Jack unter meinen Peinigern leidet. Ich kann nur hoffen, dass sie nicht schon von dem Bild wissen.

Als ich mich umdrehe, stehen mir drei Mädchen gegenüber, alles blonde Pfirsichgesichter, die mich ansehen, als würden sie mich kennen, obwohl ich keine Ahnung habe, wer sie sind.

»Stimmt es, dass Scotty dich mit Chiamaka betrogen hat?«, fragt die in der Mitte. Sie hat eine große blaue Schleife im Haar und einen fetten regenbogenfarbenen Lolli in der Hand. Ich weiß, dass man Mädchen nicht schubsen darf, aber ich hätte große Lust dazu. Also grabe ich stattdessen die Fingernägel in meine Handflächen.

Ob ihr's glaubt oder nicht, ich weiß von Chiamaka. Scotty hat mich auf einigen Partys nicht nur mit anderen Jungen betrogen. Wie er mir einmal erklärt hat, war seine Beziehung zu Chiamaka eigentlich eher eine gegenseitige Vereinbarung für mehr Beliebtheit und keine richtige Beziehung. Und ich war dumm genug, das als Entschuldigung zu akzeptieren.

»Entschuldigt mich«, sage ich und schiebe mich an den Mädchen vorbei. Ich muss ins Musikzimmer. Ich muss irgendwo untertauchen, ich muss spielen. Jack hat mal gemeint, für mich sei Musik, was Nikotin für einen Kettenraucher sei. Ich rauche nicht, daher weiß ich nicht, ob das stimmt, aber manchmal habe ich das Gefühl, ohne Musik würde ich sterben.

Als ich die Treppe zum Musikzimmer hinaufgehe, summt es in meiner Tasche. Ich bleibe stehen und schließe die Augen, damit ich mich darauf konzentrieren kann, meinen Atem zu beruhigen – was schwer ist, wenn einem das Herz so hämmert. Langsam greife ich in die Tasche und fühle unter den alten Schokoriegelverpackungen, die ich vergessen habe wegzuwerfen, das warme, glatte Plastik meines Telefons.

Es könnte alles Mögliche sein. Es könnte jeder sein.

Es könnten aber auch sie sein … die wieder über mich reden.

Andererseits schickt mir aber vielleicht auch nur Andre eine Nachricht. Oder meine Ma.

`[1 neue Nachricht von unbekannt]`

Mein Herz setzt aus.

`Nur so …`

Ich sehe auf das Display.

Und meine Nerven zerreißen fast, als jemand in meiner Nähe sagt: »Wow!«

6

CHIAMAKA

Dienstag

In meinen fast vier Jahren an der Niveus habe ich viel an Geheimnissen, Tuscheleien und Gerüchten erlebt. Bei manchen ging es zwar um mich, aber sie reichten nie aus, um meinen Ruf zu ruinieren. Der schlimmste Tratsch drehte sich meistens um irgendein anderes armes Menschenkind, das entweder aufgab, weil es nicht ertrug, jeden Tag mit seinen Fehlern konfrontiert zu werden, oder einen Nervenzusammenbruch erlitt, eine Woche lang dem Unterricht fernblieb und dann mit einer neuen Nase oder Handtasche zurückkam. Und wenn ich in meiner Zeit hier etwas gelernt habe, dann, wie man ein Gerücht für sich arbeiten lässt und unbeschadet aus der ganzen Sache hervorgeht.

Daher ist es überraschend, dass mich alle anstarren, als müsste ich mich für irgendetwas schämen, als ich durch die Doppeltür komme – später als gewöhnlich, weil mein Glätteisen nicht so wollte wie ich.

Mit einem flauen Gefühl im Magen gehe ich zu Ruby, die an meinem Schließfach steht und auf ihr Telefon sieht.

»Hi Ruby.«

Sie sieht mich an und beginnt zu lächeln. Das rote Haar hat sie wie eine Krone auf ihrem Kopf geflochten.

»Hi Chi!« In ihren Augen glitzert es wie bei einem Wolf auf der Jagd nach Beute.

Ich mache mein Schließfach auf und stelle meine Tasche hinein. »Gibt es einen Grund für die ganzen Blicke heute Morgen, abgesehen von dem ewigen Neid?«, versuche ich unbeteiligt zu scherzen. Ich tue so, als suchte ich nach etwas, um sie nicht ansehen zu müssen. »Es ist ja, als hätte ich mir die Augenbrauen abrasiert oder so.«

Sie legt den Kopf schief. »Wahrscheinlich ist es nur die Sache mit Jamie.«

Ich mache die Schranktür zu und sehe ihr direkt in die kalten grünen Augen.

»Was für eine Sache mit Jamie?«, frage ich. Das könnte alles Mögliche sein …

Ihr Lächeln wird breiter. »Nun, alle behaupten, er hätte dich gestern in der Mittagspause abblitzen lassen.«

Oh.

»Nun, da hast du dich wohl verhört, Rubes«, erwidere ich und lächle angespannt.

Ihre roten Lippen formen ein großes O.

»Dann erzählen die Leute wohl Mist«, meint sie achselzuckend.

Ich runzle die Stirn und frage: »Wer?«, denn offensichtlich weiß sie mehr, als sie sagen will.

»Nun, das hast du nicht von mir, aber …«, sie neigt sich verschwörerisch zu mir, »Ava erzählt den Leuten, dass du geglaubt hast, er wollte dich gestern um ein Date bitten, wo doch alle wissen, dass er jetzt mit Belle geht. Natürlich habe ich gesagt, dass das nur ein Gerücht ist …«

Ava hat seelenruhig zugehört, was ich über Jamie gesagt habe, obwohl sie schon von Belle wusste? Ich hätte es besser wissen müssen und ihr nichts Persönliches anvertrauen sollen. Ich habe wirklich was verpasst, als ginge eine Menge vor sich, von dem ich eigentlich wissen sollte. Das muss mir im Sommer entgangen sein, als ich so mit den Vorbereitungen für Yale beschäftigt gewesen bin. Ich muss so ziemlich alles verpasst haben.

»Hast du gewusst, dass er mit Belle geht?«, frage ich.

Rubys Lächeln verblasst ein wenig. »Das hab ich gerade erst rausgefunden.«

Ich nicke. Ruby war schon immer eine schlechte Lügnerin.

»Danke, Ruby. Auf dich kann ich immer zählen«, sage ich und überlege, wie ich es Ava heimzahlen kann.

»Du weißt, dass ich immer hinter dir stehe, Chi.«

Diese Mädchen sind ungefähr so loyal wie Skorpione. Als ich aufsehe, sehe ich Ava auf uns zukommen. Sie ist kreideweiß und hat ganz offensichtlich Angst. Manchmal ist die Drohung, es jemandem heimzuzahlen, noch besser, als es tatsächlich zu tun. Ich lächle ihr zu und winke.

»Hi Chi …«, beginnt Ava, aber ich unterbreche sie.

»Grüß Sam von mir«, sage ich höhnisch, dann gehe ich den Gang entlang zu Jamies Schließfach.

Ava fällt es schwer, zu glauben, dass ihr Freund Sam seinen Schwanz in der Hose lassen kann. Nicht nur das, sie ist immer noch argwöhnisch, weil ich und Sam in der 9. Klasse, lange bevor sie angefangen hat, mit ihm auszugehen, etwas miteinander hatten. Ich habe ihr gesagt, dass es nichts Ernstes war, aber ich weiß, dass es ihr an die Nieren geht, wenn ich Sam erwähne. Vielleicht schreibe ich ihm sogar eine Nachricht, weil ich genau weiß, dass sie heute den ganzen Tag lang sein Telefon kontrollieren wird. Das ist nicht nett, aber sie hat dafür gesorgt, dass ich vor allen anderen völlig verzweifelt dastehe. Daher ist es nur fair.

»Hi Jamie«, begrüße ich ihn an seinem Schließfach. Als Jamie sich umdreht, kommt Belle hinter ihm zum Vorschein. Sie halten Händchen.

»Hi Chi!«

Ich sehe Belle an. Ihre Schönheit ist wie ein Schlag in den Magen. Ich habe sie in einigen meiner Kurse gesehen, sie aber noch nie wirklich angesehen …

»Warum meinen die Leute, du hättest mich abgewiesen?«, frage ich lächelnd, um allen, die um uns herum zuhören, zu zeigen, dass mir das egal ist und dass ich sicherlich von niemandem abgewiesen worden bin.

Jamie sieht ein wenig verwirrt aus, aber ich hoffe, dass er mithilfe des Bester-Freund-Telepathiekanals meine Gedanken liest und mitspielt. Er ist gut darin, Geheimnisse zu bewahren, was macht da schon eines mehr oder weniger aus?

»Dieser anonyme Nachrichtenschreiber, Aces … der hat das behauptet«, antwortet Belle.

Aces? Die Person, die gestern die Nachricht über Devon und Scotty herumgeschickt hat?

Wieder starre ich Belle an. Ihr blondes Haar wird von einem blauen Stirnband gehalten, das zu unserer Uniform passt. Reine Haut, rosa Lippen. Ich hasse es, wie perfekt sie ist und dass sie offensichtlich die Eine ist.

»Nun ja … das ist eine Lüge, oder, Jamie?«

»Ja«, bestätigt Jamie und seine Augen glitzern amüsiert.

»Das sind sicher nur ein paar Versager, die Blödsinn verbreiten«, wirft Belle lächelnd ein. Im Geiste verdrehe ich die Augen. Auf ihre Unterstützung kann ich verzichten.

Ich frage mich, wer es sein mag – diese anonyme Person oder die Personen –, die da Nachrichten an alle senden. Wenn sie schlau sind, sagen sie nichts weiter über mich.

»Hi Chi!«, sagt ein Mädchen und hält einen großen Starbucks-Becher hoch. »Hier ist dein Zimt-Latte.« Es ist wieder die Zehntklässlerin von gestern.

»Danke, Miranda«, sage ich und nehme den Becher. Sie macht den Mund auf und klappt ihn dann wieder zu, wie ein Fisch. Ich habe fast ein schlechtes Gewissen, dass ich ihr nicht sage, dass all das – sich einschleimen und mir vor der Schule Kaffee zu holen – nichts bringt. Wenn man bekannt werden will, muss man sich seinen Weg nach oben erkämpfen, anstatt den Leuten jeden Morgen lauwarmen Kaffee zu bringen.

Aber wieso sollte ich einen Kaffee ablehnen? Besonders nach dem stressigen Morgen.

Die Zehntklässlerin verschwindet, als es zum ersten Mal klingelt. Jamie küsst Belle. Ich sehe weg, und auch wenn das so aussieht, als hätte ich doch etwas für ihn übrig, ist mir das egal.

»Sehen wir uns später?«, fragt Jamie Belle.

»Bis später«, sagt sie leise, bevor sie geht.

Ich zwinge mich zu einem Lächeln und stoße ihn in die Seite. »Da ist aber jemand schwer verliebt.«

»Aber so was von!«, ruft Jamie. Ich bedeute ihm, leiser zu sein, und er legt den Finger an die Lippen, grinst aber.

»Dann lass uns mal zum Unterricht gehen, du Verliebter.«

Ich war schon immer gut darin, die beste Freundin zu spielen. Ich ziehe mich an, ich lächle ihn an, ich verlasse sein Schlafzimmer, sein Haus. Und am nächsten Tag komme ich zur Schule und spiele weiter. Das ist schon immer meine Rolle gewesen. Die beste Freundin, die so tut als ob.

Aber dieses Jahr werde ich alles bekommen, was ich will, und Belle wird bald Vergangenheit sein. Ich brauche nur eine Gelegenheit, Jamie zu zeigen, wie falsch sie für ihn ist.

Ich nehme mein Telefon und scrolle durch meine Kontaktliste, bis ich bei Sam lande. Schnell schreibe ich ihm eine Nachricht, irgendetwas über seinen neuen Haarschnitt, der ihm gut steht.

Nach ein paar Sekunden kommt schon eine Antwort.

Grinsend und hoch erhobenen Hauptes laufe ich durch den Gang.

Wie gesagt, ich kriege immer, was ich will.

♠

»Süß-sauer-Lakritze oder süße Pilze?«, fragt Jamie und hält zwei Packungen hoch.

Jamie und ich stehen nach der Schule in dem Süßigkeitenladen, der fünf Minuten mit dem Auto von der Niveus entfernt ist. Dienstags gehen wir immer dorthin und setzen uns dann in den 24-Stunden-Waffel-Laden auf der anderen Straßenseite. Es ist, als hätte das Treffen gestern bei den Bänken nie stattgefunden.

»Die Zucker-Pilze sehen seltsam aus ...«

»Und Lakritz?«

»Lakritz heißt Gott um Diabetes bitten«, sage ich ohne nachzudenken.

Er stellt die Lakritze weg und geht schweigend zu einer anderen Abteilung.

»Das hab ich nicht so gemeint«, entschuldige ich mich.

»Ja, ich weiß.« Er bleibt stehen und betrachtet winzige Zuckerpizzas.

Ich beiße mir auf die Lippe und habe ein schlechtes Gewissen. Vor ein paar Monaten erst hat er seine Diagnose bekommen und ich vergesse immer, mich zurückzuhalten und nichts Unsensibles zu sagen. Als sein Arzt es ihm sagte, fürchtete Jamie schon, er dürfte nie wieder Süßigkeiten essen – was ihn natürlich sehr beunruhigte. Als er erkannte, dass er nicht ganz damit aufhören musste, zog er los und ließ sich ein albernes Tattoo von einem Schokoriegel in rotem Papier auf den Knöchel tätowieren.

An den Dienstagen gönnt er sich immer was.

»Mach dir keine Gedanken, mir geht es gut«, meint er und lächelt wieder. »Wenn du dir wegen irgendwas Gedanken machen willst, dann, dass sie keine Zuckerstangen mehr haben.«

»Wie entsetzlich«, sage ich, wofür er mir spielerisch auf den Kopf schlägt.

Ich hasse Zuckerstangen.

»Ich glaube, ich nehme Lakritz und eine von diesen kleinen Pizzas.« Er zeigt mir seine Wahl, als wäre sie genauso wichtig wie die Wahl seiner Uni. Bei Jamie und seiner Liebe zu Zucker würde mich das nicht überraschen.

»Mach das«, sage ich. Ich will nur hier raus. Bei mir hat die Sucht nach Zucker in der 10. Klasse aufgehört, aber diese Tradition macht Jamie glücklich und ich mag es, wenn er glücklich ist.

Ich sehe mich im Laden um. Es sind hauptsächlich Eltern mit ihren Kindern hier und ältere Leute. An den Wänden stehen lauter Krüge mit Süßigkeiten, Lakritze, deren Zuckerummantelungen in allen Farben wie Juwelen glitzern und alles andere dagegen langweilig aussehen lässt. Es gibt große und kleine, echte und unechte Colaflaschen, eiförmige Bonbons und Lutscher mit bunten Verpackungen.

»Lass uns zahlen«, schlage ich vor.

Wir gehen zur Kasse und Jamie legt die Pakete vor den Kassierer, der sich weniger für Jamies Süßigkeiten und den 20-Dollar-Schein interessiert, sondern mich und meine Uniform anstarrt und dann wieder mich.

Er verzieht das Gesicht und greift nach etwas – seinem Telefon –, das er auf den Tresen neben Jamies unbezahlte Sachen legt.

»Was hast du genommen?«, fragt er und zuerst glaube ich, ich hätte mich verhört.

»Wie bitte?«

»Was hast du genommen?«, wiederholt er und zeigt mit dem Finger auf mich.

Ich sehe mich um. Hinter mir ist niemand.

Er redet mit mir.

»Ich habe nichts genommen …«

»Ich habe dich gesehen!«, schreit er so laut, dass ich erschrecke. »Was hast du genommen?«

»Ich habe nichts genommen!«, erwidere ich und werde ebenfalls lauter.

Nach einer kleinen Pause kommt er hinter dem Tresen hervor. Meine Beine zittern ein wenig und ich bin bereit, zu fliehen.

»Zeig mir deine Taschen!«, schreit der Kassierer.

Wie kann er es wagen, mich wie eine Diebin zu behandeln?

»Ich habe nichts von diesen blöden Süßigkeiten genommen. Wenn ich etwas will, dann kauf ich es mir!«

Jamie zieht mich am Arm und ich drehe mich zu ihm um. Er sieht mich zweifelnd an. Mein Puls beschleunigt sich, ich kann ihn in meinen Ohren klopfen hören.

»Zeig ihm doch einfach deine Taschen, Chi.«

Ich schlucke und sehe den Kassierer an.

Der tritt vor und greift grob in meine Manteltasche.

»Sehen Sie«, sage ich, doch das Knistern einer Lakritzpackung in seiner Hand bringt mich zum Schweigen.

»Ich rufe die Polizei«, sagt er kopfschüttelnd und geht wieder hinter den Tresen.

Mir treten Tränen in die Augen.

»Das habe ich nicht genommen. Ich weiß nicht, wie das da reingekommen ist«, sage ich. Meine Stimme wird brüchig und ich wünschte, Jamie müsste das nicht hören. Wie ist das da reingekommen?

Der Kerl drückt die Neun.

»Ich habe das nicht genommen«, wiederhole ich.

Eins.

»Ich bezahle alles, okay?«, höre ich Jamie sagen, der seinen Zwanziger über den Tresen schiebt.

Der Mann drückt noch einmal die Eins.

»Bitte, Sie können das Wechselgeld behalten«, beharrt Jamie.

Der Kerl hält inne, sieht von Jamie zu mir, legt dann das Telefon weg und schnappt den Zwanziger vom Tresen. Im Laden ist es still geworden, während die Umstehenden die Szene verfolgen. Mein Gesicht brennt, als der Kassierer den Schein prüft.

»Danke, Sir«, sagt Jamie.

Der Kassierer sieht mich an und zeigt wieder auf mich. »Ich bin es leid, dass ihr glaubt, ihr könnt damit durchkommen. Lass dich hier nie wieder blicken, klar?«

Ich nicke und renne aus dem Laden, begleitet vom Klimpern des Kinderliedes, das beim Öffnen der Tür ertönt. Jamie zieht mich an der Schulter, als ich die steinernen Stufen hinunterlaufe. Ich drehe mich um und blinzle die Tränen weg, ehe sie zu fließen beginnen. Was ist da gerade passiert?

»Lass uns nach Hause gehen«, seufzt Jamie. Enttäuscht steckt er die Süßigkeiten in seine Taschen. »Ich gehe eben ein andermal mit Belle zum Waffelpalast.«

Ich spüre einen Stich in der Brust.

»Okay«, sage ich.

»Okay«, wiederholt er.

Ich weiß nicht, warum ich es noch mal sagen muss, obwohl ich es im Laden schon so oft gesagt habe, aber es ist wie ein Zwang. Mir hat Jamies Gesichtsausdruck nicht gefallen, als der Kassierer mich beschuldigt hat.

»Ich habe die Lakritze nicht genommen.«

Jamie sagt nichts, sondern nickt nur, ohne mich anzusehen, und tippt mit gesenktem Kopf auf seinem Telefon herum, während er vorausgeht.

Wieso tut er so, als wäre etwas nicht in Ordnung?

Ich sehe noch mal zum Laden zurück. Noch immer beobachtet mich der Kassierer durchs Fenster. Im Laden huschen schattenhafte Gestalten herum, aber niemand, den ich kenne. Irgendjemand muss mir die Lakritze in die Tasche gesteckt haben. Ich sehe Jamie an, der langsam vorausläuft.

Aber wer? Und warum?

7

DEVON

Mittwoch

In diesem Zuhause mit den schäbigen Ledersofas, zerkratzten Tischen, nicht zusammenpassenden Stühlen und offen liegenden Leitungen steckt so viel Liebe.

Nur dass diese Liebe einer Version von mir gilt, die nicht echt ist.

Das spüre ich jedes Mal, wenn ich morgens beim Frühstück meiner Ma zusehe, wie sie sich für ihren ersten Job an der hiesigen Schule fertig macht, wo sie putzt. Ich sehe, wie sie zuversichtlich zu Gott um Antworten betet, bevor sie ihren Haferbrei in der Mikrowelle warm macht.

Nach dem letzten Stück Toast umarme ich sie von hinten und hoffe, dass ihr das alles sagt, was ich für sie empfinde. Ich hoffe, wenn sie von dem Bild erfährt, erinnert sie diese Umarmung daran, dass ich immer noch ich bin, dass ich sie immer noch liebe.

»Ich gehe jetzt zur Schule, Ma«, sage ich und gehe wieder zu dem Stuhl, auf den ich meinen Rucksack gelegt habe.

»So früh?«

Die Mikrowelle piept.

Ich mache die Tasche auf und tue so, als müsste ich etwas hineinlegen, damit ich mich von ihr wegdrehen kann, bevor ich lüge. »Ja, ich muss mit Jack noch Hausaufgaben machen.«

Sie umarmt mich mit einem Arm und küsst mich auf die Stirn.

»Ich bin so stolz auf dich. Bis später!«, sagt sie und setzt sich auf einen der Gartenstühle, die uns als Esszimmerstühle dienen. Ma sagt ständig, wie stolz sie ist, seit ich ihr am Montag, als sie von der Arbeit kam, das Abzeichen gezeigt habe. Ich fürchtete schon, sie würde weinen, aber das tat sie nicht. Sie wischte sich über das Gesicht und flüsterte: »Ich bin so stolz auf dich, Von.«

»Bis später«, sage ich schuldbewusst und renne hinaus, wobei ich die Tür so laut hinter mir zuschlage, dass ich zusammenzucke und daran denken muss, dass Ma mir sicherlich später deswegen Vorhaltungen machen wird.

Aber später ist später und jetzt ist jetzt und ich habe dringendere Probleme.

Ich gehe an anderen Häusern wie dem unseren vorbei – an schiefen Häusern mit abblätternder Farbe und windschiefen Türen – in eine Gegend, die die meisten Leute meiden. Hier steht ein großer Wohnblock, vor dem Jungen chillen, die ebenso dunkle Haut haben wie ich. Viele von ihnen tragen die Haare in Cornrows oder Twists – beides ist an der Niveus nicht erlaubt – und locker fallende Hosen. Ein paar sitzen vor dem Haus in einem demolierten grünen Auto, andere lehnen an der Hauswand. Ich frage mich, wann sie mal schlafen. Sie scheinen immer wach zu sein und zu warten, egal, zu welcher Tageszeit ich komme.

Ich gehe an allen vorbei und nähere mich mit wackeligen Beinen einem großen Kerl mit Cornrows, der mit verschränkten Armen an der Tür lehnt. Ich weiß nicht, ob ich ihn von der früheren Schule her kenne oder ob er nur jemand ist, den ich kenne, weil er für Dre arbeitet. Ich kann mich nicht an viel aus der Mittelschule erinnern, weil das Mobbing zum Schluss so überhandnahm, dass Ma mich von der Schule genommen hat. Außerdem besuche ich Dre so häufig, dass mir die Gesichter hier mit der Zeit vertraut vorkommen.

»Ich will Andre sehen«, erkläre ich. Auch wenn er mich wahrscheinlich schon öfter gesehen hat, tun die Jungs hier immer so, als käme ich nicht mehrmals die Woche her.

Er sieht von oben auf mich herab, sodass ich mir ganz klein vorkomme, schnalzt dann mit der Zunge und stößt sich von der Wand ab.

»Pass auf«, befiehlt er einem anderen Jungen. Der nickt und nimmt seinen Platz ein, als der Erste in das Gebäude geht.

Hinter der Tür höre ich schwere Schritte, dann knallt drinnen eine andere Tür. Ich versuche, still zu stehen und keine Aufmerksamkeit zu erregen. Gleich darauf reißt der Kerl die Tür wieder auf und winkt mich herein. Ich betrete den schlecht beleuchteten Flur und gehe die Treppe zum zweiten Stock hinauf zu Dres Wohnung.

Sie passt zu seiner Persönlichkeit: ruhig und gemütlich, geräumig und in Braun-, Grün- und Rottönen eingerichtet. Wie üblich mache ich die Tür auf und gehe durch das Wohnzimmer in sein Schlafzimmer, wo er hinter einem Schreibtisch sitzt. Er hat den Kopf schief gelegt und die Augen geschlossen. Einen Moment lang sehe ich ihn nur an. Sein kurzes schwarzes Haar und das glatt rasierte Gesicht überraschen mich. Letzte Woche trug er noch einen Bart. Ohne ihn sieht er tatsächlich aus wie ein Achtzehnjähriger. Wie der Junge, mit dem ich aufgewachsen bin.

Laut schließe ich die Tür und er macht träge die Augen auf. Ein Lächeln breitet sich auf seinem Gesicht aus.

»Von«, murmelt er, schiebt sich von seinem Stuhl hoch und stolziert langsam auf mich zu, bis wir nur noch Zentimeter voneinander entfernt sind.

Meine Handflächen werden feucht und mein Herz schlägt in der Stille so heftig wie immer, wenn ich in seiner Nähe bin.

Und wie immer küsst er mich. Ich schlinge die Arme um ihn und spüre, wie er beim Küssen lächelt, mir die Hand an die Wange legt und mich zum Bett schiebt. Ich löse mich aus seiner Umarmung und lege sanft den Kopf an seinen.

»Ich bin gekommen, um mit dir zu reden und nicht dafür.«

»Aber ich mag das«, erwidert er und küsst mich auf die Stirn.

Ich versuche, nicht zu lächeln. »Ich hab Schule und muss mit dir was anderes besprechen.«

Er nickt und tritt zurück. »Geht es um das Bild von dir und diesem Kerl? Scotty, nicht wahr?«

Seine Worte kommen unerwartet und lassen mein Herz stocken. Dre weiß alles über den reichen Jungen aus meiner Schule, der mir das Herz gebrochen hat. Aber wie ist das Foto so schnell herumgegangen? Es ist doch erst zwei Tage her? Ich wollte ihn bitten, ob er versuchen kann, die Sache zu vertuschen, denn Dre ist gut darin, eine Sache zu vertuschen. Ich glaube, das ist der Grund, warum keiner mit der Wimper zuckt, wenn ich in den letzten Monaten drei- oder viermal die Woche hierhergekommen bin. Er sagt seinen Jungs, sie sollen sich um ihren eigenen Kram kümmern, und sie gehorchen.

Ich nicke. »Wie hast du davon erfahren?«

Er sagt zunächst nichts, sondern betrachtet mich nur.

»Ich hab eine Nachricht bekommen …«

Was?

»Von wem?«, stoße ich hervor.

Dre zuckt mit den Achseln. »Ich habe nur das Bild und den Text bekommen, ohne Absender.«

Ich bekomme Panik und meine Gedanken überschlagen sich. Ist Dre der Einzige außerhalb der Schule, der die Nachricht bekommen hat, oder wissen schon alle in meiner Nachbarschaft davon? Reden sie schon über mich? Planen sie, mich zu überfallen wie früher schon …?

Andre nimmt meine Hand und drückt sie, zieht mich an sich, weg von dem schwarzen Loch, in das ich zu fallen drohe.

»Ich glaube, ich bin der Einzige, der es bekommen hat. Niemand redet, also ist alles gut.«

Ich bin nicht recht überzeugt. Nachrichten, die so schnell in diese Nachbarschaft gelangen, können hier auch irgendwelche Leute erreichen. Meine Mutter könnte es herausfinden und diesen Stress kann ich im Moment nicht gebrauchen.

»Ich kümmere mich darum«, sagt Dre.

»Wie willst du dich darum kümmern?«

Sich darum kümmern kann alles Mögliche bedeuten. Es könnte heißen, dass er einen Weg findet, das Problem loszuwerden – einschließlich Scotty, um den ich mir aus irgendeinem Grund plötzlich Sorgen mache. Dre und seine Gang lösen Probleme gerne mit den Fäusten, so verschafft man sich hier Respekt. Man prügelt sich, jemand filmt es, die Nachricht verbreitet sich und man wird in Ruhe gelassen. Wahrscheinlich war ich in der Mittelschule deshalb so ein leichtes Opfer. Ich kann beim besten Willen niemanden verprügeln. Meine Arme und Beine sind wie Spaghetti.

Ich fürchte den Tag, an dem Dre sich mit jemandem prügelt, um etwas zu beweisen, und derjenige ist, der am Ende unterliegt.

Er verdreht die Augen. »Keine Angst, keiner wird deinem Ex was tun«, sagt er.

»Okay, danke«, erwidere ich und trete zurück, doch er hält mich fest.

»Nur ...« Er sieht mich ernst an. »Pass auf, dass nicht noch mehr rauskommt. Ich muss mich vor meinem Boss verantworten – und wenn der es herausfindet, wird es ihm nicht gefallen, dass du hier bist.«

Ich nicke zustimmend, obwohl ich nicht weiß, wie ich etwas aufhalten soll, was außerhalb meiner Kontrolle liegt. Sein Boss ist ein älterer Junge aus unserer Gegend. Jemand, der darauf vertraut, dass Leute wie

Dre Dinge für ihn erledigen, ohne Fragen zu stellen. Ich habe ihn nur ein paarmal gesehen, aber ich habe genug über ihn erfahren, um zu wissen, dass er kein angenehmer Mensch ist.

Wir schweigen eine Weile.

Unwillkürlich muss ich grinsen. Es ist lustig, wenn Dre versucht, ernst zu sein. Dann sieht er aus, als hätte er Bauchschmerzen oder so.

Ich trete näher und will ihn küssen. Ich würde meine rechte Hand verwetten (und ich bin Rechtshänder), dass er jetzt auch lächelt. Ich vermisse den letzten Sommer, als ich fast jeden zweiten Tag bei ihm war und wir solche Momente hatten. Momente, in denen die Welt verschwand und mit ihr all unsere Probleme, und als es nur noch uns beide gab.

»Ich liebe dich«, sagt er leise und tritt einen Schritt zurück.

Einen Moment sehe ich zu ihm auf und bewahre mir die Erinnerung daran für später. Für nachts, wenn ich wach liege, mir Sorgen und Zweifel das Hirn zermartern und ich die Erinnerung daran brauche, dass mich jemand liebt.

»Ich dich auch«, antworte ich voller Wärme.

Ich hoffe, dass mir Aces das nicht irgendwie wegnimmt.

♠

Weil ich früh zur Schule komme, sind noch nicht viele Leute da, deshalb ist es nicht so schlimm wie gestern, als mich gefühlt hundert Gesichter anstarrten und tuschelten. Vielleicht sollte ich immer so früh kommen, besonders, da ich zurzeit wohl nicht mit Jack hier auftauchen kann.

Ich nehme ein paar leere Notenblätter aus meinem Schrank, denn in der ersten Stunde habe ich Musik. Mr Taylor sitzt wie üblich am Klavier, das sozusagen seinen Schreibtisch bildet. Manchmal komme ich hierher, anstatt zur Registrierung zu gehen. Da die Registrierung sowieso elektronisch vorgenommen wird, sagt Mr Taylor, dass das in Ordnung ist, und trägt mich ein.

Er nickt mir freundlich zu und ich gehe in meine Ecke, stecke das Keyboard an, setze die Kopfhörer auf, schließe die Augen und stelle mir das Blau vor.

Bzzzt.

Mit ungutem Gefühl greife ich in die Tasche.

Pass auf, dass nicht noch mehr rauskommt, hallen mir Dres Worte in den Ohren.

`[1 neue Nachricht von unbekannt]`

`Nur so. Chi ist wohl doch nicht ganz so süß. Meinen Quellen nach hat sie versucht, Süßigkeiten zu stehlen. Vorsicht, Chi, du willst doch kein Vorstrafenregister für Yale … Aces`

Chiamaka Adebayo eine Diebin? Warum sollte sie etwas stehlen? Wie fast jeder hier an der Schule hat sie wahrscheinlich genug Geld in ihrem Sparschweinchen, um sich zwei Sportwagen kaufen zu können, und dann reichen die Ersparnisse immer noch für zwei Leben.

Außerdem wirkt sie viel zu verklemmt, um irgendetwas zu stehlen. Andererseits kenne ich sie ja nicht wirklich.

Ist mir aber auch egal …

Ich sehe die Nachricht noch einmal an und stecke dann das Telefon weg.

Ich überprüfe die Kopfhörer und atme tief durch.

Versinken.

Und spielen.

8

CHIAMAKA

Mittwoch

»Die ganze Schule weiß Bescheid«, flüstere ich Jamie in der Biologiestunde zu. Glücklicherweise sind es jetzt nur noch ein paar Stunden, nachdem ich schon den ganzen Morgen ertragen musste, wie mich die Leute anstarrten und miteinander tuschelten.

»Das ist Mist«, bestätigt er, als hätte ich ihm gerade erzählt, in der Cafeteria gäbe es keine Fritten mehr.

»Aber niemand glaubt, dass es stimmt. Man muss ja nicht gerade ein Genie sei, um zu wissen, dass du so etwas nicht tust«, meint Belle.

Ich sehe sie finster an. Was willst du, Belle? Wahrscheinlich will sie vor Jamie nur gut dastehen, aber ich durchschaue sie.

Wie gestern sagt Jamie nichts und ich habe ein komisches Gefühl. Als müsste ich mich für etwas schuldig fühlen, das ich nicht getan habe.

»Ich bin sicher, das geht vorbei«, versichert mir Belle.

Wieder ignoriere ich sie.

»Gestern Abend hat einer der Techniker bemerkt, dass der Materialraum für die Naturwissenschaften offenstand, und unglücklicherweise sind einige Dinge, die wir für die heutigen Experimente brauchen, abhandengekommen«, sagt Ms Brown.

Das ist doch nicht möglich! Ich schließe den Materialraum immer ab.

»Glücklicherweise gibt es an der Niveus genügend Ersatzmaterial. Allerdings werden der Diebstahl dieser Dinge und die Nachlässigkeit unserer Wissenschaftsassistentin untersucht werden und es wird ein Nachspiel haben.« Sie hält inne. »Ihr sollt wissen, dass wir so etwas hier sehr ernst nehmen«, fährt sie fort und wirft mir einen kurzen, strengen Blick zu.

Ich spüre, wie ich rot werde, als sich die anderen zu mir umdrehen.

»Bist nicht du die Wissenschaftsassistentin?«, flüstert Jamie wenig subtil.

Ich ignoriere ihn.

Auf keinen Fall habe ich vergessen, das Materiallager abzuschließen. Das muss jemand anderes gewesen sein, der den Schlüssel genommen hat. Ich bin schon seit Jahren Wissenschaftsassistentin und habe noch nie vergessen, den Raum abzuschließen. Ich will schon die Hand heben, um mich zu verteidigen, als ich von der schleimigen Stimme des Teufelskindes Jeremy Hearst unterbrochen werde.

»Wir wollen nicht, dass Chiamaka in die Nähe der Ersatzmaterialien kommt – es gibt nicht so viel davon. Wir wollen ja nicht riskieren, dass die auch noch verschwinden«, meint er und löst damit leises verlegenes Gelächter aus. Jeremy ist ein Idiot, das ist offiziell. Wir sind seit der 9. Klasse in denselben Unterrichtsstunden gewesen und er hielt sich immer für den lustigsten Kerl an der Schule. Doch das einzig Lustige an ihm ist sein Gesicht.

Es wird einiges mehr als ein paar Fake News brauchen, um mich von der Spitze zu vertreiben. Man sollte meinen, dass er das nach drei Jahren weiß.

»Ihr könnt mit euren Experimenten weitermachen. Chiamaka, kommst du bitte nach vorne«, sagt Ms Brown.

Ich stehe auf und versuche, die neugierigen Blicke, die mir folgen, zu ignorieren.

»Chiamaka«, beginnt Ms Brown, als ich an ihren Tisch komme, leise und ernst, »ich werde dich das nur ein Mal fragen. Hast du diese Materialien genommen?«

Ich bin beleidigt, dass sie mich überhaupt danach fragt.

»Nein. Und ich habe auch das Materiallager nicht offen gelassen.«

Ms Brown nickt, aber wie Jamie sieht sie mich an, als wäre ich eine Kriminelle.

»Gerade du solltest wissen, wie ernst das ist. Ich habe mit einigen anderen Lehrern gesprochen und sie halten es für das Beste, wenn du den Schlüssel zurückgibst«, erklärt Ms Brown.

»Aber ich habe doch nicht …«

»Das habe ich gehört. Aber leider können wir eine Nachlässigkeit wie diese nicht durchgehen lassen. Einige dieser Materialien könnten in den falschen Händen sehr gefährlich für die Schule sein. Ich werde dir natürlich deine Empfehlung für Yale schreiben, aber ich halte es für das Beste, wenn jemand anderes die Betreuung des Materiallagers übernimmt. Es tut mir leid.«

Darauf wette ich.

Ich nicke, weil ich nicht durch eine Diskussion noch mehr Aufmerksamkeit erregen will.

»Ich verstehe«, sage ich.

»Gut. Gib den Schlüssel heute nach Schulschluss ab. Ich bin entweder hier oder in der Naturwissenschaftsbibliothek.«

Und warum nicht jetzt gleich, wenn ich doch eine Kriminelle bin?

Sie bedeutet mir, zu meiner Gruppe zurückzugehen, also drehe ich mich um und versuche, so ausdruckslos wie möglich auszusehen, obwohl ich am liebsten schreien möchte.

»Alles in Ordnung?«, fragt Belle, als ich mich wieder setze. »Du bist ganz rot im Gesicht …«

Ich sehe ihr in das hübsche, herzförmige Gesicht und greife dann nach dem Blatt mit den Anweisungen und konzentriere mich darauf.

Jamie erzählt einen schlechten Witz und Belle lacht und ich würde am liebsten jemanden schlagen.

Dabei sollte sie nicht mal hier sein. Jamie ist mein Laborpartner, aber bei meinem Glück in den letzten Tagen wurde Belle in diesen Kurs versetzt. Ihre alte Lehrerin macht dieses Halbjahr ein Sabbatical, deshalb wurden ihre Schüler aufgeteilt.

»Sauerstoff und Kalium haben ein Date …«

Oh Gott, mach, dass es aufhört!

»Frag mich, wie es lief!«

»Wie lief es?«, fragt Belle.

Denselben Witz hat er an meinem sechzehnten Geburtstag erzählt. Keiner hat gelacht.

»Es lief … OK.« Dann lacht er und sie lächelt und sieht mich von der Seite an.

Ich sehe in mein Heft und studiere das Aufgabenblatt für das Experiment. Ich will keine verschwörerischen Blicke wechseln. Ich will nicht ihre Freundin sein. Ich habe schon einen besten Freund.

Ich warte nur darauf, dass es zwischen den beiden aus ist, wie ich es vorhergesagt habe. Ich bin mir nicht sicher, wie es passiert, aber dass es passiert, weiß ich. Belle ist zwar schön, aber sie ist nicht ich. Sie kennt Jamie nicht so wie ich. Er braucht mich ebenso sehr wie ich ihn.

Fast die ganz Stunde lang flirten sie miteinander, was für mich Todesqualen bedeutet. Als mir ein Blick auf die Uhr sagt, dass es gleich klingeln wird, bin ich erleichtert, da meine Geduld fast am Ende ist.

»Jamie, nehmen wir dein Auto oder laufen wir nachher zu mir?«, frage ich, obwohl ich das eigentlich gar nicht fragen muss. Ich will nur, dass sie aufhören. »Für unseren Marvel-Abend.« Jeden zweiten Mittwoch im Monat gehen wir zu einem von uns, essen Junkfood und sehen uns Superheldenfilme an.

Belle runzelt die Stirn. »Ich dachte, wir unternehmen heute etwas.«

Ich blinzle sie an.

Jamie sieht hin- und hergerissen von einer zur anderen. »Chi und ich haben da so eine Tradition … Sorry, Babe.«

Babe. Das ist neu.

Es klingelt. »Hast du Mathe bei Mr Duncan oder Mr Calhoun?«, fragt Jamie Belle.

»Duncan«, antwortet sie.

Ich lächle.

»Ich und Chi sind bei Calhoun.«

Wie schade aber auch.

Sie küssen sich und ich sehe wieder weg.

»Sehen wir uns alle beim Essen?«

»Klar.«

Ich betrachte angelegentlich meine Fingernägel. Doch an ihnen ist nichts auszusetzen.

»Sieh mal einer an. Schwer verliebt«, sage ich, als Belle weg ist und wir durch den Marmorgang laufen.

»Belle ist toll, nicht wahr?« Ich sehe förmlich die kleinen Herzchen in Jamies Augen. So wie er sich aufführt, könnte man meinen, sie gingen schon länger als ein paar Wochen miteinander.

Jamie legt mir den Arm um die Schulter und ich sehe ihn von der Seite her an.

Was spielst du für ein Spiel, Jamie?

Er küsst mich auf die Stirn und ich schlage nach ihm.

Dann wischt er sich über den Mund. »Warum hast du Wasser im Haar?«

»Das ist Kokosöl«, schnaufe ich.

»Riecht gut«, grinst er.

Einen Augenblick lang halte ich seinem Blick stand. Dann schmiede ich einen Plan.

»Wir können Belle doch heute Abend einladen«, schlage ich vor.

Überrascht reißt er die Augen auf.

»Echt?«, fragt er ganz aufgeregt.

»Ja, ich würde mich freuen, wenn sie dazukommt.«

»Du bist die Beste, Chi«, beteuert Jamie, als wir Mr Calhouns Klassenzimmer betreten.

Ich weiß, denke ich, aber ich bin nicht ganz sicher, ob ich das tatsächlich glaube. Wäre ich tatsächlich die Beste, hätte er von vorneherein mich gewählt.

Schon vor langer Zeit habe ich gelernt, wie wichtig es ist, andere glauben zu lassen, man wüsste, dass man die Beste wäre. Aber was ist, wenn sich die ersten Risse zeigen? Wenn die Leute in deinem Umfeld nicht mehr auf Anhieb glauben, was du ihnen sagst? Wie könnten sie auch, wenn du es selbst nicht glaubst, jedenfalls nicht ganz ... Man tut so, als würde man nicht manchmal auch weinen, wenn man in den Spiegel schaut, als würde man nicht gelegentlich andere Mädchen ansehen und sich überlegen, wie es wäre, jemand anderes zu sein. Die echte Chiamaka. Die Person, vor der ich immer davonzulaufen versuche.

Dieses Jahr hätte ich den perfekten Freund haben sollen. Ich hätte einen bleibenden Eindruck hinterlassen sollen, dafür sorgen, dass mich an der Niveus nie mehr jemand vergisst, und dann zu höheren Taten schreiten.

Aber es ist noch nicht zu spät. Von diesen kleinen Rückschlägen lasse ich mich nicht unterkriegen.

Das Summen von Textnachrichten erklingt und ich greife mit zitternden Fingern nach meinem Telefon. Auf dem Display taucht eine anonyme Nachricht auf.

Es ist ein Video.

`[1 neue Nachricht von unbekannt]`

`Nur so. Pornos kriegt man heutzutage leicht. Entweder sucht man online danach oder sie fallen einem in den Schoß, wenn man am wenigsten darauf gefasst ist. Aces`

Ich klicke das Video nicht an. Das Thumbnail sagt mir genug, um zu wissen, dass es nicht um mich geht. Aber ich höre die Geräusche davon auf Jamies Telefon.

»Kannst du das ausmachen?«, bitte ich ihn, bevor ich mein Telefon wegstecke und zu meinem üblichen Platz gehe.

Ich höre, wie die Leute lachen, und werde nervös. Aces hält sich offensichtlich nicht zurück.

Ich bin vorsichtig, aber nicht perfekt. Ich habe Dinge getan, die mich ruinieren könnten. Blondes Haar. So viel Blut. Und Dinge, an die ich mich nicht erinnern kann. Eine Erinnerung an den Abend, an dem ich Jamie das erste Mal geküsst habe, taucht auf …

Was wissen die noch über mich?

9

DEVON

Mittwoch

Seit der Mittagspause werde ich angestarrt.

Man muss kein Genie sein, um zu erraten, dass es beim letzten Streich von Aces um mich geht. Die Frage ist nur, um was genau geht es? Und warum bekomme ich nur Nachrichten über andere, nicht über mich selbst?

Wahrscheinlich ist das die perverse Art von Aces, mir noch mehr Unbehagen zu bereiten.

»Hey, Richards!«, ruft jemand, als ich den Gang entlanggehe. Als ich stehen bleibe, grinst er, schlingt dann die Arme um sich selbst, macht Schmatzgeräusche und küsst die Luft.

Ich bin noch keine drei Tage in der Schule und schon ist dieses Schuljahr schlimmer, als ich es mir je hätte träumen lassen.

Als ich aus der Tür trete, fühle ich mich besser. Zumindest ist jetzt die Schule aus und ich kann nach Hause gehen.

Plötzlich packt mich jemand am Arm und reißt mich in die Gasse neben dem Schulgebäude. Ich werde gegen die Mauer geworfen und zische vor Schmerz auf, als ich mit dem Rücken auf die rauen Steine treffe.

»Willst du, dass man dich umbringt?«, ruft Jack.

»Nein …«

»Warum kursiert dann dein Scheiß-Fick-Video in der Scheiß-Schule?«

Mein was?

Oh mein Gott!

Ich könnte mich übergeben. Ich bekomme keine Luft. Meine Beine zittern und mir wird schwindelig.

»Ich muss Scotty finden«, bringe ich hervor. Ich muss Scotty umbringen. Einerseits möchte ich ihn bitten, mir das Video zu zeigen, ich will sehen, wie schlimm es ist, aber ich weiß nicht, ob ich das fertigbringe.

Jack sagt nichts. Er hat das Gesicht verzogen und atmet schwer. Ich weiß nicht, wieso, aber sein Gesichtsausdruck vermittelt mir das Gefühl, als müsste ich mich schämen.

Als müsste ich mich schmutzig fühlen.

Bevor er wusste, dass ich gay bin, hat mich Jack nie so angesehen. Er war der Erste, dem ich es sagte, noch als wir an der Mittelschule waren. Vorher haben wir uns immer gegenseitig unterstützt, haben beim anderen übernachtet, Videospiele gemacht, wenn Ma bei der Arbeit war, und hatten nur einander. Jetzt ist es, als würde mich Jack für etwas hassen, das ich nicht ändern kann. Wir wünschen uns beide, unser Verhältnis wäre wieder so wie vorher.

Wir starren einander an. Ich muss aufhören, mich zu entschuldigen, denn wofür eigentlich? Existiere ich zu laut?

Ich sehe weg, drücke mich von der Wand ab und laufe mit wackeligen Knien zurück in die Schule, an einen Ort, den ich mehr als je zuvor hasse. Mädchen kichern, als sie mich sehen, und jetzt verstehe ich es. Ich verstehe den Spott von vorhin. Jetzt ergibt alles einen Sinn.

Es ist dermaßen peinlich.

Ich sehe plötzlich verschwommen und versuche, wieder Luft zu bekommen, doch ich habe das Gefühl, zu ersticken. Schniefend laufe ich weiter und platze voller Adrenalin in den Crombie-Saal herein.

Ich bringe Scotty um.

Ich springe auf die Bühne und durchbreche den Vorhang. Neben Scottys zusammengesunkener Gestalt hockt das Mädchen vom Dienstag und streicht ihm über den Rücken. Seine blaue Jacke hängt über seinem Stuhl.

Ich versuche, mich zu beruhigen, bevor ich den Mund aufmache.

»Scotty!«

Keine Reaktion.

Das Mädchen sieht mich vorwurfsvoll mit ihrem Halb-Plastikgesicht an. Sie rümpft die etwas schräge Nase – wahrscheinlich eine schiefgegangene OP.

»Scotty«, flüstert sie. Er sieht auf und wendet sich dann ab.

»Meine Karriere ist wahrscheinlich vorbei«, erklärt er.

Ich keuche immer noch.

»Alle erfolgreichen Leute heutzutage haben Sexvideos. Das ist nur zu deinem Vorteil«, sagt das Mädchen. Ich könnte sie schlagen.

»Stimmt«, nickt Scotty.

Ich könnte ihn schlagen.

»Siehst du nicht, wie schwer das für ihn ist?«, wirft mir das Mädchen vor.

Ich könnte lachen. »Schwer für ihn? Er hat dieses Video gemacht und er war der Einzige, der es hatte!«

»Du bist kaum auf dem Video zu sehen und Scotty hat gesagt, er hat es gelöscht. Überhaupt, weißt du, wie leicht es ist, die Cloud von jemandem zu hacken?«

»Was?«, stoße ich verwirrt hervor. Wovon redet sie eigentlich? Tatsache ist, ich bin in dem Video und jeder hat es gesehen …

Ich verwerfe den Gedanken. Wenn das zu Hause bekannt wird, wenn Ma das sieht, wird sie irre enttäuscht sein. Sie wird mich ganz anders sehen. Und Dre … er hat gesagt …

»Na, ich meine … Ich schätze, alle wissen, dass du es bist, weil wir deine Stimme gehört haben und Scotty deinen Namen stöhnt. Ihr seid ja ziemlich laut …«

»Ich weiß, dass du das warst, Scotty«, unterbreche ich sie hochrot. »Ich weiß, dass du die Nachrichten sendest und dieses Zeug streust.«

Scotty starrt mich verblüfft an. Die blonden Haare fallen ihm wirr ins Gesicht und er beginnt leise zu lächeln. Das Mädchen neben ihm beobachtet uns intensiv.

»Du glaubst, ich wäre Aces?«, fragt er und tut beleidigt.

Er ist der Einzige, der mir einfällt, und der ein Motiv hätte, sowohl mir als möglicherweise auch Chiamaka zu schaden. Wir haben ihn beide sitzen gelassen.

»Es ergibt Sinn. Wir sind keine Freunde mehr und du bist der Einzige, der dieses Video geschickt haben könnte …«

Sein Lächeln schwächt sich etwas ab. Das muss ich mir einbilden, denn jemandem, der so egozentrisch ist wie Scotty, ist es doch sicher egal, was ich von ihm halte.

»Es stimmt, wir sind keine Freunde mehr oder auch nur so etwas Ähnliches, warum also sollte ich meine Zeit damit verschwenden? Warum sollte ich mich um jemanden kümmern, der hier keinen Menschen interessiert? Chiamaka vielleicht. Über sie wollen die Leute tatsächlich etwas lesen, aber warum sollte ich mich mit dir befassen? Was würde mir das bringen?«, fragt er.

Seine Worte versetzen mir einen kleinen Stich.

Scotty sieht in seinen Schoß, nimmt sein Telefon und scrollt, als wäre ich gar nicht mehr da.

Früher konnte ich sehen, wenn Scotty log. Als wir miteinander gingen, hatte ich immer ein ungutes Gefühl, das mir anzeigte, wenn er nicht hundertprozentig ehrlich mit mir war. Wenn er dann zugab, dass er mich betrogen hatte, war es für mich am schmerzlichsten, dass ich tief in meinem Innern schon über seine Lügerei Bescheid gewusst hatte. Er gestand mir seinen Fehltritt, ich weinte, wir küssten uns und versöhnten uns wieder. Bis zu dem Tag, an dem ich aus dem Teufelskreis ausbrach und nicht mehr zuließ, dass er mich so behandelte. Aber jetzt gibt es kein ungutes Gefühl mehr, nichts, was mir sagt, ob er es so meint oder nicht. Ob er tatsächlich etwas damit zu tun hat oder nicht.

»Könntest du jetzt vielleicht gehen? Ich habe dir gesagt, dass ich keine Bilder oder Videos habe, du hast also deine Antwort. Ich bin nicht Aces. Laura und ich sind beschäftigt. Ich habe keine Zeit, mich mit irgendwelchen Nobodys zu befassen.«

Wieder treffen mich seine Worte schmerzlich. Er weiß, wie er sie einsetzen muss. Er setzt die Ängste gegen mich ein, von denen ich ihm damals in seinem Bett erzählt habe, als ich mich in seinen Armen verletzlich, aber sicher gefühlt habe.

Er nutzt Worte statt seiner Fäuste – womit ich nicht so vertraut bin. Wo ich herkomme, sind Worte nichts und Taten alles.

Ich weiß, dass Scotty mich absichtlich verletzt. Denn obwohl wir eine ganze Weile lang nicht richtig miteinander gesprochen haben, weiß ich, wie sehr es ihn getroffen hat, dass ich ihm nicht mehr alles durchgehen ließ, wie zum Beispiel mich erst zu betrügen und mich dann anzulügen. Ich weiß das, weil auch er mir Monologe über seine Ängste und Schwächen zugeflüstert hat. Die Angst, dass seine Familie ihn als einen Riesenversager betrachtet, der es nie zu etwas bringen wird. Dass er sich permanent verloren fühlt, etwas, das wir trotz der unterschiedlichen Herkunft gemeinsam haben.

Der Unterschied zwischen uns besteht darin, dass ich seine Worte niemals gegen ihn verwenden würde.

Ich sehe ihn stumm und fassungslos an. Ich weiß, dass Scotty ein schrecklicher Mensch ist, warum bin ich also so schockiert? Warum schockieren mich Menschen mit ihrem beschissenen Benehmen eigentlich immer so? Ich blinzle die Tränen zurück, die sich Bahn brechen wollen.

Ich habe das Gefühl, festzustecken. Ich wollte, dass Scotty Aces ist. Sein Motiv ist ganz klar. Er ist meine einzige Verbindung zu Chiamaka und wir sind die Einzigen, über die Aces bislang etwas zu sagen hatte. Wenn er es wäre, wäre es so viel leichter, das aufzuhalten, was noch kommen könnte.

Ich kann mir nicht vorstellen, wer sonst so etwas tun sollte. Ich rede doch kaum mit den Leuten in der Schule. Aber vielleicht gibt es noch jemanden, der einen Grund hat, mich zu verletzen …

Einen guten Grund.

Manchmal habe ich das Gefühl, ich hätte etwas vergessen. Etwas Wichtiges. Es ist, als wäre da etwas in meiner Erinnerung, auf das ich mich nicht richtig konzentrieren kann – es verschwimmt immer. Vielleicht ist derjenige, der mir schaden will, in diesem Durcheinander meiner Gedanken und Erinnerungen untergegangen.

»Scotty«, setze ich an. Ich würde ihm so gerne sagen, wie froh ich bin, dass ich sein Gesicht nicht mehr ständig sehen oder einem notorischen Lügner vertrauen oder Angst haben muss, dass er mir etwas sagt wie: Tut mir leid, es wird nicht noch mal passieren. Ich liebe dich, Von.

Das ist ein wörtliches Zitat.

Ich sage es ihm aber nicht. So bin ich eben nicht. Er schon.

Ich kneife die Augen zu und verdränge die Angst, die in mir aufsteigt. Angst davor, was die Leute von mir denken werden, was Ma von mir denken wird. Und ich hasse mich dafür, dass ich so lange mit ihm zusammen war. Ich war so dämlich, dass ich nicht früher gemerkt habe, was für ein Arsch Scotty ist. Ich glaube, ich werde mich den Rest meines Lebens dafür hassen, dass ich ihn jemals auch nur für entfernt attraktiv gehalten habe.

»Fick dich«, sage ich stattdessen, bevor ich mich umdrehe und seine lautstarke Antwort ignoriere.

»Das hast du doch schon!«

Ich verlasse den Saal, das Gebäude, das Gelände und bringe mich da in Sicherheit, wo es keinen Aces gibt, keinen Scotty, keinen Jack, keine lästigen Mädchen mit schiefen Nasen.

Keine schmerzhaften Erinnerungen.

♠

»Wie war die Schule?«, fragt Ma, als ich die Kartoffeln und das Huhn aus dem Ofen hole. Über den Lärm, den meine kleinen Brüder machen, kann ich sie kaum verstehen.

Elijah grölt ein Lied, das er in der Schule gelernt hat, und James schreit ihn an, er soll aufhören.

Mas Frage beschäftigt mich.

Ich stelle mir vor, wie sie es herausfindet, und erinnere mich an das Mädchen in unserer Nachbarschaft, das ihr Coming-out hatte. Ma erzählte mir, dass ihre Familie sie verstoßen hat. Angewidert hatte Ma gesagt: »Ich verstehe das einfach nicht.« Und ich erinnere mich, wie ich dachte, mich würde sie wohl auch nicht verstehen. Ich denke darüber nach und wie beschissen diese Woche war und dass ich die Schule hasse und nie wieder dorthingehen will.

Doch dann sehe ich meine Mutter an, wie müde sie aussieht. Später wird sie noch zu ihrer Abendschicht gehen, nur damit wir in diesem Loch wohnen können und ich auf eine schicke Schule gehen kann.

»Alles in Ordnung, Ma. Ausgezeichnet«, sage ich und verteile Kartoffeln und Huhn auf die nicht zueinander passenden Teller.

Alles in Ordnung.

Ausgezeichnet.

10

CHIAMAKA

Mittwoch

Die Tradition mit den Superheldenfilmen begann eigentlich mit einem Zufall. Wir waren vierzehn, gelangweilt und total kulturlos. Jamies Mutter hatte ihm zu Weihnachten einen Geschenkkorb zum Thema Superhelden zusammengestellt und wir haben uns einfach alles Mögliche davon reingezogen. Schon bald wurde das unser Ding.

Jetzt ist es fast heilig, daher ist Belles Anwesenheit in meinem Heimkino im Grunde Blasphemie.

Ich sitze hier mit dem Film auf dem Schoß und will Jamie nicht dabei unterbrechen, wie er die Kuh-Geschichte von vor ein paar Jahren erzählt. Ich lächle und nicke, obwohl ich die Geschichte so sinnlos finde wie beim ersten Mal.

»… also habe ich versucht, der Frau zu erklären, dass das Euter die Genitalien der Kuh sind …«

Ich weiß nicht, wie Belle sich dafür wirklich interessieren kann. Ich beobachte sie, wie sie ihn beobachtet, und ihr nerviges Gesicht beschäftigt mich. Sie hat sich in dem weichen schwarz-weißen Kinosessel zusammengerollt, mit langem Hals, rosa Wangen, langen Wimpern, richtig pinkfarbenen Lippen – ich kann schon verstehen, warum so viele

Jungen in sie verliebt sind. Sie ist hübsch – wenn man Mädchen wie sie mag, natürlich. In meinem Magen grummelt es, als ob er knurren wollte.

Ich sehe weg und das Gefühl verschwindet. Wahrscheinlich erinnert mich mein Körper daran, wie sehr ich ihre Beziehung verabscheue.

»... und ich kriege Ärger, denn offenbar dürfen wir Kühe essen, sie aber nicht jagen ...«

Ich räuspere mich und unterbreche die Geschichte, die eine seltsame Wendung nimmt.

»Zeit für den Film!« Ich stehe auf, gehe zum Projektionsgerät hinten im Zimmer und lege den Film ein. Hinter mir höre ich Belles leichtes, irritierendes Lachen, als die CD im Laufwerk verschwindet. Ich habe keine Lust, mich umzudrehen und sie beim Turteln zu beobachten, deshalb richte ich meinen Blick auf die Wand, die als Leinwand fungiert. Die CD läuft an, bleibt dann aber stehen, als der Vorspann läuft.

»Warum geht Microsoft Powerpoint über die Straße ...?«

Mein Instinkt rät mir, das erstbeste schwere Objekt nach Jamie zu werfen, doch stattdessen stoße ich ein trockenes Lachen aus. Mein Blick fängt kurz den von Belle auf und wieder rumort es in meinem Magen, bevor ich Jamie anlächle.

»Wie schön, dass du immer noch die alten Witze deines Vaters recycelst«, sage ich. Ich stelle den Film auf Pause, weil ich ihre volle Aufmerksamkeit haben will, bevor ich ihn starte, und setze mich dann wieder auf meinen Platz neben Jamie.

»Du hast ein schönes Heimkino«, sagt Belle. Ihr Gesicht kann ich nicht so lesen wie das von Ruby oder Ava.

»Danke«, erwidere ich, ohne sie anzusehen, da ich insgeheim damit beschäftigt bin, nachzusehen, ob es irgendetwas Hässliches in diesem Raum gibt. Es ist meine Zuflucht vor der lauten Welt. Hier kann ich manchmal stundenlang sitzen und allein im Dunkeln Filme sehen, um den Kopf frei zu bekommen. Mum und Dad haben den Raum vor Jahren für mich bauen lassen und ich habe ihn selbst eingerichtet. Die Decke ist schwarz und mit Dutzenden Lichtern besetzt, wie ein Sternenhimmel. Es gibt einen weichen grauen Teppich und drei Reihen großer Kinosessel.

Mir gefällt der Raum, und wenn Belle ihn nicht mag, kann sie ja gehen. Da ist die Tür …

»Weißt du, dass Chi früher einen riesigen Winnie Puuh hatte? Sie hat ihn aber rausgeworfen, weil er nicht zu der Persönlichkeit passte, die sie in der 10. Klasse sein wollte«, verkündet Jamie.

»Ach ja? Und was für eine Persönlichkeit war das?«, erkundigt sich Belle.

Ich lächle sie gequält an. Danke, Jamie.

»Das hatte nichts mit Persönlichkeit zu tun, ich war nur aus der Winnie-Zeit herausgewachsen.«

»Sie hat es mir selbst gesagt: Sie wollte mehr wie Blair Waldorf sein und weniger wie Meg Griffin«, fährt Jamie fort.

»Ich hatte auch eine Winnie-Phase«, gesteht Belle, »aber ich habe sie schon mit sieben überwunden.«

Jamie lacht und ich verspüre den Wunsch, beide zu treten.

»Ich glaube, wir haben diese Phase alle vor der Highschool überwunden. Chi ist eben etwas Besonderes …«

»Der Film fängt an, Zeit, die Klappe zu halten«, sage ich und drücke abrupt die Starttaste. Bald füllt das Summen der Stimmen im Film die Stille zwischen mir und den Turteltäubchen. Ich versuche, mich auf den Anfang des Films zu konzentrieren, aber aus dem Augenwinkel sehe ich, wie sich ihre Hände finden und ihr Kopf an seine Schulter sinkt. Es stört meine Konzentration.

»Soll ich ein paar Decken holen?«, frage ich.

Jamie nickt und starrt intensiv auf die Leinwand. »Nur zwei. Belle und ich können uns eine teilen.«

Mein Herz rutscht eine Etage tiefer, als ich aufstehe, um die Decken aus dem Schrank zu holen. Alle meine Pläne für eine gemeinsame Zukunft mit Jamie lösen sich vor meinen Augen in Luft auf. Dieser Abend sollte Jamie daran erinnern, wie gut wir zueinander passen, und ihn nicht noch weiter in Belles Arme treiben. Wieso sieht er das denn nicht? Am liebsten würde ich ihm die Decke ins Gesicht werfen.

»Hier«, sage ich und reiche ihm die Decke.

Er murmelt »Danke«, ist aber schon völlig auf den Film fixiert, daher nimmt Belle die Decke. Unsere Finger berühren sich und schnell lasse ich den Stoff los.

Mein Herzschlag wechselt von schwach auf stark und wachsam.

♠

»Nächsten Monat um die gleiche Zeit?«, fragt Jamie an der Tür wie jedes Mal. Ein jüngerer, lächelnder Jamie hat mich das nach unserem ersten Tag mit Marvel und dessen Wundern gefragt.

»Bei dir?«, frage ich. Er nickt, dass seine Locken fliegen.

»Soll ich dich nach Hause fahren?«, fragt meine Mutter hinter uns. Fast hätte ich geflucht. Ich hasse es, wenn sie sich so von hinten anschleicht.

Jamie schüttelt den Kopf. »Danke, Mrs Adebayo, ich habe das Auto dabei.«

Meine Mutter grinst immer, wenn er unseren Familiennamen sagt. Ich sehe sie zwar nicht an, aber ich spüre ihren Gesichtsausdruck förmlich. Es liegt daran, dass er es falsch ausspricht, wie fast jeder, als »Aydabay-o« anstelle von »Adeh-by-oh«. Aber na gut.

Jamie umarmt mich, schließt mich fest in die Arme und seine Nase streift leicht meine Stirn. Normalerweise würde mich das erregen, aber jetzt gerade ist es irgendwie lahm.

»Bis bald«, sage ich.

»Bis dann, Chi. Mrs Adebayo«, nickt er.

»Bis dann, Chiamaka und Chiamakas Mum!«, echot Belle und greift nach Jamies Hand. Dann gehen sie beide und ich sehe weg.

Die Tür schließt sich, und als ich mich zu meiner Mutter umdrehe, stelle ich überrascht fest, dass sie ihre geflochtenen Haare zu einem Knoten gebunden und Make-up aufgelegt hat.

»Willst du ausgehen?«, frage ich.

Sie nickt augenzwinkernd. »Ein Date mit deinem Dad, bevor er nach Italien reist.«

Einmal im Monat fliegt Dad nach Italien zu Großmutter – die mich jedes Mal, wenn ich sie sehe, daran erinnert, wie viel ich zugenommen habe. Früher ist er seltener geflogen und hat Mum und mich jedes Mal mitgenommen. Bevor sie hierherkamen, haben sie in Italien gelebt. Dort haben sie sich auch kennengelernt, an einer medizinischen Fakultät in Rom. Ich hatte immer geglaubt, es wäre die größte Liebesgeschichte aller Zeiten gewesen, bis Mum mir beichtete, warum wir nicht mehr dorthin reisen. Dads Familie war kein großer Fan von Mum … und ihrer dunklen Haut. Und dadurch auch nicht von mir und meiner dunklen Haut.

Für mich ist das in Ordnung. Ich war da sowieso nicht gerne.

»War das Jamies neue Freundin?«, fragt Mum.

Mir wird die Brust eng.

»Hm-m«, antworte ich und konzentriere mich auf die Wand.

»Sie ist hübsch.«

»Ja, ich glaube schon.«

Sie ist hübsch, hallt durch das Haus und meinen Kopf. »Ich gehe nach oben, Mum. Hab einen schönen Abend!«

Bevor ich gehe, legt mir Mum sanft die Hand auf den Arm und erinnert mich an die vielen Jahre, in denen sie mich ins Bett gebracht hat, und die engen, festen Umarmungen, die nur Mum mir geben kann. Ich sehe sie an. Ihre dunkle Haut leuchtet, aber sie hat die Stirn gerunzelt.

»Ist alles in Ordnung, Chiamaka?«

Natürlich, will ich sagen, doch ich schweige.

»Du kommst mir ein wenig niedergeschlagen vor«, fährt sie fort.

»Mir geht es gut«, sage ich achselzuckend.

Mum wirkt nicht gerade überzeugt und ich bin mir auch nicht ganz sicher, aber dann entspannt sie sich und nimmt ihre Handtasche von der Garderobe an der Treppe.

»Wenn du Pizza willst, ich habe dir Geld dagelassen«, sagt sie, küsst mich auf beide Wangen und geht dann zur Tür. Der Duft ihres starken, würzigen Parfums steigt mir in die Nase. »Hab dich lieb, Chi. Bis später!«

Die Tür knallt hinter ihr zu und lässt mir die Ohren klingeln. Ich sehe sie verschwommen durch die rosa Glasscheiben und höre ihre hohen Schuhe auf dem Betonweg klackern, bevor sie in der Nacht verschwindet.

Seufzend schleppe ich mich die Treppe hoch und zurück ins Kino. Ich weiß, dass es nicht so schlimm wirkt – zweimal fälschlich des Diebstahls beschuldigt zu werden und dass alle glauben, Jamie hätte mich abgewiesen –, besonders, weil die Enthüllungen um Devon so viel persönlicher sind. Aber es ist eine Sache, wenn über einen gesprochen wird, und eine andere, wenn man sich über einen lustig macht. Ich hasse es, wenn man sich über mich lustig macht, es erinnert mich an die Mittelschule: da war ich immer das Mädchen, auf das alle herabsahen und das sie ärgerten, nie das, mit dem jemand befreundet sein wollte.

Nicht, dass jetzt jemand mit mir befreundet sein will – nicht mal vor Aces –, aber zumindest wussten sie, dass sie nicht auf mich herabsehen konnten.

Ich beginne, etwas von unserer Unordnung zu beseitigen und trete die Decken zur Seite, um zu sehen, ob darunter irgendwelcher Müll liegt. Ich bemerke ein Stück zerknülltes Papier mit schwarzer Aufschrift. Als ich mich bücke und es aufhebe, erkenne ich Jamies Handschrift – 1717. Er schreibt seine Pins und Passwörter auf irgendwelche Zettel.

Ich mache immer Witze darüber, dass er sich irgendwann meinen Namen aufschreiben wird. Und ich erinnere mich daran, wie er in seiner üblichen großspurigen Art einmal sagte: Wie könnte irgendjemand an der Niveus je die große Chiamaka Adebayo vergessen?

Bei der Erinnerung daran muss ich lächeln. Manchmal schleichen sich diese Momente ein und erinnern mich daran, dass unsere Freundschaft echt ist. Das brauche ich manchmal. Besonders, wenn er etwas tut, was mir unter die Haut geht. Wie sich eine Freundin zuzulegen.

Ich setze mich auf einen der Sessel, nehme mein Telefon und öffne die Notiz-App.

Ich nenne die Seite: Leute, die mich hassen.

Wer diese Informationen findet und die Textnachrichten schreibt, tut das, um mir zu schaden. Es ist jemand, der mich, Devon und Scotty wirklich hasst. Und ich werde herausfinden, wer es ist und warum er das tut.

Ich starre auf die leere Seite und den blinkenden Cursor, und bevor ich es mir überlegen kann, tippe ich die Namen von Jeremy, Ava und Ruby als Hauptverdächtige ein. Jeremy, weil ich mit Sicherheit weiß, dass er mich gerne zu Fall bringen würde, Ava, weil sie die Sache mit Jamie und mir so schnell verbreitet hat, und Ruby … Nun, es ist offensichtlich, sie ist halt Ruby. Ich weiß nicht, ob ich wirklich glauben kann, dass Ava oder Jeremy überhaupt fähig wären, so etwas durchzuziehen, aber ich weiß, dass der oder die, wer immer es tut, es nicht viel länger tun wird. Ich werde herausfinden, wer es ist, und dafür sorgen, dass er es bereut, je damit angefangen zu haben.

11

DEVON

Donnerstag

Als ich heute Morgen um sechs aufgewacht bin, regnete es heftig. Ich hörte, wie die Tropfen an die Fenster schlugen und durch die Ritze am unteren Rand drangen. Ich hätte es ja geschlossen, aber das Fenster klemmt in dieser Position fest.

An manchen Morgen sitze ich in diesem verträumten Zustand da und lasse mich von der Kälte umfangen wie von der Erinnerung an meinen Vater, nur dass der mich nie umarmt hat, wenn er da war. Ich habe seit Jahren nicht mehr darum gebeten, ihn besuchen zu dürfen – Ma hat jedes Mal angefangen zu weinen, wenn ich es ansprach, also habe ich nicht mehr gefragt.

In der Nacht hat sich mein kleiner Bruder Elijah an mich gekuschelt, weil er noch mehr gezittert hat als ich, deshalb habe ich ihn in meinen Schulblazer gewickelt. Jetzt riecht mein Blazer nach Bananen, ein Geruch, der Elijah permanent umgibt.

Auf dem Weg zur Schule hämmert mir der Regen auf die Kapuze, läuft mir über das Gesicht und nimmt mir die Sicht. Ich wische ihn weg, aber es regnet und regnet. Sowohl die Kälte als auch der Gedanke daran, wer wohl das Video gesehen hat, lassen mich schaudern. Ich halte den Kopf gesenkt, bis ich bei Jack ankomme. Dort klopfe ich an die Tür und hoffe, dass er dieses Mal aufmacht.

Doch es ist sein Onkel, der an die Tür kommt. Er ist groß und sieht müde aus und trägt immer dasselbe fleckige Unterhemd und Jogginghosen. Im Hintergrund höre ich Jack mit seinen Brüdern streiten.

»Jack, dein Freund ist hier«, schreit sein Onkel. Mit Smalltalk hält er sich nicht auf. Kein Hi, nichts. Ich glaube, meine längste Unterhaltung hatte ich mit ihm, als ich ihn das erste Mal sah, nachdem Jacks Mutter gestorben war. Er hatte gefragt: »Wer bist du denn?« Ich hatte ihm meinen Namen gesagt und das war alles.

Jack taucht mit zerknitterter Uniform und leicht schiefer Krawatte auf. Ich habe über jedes Wort, das er gestern in der Gasse gesagt hat, nachgedacht. Was mich heute Morgen wieder hierhergebracht hat, weiß ich nicht. Vielleicht versuche ich, an meiner längsten Freundschaft festzuhalten, trotz der offensichtlichen Risse darin. Vielleicht ist es auch nur das Gefühl von Sicherheit, das ich verspüre, wenn ich das einzige Gesicht sehe, das mir bei Niveus etwas bedeutet. Ich weiß es selbst nicht recht.

Jack sagt nichts, sondern läuft nur neben mir her. Das Schweigen ist peinlich. Ich kenne dieses Schweigen bei Jack gut, aber ich halte es aus, weil ich weiß, dass auf der anderen Seite dieses Schweigens immer noch ein Freund ist, mein Freund. So war es immer. Ich weiß, dass er mich immer noch mag.

Niveus ist nicht weit von unserer Wohngegend entfernt. Unsere Schule liegt zwischen zwei Welten: der Seite der Stadt, wo die reichen Leute wohnen, und unserer Seite, wo sich die Leute weder Essen noch medizinische Hilfe leisten können. Normalerweise halte ich einfach nur den Kopf gesenkt, egal, wo ich bin, aber seit das Bild und das Video im Umlauf sind, fühle ich mich in unserer Nachbarschaft noch unwohler. Beim Gehen sehe ich verstohlen um die Straßenecken und stelle mir vor, dass dort Jungen mit dunklen Kapuzen und scharfen, glänzenden Objekten lauern, um mich windelweich zu prügeln. Das Bild hat Dre in weniger als achtundvierzig Stunden erreicht, ich kann mir also vorstellen, wie viele Jungs aus meiner Nachbarschaft das Video gesehen haben, herausbekommen haben, dass ich das war, und am 7-Eleven auf mich warten. Sie werden mir klarmachen, dass für mich kein Platz in ihrer Nachbarschaft ist. Auch wenn Dre sagt, er würde sich darum kümmern – wenn das Bild ihn erreicht, dann können es auch alle anderen bekommen.

Aber mit Jack zusammen fühle ich mich ein klein wenig sicherer.

Schaudernd wische ich mir wieder über das Gesicht. Ich mag das Geräusch des Regens, aber mittendrin zu stecken, ist nicht schön, daher freue ich mich zum ersten Mal in dieser Woche, die weißen Ziegelmauern und die schwarzen Tore von Niveus zu sehen.

Jack und ich gehen die Treppe hinauf und durch die Türe in die Gänge, wo die Gespräche offensichtlich sehr lebhaft waren, bevor wir gekommen sind. Plötzlich bin ich mir meiner übergroßen Uniform, aus der das Wasser auf den Marmorboden tropft, nur zu bewusst.

»Ich muss zum Unterricht«, sagt Jack leise und lässt mich stehen. Ich sehe ihm nach und fühle mich jetzt, wo er weg ist, viel weniger sicher.

In meinem Bauch beginnt es zu ziehen wie schon die ganze Woche, als ich den Gang entlanggehe. Aces hat mich so sichtbar gemacht wie einen Kerl mit einem Gesichtstattoo, und das lästige Quietschen meiner nassen Schuhe auf dem Marmor verbessert die Sache auch nicht unbedingt.

Ich laufe die Treppe zu den Musikzimmern hinauf.

»Hi Devon«, begrüßt mich Mr Taylor lächelnd.

Das erregt die Aufmerksamkeit der anderen Schüler und mir werden weitere missbilligende Blicke zugeworfen.

»Hi Mr Taylor«, erwidere ich.

Der Toast, den ich zum Frühstück hatte, will wieder hinaus, weil sich mein Magen immer weiter verkrampft.

Ich gehe an meinen Platz und lasse mich müde auf den Stuhl sinken, bevor ich mein Keyboard einschalte.

»Yo, Richards, was läuft?«, fragt eine Stimme. Ich erschrecke.

Es ist Daniel Johnson: Quarterback, braunes Haar, braune Augen, typisch »hübsches« Gesicht. Daniel Johnson, der noch nie im Leben mit mir gesprochen hat.

»Yo, Johnson. Das Wasser«, antworte ich.

Er hält inne, sieht mich an und versteht dann – früher, als ich es für möglich gehalten hätte. »Du bist witzig«, lacht er.

Es entsteht eine weitere Pause, dann setzt er sich neben mich.

»Hör zu, wir leben im einundzwanzigsten Jahrhundert. Niemand hasst mehr Schwule.«

Das ist bei mir noch nicht angekommen.

»Also, mir ist das egal – solange du mich nicht anmachst, oder so, kapiert?«

»Kapiert«, erwidere ich.

Er schlägt mir auf den Rücken und zögert dann zwinkernd. »No Homo.«

Ich möchte ihm sagen, dass er verschwinden und jemand anderen belästigen soll. Aber er scheint darauf versessen, mich zu ärgern.

»Wie ist Scotty denn so? Der Typ tut, als wäre er ein Gott. Aber ehrlich, ich weiß, was göttlich ist. Das sagen mir die Mädels jeden Tag.«

Daniel scheint sein Spielchen sehr ernst zu nehmen und zuckt die Schultern in einer Art und Weise, die offensichtlich sehr bescheiden sein soll.

»Aber keine seiner Eroberungen sagt mir was. Ich habe versucht, Chiamaka zu fragen – denn auch wenn er gay ist, wer würde nicht gerne mal bei ihr landen?«

Ich.

»Also, wie ist Scotty so?«

Bei jemandem, der so laut No Homo schreit, wundere ich mich wirklich …

Ich lehne mich zurück und tue so, als müsste ich darüber nachdenken.

»Scotty ist ein Gott, Daniel«, sage ich dann, wobei mir zu spät einfällt, dass er Sarkasmus wahrscheinlich nicht erkennen kann.

Er nickt langsam und nachdenklich.

»Wow. Vielleicht hätte ich nicht an ihm zweifeln sollen«, meint er.

»Vielleicht.«

Daniel dreht sich um und klopft mir noch einmal auf den Rücken. »Du bist eigentlich ganz in Ordnung, Devon.«

Wahrscheinlich soll das ein Kompliment sein, allerdings bin ich mir nicht ganz sicher, was man von einem Kompliment von Daniel halten soll. Zumindest werden meine Gebete erhört und Daniel verschwindet.

Mein Telefon summt. Eine Nachricht von unbekannt. Fett und frech glotzt mich der Text an.

`Nur so. Unser liebster Gassenjunge, Jack McConnel, hat ein Drogenproblem. Hoffentlich leiden seine guten Noten nicht darunter und unter seinen brandneuen Freunden … Aces`

Die Nachricht hinterlässt eine Leere in mir, als wären alle meine Organe entfernt worden und ich wäre nur noch eine Hülle. Jack würde nie Drogen nehmen. Seine Mutter ist daran gestorben und sein Vater ins Gefängnis gekommen. Außerdem muss er sich um seine Brüder kümmern.

Er würde nie so etwas Dämliches tun oder sein Stipendium deswegen riskieren.

Dass Jack bei alldem auftaucht, ergibt noch weniger Sinn als das Auftauchen von Chiamaka. Bei ihr konnte ich wenigstens noch eine gemeinsame Verbindung zu Scotty finden, aber jetzt ergibt das alles gar keinen Sinn mehr.

Ich schreibe:

`Alles in Ordnung? Ich weiß, dass die Gerüchte nicht wahr sind.`

Gleich darauf vibriert seine Antwort in meiner Hand.

`Wirklich?`

Die Leere wird tiefer, als würde ein unsichtbarer Mann ein Loch in meinem Bauch graben.

Ich sinne über diese Antwort nach, dann schreibe ich:

`Der Jack, den ich kenne, würde so etwas nie tun.`

Der Jack, den ich kenne, schwor am Grab seiner Mutter, dieses Zeug nie zu nehmen. Als sie sie ins Grab senkten, warf er Erde auf ihren Holzsarg und versprach ihr, sich davon fernzuhalten.

`Vielleicht kennst du mich ja doch nicht so gut.`

Ich kenne Jack schon so lange wie mich selbst. Der unsichtbare Mann in meinem Bauch hört auf zu graben und versetzt mir stattdessen einen Stich ins Herz.

Ich sehe hoch und lasse meinen Blick über die Klasse schweifen. Ein Mädchen sieht mich an, hält sich kichernd die Hand vor den Mund und dreht sich schnell wieder um. Ihre Schultern zucken, als sie lacht. Ich spüre Blicke und merke, dass mich Mr Taylor anstarrt. Dann lächelt er.

Meine Finger krallen sich immer noch um das Telefon. Ich warte darauf, dass Jack sagt, es sei nur ein Witz gewesen und dass sich Aces bei ihm irre. Das Display wird dunkler, dann schwarz, dann ist das Handy gesperrt. Andererseits weiß ich, dass diese Nachricht nicht kommen wird und dass ich, so sehr ich den Gedanken auch hasse, Jack vielleicht tatsächlich nicht so gut kenne, wie ich dachte.

Ich sitze an meinem Platz und starre mein Keyboard an. Der unsichtbare Mann flüstert mir zu: Sogar deinem besten Freund bist du egal. Er will dich nicht um sich haben. Niemand will dich.

Ich bin allein. Ich habe keine anderen Freunde an der Niveus, denen ich mich anvertrauen könnte. Jeden Tag spüre ich, wie Jack sich weiter von mir entfernt. Es gibt mir das Gefühl, dass etwas mit mir nicht stimmt. Wenn Pa da wäre, würde er mir sagen, dass ich das nicht glauben darf. Er würde sagen, dass sich das mit Jack schon wieder einrenkt. Oder dass ich andere Freunde finde – irgendwann mal.

Ich träume davon, dass Pa irgendwann nach Hause kommt. Wir würden Pizza essen gehen und er würde mir einen Haufen Lebensweisheiten erzählen. Wir würden uns gegenseitig auf den neuesten Stand bringen. Ich stelle mir vor, dass ich ihm von Aces berichten würde, diesem anonymen Mobber, der mich grundlos hasst, und er hätte eine Lösung parat, denn dazu sind Väter da. Sie sollen alles wissen, was man selbst nicht weiß. Ich träume davon, dass Ma nicht so beschäftigt ist und Zeit hat, zuzuhören und zu reden, damit ich ihr den ganzen Mist erzählen kann, den ich seit Jahren vor ihr geheim halte.

In meinen Träumen hört sie zu und sie liebt mich hinterher immer noch.

Aber ich weiß, dass Träume gefährlich sind, sie geben mir zu viel falsche Hoffnung. Ich weiß, ich weiß doch verdammt noch mal, dass mein Pa selbst dann nicht für mich da wäre, wenn er nicht im Gefängnis säße.

Ich schließe die Augen, kneife sie fest zu, während mein Herz zu zerspringen droht. Träume sind Gift.

Ich weiß, dass ich immer noch allein wäre.

Ich überlege, ob ich Dre texten soll, ihn fragen, ob ich heute Abend zu ihm kommen kann oder so, aber ich habe Angst, was man ihm sonst noch über mich gesagt hat. Was könnte noch herauskommen?

Schnell wische ich mir über die Augen und stecke mein Telefon ein. Ich muss mich auf etwas anderes konzentrieren.

Zitternd spiele ich eine Note auf dem Keyboard, beginne mit meinen Aufwärmübungen und blockiere durch die Musik die schlechten Gedanken.

12

CHIAMAKA

Donnerstag

»Blödsinn.«

»Keine schmutzigen Wörter, Chi«, grinst Jamie.

»Nein, im Ernst, das ist Schwachsinn.«

Jamie beißt kopfschüttelnd in sein Sandwich. »Ist es nicht, glaub mir. Billy hat es Maggie gesagt, die mir gesagt hat, dass Cecilia Wright Mr Peterson poppt.«

Ich verdrehe die Augen. Als ich ihm sagte, ich wolle über »irgendetwas« reden, meinte ich nicht so etwas. Allerdings frage ich mich, warum Aces irgendwelches Zeug über mich und die Jungen postet, ein solches Gerücht aber nicht – dabei ist es meiner Meinung nach viel interessanter.

Wir sind bei Lola, in einem leeren Klassenzimmer an der Cafeteria. Hauptsächlich bin ich hier, weil ich einen Vorwand brauchte, um von den anderen wegzukommen. Besonders von Leuten wie Ruby, die nur zu gerne sehen würden, wie ich zu Fall komme.

Und ich wollte über etwas Dringenderes reden – zum Beispiel, wer Aces Jamies Meinung nach ist.

Ich nehme mein Telefon und suche nach neuen Nachrichten.

Nichts. Ich seufze.

»Schaust du nach, ob Aces irgendein neues Geheimnis enthüllt hat?«, fragt Jamie und packt die Reste seines Sandwiches ein.

»Nein.« Ja.

»Ich habe gehört, dass derjenige, um den es geht, die Nachricht gar nicht bekommt.«

»Echt jetzt, Sherlock? Das habe ich selbst schon rausgefunden … Aber sprechen die Leute darüber? Darüber, wer es sein könnte?«

Jamie zuckt mit den Schultern. »Wahrscheinlich. Ich höre nicht so hin.«

Normalerweise weiß ich alles, was an der Niveus vor sich geht. Normalerweise habe ich alles unter Kontrolle. Ich habe Ohren in allen Klassen und man erzählt mir alles. Aber diese Woche herrscht Funkstille. Ich habe das Gefühl, als wüssten alle anderen mehr als ich und würden mich aus irgendeinem Grund außen vor lassen. Zuerst war da die Kündigung von Rektor Collins, dann wusste offenbar jeder über Jamie und Belle Bescheid, und jetzt Aces. Nicht zu wissen, wer der Nächste ist, beziehungsweise was das Nächste ist, macht mich richtig nervös.

»Lass uns raus aus Lola. Belle will heute beim Mittagessen bei uns sitzen.«

Ich versuche, mir meine Enttäuschung nicht anmerken zu lassen. »Klar.«

Wir gehen hinaus, nachdem wir uns vergewissert haben, dass uns kein Lehrer dabei sieht, und gehen wieder in die Cafeteria. Jamie geht gleich zu Belle, die mit ein paar Mädchen aus dem Lacrosse-Team und ein paar Jungs aus dem Footballteam am Tisch der coolen Kids in der Mitte sitzt. Ich folge ihm und betrachte naserümpfend, wie alle das Tagesgericht von heute essen. Grüne Pasta. Scotty sitzt am Tischende, wickelt mit einer Hand die Pasta und tippt mit der anderen Hand.

Ich bin überrascht, ihn hier zu sehen, normalerweise hängt er mit den Theaterkids herum.

Ich frage mich, wem er schreibt.

Ein weiterer Grund, warum ich gerne allein mit Jamie esse, ist, weil es am Tisch der Coolen immer so laut ist. Da sitzen Jungs, die sich für erwachsene Männer halten, in blauen Collegejacken und bewerfen sich gegenseitig mit Essen.

Ich schließe zu Jamie auf und will ihm sagen, dass das, was Belle da isst, aussieht wie schon mal gegessen. Aber er ist zu schnell, er bewegt sich auf sie zu, als würde er von einem Magnet angezogen, und küsst sie leicht. Ich sehe weg, nehme mir einen Stuhl und setze mich ihnen gegenüber.

»Wie war es bei Lola?«, erkundigt sich Belle. Ich hole meinen kleinen Behälter mit Karottensticks heraus.

»Faszinierend wie immer«, erwidert Jamie, der schon wieder den Mund voll Sandwich hat. Irgendwie hat er es geschafft, es beim Hinsetzen auszupacken.

Wir schweigen alle drei, und als ich aufsehe, bemerke ich, dass mich Belle erwartungsvoll anstarrt.

Ich stecke mir eine Karotte in den Mund und grinse breit beim Kauen. »Es war großartig. Ich liebe es immer, mit Jamie abzuhängen.«

Belle verdreht die Augen und ich ziehe eine Braue hoch. Hat sie gerade wegen mir die Augen verdreht?

Ich höre einen SMS-Ton und mein Herz macht einen Satz. Belle nimmt ihr Telefon hervor und sieht mich an.

»Das ist nur meine Schwester«, erklärt sie.

Mein Herz schlägt wieder normal, aber ich ärgere mich, dass ich mir meine Unsicherheit anmerken lasse.

»Was will sie denn?«, frage ich, um es zu überspielen, vielleicht ein wenig zu harsch.

Belle zögert. »Nur ein Witz über Politik … Wann können wir denn noch so einen Mutantenfilm zusammen sehen?«

»Was für einen Witz?«, dränge ich.

Sie blinzelt mich an.

»Ist das wirklich wichtig?«, fragt Jamie an ihrer Stelle.

Ich mache schon den Mund auf, um ihm zu sagen, dass es sehr wohl wichtig ist, und suche nach einem Grund dafür, als er mich schon wieder unterbricht.

»X-Men?«, schlägt er vor und bringt das Gesprächsthema wieder auf die Mutanten zurück, da das offensichtlich wichtiger ist.

»Ja! Die sind wirklich … interessant«, stimmt Belle zu.

Jamie sieht mich an.

Ich ringe mir ein Lächeln ab. »Klar. Nicht, dass es nicht schon die Tradition von jemand anders wäre oder so …«

Dieses Mal unterbricht mich das Summen meines eigenen Telefons. Hastig entsperre ich es und suche das Display nach Erniedrigungen ab. Doch es ist nur meine Mutter, die mir einen weiteren Artikel zum Thema Tod durch Ladegeräte fürs Handy schickt.

»Du dachtest, es wäre Aces, oder?«, lacht Jamie laut und klatscht in die Hände, als wäre das lustig.

»Nein.«

»Vielleicht ist Aces der Schwarze Mann«, grinst Jamie. Ich sehe ihn finster an.

»Das ist nicht witzig.«

»Irgendwie schon.«

»Nein, wirklich nicht«, erklärt Belle, legt die Gabel weg und lässt ihre weichen Züge verärgert aussehen.

»Komm schon, ich habe doch nur Spaß gemacht. Chiamaka ist überempfindlich.«

Belle ist wenig beeindruckt. »Überempfindlich?«

Wieso tut sie denn plötzlich so, als läge ihr etwas an mir? Ich brauche Abstand von diesem Tisch und diesem Gespräch. Ich habe keine Lust auf Jamie, wenn er im Scheißkerl-Modus ist.

»Ich brauche frische Luft«, sage ich und stehe so abrupt auf, dass der Stuhl laut über den Boden kratzt. Einige der Jungen sehen auf, einschließlich Scotty. Wir haben kurz Blickkontakt und – ich schwöre, ich bilde mir das nicht ein – er lächelt. Ohne auf eine Reaktion von Jamie zu warten, gehe ich.

♠

Die Nachrichten von Aces sind mir egal, sage ich mir. Aber ich sehe sie mir trotzdem noch einmal an. Ich lehne den Kopf an die Tür der Toilettenkabine und lese die Worte. Sie sind persönlich. Wirklich persönlich. Es ist die Art von Gerüchten, die auch nach der Highschool noch hängen bleiben können. Zumindest die, die Devon betreffen.

Ich frage mich, wie Devon damit fertig wird. Ich glaube, ich würde sterben, wenn so etwas über mich veröffentlicht würde. Ich bin schon wegen so trivialem Zeug total nervös und aufgewühlt. Ich kann mir nicht mal vorstellen, wie er sich fühlen muss.

Was, wenn dunklere, tiefgehendere Geheimnisse über mich bekannt werden? Geheimnisse, die alles ruinieren können … Universität, Karriere, mein Leben?

Die Erinnerung an blondes blutverklebtes Haar taucht auf der Innenseite meiner Augenlider auf, als ich sie schließe. Das Bild, wie ich sie zum Sterben habe liegen lassen.

Nach dem Unfall habe ich wochenlang jeden Abend alle Krankenhäuser der Stadt angerufen und gefragt, ob eine blonde junge Frau aufgenommen wurde. Ich bin jede Nacht wach geblieben und habe alle Lokalzeitungen und Nachrichten nach Berichten oder einer Andeutung eines Unfalls mit Fahrerflucht abgesucht, nach einem Mädchen, das von zwei Feiglingen liegen gelassen wurde und verblutete.

Ein egoistischer Teil von mir hat die Horrorvorstellung, dass sie überlebt hat und uns suchen wird, dass sie uns eines Tages findet und allen unser schreckliches Geheimnis enthüllt.

Was mich mehr mitnimmt als alles andere, ist der Abend danach. Ich bin wieder zu der Stelle, an der es passiert ist, eine Straße, durch die kaum jemand fährt, etwa zweihundert Meilen von meinem Wohnort entfernt. Die Straße war vollkommen leer. Ich habe die ganze Strecke nach irgendwelchen Anzeichen von ihr abgesucht. Ich bin auf und ab gefahren und habe mir einzureden versucht, dass ich die falsche Stelle erwischt habe. Aber das stimmt nicht. Der genaue Ort hat sich in mein Gedächtnis eingebrannt.

Es gab keine Leiche. Kein Glas von den zerbrochenen Scheinwerfern, wo wir gegen den Baum geprallt waren. Kein Blut. Nichts. Als hätte ich mir das alles nur eingebildet.

Aber ich weiß, dass es passiert ist. Der Baum, gegen den wir gefahren sind, ist Beweis genug. Er ist krumm und das Auto hat Teile der Rinde abgerissen. Der Baum ist unverändert, während alles andere offensichtlich vom Tatort entfernt wurde.

Wochen, nachdem es passiert ist, habe ich den Unfall Jamie gegenüber angesprochen, als meine Schlaflosigkeit besonders schlimm war. Als ich ihn fragte, sah er ängstlich, ja, verloren aus. Als ob er am liebsten geweint hätte. Ich konnte sehen, dass auch er nicht viel schlief. Ich weiß noch, wie er so blass wurde, dass ich fürchtete, er würde sich übergeben.

Aber natürlich wechselte er das Thema und ignorierte mich einen ganzen Tag lang.

Jamie ist die Uni egal und der Name der Familie Fitzjohn würde ihn wahrscheinlich auch aus einer so großen Sache herauspauken. Ich bin mir sicher, dass seine Familie die Hälfte der Richter in der

Gegend in der Tasche hat. Allerdings ist der Name nicht nur mächtig, er ist auch eine schwere Bürde und muss in Ehren gehalten werden. Jamie erzählt mir immer, wie viel ihm der Respekt seines Vaters bedeutet, und ich weiß, dass er ihn komplett verlieren würde, wenn es herauskäme.

Ein paar Wochen später versuchte ich noch einmal, die Sache anzusprechen. Ich konnte immer noch nicht schlafen und meine Panikattacken nahmen zu. Ich brauchte einen Freund. Ich musste über das, was passiert war, und das, was ich gesehen hatte, reden.

Jamie stritt es schlichtweg ab und fragte mich, wovon ich eigentlich sprach. Er sah total verwirrt aus und die Angst, die ich beim ersten Mal, als ich ihn fragte, gesehen hatte, war völlig verschwunden. Danach habe ich das Thema nie wieder angesprochen. Da ich seinen Dad kenne und weiß, was Jamie zu erwarten hätte, ging ich davon aus, dass er die Angelegenheit vergessen wollte und Erfolg damit hatte.

Ich habe Mr Fitzjohn ein paarmal bei formellen Anlässen gesehen oder im Vorbeigehen, wenn ich bei Jamie war. Die Spannung in diesem Haus ist bedrückend. Selbst seine Mutter scheint unter dem Druck einer lieblosen Ehe und der Anstrengung, nach außen hin das perfekte Familienleben aufrechtzuerhalten, zusammenzubrechen. Von Jamie weiß ich, dass sie getrennte Schlafzimmer haben und dass sie immer »etwas nimmt«, um schlafen zu können und sich von dem Mann, mit dem sie verheiratet ist, abzulenken. Nicht, dass da je jemand drüber reden würde, so was wird alles unter den Marmorfußboden gekehrt. Nach außen hin scheinen die Fitzjohns die perfekte Familie, aber sie sind alle auf ihre eigene Weise verkorkst. Jamie ist seinem Vater ähnlicher, als er glaubt.

Meine Familie hingegen hat nichts dergleichen. Wir sind keine alteingesessene Familie von hier. Wenn unser Geheimnis herauskommt, sehe ich keinen Ausweg für mich. Es steht alles auf dem Spiel, und auch wenn Jamie äußerlich ruhig erscheint, muss ihm doch bewusst sein, dass er der Nächste auf Aces' Opferliste sein könnte.

Nach außen hin okay zu sein und rational zu handeln ist vielleicht seine Art, mit dieser Möglichkeit klarzukommen.

Ich wünschte, ich könnte so sein wie er.

Ich schniefe, kann aber die Tränen nicht zurückhalten und weine unkontrolliert. Es löst die schmerzhafte Spannung in meinem Kopf und es ist mir egal, ob mein Mascara verschmiert oder ob jemand mich hören kann.

Jede Nacht träume ich von ihr. Von diesem Mädchen.

Aber jetzt frage ich mich: Wer tut das? Was wird als Nächstes enthüllt?

»Chiamaka?«, höre ich eine sanfte Stimme und die Türe zu den Toiletten knarrt leise.

Ich verhalte mich ruhig. Ich sitze seitlich auf dem Boden der Kabine und betrachte den blauen Faltenrock, der über meinen ausgestreckten Beinen liegt, die dicken grauen Socken, die den größten Teil meiner Schenkel verdecken, und die braunen Halbschuhe, die ich gegen die Wand stemme.

»Ich bin es, Belle«, fährt sie fort. Die Tür neben meiner Kabine öffnet sich und mein Herz schlägt etwas schneller. Dann rappelt es, als sie an meiner verschlossenen Tür zieht. Sie klopft dreimal. Ich kann ihre grauen Wildlederabsätze und die weißen Rüschensocken sehen.

»Bist du da drin?«, fragt sie. Ich sage nichts. Ich bin mir nicht sicher, warum sie sich solche Mühe gibt, nett zu mir zu sein. Vielleicht versucht sie Jamie zu beweisen, dass sie das perfekte Mädchen ist. Aber ich bezweifle, dass es Jamie auffallen würde, wie mich Belle behandelt. Und es wäre ihm auch egal.

Belle schweigt und ich glaube schon, dass sie aufgibt und weggeht. Doch dann höre ich ein Kratzen.

Ich sehe, wie sich das Türschloss langsam dreht. Mit einem scharfen Klicken springt die Tür auf.

Belle sieht mit großen Augen stirnrunzelnd auf mich herab. Dann macht sie ihre Tasche auf und reicht mir ein Taschentuch.

Ich nehme es nicht.

»Ich weiß, das ist eine alberne Frage, aber …«, sie wird leiser, »… ist alles in Ordnung? Du warst so lange weg … Die Pause ist gleich zu Ende, da wollte ich mal nach dir sehen.«

»Schon gut, mir geht es gut, danke«, sage ich leise.

»Gut, das freut mich.« Sie lächelt leicht, macht dann den Mund auf, klappt ihn aber unentschlossen wieder zu. An ihrer Unterlippe kauend, kommt sie in die Kabine und lehnt sich an die Wand.

»Wer immer auch Aces ist, er ist ein Feigling, der sich hinter einem Display versteckt. Ich finde es sehr mutig von dir, dass du das nicht an dich heranlässt, dass du zur Schule kommst und dich dem stellst. Wirklich mutig«, schließt sie.

Unwillkürlich starre ich sie an. Ihre Augen blitzen böse, so als hätte Aces sie angegriffen und nicht mich.

Vielleicht tut sie das gar nicht für Jamie.

»Danke«, sage ich. Und ich meine es auch so. Jamie hat sich nicht die Mühe gemacht, nach mir zu sehen, sie schon.

»Es freut mich, dass es dir gut geht«, sagt sie noch einmal. Mein Herz schlägt schneller. Schniefend wende ich mich ab und konzentriere mich auf die Wand vor mir.

»Wie hast du die Tür aufgekriegt?«, will ich wissen. Wie der Rest von Niveus sind auch die Türen der Toiletten aus starkem dunklem Holz und die Schlösser sehen sehr stabil aus.

»Ich bin echt gut im Schlösserknacken. Habe ich mal im Camp gelernt«, gesteht Belle, als es zum ersten Mal läutet. Sie verlässt die Kabine. »Kommst du?«

Ich schüttle den Kopf. Ihre Freundlichkeit zu akzeptieren und mitzuspielen kommt mir vor, als würde ich aufgeben. Wobei aufgeben? Ich bin nicht sicher. Ich weiß nur, dass ich nicht mit ihr befreundet sein will.

Sie nickt mit fliegenden Locken. »Dann sehen wir uns später.«

»Bis später«, erwidere ich und hasse mich dafür, schwach und zerbrechlich zu wirken. Dann beginnen die Leute einen auszunutzen.

Ich greife nach oben, nehme ein paar Blatt Papier aus der Halterung und tupfe mir damit auf die Augen. Dann betrachte ich die schwarzen Mascara-Linien darauf und die braunen Make-up-Flecken.

Ich hasse dieses unkontrollierte Häufchen Elend, zu dem mich Aces macht.

Ich habe zu hart gearbeitet, um zuzulassen, dass mich jemand zum Schwächling und zum Gespött der Leute macht.

♠

Jamie und ich haben seit der Mittagspause nicht miteinander gesprochen und jetzt haben wir Chemie in der letzten Stunde. Während unser Lehrer Mr Peterson sich über chemische Reaktionen auslässt, kann ich nur an Aces denken. Jedes Mal, wenn ein Telefon summt, setzt mein Herz einen Schlag aus und ich habe das Gefühl, als müsste ich mich gleich übergeben.

»… wenn bestimmte Chemikalien miteinander gemischt werden, kann es zu unerwünschten Reaktionen kommen. Man hört zum Beispiel immer wieder, dass irgendein Prominenter eine Überdosis genommen hat. Aber es liegt nicht notwendigerweise daran, dass man zu viel von einer bestimmten Droge genommen hat …«

Etwas gleitet auf mich zu – ein Zettel. Ich falte ihn auf und sehe Jamies unordentliche Handschrift.

Es tut mir leid, dass ich wegen Aces gelacht habe.

Ich antworte:

Es macht mich nervös. Ich weiß nicht, wie du so was lustig finden kannst.

Aus dem Augenwinkel sehe ich, wie er den Zettel liest.

Noch mal – es tut mir leid.

Es scheint ihm wirklich leid zu tun. Ich nehme den Zettel und strecke den Zeigefinger aus.

»Gib mir die Hand, dann wird dir verziehen.«

Er lächelt und schüttelt meinen Finger, als wäre er eine Hand.

»... manchmal liegt es an der Mischung von Substanzen und daran, wie sie miteinander reagieren. Ein bekanntes Beispiel ist Alkohol und Schlaftabletten. Die Mischung kann Symptome wie extreme Müdigkeit, Gedächtnisverlust und in einigen unglücklichen Fällen sogar den Tod zur Folge haben.«

Bei diesen Worten von Mr Peterson sehe ich auf.

»Außerdem«, flüstert Jamie weiter, »ich glaube, dass Aces andere Leute angreift, ist ein Zeichen. Die wissen, wie deine Rache aussieht.«

Mein Kopf schwirrt immer noch von Mr Petersons Worten.

»Du hast recht«, sage ich und versuche, das merkwürdige Gefühl abzuschütteln, das mich gerade beschleicht. Eine Art Déjà vu.

Doch gerade als ich das sage, höre ich das hämische Lachen des Universums, und als hätte man einen Schalter betätigt, summen die Telefone los.

Ich greife in die Tasche und sehe mit hämmerndem Herzen und verkrampftem Magen auf das Display. Eine Nachricht von Unbekannt. Ich höre das Tuscheln um mich herum, als der Text zerpflückt wird.

`[1 Bild als Anhang]`

`Wir haben einen Gangster unter uns, Leute! Devon Richards, sieh mal an! Voll neben der Spur. Aber was kann man` erwarten bei so häufigen Besuchen wie diesem bei einem sehr einflussreichen und, nicht zu vergessen, gutaussehenden Drogendealer. Pass auf, Vonnie, die Juilliard hält nichts von Vorstrafenregistern. Hoffentlich ist er es wert. Aces

Angehängt ist ein Foto von Devon vor einem Haus.

Ich lese den Text noch einmal und trommle mit den Fingernägeln auf dem Tisch. Wer ist so an Devon interessiert? Das liest sich fast wie von einem wütenden oder eifersüchtigen Ex …

Ich tippe auf das Display und wähle einen Kontakt, mit dem ich seit Monaten nicht mehr gesprochen habe.

Hi Scotty, hier ist Chiamaka. Ich sehe auf das Display und passe auf, dass Mr Peterson sich nicht auf mich konzentriert. Wir dürfen unsere Telefone in der Schule benutzen – aber nicht im Unterricht. Ganz klar, sie lenken uns ab. Doch an so was werden die Lehrer wahrscheinlich nie gedacht haben, als sie diese Regel aufstellten. Wie soll sich jemand konzentrieren, wenn ein Verräter unter uns ist?

Ich lasse den Finger über das Display gleiten und tippe ungeduldig auf den Tisch.

»Wem schreibst du?«, will Jamie wissen.

Ich schlage leicht nach ihm. »Geht dich nichts an. Konzentrier dich auf deine Antwort«, sage ich und kippe das Telefon so, dass es vor seinen neugierigen Blicken geschützt ist.

Es erscheinen drei Punkte, die anzeigen, dass Scotty schreibt. Ich richte mich auf.

Lange nicht gehört.

Ich schreibe nur, weil ich eine Frage habe und eine klare Antwort brauche.

Ich versuche, einschüchternd zu klingen. Ich hätte ihn lieber in der Mittagspause fragen sollen, da ich in persona einschüchternder bin. Aber dazu war ich nicht in der richtigen Stimmung.

`Frag.`

Ich sehe auf und merke, wie mich der Lehrer ansieht, daher greife ich nach meinem Stift und tue so, als würde ich mit einer Hand etwas aufschreiben, während ich unter dem Tisch mit der anderen tippe.

`Bist du Aces?`

Nach einer kurzen Pause erscheinen wieder die drei Punkte.

`Du bist schon die Zweite, die das fragt. Ich dachte, wir wären Freunde.`

Ich würde uns nicht als Freunde bezeichnen ... Als wir das letzte Mal miteinander gesprochen haben – nach unserem Pseudo-Schlussmachen zu Beginn der 11. Klasse –, hat er über meine Schuhe gelacht und ich habe gedroht, ihm seinen albernen Pferdeschwanz abzuschneiden. Aber ich hatte geglaubt, dass wir gut genug miteinander auskommen würden. Er ist mit Jamies Freunden befreundet, daher bewegen wir uns immer irgendwie in ähnlichen Kreisen.

`Das dachte ich auch, aber du bist der Einzige, der mir einfällt, der irgendwelche Geheimnisse sowohl von mir als auch von Devon kennt.`

Wieder die drei Punkte.

`Wie ich schon der anderen Person sagte, warum sollte ich mich selbst mit Schmutz bewerfen?`

Irgendwie habe ich das Gefühl, dass Scotty nicht Aces ist. Bei all dem Mist, den er so gebaut hat – hierbei hat er doch nichts zu gewinnen.

Wieder summt mein Telefon.

`Hast du Angst, dass Aces über die Nacht redet?`

Wie erstarrt blicke ich auf die Nachricht und versuche, herauszubekommen, was er mit der Nacht meint. Weiß Scotty etwa von dem Mädchen, das wir angefahren haben?

Welche Nacht?

Ich muss eine gefühlte Ewigkeit auf seine Antwort warten, doch schließlich vibriert mein Telefon.

Jamies Party am Anfang der 11. Du warst völlig stoned, erinnerst du dich? Hast allen Leuten gesagt, dass ihr Outfit scheiße ist. War irgendwie lustig.

Ich kann mich an nicht viel von dieser Party erinnern. Nur an den Kuss … Der Rest ist verschwommen. Ich kann mich nicht einmal erinnern, dass ich so viel getrunken hätte, aber seitdem bin ich vorsichtig, wenn ich in Gesellschaft trinke. Ich möchte mich hinterher an alles erinnern können und die Geheimnisse anderer bewahren anstatt umgekehrt.

Wieso sollte ich davor Angst haben? Das Schlimmste, was Aces tun kann, ist ein Video zu zeigen, auf dem ich schlecht auf einem Tisch tanze. Da habe ich schon schlimmere Versuche erlebt, mich lächerlich zu machen.

Ist das alles, woran du dich erinnerst?, schreibt Scotty fast sofort zurück.

Ich zögere und überlege, was er damit meint.

Ja, warum?

Ich kann mich an die Nacht kaum erinnern und würde gerne ein klareres Bild haben, für den Fall, dass Aces etwas gegen mich in der Hand hat. Wenn ich betrunken bin, mache ich dumme Sachen. Ich erinnere mich nur daran, dass ich mit dir gesprochen habe, einen Kerl geküsst und dann in die Rosenbüsche gekotzt habe.

Ich kann mich nicht daran erinnern, an diesem Abend mit Scotty gesprochen zu haben. Ich versuche, mich an etwas zu erinnern, an irgendetwas. Und als hätte man mir einen Eimer kaltes Wasser über den Kopf gegossen, kommt mir eiskalt eine Erinnerung.

♠

»Kann ich dir ein Geheimnis anvertrauen?«, fragt Scotty überraschend. Ich bin in einem der Gästezimmer. Die Türe sollte eigentlich verschlossen sein … ich weiß nicht, wie er reingekommen ist. Die Musik von der Party unten macht mich schwindelig.

»Es geht um dich …«, sagt er mit schiefem Grinsen.

»Was für ein Geheimnis?«, frage ich und versuche mich aufzurichten, weil ich Panik bekomme.

Er grinst, setzt sich neben mich auf den Teppich und verschüttet dabei fast das Gebräu in seinem roten Einweg-Becher.

»Ich habe gehört, dass Cecilia Wright gar keine echte Blondine ist«, sagt er.

Ich blinzle ihn an.

»Das hat nichts mit mir zu tun.«

»Nein, natürlich nicht … dein Name ist Chi, nicht CeCe.« Er wischt sich über den Mund und neigt sich zu mir. Er riecht entsetzlich und das ist noch nett ausgedrückt.

»Weißt du, ich sollte heute eigentlich gar nicht hier sein … Hab mich rausgeschlichen, als Mum nicht hingesehen hat«, erklärt Scotty.

Ich würde gerne schlafen, aber mir ist so schlecht und ich will wissen, was Scotty gegen mich in der Hand hat.

Scotty sieht mich an und berührt mein Gesicht. »Du bist so hübsch, Chi. So hübsch wie eine Puppe.«

Ich schiebe seine Hände weg. »Was ist denn mit dir?«, frage ich und streiche mir über die Wangen, doch die sind nass. Habe ich geweint? Warum habe ich geweint? Ich hätte Jamie in seinem Zimmer treffen sollen, aber er war nicht da …

»Wieso versteckst du dich hier oben? Unten hat man viel mehr Spaß.« Scottys Stimme klingt verwaschen und er fällt gegen mich. Meine Frage ignoriert er komplett.

»Dasselbe könnte ich dich fragen«, sage ich.

»Ich wollte nach meiner Freundin sehen«, erklärt er und lacht bei dem Wort Freundin, als wäre es das Lustigste von der Welt. Soll ich jetzt beleidigt sein?

»Na, der geht es gut, also kannst du wieder gehen.«

Scotty streckt die Hand aus und verschüttet dieses Mal wirklich seinen Drink, bevor er sich sehr darauf konzentriert, den Becher abzustellen. Dabei beobachtet er ihn misstrauisch mit ausgestreckten Händen, als hätte er magische Kräfte, die verhindern, dass sich der Becher den Gesetzen der Schwerkraft widersetzt.

Wenn es nicht schon vorher offensichtlich war, dann ist spätestens, als er Hit Me Baby One More Time anstimmt, sonnenklar, dass er viel zu betrunken ist, um allein nach Hause zu kommen.

»Bist du mit jemandem hier?« Ich kann Jamie fragen, ob Scotty hier schlafen kann. Seine Freunde übernachten wahrscheinlich in den Gästezimmern oder in einem der Wohnzimmer.

»Nein, aber vielleicht gehe ich mit jemandem mit … Wer weiß, was der Abend noch bringt.« Er grinst schief und ich schlage ihm auf den Arm.

»Du bist der grässlichste Freund der Welt«, behaupte ich. Wir gehen nur zum Schein miteinander aus, da er im Footballteam ist und nur semipopulär, und ich bin gerade dabei, sehr beliebt zu werden. Wir brauchen einander. Das ist sozusagen eine politische Angelegenheit.

»Ich weiß«, sagt er und wirft den Kopf so heftig zurück, dass er an die Wand knallt und ich zusammenzucke. Stöhnend hält er sich den Kopf mit den wirren Haaren.

»Alles in Ordnung?«, frage ich, als er nach vorne sinkt. Er schnieft und ich neige mich zu ihm, weil ich bemerke, dass seine Wangen nass sind.

Weint Scotty?

»Brauchst du einen Eisbeutel?«

Er schüttelt den Kopf, noch bevor ich es ausgesprochen habe. »Ich bin so ein beschissener Freund.«

Ich sage nichts. Weint er deswegen? Weil mir hinter verschlossenen Türen die Glaubwürdigkeit unserer Beziehung egal ist?

»Ich kann bloß lügen und betrügen und trinken und Von und meine Eltern und Niveus enttäuschen …«

Vielleicht geht es doch nicht um mich.

Er weint noch mehr und greift nach seinem Drink. Ich tätschle ihm verlegen den Rücken.

Mir ist wirklich schlecht. Ich habe mich schon im Bad übergeben, aber wahrscheinlich werde ich mein gesamtes Innerstes von mir geben und hier in diesem Zimmer neben Scotty sterben müssen, während sich alle anderen unten ihres Teenagerlebens freuen.

Scotty drückt nun seinen Becher an sich, als wäre er ein Stofftier. In seiner Socke ist ein Loch, durch das seine blasse große Zehe schaut. Das ist lustig, denn wenn er nüchtern ist, ist er nie so. Er ist immer gefasst und trägt die schicken Klamotten, die man bei einem schwerreichen Kid erwartet.

»Du bist keine Enttäuschung, Scotty, glaub mir«, sage ich und streiche mir über das Kleid. »Und als deine falsche Freundin ist es meine Pflicht, dich nicht an Alkoholvergiftung sterben zu lassen.« Ich nehme ihm den Becher aus der Hand und er sinkt zusammen.

Wir schweigen eine Weile. Ich glaube schon, er wäre eingeschlafen.

Wieder geht die Tür zum Gästezimmer auf.

»Da bist du ja. Ich habe in meinem Zimmer nach dir gesucht, aber da warst du nicht … Alles in Ordnung?«, fragt Jamie.

Ich nicke immer noch zitternd. Die Tränen sind getrocknet. Wahrscheinlich sehe ich furchtbar aus. Ich zwinge mich zu lächeln.

»Alles bestens«, sage ich.

»Gut …« Sein Blick fällt auf Scotty, der neben mir jetzt tatsächlich schläft. »Sollen wir uns irgendwo unterhalten?«, fragt er mit einem Grinsen.

Ich will aufstehen und wundere mich, wie weh das tut.

Plötzlich taucht ein Bild in meiner Erinnerung auf: Jemand stößt mich nieder, ich falle, schreie, rufe um Hilfe …

»Ich würde gerne reden«, sage ich, während er seinen Arm um meine Taille schlingt und über die blauen Flecken an meiner Hüfte streicht …

♠

Wie ein scharfer Knall bringt die Erinnerung mein Nervensystem aus dem Gleichgewicht. Ich hole zitterig Luft und streiche mir mit flauem Gefühl über meinen Rock. Scottys Nachricht muss ich nicht beantworten. Die Antwort, die ich wollte, habe ich schon: Er ist nicht Aces.

Jamie tippt mir auf den Arm und lächelt breit: »Du denkst zu heftig. Ich kann deine Gehirnzellen förmlich hören: Hilfe … es sind nur noch zwei von uns übrig!«

Ich verdrehe die Augen. »Meine Gehirnzellen werden schon damit fertig«, erwidere ich im Flüsterton. Jamie zieht fragend die Braue hoch, dreht sich wieder um und betrachtet die Arbeitsanweisungen, die wir bekommen haben. Wie immer schreibt er überall Zahlen und Symbole darauf, um sich die Zeit zu vertreiben– er passt so gut wie nie auf.

Ich tippe ihm auf den Arm und er sieht auf.

»Du hast neulich dein Passwort bei mir zu Hause vergessen«, sage ich und sehe auf seinen dicken schwarzen Marker.

Verwundert sieht er mich an. »Mein Passwort?«

»Ja, das mit 1717.«

Sein Grinsen verblasst. »Ach, das Passwort. Das brauch ich nicht mehr.«

»Wie kann man ein Passwort nicht mehr brauchen?«, frage ich.

Er zuckt mit den Achseln. »Ich habe es gebraucht, aber jetzt nicht mehr.«

Ich nicke und frage nicht weiter. Manchmal ist Jamie eben so. Er kritzelt weiter auf sein Blatt.

Mir brummt immer noch der Schädel, also versuche ich, mich auf etwas anderes zu konzentrieren, in der Hoffnung, dass der Schmerz dann nachlässt. Mein Blick geht an Jamie vorbei und landet bei Belle, die an einem der Tische in der Nähe sitzt. Das Haar fällt ihr seitlich ins Gesicht und sie hat das Kinn in die manikürte Hand gelegt. Ihr Gesicht ist errötet und ich bemerke, dass sie den Stift so festhält, dass die Knöchel weiß hervortreten.

Ich würde sie fragen, wie es ihr geht, aber wir sind keine Freundinnen.

Also lasse ich es.

Ich stelle mir vor, wie ihr blondes Haar blutverklebt aussieht, wie Blut über ihre Schuluniform tropft und eine Pfütze am Boden bildet.

Dann blinzle ich und das Bild verschwindet.

13

DEVON

Freitag

`Wir müssen reden - Dre`

Daniel, der merkwürdige Quarterback in meiner Musikklasse, der ein plötzliches Interesse daran hat, mit mir zu sprechen, war so freundlich, mir die Nachricht von Aces zu zeigen, als ich heute Morgen in die Klasse kam, Dann fragte er mich, was mein »Straßenname« sei.

Jetzt weiß ich, warum Dre mir geschrieben hat. Er wollte, dass es keine weiteren Nachrichten über mich von Aces gibt, aber offenbar bin ich gerade der Einzige, über den Aces redet. Ich würde wirklich gern wissen, wer dahintersteckt, damit ich ihn fragen kann, warum er oder sie so viel weiß und warum er mich nicht in Ruhe lässt. Es muss jemand sein, den ich richtig geärgert habe.

Mein Herz hämmert so wild, dass ich den Herzschlag in den Ohren spüren kann, als ich zu Dres Wohnung gehe. Trotz der kühlen Nachmittagsluft klebt mir mein Hemd am Körper.

Ich bin hier aufgewachsen, mit diesen Jungs. Wir sind in dieselbe Grundschule gegangen. Wir haben Dinge gesehen, die kein Kind sehen sollte, zum Beispiel, wie Verräter erstochen oder erschossen wurden oder wie Väter in Handschellen abgeführt wurden. Wir sind auch zusammen auf die Mittelschule gegangen, bis mich eines Tages ein älterer Junge namens Malik nach der Schule so zusammenschlug, dass ich von der Schule musste.

Ich weiß noch, dass alle mitgemacht haben – selbst die Jungen, die ich für meine Freunde gehalten hatte.

Sie spotteten und lachten, als ich schrie und blutete.

Die Worte »Schwanzlutscher« und »Tunte« klangen mir in den Ohren, während sie mich schlugen und zutraten. Ganz plötzlich waren die Jungen, mit denen ich aufgewachsen war, nicht mehr meine Jungs. Es waren die Jungs, vor denen ich jetzt Angst haben musste.

Hätte ich mich wehren können wie Dre, wäre mein Leben völlig anders. Er hat immer hierher gepasst, es ist, als hätte er einen Leitfaden oder würde unausgesprochene Regeln kennen, von denen ich nichts weiß.

Jetzt bin ich bei Dres Haus und starre den Kerl an der Tür an, Leon. Noch so ein Junge von der Mittelschule. Seine braunen Locken fallen ihm fast über die Augen, aber sein Blick ist steinhart. Er ist seit Jahren bei Dre, aber mich hat er noch nie gemocht.

»Devon«, sage ich und halte den Kopf hoch erhoben, wie immer in ihrer Gegenwart.

Er verschwindet nach drinnen und kommt einen Moment später mit der Zusage zurück.

Die Dielenbretter knarren, als ich Dres Wohnung betrete. Ich gehe gleich in sein Zimmer und da ist er. Er dreht mir den Rücken zu und hat die Hände in die Taschen gesteckt. Durch das dunkle, eng sitzende Material seines T-Shirts sind seine Schulterblätter sichtbar. Ich schließe die Tür hinter mir.

»Hi.«

Er zuckt zusammen.

Es herrscht langes Schweigen. Ich kann ihn atmen und schniefen hören. Er streicht sich mit der Hand über das Gesicht, dann steckt er sie wieder in die Tasche.

»Wir können uns nicht mehr treffen«, sagt er abrupt, immer noch, ohne sich umzudrehen.

Äußerlich bleibe ich ruhig, obwohl meine Brust schmerzt, als hätte mich jemand erdolcht.

»Was?«, frage ich und schlucke schwer.

»Wir können uns nicht mehr treffen«, wiederholt er. Der Schmerz brennt und mir steigen Tränen in die Augen.

Schon verstanden.

»Warum?«, frage ich, obwohl ich es weiß.

Er kratzt sich am Kopf und schaut mich noch immer nicht an.

»Es geht nicht jeder auf deine schicke Schule, Von. Nicht jeder hat das Privileg, dass er auf seinen Ruf pfeifen kann. Ich habe einen gewissen Ruf – und den brauche ich auch. Ich habe sonst nichts und ich kann nicht zulassen, dass du ihn ruinierst.«

Ich mache einen Schritt auf ihm zu. »Und wie tue ich das, Dre?«

Endlich dreht er sich zu mir um. Seine Augen sind rot, wahrscheinlich wegen einer Mischung von dem, was er genommen hat, und Tränen. Ich trete noch einen Schritt näher. Er weicht zurück, als ob ich ihn verletzen wollte.

Dre tut so knallhart, aber das ist er nicht. Er ist ein Teddybär, der umarmt und geküsst und geliebt werden will.

Das weiß ich, weil ich ihn kenne. Ich kenne ihn seit Jahren, ich bin seit Jahren mit ihm befreundet – obwohl meine Ma das missbilligt. Wir lieben dieselbe Musik. So begann das alles. Tupac, Biggie – darauf gründete sich unsere Freundschaft. Rap, R&B, Soul – diese Musik lieben wir.

Stundenlang lagen wir auf seinem Bett und hörten uns Oldies an, bis spätnachts. Dann warf seine Mutter ihn mit vierzehn raus.

Ich erinnere mich an unseren ersten Kuss – der kam meiner Meinung nach viel zu spät. Ich traf mich zu dieser Zeit schon seit ein paar Monaten mit Scotty. Bis zu diesem Augenblick hatte ich keine Ahnung, dass Dre mich mochte – oder ich ihn.

Die Erinnerung daran steht mir vor Augen.

»Ich bin irgendwie liiert«, sage ich, obwohl mein Herz hämmert, als hätte ich gerade einen Marathon gewonnen.

Scotty. Ich treffe mich mit Scotty. Wieso fühlt sich das plötzlich so an, als wollte ich das gar nicht?

»Reicher weißer Junge, was?«, spottet er.

Ich möchte Dre erneut küssen …

»Ja, ein reicher weißer Junge«, flüstere ich.

»Verschwinde«, dringt Dres leise Stimme in meine Erinnerung.

Meine Augen tränen, als ich den Kopf schüttle.

Er kommt auf mich zu. »Verschwinde. Bitte, verschwinde.«

Er kommt näher heran …

Ich schüttle wieder den Kopf.

Er legt seinen Kopf an meinen, so fest, dass es wehtut, doch das ist mir egal. Ich packe ihn und er küsst mich, lange und intensiv, und ich weine. Die Tränen laufen mir über das Gesicht und kitzeln mich am Kinn. Ich halte ihn fest und wir küssen und küssen uns, bis er mich wegstößt und schreit: »Verschwinde!«

Er schüttelt den Kopf und tritt einen Schritt zurück. »Verschwinde, zum Teufel!«, schreit er und streicht sich heftig über das Gesicht. Ich fahre zurück, als die Tür aufspringt.

Zwei seiner Jungen platzen herein. Einer von ihnen ist Leon.

»Sollen wir ihn rauswerfen, Dre?«, fragt Leon, ohne mich anzusehen.

Ich sehe Dre an, in dessen roten Augen sich Bedauern spiegelt.

»Bringt ihn nur raus. Ich will nicht, dass er weiter mit meinem Stoff dealt.«

Das Messer in meiner Brust dreht sich und mir bricht das Herz.

Ich schließe die Augen, als sie mich hinausschleifen. Sie stoßen mich so heftig, dass ich stürze.

Ich spüre viele Blicke auf mir. Die Jungs draußen, die, die ich fürchten gelernt habe, sind bereit und warten.

Bevor es passiert, ist es still. Der Wind streicht durch die Bäume in der Nähe. Dann klickt ein Feuerzeug und Schritte nähern sich.

Bevor es passiert, erinnere ich mich an das erste Mal, als Dre mir sagte, dass er mich liebt. Es war ein paar Tage, nachdem wir unsere Beziehung begonnen hatten und Monate nach dem ersten Kuss. Nur ein paar Wochen später beendete ich die Sache mit Scotty. Wir hörten in Dres alter Wohnung Musik und hatten uns über sinnlosen Mist gestritten und er sagte es einfach. Ich erinnere mich, dass ich ihm für seine Ehrlichkeit dankte, und wir mussten beide lachen. Stunden später sagte auch ich Ich liebe dich. Alles schien so einfach. War das falsch? Dass wir es so früh sagten?

Der erste Schlag trifft mich in die Seite und ich zische vor Schmerz.

Ich liebe dich.

Der zweite Schlag ist härter. Das, zusammen mit Dres Worten, tut mehr weh als ein Schuss.

Ich liebe dich.

Die restlichen Schläge kommen alle auf einmal und treffen mich überall. Jemand trifft mein Auge und ich schreie auf.

Ich liebe dich.

Ich spüre, wie das Auge anschwillt. Ich kann nichts sehen. Ich kann nichts sehen.

Ich kann …

»Ich liebe dich«, sagt er, gleich nachdem er mir gesagt hat, ich sei dämlich, wenn ich Destiny's Child besser fände als TLC.

»Vielen Dank für deine Ehrlichkeit«, erwidere ich. Ich sehe ihn an und er sieht mich an. Seine Brauen sind auf eine Weise gefurcht, die ihn seltsam attraktiv machen, und seine Augen sind dunkel und glänzend.

Er lächelt mich an. »Ist das alles?«

Ich lege die Hände um seinen Hals und ziehe seinen Kopf zu mir. »Ich hab mich zwar schon bedankt, aber …«

Es entsteht eine Pause, dann lachen wir beide.

Lächelnd küsst er mich, er neigt sich zu mir und küsst mich. Und ich fühle mich so leicht.

Mein Gott, ich fühle mich so leicht.

♠

Ich weiß nicht, wo ich bin. Eben war ich noch vor Dres Haus, und jetzt liege ich auf einem Bett in einem Zimmer.

Ich streiche mit den Fingern über das Material unter mir.

»Du bist wach«, sagt eine tiefe Stimme. Mein Herz setzt kurz aus.

Ich erkenne eine schemenhafte Gestalt in der Ecke. Mit meinem gesunden Auge blinzle ich und versuche zu erkennen, ob das jemand ist, den ich kenne oder zumindest erkenne. Er ist groß, hat braune Haut, eine Brille, das Haar in mittellangen schwarzen Dreadlocks, die Seiten rasiert. Er scheint in meinem Alter zu sein. Aber das ist auch alles, was ich sehe. Mein Auge tut so weh …

»Terrell«, stellt er sich vor. »Terrell Rosario. Ich habe gesehen, wie schlimm sie dich zugerichtet haben, und habe dich hierher zu meiner Mutter gebracht. Ich hoffe, das ist in Ordnung.«

Terrell. Klingt bekannt – glaube ich.

Mein ganzer Körper pulsiert, als hätte man mich an den empfindlichen Stellen mit Nadeln gestochen. Ich wage mir kaum vorzustellen, wie mein Gesicht aussieht, wenn ich das rechte Auge schon kaum aufbekomme.

Ich nicke.

»Ich habe dir Wasser auf den Nachttisch gestellt«, sagt Terrell und deutet nach links. Ich sehe hin und erkenne einen blauen Plastikbecher.

»Danke«, sage ich.

Ich spüre, wie er mich ansieht. Wahrscheinlich fragt er sich, was ich getan habe, um solche Prügel zu verdienen.

»Ich muss nach Hause«, erkläre ich. Ma warnt mich immer vor Leuten, die versuchen, einem einen Gefallen zu tun.

Schweigend beobachtet er, wie ich versuche, die Tränen zurückzuhalten. Meine Arme zittern heftig, als ich versuche, mich aufzusetzen. Der Schmerz ist nicht so schlimm wie der von früheren Verletzungen, aber wegen Dre schmerzt es sehr viel mehr.

»Ich hole dir ein paar Eisbeutel.«

Wieder sehe ich ihn an und langsam wird sein Gesicht deutlicher. Er hat einen weichen, besorgten Gesichtsausdruck, der mir das Gefühl gibt, als wäre ich mit diesem Fremden befreundet.

Ich sehe ihm nach und gleich darauf kommt er mit einer Tüte Tiefkühlgemüse wieder.

»Das ist alles, was wir haben«, erklärt er.

Vorsichtig kommt er zu mir. »Wo tut es am meisten weh?«

Ich deute auf die rechte Seite und er klettert aufs Bett. Fragend sieht er mich an. Ich nicke bestätigend, dann hebt er mein Hemd an und legt den Eisbeutel auf die Stelle, auf die ich gezeigt habe. Ich presse die Augen zusammen. Es piekt, aber es ist auszuhalten.

Es wird still, während es in meiner Seite kribbelt und sie taub wird. Terrell steht auf und begutachtet verschiedene Stellen meines Körpers.

Unwillkürlich sehe ich auf seine Spider-Man-Pyjamahose. Mein kleiner Bruder hat auch so eine.

»Ich kenne die Kerle, die dich zusammengeschlagen haben«, beginnt er nervös. Die meisten kennen sie. »Und … ich weiß nicht, ob es dir hilft, aber sie waren gnädig mit dir.«

Das überrascht mich nicht wirklich.

»Ich habe den Kampf selbst nicht gesehen. Wenn, dann hätte ich nicht zugesehen, glaub mir. Ich hätte versucht, dir zu helfen, damit du nicht so schlimm verletzt wirst …« Er beißt sich auf die Lippe, sieht weg und lässt den Satz unvollendet.

Etwas an Terrell kommt mir bekannt vor.

»Schon gut«, sage ich.

Wieder herrscht Schweigen.

Ich drifte ab, sehe Dres Gesicht und vor meinen Augen spielt sich die Szene wie in einer Schleife immer wieder ab. Der Bruch unserer Beziehung überrascht mich nicht, aber er tut weh. Ich bin immer verletzt, wenn ich einen Teil von Dre verliere. Damals zum Beispiel, als er zu dealen begann, nachdem ihn seine Ma und ihr Freund hinausgeworfen hatten. Einen anderen Teil von ihm verlor ich, als er begann, Leute zu verprügeln, um sich beliebt zu machen und sich Respekt zu verschaffen. Einen weiteren Teil, als er in seiner Gang aufstieg. Ich verliere ständig Teile von Dre. Irgendwann musste es ja so kommen.

Ich hätte besser auf das Unausweichliche vorbereitet sein sollen.

»Fühlst du dich etwas besser?«, fragt Terrell.

Fast hätte ich vergessen, wo ich bin.

»Ja, vielen Dank«, sage ich. Ich will nur nach Hause. Er lächelt und auf seinen Wangen erscheinen Grübchen. Sie stehen ihm gut.

»Gut. Ich habe mir schon Sorgen gemacht.«

Ich zögere einen Moment. Ehe ich sagen kann, dass ich nach Hause gehen muss, fragt er: »Machst du noch Musik?« Dabei lächelt er mich wissend an. Verwundert runzle ich die Stirn.

»Musik?«

Er nickt. »Du hast doch früher Klavier gespielt.«

Plötzlich bekomme ich Panik. Wer ist Terrell?

Ich blinzle ihn an und betrachte sein Gesicht. Ich weiß es immer noch nicht.

»Du versuchst, dich an mich zu erinnern«, stellt er fest.

»Tut mir leid«, erwidere ich mit schlechtem Gewissen.

Er schüttelt den Kopf und schiebt die Brille auf seiner Nase hoch. »Nein, schon okay, das mit dem Gedächtnis ist manchmal komisch. Ich fand dich nur sehr bemerkenswert ...« Er hält inne und sieht auf meine Seite. »Das Eis schmilzt wohl ... ich nehm es lieber weg.« Er nimmt den Gemüsebeutel und sofort hört das kalte Kribbeln in meiner Seite auf.

Ich wünschte, er würde den Satz vollenden. Ich möchte wissen, warum ich mich nicht an ihn erinnern kann.

Als er den Raum verlässt, fasse ich nach meiner Seite. Die Berührung schickt Schockwellen durch meinen Körper.

Ich sehe mich in seinem Zimmer um. Es ist sauber, aber alt, wie meines. In den Ecken schält sich die Tapete von der Wand und aus dem zerrissenen Polster des Schreibtischstuhls quillt die Füllung hervor.

Terrell kommt zurück.

»Woher kennen wir uns?«, frage ich.

»Von der Mittelschule«, beginnt er und sieht weg. »Wir haben uns öfter unterhalten, bevor du abgegangen bist. Ich kam in der 8. Klasse neu in die Schule und du warst ... nett zu mir. Wir haben uns auch einmal geküsst und ... es war mein erster Kuss, so was vergisst man nicht.«

»Wir haben uns geküsst?«, stoße ich hervor. Das habe ich nicht erwartet.

»Nur einmal«, wiederholt er und hält inne, als hätte er gerne mehr gesagt.

Warum kann ich mich nicht an ihn erinnern?

»Und du erinnerst dich an mich?«, frage ich.

Er nickt, als wäre das eine komische Frage.

»Ich habe dich nie ganz vergessen, Devon. Außerdem, als du in diese schicke Schule kamst, warst du das Gesprächsthema in der Nachbarschaft.«

Ich muss an die Eier denken, die auf mein Haus geworfen wurden. Missgunst führt zu Hass.

»Es tut mir leid. Ich kann mich nicht an viel aus dieser Zeit erinnern – anscheinend spielt mein Gedächtnis da nicht mit.«

Ich spüre einen Stich in der Seite.

»Das mit dem Gedächtnis ist manchmal komisch«, wiederholt er.

Ich wusste, dass mir irgendwas an ihm bekannt vorkam, aber ich hätte gedacht, ich würde mich an jemanden, den ich geküsst habe, erinnern.

Vielleicht kenne ich mich selbst nicht so gut wie ich glaube.

Das mit dem Gedächtnis ist tatsächlich manchmal komisch.

♠

Terrell lässt mir keine Wahl. Er bringt mich nach Hause und ich bin ihm dankbar dafür. Ich kann nicht gut laufen, ohne dass es wehtut, und er hilft mir, die Straße entlang zu humpeln, das macht den Weg ein bisschen erträglicher.

Außerdem redet er nicht so viel.

Zwanzig Minuten später sind wir an meiner Haustür. Wenn ich nicht verletzt wäre, hätte es nur halb so lange gedauert. Schließlich lässt er meine Taille los und ich stehe selbst.

»Danke«, sage ich, obwohl mir das reichlich läppisch vorkommt.

»Keine Ursache«, erwidert er kopfschüttelnd. »Das würde ich für jeden tun, der Probleme hat.«

Ich nicke und will mich umdrehen.

»Warte«, sagt er. Ich bleibe stehen.

»Ja?«

»Ich hab dich nicht zum Abschied umarmt.«

»Eine Abschiedsumarmung?« Unwillkürlich muss ich lächeln.

»Ich weiß nicht, wann ich dich wiedersehe, deshalb will ich wenigstens eine Umarmung für den Heimweg.«

Eine Umarmung für den Heimweg. Ist mal was Neues.

»Klar«, sage ich und die Grübchen tauchen wieder auf.

Er kommt auf mich zu und umarmt mich. Es tut zwar weh, aber ich versuche, es mir nicht anmerken zu lassen.

»Danke«, sage ich wieder. Es ist immer noch zu wenig. Nach der Woche, die hinter mir liegt, kann ich mich kaum noch daran erinnern, wann jemand das letzte Mal so nett zu mir gewesen ist.

Wir lösen uns voneinander und ich kann wieder atmen. Mein Körper schmerzt, weil ich zugelassen habe, dass jemand ihn berührt.

»Ich sollte dir meine Nummer geben«, schlage ich vor. »Vielleicht können wir uns ja mal treffen oder so.«

Da mir jeden Tag eine Freundschaft verloren geht, sollte ich neue Freunde finden, bevor ich einer von diesen richtig einsamen Menschen werde. Früher konnte ich mir wenigstens einreden, dass Jack und ich so eng befreundet wären wie auf der Mittelschule, und ich hatte Dre zur Gesellschaft.

Terrells Gesicht leuchtet auf, als er im Hoodie nach seinem Telefon greift. Ich gebe ihm meine Nummer und er sieht auf sein Telefon, als suchte er darauf etwas. Dann steckt er es wieder ein.

»Dann sehen wir uns?«, fragt er.

»Ja«, nicke ich. »Und nochmals vielen Dank.«

Er entfernt sich rückwärts und ich sehe ihm nach, bis er lächelt und sich umdreht und schnell in die Richtung verschwindet, aus der wir gekommen sind.

Ein paar Augenblicke bleibe ich gedankenverloren stehen, dann mache ich die Tür auf und sehe Ma am Esstisch in unserer schlecht beleuchteten Küche sitzen und Post durchsehen.

Ich kann mir denken, was darin steht, es ist immer dasselbe. Manchmal habe ich das Gefühl, in einer Schleife festzustecken und denselben Tag immer wieder zu erleben. Ich komme nach Hause und Ma ist immer müde und sieht die Rechnungen durch.

»Wie war die Schule, Mr Senior Prefect?«, fragt sie, ohne mich anzusehen, und sortiert die Papiere. Seit ich ihr davon erzählt habe, nennt sie mich häufig so. Es freut mich, dass es sie glücklich macht. Es gibt mir das Gefühl, als hätte ich wirklich etwas erreicht.

Ich weiß nicht, was ich ihr antworten soll. Also sage ich nur: »Es war gut. Mein Musikstück nimmt Gestalt an und ich glaube, ich habe echt eine Chance an der Juilliard – und auf ein Stipendium.«

Sie stößt den Atem aus und wischt sich mit dem Handrücken über die Augen. Ich nutze die Gelegenheit, zu ihr zu schlurfen, und lasse mir meine Verletzungen nicht anmerken, als ich ihr auf den gesenkten Kopf küsse.

»Ich komme gleich wieder, ich hole nur schnell was«, sage ich fast flüsternd, lasse meinen Rucksack stehen und klettere so schnell wie möglich die Treppe zu meinem Zimmer hoch.

Ich hasse es, zu sehen, dass sie immer pleite ist. Sie wollte nicht, dass ich einen Job annehme, weil mich das von der Schule ablenkt. Wahrscheinlich hat sie recht. Aber ich kann nicht einfach nur dasitzen und sie schuften lassen. Ich ertrage es nicht, wenn sie weint.

Wenn man so aufwächst, überwältigen die Überlebensinstinkte manchmal den Sinn für Recht und Unrecht, ob man will oder nicht.

Ich suche in meiner Schublade nach dem Umschlag mit Zwanzigern. Ich versuche, nicht zu viel Lärm zu machen, auch wenn ich das Gefühl habe, meine Rippen würden aneinanderkrachen. Meine Brüder schlafen schon und es ist schwer, sie beide gleichzeitig zum Schlafen zu bringen.

Leise schließe ich die Schublade und humple wieder hinunter. Meine Hüften schmerzen von der ungleichmäßigen Belastung. Als ich zu Ma komme, lege ich den Umschlag vor sie hin.

Sie sieht mich mit müden, glasigen Augen an, steht dann auf und nimmt mein Gesicht in ihre abgearbeiteten schwarzen Hände. Sie sagt nichts über mein zerschlagenes Gesicht, sondern streichelt es nur.

Das kennen wir schon.

»Ich hole dir etwas Eis«, murmelt sie.

Ich schüttle den Kopf, denn ich weiß, dass wir diese Woche keine gefrorenen Lebensmittel im Tiefkühler haben.

»Schon gut«, sage ich und mir bricht die Stimme. Aber das liegt nicht an den Verletzungen. Mein Herz scheint zu brechen.

Sie nickt, sieht von mir weg und auf das Geld.

»Vonnie, woher hast du so viel Geld?«

»Frag nicht, Ma, bitte.«

Immer wenn das Geld wirklich knapp wird, führen wir dieses Gespräch. Immer will sie wissen, woher ich es habe. Immer.

Und wie gesagt, manchmal muss man Dinge tun, die nicht mit der Moral vereinbar sind. Ich habe diese Dinge getan, damit wir etwas Bargeld haben, wenn wir es brauchen. Ich versuche nicht daran zu denken, wie ich das nächste Mal an Geld kommen soll, jetzt wo Dre und ich …

Ich halte inne und schiebe diesen Gedanken in eine Kammer in meinem Kopf, wo ich all die Dinge aufbewahre, über die ich nicht sprechen will.

Ich gehe zur Schule, lege das Kostüm der reichen Kids an und spiele ein paar Stunden lang Theater. Ich könnte hochmütig werden und mir einbilden, ich wäre der Größte, und mir etwas vorlügen. Aber Tatsache ist: Dies ist meine Wirklichkeit.

Ma hat drei Jobs. Sie tut alles für uns. Und ich tue alles für sie.

»Danke, Vonnie«, sagt sie. »Ich liebe dich mehr, als ich sagen kann, weißt du das?«

Ich nicke.

Das weiß ich.

14

CHIAMAKA

Montag

Ich wache spät auf.

Dad hat mir die halbe Nacht von seiner Italien-Reise und von Großmutter erzählt. Nicht, dass es mir etwas ausgemacht hätte. Ich konnte wegen der Schuldgefühle und der Sorgen sowieso nicht schlafen. Es war fast 3:00 Uhr morgens, als ich es endlich ins Bett schaffte.

Als auf die Uhr sehe, bin ich schon zu spät dran und muss mich bei meiner morgendlichen Routine beeilen.

Während ich das Glätteisen an die Haare halte, sehe ich ungeduldig auf die Uhr. Plötzlich geht das Licht aus und das Glätteisen zeigt mit einem Fiepen an, dass es nicht mehr warm wird.

»Mum!«, schreie ich.

Sie kommt angelaufen und fragt: »Was ist?«

»Der Strom!«

»Unten haben die Bauarbeiten angefangen. Der Strom kommt gleich wieder.«

»Aber so kann ich nicht zur Schule gehen!«

»Warum denn nicht?«

»Meine Haare!«

Mum sieht mich verwundert an. »Deine Haare sind in Ordnung.«

Ich schüttle den Kopf. »So kann ich nicht gehen!«

Mum sieht mich kurz an und sagt dann mit leichtem Stirnrunzeln: »Du solltest dein Haar lieben, Chi.«

»Ich weiß, ich weiß. Das tue ich ja auch, es ist nur …«

Ich will nicht, dass es wieder so ist wie in der Grundschule, wo mich alle angestarrt haben. Mum sieht mich durchdringend an, als wollte sie herausfinden, was ich denke – worin sie noch nie gut gewesen ist. Sie soll nicht glauben, dass ich mein Haar oder irgendetwas anderes, worin ich ihr ähnlich bin, nicht mag, denn so ist es nicht.

So ist es wirklich nicht.

Ich sehe zur Seite und meine Locken fallen mir ins Gesicht und erinnern mich daran, dass sie da sind. Sie werden immer da sein, ob es mir gefällt oder nicht. Und es gefällt mir wirklich.

Ich ringe mir ein Lächeln ab.

»Schon gut. Ich kann wohl auch so zur Schule gehen.«

Mum nickt. »Aber beeil dich, es ist schon spät.«

Das weiß ich.

Es ist erst Montag und die Woche fängt schon mies an.

Ich kämme mein Haar so gut wie möglich glatt und reibe Kokosöl hinein, dann laufe ich los.

♠

An der Schule angekommen, wünsche ich mir, ich hätte mich nicht so beeilen müssen. Der heutige Tag ist vollkommen anders als der letzte Montag. Letzte Woche hatte ich alles unter Kontrolle und das Gefühl, als würde dieses Jahr genau so laufen, wie ich es mir gewünscht hatte. Aber jetzt ist alles unsicher, als lauerte hinter jeder Ecke eine Gefahr und ich könnte jeden Moment angegriffen werden. Mein Magen krampft sich zusammen. Ich halte den Kopf hoch erhoben und lasse mir meine Furcht nicht anmerken.

Doch Zicken können Furcht riechen.

Als ich ihre Blicke spüre, werde ich unwillkürlich unruhig. Hat Aces wieder zugeschlagen oder sind es meine Haare?

Ich gehe zu Jamie an seinem Spind. Die Stimmen um uns herum werden unerträglich laut. Jamie sieht mich kurz an und lächelt, während er in seinem Schließfach kramt, dann fährt sein Kopf wieder herum, sein Blick fällt auf meine Haare und gleitet dann zu meinem Gesicht. Ich habe den Eindruck, als wollte er es noch etwas länger anstarren.

»Bist du gerade erst gekommen? Du hast die Registrierung und Mathe verpasst«, sagt er und macht sein Schließfach zu.

»Ich weiß«, nicke ich. »Ich bin zu spät aufgewacht.«

Er sieht mich überrascht an, was mich nicht wundert. Ich bin noch nie zu spät gekommen.

»Wer bist du und was hast du mit meiner besten Freundin gemacht?«, grinst er, als wir zu unserer Chemiestunde gehen. Im Gang sehe ich mich nach Ruby und Ava um, doch sie stehen nicht bei meinem Schließfach.

Die Leute weichen uns aus. Sie sehen mein Gesicht, meine Kleider, meine Frisur an. Ich fühle mich unbehaglich, habe aber nicht die Absicht, das jemanden merken zu lassen.

»Gab es übers Wochenende irgendwelche neuen Entwicklungen zum Thema Ruinieren wir Chiamakas Leben?«, erkundige ich mich. »Ich habe keine anonymen Nachrichten bekommen, daher bin ich nicht sicher.«

Ich habe das ganze Wochenende überhaupt keine Nachricht bekommen. Mein Telefon hätte ebenso gut ausgeschaltet sein können.

»Nein. Ich glaube, Master Aces ist fertig mit dir«, erwidert Jamie zwinkernd.

Irgendwie habe ich das Gefühl, dass das keineswegs so ist. Warum sollte man die Sache mit Jamie oder dem Süßwarenladen posten? Das war ja fast wie Spott. Als wollte man mich wissen lassen, dass da noch mehr kommen kann. Wer dahintersteckt, hat offenbar einen Plan gegen mich geschmiedet. Und ich habe eine Leiche im Keller – und eine Stellung an der Schule, die ständig angegriffen wird. Ich habe das Gefühl, als wäre das erst der Anfang.

»Das bezweifle ich«, murmle ich daher, als wir uns setzen.

Wie zur Bestätigung ertönt vielfaches Summen im Raum. Nur nicht in meiner Tasche. Ich könnte heulen. Erst das mit den Haaren und jetzt das. Wie ich geahnt habe, hat es Aces wieder auf mich abgesehen.

»Oh Mann!«, sagt jemand und bebend sehe ich auf. Doch niemand starrt mich an.

Komisch.

»Sieh mal«, sagt Jamie und zeigt mir sein Telefon.

`Niveus Akademie, es wird immer besser … Gerüchten zufolge besucht unser Lieblingsmusikschüler seinen Drogendealer nicht nur. Oh, Dev, hat dir keiner gesagt, dass »Ecstasy« mehr als eine gefährliche Droge ist? Aces`

Mein Herz schlägt immer noch heftig.

Warum habe ich die Nachricht nicht bekommen?

Ich hole mein Telefon aus der Tasche.

Es ist tot. Wahrscheinlich habe ich wegen Dad und seinen endlosen Geschichten vergessen, es aufzuladen.

Ich atme aus, aber mir ist immer noch übel.

»Das überrascht mich nicht«, meint Jamie, der nach wie vor auf sein Telefon sieht. Die Art, wie er es sagt, geht mir unter die Haut.

»Wieso?«, frage ich.

»Er scheint der Typ dafür zu sein«, erwidert Jamie achselzuckend. »Ich meine, er kommt aus dieser Gegend …«

»Ja, aber er geht auf unsere Schule«, wende ich ein. Jamies Tonfall passt mir nicht.

»Du hast recht«, sagt er zögernd. »Er ist auf der Niveus.«

Offenbar glaubt er nicht so recht, dass es etwas ändert, wenn Devon auf diese Schule geht. Sein Gesichtsausdruck sagt mir, dass er der Meinung ist, Devon gehöre nicht hierher. Ich gehöre zwar hierher, aber ich sehe nicht aus wie mein Vater, ich bin nicht weiß und an Tagen wie heute, wo meine Haare sich kräuseln und ich mich gegen die Blicke und die Verwirrung wappnen muss, wird das offensichtlich.

Ich glätte meine Haare nicht, weil ich sie hasse, sondern weil alle anderen sie hassen.

Wenn sie mich fragen »Was bist du?«, würde ich gerne ironisch werden und sagen: »Ein Mensch«. Aber das tue ich nicht. Ich sage ihnen, dass ich italienisch und nigerianisch bin. Bei italienisch ziehen sie immer die Brauen hoch, als wäre es ein Wunder, dass ein Weißer so etwas wie mich produzieren kann. An manchen Tagen macht mir das sehr zu schaffen, an anderen Tagen überhaupt nicht.

Ich frage mich, ob meine Ähnlichkeit mit meiner Mutter etwas damit zu tun hat – mit Aces. Ob Devon und seine Hautfarbe und ich und meine Hautfarbe der Grund dafür sind, dass dieses Arschloch auf uns herumhackt. Der Gedanke macht mich krank.

»Chi, ich will ja nicht paranoid erscheinen oder so, aber man starrt uns an«, flüstert Jamie. Tatsächlich. Mir wird auf einmal ganz heiß.

»Wahrscheinlich ist es nichts …«

Er schüttelt den Kopf. »Hast du nicht gehört? Ich habe wieder eine Menge Telefone summen hören … aber meines nicht.«

Ich sehe mich um und spüre missbilligende Blicke auf uns ruhen.

Ich möchte so tun, als würde uns niemand anstarren. Verhalte dich einfach ganz normal, fühl dich normal. Doch das geht nicht und das macht mich verrückt.

Jamie und ich haben so viele Geheimnisse.

Ich halte mich am Tisch fest und sehe nach unten. Unsichtbare Hände scheinen sich um meinen Hals zu legen und schnüren mir die Luft ab. Sie sind kalt und hart und schlagen auf meine Brust, als ob sie mein Herz noch schneller schlagen lassen wollten. Das tote Mädchen, das mich in meinen Träumen verfolgt, rüttelt an meinem Kopf, sodass mir schwindelig wird.

Im Hintergrund höre ich, wie der Lehrer uns auffordert, uns zu setzen.

Ich schließe die Augen und sie starrt mich mit weit offenem Mund an, das blonde Haar rot vom Blut …

»Arme Belle«, höre ich jemanden sagen.

Ich stehe auf und gehe schnell zu irgendeinem Jungen. Äußerlich ruhig strecke ich die Hand aus, während der Lehrer mich anschreit, ich solle mich setzen. Zögernd gibt mir der Junge sein Telefon.

Belle Robinson, du hast ein Problem. Ich würde mal meinen Freund und seine beste Freundin Chiamaka fragen, was sie diesen Sommer so getrieben haben. Kleiner Hinweis: es geht um Nacktsein und heftiges Petting. Sieht aus, als hätte Chi doch jemanden, mit dem sie zum Snowflake-Ball geht. Einmal eine Diebin, immer eine Diebin. Sorry, Belle. Aces

♠

Die Blicke verfolgen mich bis zur Mittagspause. Belle habe ich den ganzen Morgen nicht gesehen. Und Jamie seit der Chemiestunde auch nicht mehr.

Drei Neuntklässlerinnen kommen aufgeregt auf mich zu. Das ist gruselig.

»Was ist?«

Sie sehen einander an.

»Kann Jamie gut küssen?«

»Woher soll ich das wissen?«, antworte ich.

Sie heben gleichzeitig die Augenbrauen.

»Aces lügt nie.«

»Ja, genau«, sagt eine.

»Der sagt immer die Wahrheit.«

Darf man Neuntklässler schlagen?

»Wenn Aces nur etwas Mumm hätte, würde er sich nicht hinter einem Display verstecken wie ein Feigling, sondern mir ins Gesicht sagen, was er zu sagen hat. Und was immer ihr über Jamie und mich gelesen habt, ist frei erfunden …«

»Tatsächlich?«, unterbricht mich eine Stimme.

Als ich mich umdrehe, steht Belle hinter mir. Sie sieht zornig aus, hat die Arme verschränkt und funkelt mich giftig an.

»Ist das wirklich erfunden?«, fragt sie.

»Das wird jetzt echt krass«, höre ich eine Neuntklässlerin sagen.

»Ja«, antworte ich und sehe Belle in die Augen, um selbstsicher zu erscheinen.

»Oh ja? Jamie hat mir gerade gesagt, es sei wahr.«

Mir sackt der Magen weg.

»Was soll wahr sein?«

Belle schüttelt den Kopf und sieht aus, als wollte sie mich schlagen.

»Das Gerücht, dass du ihn liebst und ihn selbst dann noch verfolgt hast, als er dir gesagt hat, dass er nicht an dir interessiert ist.«

Was?

»Das stimmt nicht …!«

»Also hast du nicht mit ihm geschlafen? Oder ihm gesagt, dass du ihn liebst, nachdem er dir erzählt hat, dass er mit mir geht?«

Ich merke, dass sich Leute um uns versammeln und unserem Gespräch lauschen.

»Belle ...«

»Ich wollte dir nur sagen, diese Lola-Sache, du und er und eure Traditionen ... das ist aus und vorbei!«

Das kann sie nicht machen!

»Das kannst du nicht machen!«

Belle reibt sich heftig über das Gesicht. »Und ob ich das kann. Denn die Freundin ist viel wichtiger als die ehemalige beste Freundin!«, ruft sie und wirft mir noch einen letzten Blick zu, bevor sie sich umdreht und durch den Gang davonstürmt.

Ich bin wie erstarrt und meine Arme fühlen sich taub an.

»Das war unglaublich«, höre ich eines der Mädchen sagen.

»Der hat sie's aber gegeben!«

Ich sehe Belle nach. Sie hat den Kopf gesenkt, ihre Schultern hängen herab.

Ich bin ein schrecklicher Mensch. Ich wusste zwar nichts von Belle und Jamie, aber selbst wenn ich es gewusst hätte, hätte es mich nicht abgehalten. Ihre Gefühle wären mir egal gewesen. Ich wollte ihn für mich selbst, auch wenn das bedeutete, dass ich Belle verletzte.

»Was für eine Bitch«, höre ich.

Normalerweise hätte ich wahrscheinlich eine schlagfertige Antwort parat gehabt, wäre mit hoch erhobenem Haupt abgedampft oder hätte eine andere Möglichkeit gefunden, die Mädchen an ihren Platz zu verweisen. Stattdessen drehe ich mich zu den drei Dämonen um, die ein hinterhältiges Grinsen auf ihren Engelsgesichtern tragen, und meine Hand erwacht plötzlich wieder zum Leben. Sie schlägt so heftig in das Gesicht des mittleren Mädchens, dass meine Handfläche brennt. Unwillkürlich hält sie sich die Wange und der Mund bleibt ihr offen stehen.

Um mich herum höre ich die Leute nach Luft schnappen, als ich zurücktaumle. Plötzlich verwandelt sich der Gesichtsausdruck des Mädchens zu einem Grinsen und ihre blaugrünen Augen funkeln spöttisch.

Dann reißt sie weit den Mund auf und stößt einen völlig übertriebenen Schrei aus.

Und in dem Moment weiß ich, dass ich geliefert bin.

♠

Rektor Ward sitzt mir gegenüber hinter seinem Schreibtisch, die langen, drahtigen Finger verschränkt, und sieht mir mit seinen kleinen schwarzen Augen in die Seele.

»Rektor Ward, es ist eigentlich nicht meine Art, so etwas zu tun. Ich habe mich noch nie zuvor geschlagen. Ich habe es nur in letzter Zeit so schwer. Ich habe das Gefühl, jemand hat es auf mich abgesehen.«

Ich bin so was von fertig.

»Chiamaka, zahllose Zeugen, die meisten mit blütenreinem Ruf, sagen aus, dass du das Mädchen geschlagen hast. Ich hätte geglaubt, dass du als Head Prefect es besser wüsstest.«

»Das ist nicht wahr!«, verteidige ich mich mit erhobener Stimme. »Da versucht jemand, mich schlecht dastehen zu lassen. Dabei kennt er mich nicht mal.«

Seine dünnen Lippen saugen sich nach innen. »Und warum sollte das jemand tun?«

Ich zögere. Würde er mir überhaupt glauben, wenn ich ihm von Aces erzähle? Ich habe genug Krimis gesehen, um zu wissen, dass es selten hilft, jemandem von dem anonymen Mobber zu erzählen.

Seufzend sehe ich nach unten. »Da ist jemand oder auch mehrere, die der gesamten Schülerschaft Nachrichten schicken und Gerüchte über mich und ein paar andere Schüler verbreiten. Das macht die Schule für uns gerade zu einem sehr unangenehmen Ort.«

Ich sehe ihn an, doch sein Gesichtsausdruck ist unverändert. Er sieht nicht mal überrascht aus.

»Ich kümmere mich darum«, erklärt er. Das ist zwar nicht viel und er sieht auch nicht aus, als ob ihn das interessierte, und dennoch fühle ich mich erleichtert. Es passiert etwas.

Vielleicht hätte ich es schon früher einem Lehrer sagen sollen.

»Wir haben eine Null-Toleranz-Politik, was Gewalt angeht. Du kannst von Glück sagen, dass die Eltern des Mädchens dich nicht anzeigen. Da dies dein erstes Vergehen ist, werde ich es nicht in deine Akte aufnehmen, aber beim nächsten Mal wird es ernsthafte Konsequenzen haben!«

Er entlässt mich und ich verlasse sein Büro. In den Gängen treiben sich immer noch Schüler herum, obwohl der Unterricht schon seit einer halben Stunde vorüber ist.

Ich sehe mein stummes Telefon an. Den Kopf hochzuhalten und Zuversicht vorzutäuschen, ist sinnlos. Ich bin zu niedergeschlagen dafür. Ich wusste ja, dass Aces noch nicht mit mir fertig ist.

Plötzlich stoße ich gegen eine weiche Gestalt. Das Aftershave und die vertraute Gestalt lassen mich aufsehen.

»Oh, hi«, sage ich verlegen. Jamies Haar wird von einem knallroten Band zurückgehalten, das sich mit dem Hellblau der Football-Montur beißt.

»Hi Chi«, sagt er, vermeidet aber, mich direkt anzusehen.

»Wir sollten uns unterhalten …«

»Ich denke, wir sollten fürs Erste etwas Abstand halten …«, meint Jamie und starrt auf ein Schließfach hinter mir. »Ich möchte gerne mit dir befreundet bleiben, aber ich liebe Belle und möchte sie nicht verlieren.«

Liebe. Wow.

»Ich werde sie davon überzeugen, dass du mich nicht auf diese Weise magst und dass es nichts bedeutet hat.«

Ungläubig lache ich. »Klar, nachdem du ihr gerade das Gegenteil gesagt hast.«

Die Tatsache, dass ich das weiß, scheint ihn zu überraschen. Ich ziehe eine Braue hoch und warte ab, welche Lüge er mir als Nächstes auftischt.

»Sie wird auf mich hören«, meint er leichthin.

»Du kannst nicht jemandem erst etwas erzählen und ihn dann überzeugen, dass du das nicht gesagt hast oder dass es nicht passiert wäre.«

So macht Jamie das. Er redet über alles, was passiert ist, als hätte es nichts bedeutet. Er begründet es vernünftig und gestaltet neue Erinnerungen für einen.

Ich mag dich wirklich, Chi. Ganz ehrlich, hatte er an diesem Abend gesagt.

Die Vergangenheit taucht vor mir auf und die Nacht seiner Party fliegt in Fetzen an mir vorüber.

Ich weiß noch, wie ich ankam, Jamie traf und mich königlich fühlte. Ich weiß noch, dass Jamie mir einen Drink gab, mich umarmte und mich bat, ihn in seinem Schlafzimmer zu treffen. Ich weiß noch, dass ich dachte *Er liebt mich*, als er mich losließ.

Dann wird die Zeit vorgespult. Ich erinnere mich daran, dass ich stolpere, dass er die Arme um mich legt, mich festhält und ich denke *Er liebt mich*, als wir uns küssen, *Er liebt mich*. Meine Augen sind nass und mein Herz schlägt grundlos schneller.

Mein Kopf schmerzt und die Erinnerung bleibt abrupt stehen.

Er tut so, als hätte er mir in dieser Nacht nie gesagt, dass er mich liebt, und auch in keiner anderen Nacht, die wir seitdem zusammen verbracht haben. Er hat es mir auch gesagt, bevor er ins Camp fuhr.

Wie will er das wegargumentieren?

Vielleicht wird er sagen, dass ich seine Worte falsch interpretiert habe. Dass er nicht gemeint hat, dass er mich liebt, sondern nur meinen Körper, mein Fleisch, meine Knochen – die er offensichtlich haben wollte, auch wenn unsere Freundschaft nur platonisch war.

Wie dumm von mir, das misszuverstehen.

Jetzt sieht mich jeder an, als hätte ich ein riesiges rotes A auf dem Sweatshirt stehen wie Hester in *Der scharlachrote Buchstabe*.

Jamie glaubt, er könnte die Welt kontrollieren. Er glaubt, er könnte mir sagen, was ich denken und wie ich fühlen soll, wie einer Puppe. Und ich habe ihm geglaubt, ich habe einfach mitgemacht. Aber allmählich durchschaue ich seine Lügen immer besser. Und ich erkenne, dass er einfach nur selbstsüchtig ist und sich nicht um andere kümmert.

»Es ist aber passiert, Jamie. Das kannst du nicht einfach ungeschehen machen. Belle ist klüger, als du meinst. Sie wird dir nicht glauben.«

Jamie lacht. »Das ist lächerlich. Natürlich wird sie mir glauben.«

»Es ist nicht lächerlich! Und ich habe es satt, dass du immer so tust, als wäre irgendetwas nicht geschehen!« Ich rede mich in Rage, weil ich es nicht ausstehen kann, wie er mich ansieht, dass er so völlig unberührt von alldem bleibt. »So etwas wie der Unfall zum Beispiel.«

Sein Blick verdüstert sich und er runzelt die Stirn.

»Welcher Unfall?«, fragt er in einem völlig anderen Tonfall.

Das bringt mich zum Schweigen.

Er beugt sich zu mir hin und flüstert: »Du solltest überlegen, was du sagst, Chi. Sonst denkt man noch, du würdest dir Dinge ausdenken, um Aufmerksamkeit zu erregen.«

Einen Moment lang starren wir einander an. Seine Mundwinkel zucken fast so, als würde er mich anlächeln.

Nein.

Auslachen.

»Wir sehen uns, Chiamaka«, sagt er wieder in normalem Tonfall.

Dann geht er an mir vorbei und ich sehe seine Gestalt kleiner werden, bis er nicht mehr zu sehen ist. Die Kälte im Flur kriecht mir in die Knochen.

Es gibt Momente, in denen passiert etwas, und Puzzleteile, die nicht zusammenzupassen schienen, fügen sich plötzlich ineinander. Vielleicht war das hier das Teil, das ich nicht finden konnte: die Vorstellung, dass Jamie anders ist als Ava oder Ruby. Dass er mich wirklich geliebt hat und dass ihm an unserer Freundschaft etwas lag.

Nichts, was er mir je gesagt hat, ist wahr gewesen. Wie dumm, dass ich das nicht früher erkannt habe, dass ich von der Vorstellung, man könnte jemanden wie mich lieben, geblendet war.

Vielleicht war das, was ich für Jamies Liebe gehalten habe, nie Liebe.

Man sagt, Liebe und Hass seien nur verschiedene Seiten einer Medaille.

Ich zögere, bevor ich die Liste meiner Verdächtigen in meinem Gedächtnis aufrufe und Jamies Namen daraufsetze.

15

DEVON

Montag

Seit Kurzem ist mein Zuhause das Highlight meines Tages.

Vor Aces habe ich es weitgehend gemieden. Obwohl ich meine Ma und meine Brüder liebe, wollte ich die Erinnerung an all das Schlimme, was in diesen vier Wänden geschehen ist, verdrängen. Dass mein Dad gegangen ist, dass meine Ma sich abmüht, dass ich in dem kleinen Kabuff, das ich mir mit meinen Brüdern teile, wohnen und schlafen muss und ständig nach einem Ausweg suche.

Jetzt suche ich an diesem Ort nach Trost.

Wenn ich aus der Schule komme, gehe ich durch die gepflegten Straßen an perfekten Häusern vorbei, bis ich die ungepflegten Teile der Stadt erreiche, wo ich es mir nicht mehr leisten kann, einfach nur zu Boden zu sehen, weil ich aufpassen muss.

Ich wechsle die Straßenseite und ziehe mir die Kapuze über den Kopf, weil ich nicht will, dass mich die Jungs vor Dres Haus noch einmal sehen. Der größte Teil der Schmerzen vom Freitag ist abgeklungen. Mein Auge tut immer noch sehr weh, aber ich komme klar. Außerdem bin ich ein bisschen high von den Schmerzmitteln, die Ma mir von der Arbeit mitgebracht hat. Die betäuben alles.

Alles außer meinen Gefühlen für Dre.

Die Schmerzmittel können es nicht ändern, dass Dre mit mir Schluss gemacht hat, oder mich davon ablenken. Ich habe nicht einmal das Gefühl, dass wir Schluss gemacht hätten – ich wurde schlicht verbannt. Als ob wir keine Freunde mehr sein könnten. Ich muss ihn ja nicht einmal küssen oder lieben, wenn er das nicht will. Ich will nur sein Freund sein. Aber selbst das kommt nicht infrage.

Die Schmerzmittel können auch nicht verhindern, dass ich mir Sorgen mache, was die Kids in der Schule sagen. Was Aces als Nächstes über mich verbreiten wird. Und was das für meine Zukunft bedeutet.

Als jemand an mir vorbeigeht, erkenne ich den vertrauten rasierten Kopf, die rosa Haut und den grünen Rucksack.

»Jack?«, rufe ich laut, doch er ignoriert mich und wechselt die Straßenseite. Ich sehe, wie er einen von Dres Jungs begrüßt, seinen Rucksack abstellt und sich mit ihnen gegen das vor dem Haus geparkte Auto lehnt. Ich hatte ihm geschrieben und ihn gefragt, ob er mit mir zusammen nach Hause gehen will. Er hat nicht mal geantwortet.

Als ich noch mit den Jungs zu tun hatte, wollte Jack nichts mit ihnen zu tun haben. Jetzt schon.

Mein Telefon summt.

`Lust, abzuhängen? T.`

Seit dem Wochenende habe ich nichts von Terrell gehört. Da fragte er, ob es mir gut gehe.

Ich sehe Jack an, der von einem der Jungs einen Joint angenommen hat und zu laut über einen Witz lacht, den einer von ihnen erzählt haben muss. Er dreht sich um und sieht mich an. Ich bleibe wie angewurzelt stehen, während ein kaltes Lächeln seine Lippen umspielt, zwischen denen der Joint hängt. Ich muss an die Nachricht über ihn und die Drogen denken und dass er mit Dres Jungs abhängt. Jack selbst schien die Nachricht kaum zu kümmern. Vielleicht war es ja nicht er, von dem Aces eine Reaktion erwartete.

Was will Aces noch von mir? Ich verstehe das nicht. Er hat mich erfolgreich von meinen beiden Freunden getrennt, mich in der Schule geoutet und mir die einzige Möglichkeit genommen, etwas Extrageld für Ma zu verdienen. Warum bloß? Mehr kann er mir nicht nehmen, es ist nichts mehr übrig. Ich muss den Kopf einziehen, mich auf meine Musik konzentrieren und versuchen, hier rauszukommen.

Ich wende meine Aufmerksamkeit von Jack ab und schreibe Terrell:

`Klar, bin unterwegs.`

Ich habe ein gutes Gedächtnis für Menschen, Orte und Dinge. Deshalb bin ich auch gut in den Prüfungen. Meine guten Noten beweisen meiner Meinung nach nicht, dass ich klug bin, sondern dass ich mich an eine Menge grundlegender Dinge erinnern kann – zum Beispiel, wie man zu Terrells Haus kommt. Aber offensichtlich nicht an die wichtigen Dinge, zum Beispiel, wer Terrell ist. Und wann ich ihn geküsst habe.

Sein Haus ist weiß und hat eine knallrote Tür mit einer großen 63 darüber.

Der weiße Lattenzaun, der es umgibt, ist teilweise umgefallen und die einzelnen Latten sind gesprungen und gesplittert.

Die Tür knarrt und schlägt zu. Da ist Terrell – strahlendes Lächeln, runde Brillengläser und mittellange Dreadlocks, die er zurückgebunden hat.

»Du siehst müde aus«, stellt er fest, als ich eintrete und wir durch den kleinen Flur gehen – dunkelgrüne Tapete, der Fußboden unter dem Teppich schwarz – und ins Wohnzimmer kommen. Als ich vor ein paar Tagen hier war, habe ich mich nicht umgesehen. Was ich als Erstes bemerke, sind die Regale aus braunem Holz, auf denen zerlesene Bücher und Zeitschriften stehen. In der Mitte des Regals steht ein klobiger alter Fernseher auf einem DVD-Spieler. Das Fach darunter ist vollgestopft mit DVDs.

»Die Schule ist anstrengend«, erkläre ich und sehe mich um.

Der Besuch der Niveus-Akademie hat mich unwillkürlich gelehrt, zu erkennen, was gut – teuer – ist und was nicht. Obwohl die Vorhänge alt und dunkel sind, der Esstisch und die Holzstühle zerkratzt und zerschlissen und nichts auch nur im Entferntesten teuer scheint, hat man das Gefühl, als wäre es wertvoll. Es ist hübsch und gemütlich hier.

Hübscher, als ich es gewohnt bin.

Terrell setzt sich auf einen grünen Sessel und ich nehme auf dem großen Sofa Platz. Er beobachtet mich und ich komme mir unter seinem Blick ganz nackt vor.

»Willst du mir davon erzählen?«, fragt er. Fast könnte man meinen, dass es ihn wirklich interessiert. Normalerweise fragen die Leute so etwas, um das Gespräch in Gang zu halten, und nicht weil es sie interessiert. Aber er scheint wirklich auf eine Antwort zu warten. Heute war es allerdings besonders schlimm. Mr Taylor war nicht da, daher konnte ich in den Freistunden nicht in die Musikräume.

»Normalerweise beschwere ich mich nicht gerne über die Schule, denn ich kann mich ja glücklich schätzen, dass ich überhaupt dorthin gehen kann. Es ist nur …« Ich breche ab und überlege, ob es den Versuch wert ist. Normalerweise verdränge ich das Schlechte und mache weiter. Ich spreche nie mit jemandem über meine Probleme, hoffe nur einfach, dass es von selbst besser wird – und das wird es häufig nicht.

»Es gibt einen Haufen Gerüchte über mich«, beginne ich.

Terrell nickt. Ich frage mich, ob er sie auch gehört hat, wie Dre. Oder die Bilder oder das Video gesehen hat.

»Weißt du, wer sie streut? Und warum?«

Ich zucke mit den Schultern. »Keine Ahnung.«

Wieder nickt er. Wir schweigen und das Gespräch scheint beendet zu sein.

»Wie läuft es zurzeit mit der Musik?«, fragt er, und das erinnert mich daran, dass ich eigentlich wissen sollte, wer Terrell ist.

»Ich bewerbe mich bei ein paar guten Colleges für Komposition«, erzähle ich.

Interessiert horcht er auf.

»Wo denn?«

Ich zögere. »Die Juilliard ist meine erste Wahl. Und ich versuche, ein Stipendium zu bekommen.«

Er pfeift. »Das ist schwierig.«

»Ja, aber mein Lehrer, Mr Taylor, hilft mir dabei. Er war dort.«

Terrell lächelt mich an. »Arbeitest du gerade an einem Stück?«

»Ich will eins für die Aufnahmeprüfung einschicken, aber ich bleibe irgendwie stecken, obwohl es im Sommer in meinem Kopf ganz klar war.«

Ich schätze, das, was gerade an der Schule abläuft, blockiert mich.

»Vielleicht brauchst du ein zweites Paar Ohren«, schlägt Terrell vor. Da ich schweige, zieht er sich selbst grinsend an den Ohren. »Meine Ohren stehen dir jederzeit zur Verfügung.«

Als er sie loslässt, merke ich erst, wie groß sie sind. Das ist irgendwie liebenswert.

Bislang haben nur Mr Taylor und Dre mein Stück gehört, und Dre auch nur, weil ich es gesummt habe, als ich neben ihm lag.

Ich blinzle heftig, um die Erinnerung zu vertreiben.

»Danke, das wäre toll.«

Eine Weile sieht mich Terrell nur an, als erwartete er, dass ich etwas sage. Das macht mich nervös, daher sehe ich mich wieder in dem Wohnzimmer um.

Ob er das Video gesehen hat?, flüstert eine Stimme in meinem Kopf. Würde das einen Unterschied machen? Er redet ja noch mit mir, oder?

Er findet nicht, wie die anderen alle, dass ich deswegen eine Last bin. Ich muss aufhören, darüber nachzudenken.

»Und du? Was hast du nach der Highschool vor?«, erkundige ich mich verlegen.

»Nichts allzu Spannendes. Ich werde wohl versuchen, einen Job zu finden.«

Diese Antwort habe ich schon lange nicht mehr gehört. Früher habe ich auch mal so gedacht.

»In einer idealen Welt würde ich vielleicht aufs College gehen«, fährt er achselzuckend fort. »Aber die Welt ist nicht ideal.«

Ich nicke verlegen und fühle mich auf einmal privilegiert, auch wenn das nicht so ist. Ich hoffe auf ein Stipendium, und wenn ich das nicht bekomme, dann war es das für mich mit der Universität.

»Sollen wir uns einen Film ansehen?«, schlägt Terrell vor, steht auf und geht zum Fernseher.

»Klar, mir ist alles recht.« Wegen meiner Brüder kann ich nur Kinderfilme sehen. Seit ich festgestellt habe, dass Filme einen betrügen, habe ich keine mehr geschaut. Im richtigen Leben ist der Abschlussball nicht der schönste Abend im Leben. Im richtigen Leben findet das erste Mal mit Scotty auf dem Rücksitz im Rolls-Royce seines Vaters statt. Im richtigen Leben sind die Eltern nicht zusammen. Sie stehen sich nicht mal nahe. Im richtigen Leben sitzt dein Vater, der Einzige, der die Probleme mit deiner Musik vielleicht verstehen könnte, hinter Gittern.

Terrell sieht mich an und erklärt: »Dann gucken wir White Chicks.«

Er legt die DVD ein. Von hinten gesehen stehen seine Ohren noch mehr ab. Dann steigt er über den Couchtisch und setzt sich neben mich aufs Sofa, näher, als ich erwartet hätte. Sein Aftershave riecht fruchtig, aber nicht nur. Es ist schwierig, den Duft zu beschreiben.

»Hast du den schon mal gesehen?«

Ich schüttle den Kopf.

»Der ist lustig. Einer meiner Lieblingsfilme.«

Meine Handflächen werden feucht. »Dann mag ich ihn wahrscheinlich auch. Ich bin leicht zu befriedigen.«

Terrell lacht. »Echt jetzt?«

»So habe ich das nicht gemeint«, protestiere ich hochrot, doch dann lehne ich mich lächelnd zurück.

»Na gut. Mir sind beide Auslegungen recht«, grinst er.

Ich ziehe eine Braue hoch, sage aber nichts.

Ich habe noch nicht richtig darüber nachgedacht, aber jetzt kann ich es nicht vermeiden: die Tatsache, dass Terrell scheinbar so offen mit seiner Sexualität umgeht und sie so locker nimmt. Eigentlich ist das nichts, was man in dieser Gegend locker nehmen kann.

Und wie er mir erzählt hat, dass wir uns geküsst hätten – dass ich der Erste war, den er geküsst hat –, war auch so beiläufig. Und seltsam. Ich weiß, dass ich Terrell nicht geküsst haben kann. An so etwas hätte ich mich erinnert, vor allem in der Mittelschule. Ich erinnere mich immer an Küsse, weil sie etwas bedeuten.

Das erste Mädchen, das ich geküsst habe, war Rhonda White in der 3. Klasse. Sie war auch meine erste Freundin und ich habe sie wirklich gemocht. Ich fand ihren Afro richtig cool. Schließlich hat sie mich wegen irgendeines Fünftklässlers abserviert. Das konnte ich gut verstehen und wir haben uns nicht im Bösen getrennt.

Aber der erste Junge, den ich geküsst habe, war Scotty und das war erst Ende der 9. Klasse, als ich mir endlich über mich selber im Klaren war. Mit Scotty war alles das erste Mal. Und ich bereue es nicht. Ich mag es nicht, Dinge zu bereuen, selbst wenn sie schlecht ausgehen.

Ein Gewicht auf meinem Fuß reißt mich aus meinen Gedanken, und als ich nach unten schaue, sehe ich erschrocken auf ein winziges weißes Fellknäuel mit Krallen und einem Schwanz.

»Ist das eine Ratte?«, rufe ich, bringe meinen Fuß auf dem Sofa in Sicherheit und vermeide es, den Angreifer anzusehen.

»Das ist Bullshit …«

»Ich habe aber etwas gespürt!«

Mein Unbehagen scheint Terrell zu amüsieren. »Ich weiß.« Er bückt sich und hebt etwas auf seinen Schoß. »Das war mein Kater, Bullshit. Ich wusste nicht, dass er hier ist. Sorry …«

»Wer zum Teufel nennt denn seine Katze Bullshit?«, frage ich in dem Versuch, davon abzulenken, dass ich mich gerade völlig lächerlich gemacht habe. Die Katze sitzt auf Terrells Schoß und sieht mich aus honigfarbenen Augen an. Dann miaut sie lässig, so als hätte sie mir nicht gerade fast einen Herzinfarkt beschert.

»Der Name passt zu ihm«, sagt Terrell achselzuckend.

Er sieht ernst aus und streichelt die Katze mit einer Hand. Sie ist so klein, dass sie wahrscheinlich auf seine Handfläche passen würde.

»Hast du noch mehr Haustiere, vor denen du mich vielleicht warnen möchtest?«, erkundige ich mich.

Terrell schüttelt den Kopf. »Wieso? Magst du keine Tiere?«

»Sie sind …« Ich sehe Bullshit an, der meinen Blick erwidert, als wäre ihm meine Existenz völlig egal. Dann miaut er wieder. »… in Ordnung, schätze ich.«

Bullshit hüpft ganz plötzlich von Terrells Schoß und ich zucke erneut zusammen.

»Ich glaube, du wirst ihn mögen«, prophezeit er, als die Katze davonstolziert. Ich schwöre, ich kann ein zufriedenes Grinsen in dem pelzigen Gesicht erkennen.

Bullshit.

♠

Dienstag

Die Blicke sind nicht ganz so unangenehm wie sonst, als ich in die Schule komme. Vielleicht liegt das aber auch nur daran, dass alle Lichter aus sind.

Tatsächlich scheinen mich die meisten Schüler auf meinem Weg durch die Gänge gar nicht zu bemerken. Die meisten sind durch den Mangel an Licht abgelenkt, andere konzentrieren sich auf Chiamaka, die neben meinem Schließfach steht. Sie hat eine hässliche grüne Tasche und einen Starbucks-Becher in der Hand und ihre Haare werden von einem dazu passenden grünen Stirnband gehalten.

Als ich mich ihr nähere, schenkt man mir mehr Aufmerksamkeit. Mein Herzschlag beschleunigt sich und ich straffe die Schultern, um zu zeigen, dass ihre Blicke mir nichts ausmachen.

»Kann ich dir helfen?«, frage ich Chiamaka, die sich nicht gerührt hat. Plötzlich gehen die Lichter wieder an. Chiamaka zuckt zusammen, als sie mein Gesicht deutlich erkennen kann. Ich kann mir vorstellen, wie es aussieht mit all den Schwellungen.

»Ich wollte dir nur Bescheid sagen, dass ich Rektor Ward von Aces, den Lügen und den dummen Scherzen erzählt habe ... vielleicht ist das alles jetzt bald vorüber«, sagt sie leise.

Ihre dunkelbraunen Augen sehen mich zuversichtlich an.

Ich muss lachen. So einen Mist habe ich schon lange nicht mehr gehört.

»Glaubst du wirklich, dass Rektor Ward uns helfen wird?«, frage ich, weil ich mich ernsthaft wundere. Sie sieht mich seltsam an, wahrscheinlich, weil ich nicht aufhören kann, zu grinsen.

»Ja, natürlich wird er das!«

»Wow. Okay.«

Chiamaka schüttelt den Kopf. »Er will nur das Beste für die Schüler, das wirst du im Meeting der Prefects heute noch sehen.«

Ich habe versucht, nicht an dieses Meeting zu denken. Es bedeutet nur, noch längere Zeit in dieser Weißenidylle gefangen zu sein.

»Okay, Chiamaka«, sage ich und sehe demonstrativ zwischen ihr und meinem Schließfach hindurch, in der Hoffnung, dass sie den Hinweis begreift und verschwindet.

Doch sie bleibt und starrt mich eine Weile an – ich könnte schwören, in ihren Augen ist etwas Menschliches. Dann wendet sie sich endlich um.

»Warte mal«, halte ich sie zurück.

»Was ist?«

»Du solltest vorsichtig sein«, warne ich sie, auch wenn ich mir nicht sicher bin, warum. Mir gefällt nur nicht, dass sie Rektor Ward so vertraut. Der Kerl sieht aus, als würde er aus Spaß gerne Katzen zerstückeln.

»Ich brauche keinen Schutz. Glaubst du, dass diese Lügen mich treffen können, Richards?«

Ich denke, wir wissen beide, dass es keine Lügen sind.

Sie sieht mich flehend an.

Doch ich schüttle nur den Kopf. Sie wirkt erleichtert, dass ich das nicht infrage stelle.

Dann lächelt sie angespannt. »Gut. Ich denke, ich habe genug Zeit damit verschwendet, mit dir zu reden. Bis dann.«

Damit geht sie davon.

Ich mache mein Schließfach auf und suche in meinen Sachen nach dem Heft für den Englischkurs und meinen Notenblättern. Ganz hinten sehe ich etwas Rot-Silbernes glitzern.

Ein USB-Stick?

Ich nehme ihn heraus und stelle fest, dass er an eine Spielkarte geklebt ist. Als ich sie umdrehe, sehe ich das Pik-Ass.

Ich sehe mich im Gang um, der langsam leerer wird. Wahrscheinlich hat es schon zum ersten Mal geläutet. Als ich die Karte wieder umdrehe, sehe ich, das hinter dem Stick etwas geschrieben steht. Ich reiße ihn ab und eine handgeschriebene Nachricht kommt zum Vorschein.

Hier ist alles drauf. Aces

Das zweite Läuten schreckt mich auf, ich schiebe den Stick in die Blazertasche, schnappe mir meine Notenblätter und das Heft und laufe zur Registrierung.

♠

Sobald es zur Mittagspause läutet, gehe ich in die Bibliothek. In meinem Kopf schwirrt eine endlose Schleife von Was-wäre-wenn. Schnell setze ich mich an einen freien Computer, schalte ihn ein und stecke den USB-Stick ein. Die Bibliothek ist mäßig besucht, die meisten Schüler sitzen an den Tischen in der Mitte oder arbeiten mit ihren eigenen Sachen. Ich habe mir zwar einen Platz in der Ecke gesucht, in der keiner auf meinen Bildschirm sehen kann, aber ich mache mir doch Sorgen, dass mich jemand beobachtet, weil es in letzter Zeit immer so zu sein scheint. Wer weiß, was auf diesem Stick ist.

Seufzend warte ich darauf, dass der Inhalt des USB-Sticks geladen wird und wippe ungeduldig mit dem Fuß.

Ich könnte ihn einfach wieder rausziehen. Schließlich hält mir niemand eine geladene Waffe an den Kopf. Es gibt keinen Grund, Angst zu haben.

Fertig. Ich platze fast vor Aufregung.

Bevor ich weiter darüber nachdenken kann, klicke ich.

Es gibt nur einen einzigen Ordner. Er heißt: Leben und Verbrechen von Chiamaka Adebayo.

Was zum Teufel …

Ich lasse den Cursor über dem Ordner schweben.

Warum habe ich ein schlechtes Gewissen? Chiamaka und ich sind nicht befreundet. Im Gegenteil, wir sind so was von nicht-befreundet, wie man es nur sein kann – wenn man das von vorhin nicht mitzählt. Wir sind praktisch Fremde.

Ich klicke wieder und es öffnen sich jede Menge Dateien mit unterschiedlichen Namen. Alle stammen von letzter Nacht.

Eine Datei namens Fremdgeherin erregt meine Aufmerksamkeit. Ich ignoriere meine Schuldgefühle und klicke sie an. Es erscheint ein Bild von Chiamaka mit dem Kerl, mit dem sie ständig rumhängt. Sie küssen sich auf irgendeiner Party. Wahrscheinlich war das in der Zeit, als sie noch mit Scotty gegangen ist. Das würde den Namen erklären. Ich habe schließlich auch die Nachricht über sie und den Freund eines anderen Mädchens auch bekommen.

Sie scheint etwas für die Freunde anderer Leute übrig zu haben.

Mein Curser schwebt über den anderen Dateien, doch mein Gewissen schreit mich an, ich soll aufhören.

Ich frage mich, ob Aces jedem, der in einer seiner Nachrichten erwähnt wurde, einen Stick mit Dateien zugespielt hat. Ob das bedeutet, dass Jack, Scotty, Chiamaka und ihr Freund jetzt Material über mich haben? Aber warum habe ich dann nichts über Jack oder Scotty?

Mir wird schwer ums Herz. Warum wir? Chiamaka und ich stehen hier im Mittelpunkt, auch wenn andere Leute mit hineingezogen werden. Da ist zum einen das Offensichtliche … ich erhasche einen Blick auf meine dunkle Haut im Monítor, die mich geradezu anspringt. Ich schüttle den Kopf. Ich gehe seit Jahren auf diese Schule und bin noch nie deswegen belästigt worden. Anders als in der Mittelschule, wo ich für jeden der Prügelknabe war, weil ich offensichtlich die Aufschrift trage: schwul, leichtes Opfer. Auch wenn ich es vor allen anderen und mir selbst zu verbergen versuchte.

Wieder sehe ich mir die Liste mit Dateien an, scrolle ein bisschen herunter und halte inne, als ich lese: Mörderin.

Was? Ich sehe näher hin und rutsche auf meinem Stuhl vor. Eine Mörderin? Miss Head Prefect und professionelle Arschkriecherin bei den Lehrern eine Mörderin?

Wenn das wahr ist, werde ich dann zum Mitwisser, wenn ich die Datei anklicke? Ist das die Absicht von Aces? Unsicher schließe ich stattdessen das Bildschirmfenster.

Ich sehe mich in der Bibliothek um. Die Leute sind in ihren eigenen Welten versunken und achten nicht auf das Chaos in meiner. Ich ziehe den USB-Stick aus dem Port und sehe die Dateien einzeln vom Bildschirm verschwinden.

Wer ist Aces und was will er? Er verfolgt mich bis in meine Nachbarschaft, in mein Zuhause, in meinen Kopf.

Und ich weiß nicht, wie ich das verhindern kann.

♠

Seit ich nach der Schule den Meeting-Raum betreten habe, schaue ich auf die Uhr.

Bisher habe ich es geschafft, kein Wort zu sagen. Glücklicherweise sind die anderen solche Klugscheißer, dass sie die Diskussion mit ihren Überlegungen und Meinungen allein bestreiten.

Wir, oder besser gesagt sie, sprechen gerade über den legendären Snowflake-Benefiz-Ball der 12. Klasse, der in zwei Wochen stattfinden soll. Legendär, weil den unteren Klassen immer von den Streichen bei diesem Ball erzählt wird. Die meisten Zwölftklässler machen sich Gedanken, welches Kleid oder welchen Anzug sie tragen sollen, wem sie einen Streich spielen sollen – oder wer ihnen einen Streich spielen könnte. Ich kann nur daran denken, dass der Ball Aces die perfekte Gelegenheit bietet, irgendeine Aktion zu starten. Die Teilnahme am Ball ist obligatorisch – Teil des »besonderen schulischen Geistes von Niveus« –, aber ich überlege, ob ich nicht eine schwere Krankheit vorschützen soll.

Plötzlich sieht mich Rektor Ward an, als könnte er meine Gedanken lesen.

»Um das Meeting mit einem letzten Punkt abzuschließen: Wir werden in den nächsten Wochen Teile der Schule einen Tag lang schließen, um die elektrischen Leitungen und Anlagen im Gebäude überprüfen zu lassen. Das hätte schon im Sommer passieren sollen, ist aber nicht geschehen, und es könnte Auswirkungen auf Veranstaltungen wie das Homecoming-Footballmatch haben. Im nächsten Meeting werden wir über alternative Austragungsorte für das Spiel sprechen. Cecilia, vielen Dank, dass du das Sitzungsprotokoll schreibst. Ihr drei könnt jetzt gehen. Devon und Chiamaka, könnt ihr bitte noch einen Augenblick bleiben?« Wards Blick ist auf mich gerichtet und die Worte blubbern wie schwarze Blasen aus seinem Mund.

Chiamaka und ich sehen uns an. Sie hat ein kleines »Hab ich's doch gesagt«-Lächeln auf den Lippen.

Ich sehe den anderen nach. Rektor Ward schließt demonstrativ die Tür hinter ihnen. Warum tut er das?

Dann dreht er sich zu uns um.

»Wir haben die sogenannten Aces gefunden, wenn man so will«, verkündet er.

Was?

Mein Herz macht einen Salto.

Chiamaka richtet sich auf. »Vielen Dank, dass Sie sich darum gekümmert haben. Wer sind sie?«

Ward schweigt einen Moment. »Chiamaka«, beginnt er leise, »als du zu mir gekommen bist, glaubte ich, es geschähe aus wirklicher Sorge. Aber eure gegenseitige Sabotage beweist mir, dass ihr es nicht ernst meint und dass ihr die Titel als Senior Prefect und Head Prefect nicht verdient.«

Was für ein Scheiß ist das denn?

Ich bin total verwirrt. Will er damit sagen, dass wir uns das gegenseitig angetan haben?

Chiamaka sieht ihn entgeistert an.

»Wie bitte?«, fragt sie.

Er sieht sie gelangweilt an.

»Es wurde mir mitgeteilt, dass ihr beide belastendes Material über den anderen gesammelt haben, Material, das ich heute entdeckt habe, als ich mir eure persönlichen Schüleraccounts angesehen habe. Derartig unzivilisiertes Verhalten dulden wir bei Niveus nicht. Daher ziehe ich dein Abzeichen für drei Wochen ein, Devon, da du dir bislang nichts hast zuschulden kommen lassen und gute Noten hast. Bei dir hingegen, Chiamaka, ist es bereits das zweite Vergehen in dieser Woche und ich fürchte, ich werde dein Abzeichen auf unbestimmte Zeit einziehen. Ihr beide werdet jeden Tag nach der Schule nachsitzen – bis auf Weiteres – und das wird einen Eintrag in eure Akte geben.«

Scheiße.

»Ich habe nichts damit zu tun, Rektor …«, beginnt Chiamaka.

»Ruhe!«, brüllt Ward, was mich völlig in Panik versetzt, weil sich seine Stimme komplett verändert. »Nachsitzen beginnt morgen um vier – und seid pünktlich! Ihr könnt gehen.«

Chiamaka ist ganz grün im Gesicht.

Ich spüre Wut in mir aufsteigen. Das wird die Juilliard sehen und ich kann nichts dagegen unternehmen, weil Ward uns nicht einmal die Chance gibt, uns zu verteidigen. Er hat sich seine Meinung gebildet und wir sind schuldig. Ich will einfach nur nach Hause.

Ich nehme meinen Rucksack, mache die Tür auf und gehe. Als ich einen Stoß in den Rücken erhalte, drehe ich mich um.

»Du warst das also!«, ruft Chiamaka mit Tränen in den Augen.

»Chiamaka …«

»Was für ein Creep ruiniert das Leben von …«

»Chiamaka …«

»Das wird in meiner Akte auftauchen und die Yale wird mich nicht aufnehmen und dann muss ich auf irgendein städtisches College gehen, wo meine ganzen Bemühungen nichts wert sind, und ich kann nicht Medizin studieren.«

Tränen laufen ihr über das Gesicht und ich verspüre einen Stich in der Brust. Bedauern?

»Ich war das nicht«, sage ich ruhig.

Ungläubig sieht sie mich an.

»Wieso sollte ich mein eigenes Sextape verbreiten, mich einen Drogendealer nennen oder mich outen? Oder dich nerven? Wir reden ja nicht mal miteinander. Und woher soll ich wissen, dass nicht du hinter der ganzen Sache steckst?«

Sie antwortet nicht und wir starren uns nur gegenseitig an. Ich glaube, so lange haben wir einander noch nie angesehen, und ich weiß nicht, wie lange wir so da stehen, aber es zeigt Wirkung. Ihr Gesicht ist rund, hübsch und nass. Sie weint.

Ich bin immer davon ausgegangen, dass Menschen wie Chiamaka – Menschen mit Geld – sich einen Platz an einer Uni kaufen können. Warum tut sie so, als wäre das nicht möglich? Und selbst ohne die Uni hat sie doch immer noch ihren Treuhandfonds. Jemand wie sie hat immer einen Treuhandfonds.

Ihre Schultern beben, als ginge ein eiskalter Wind durch sie hindurch. Dann zieht sie einen roten USB-Stick aus der Tasche.

»Hast du das auch bekommen?«

Wieso habe ich das Gefühl, ich wäre in einem Horrorfilm?

»Ja, habe ich«, antworte ich.

Sie sieht an die Decke und wischt sich über das Gesicht.

»Komm mit«, verlangt sie und geht den Gang entlang. Ich folge ihr. Ihre Absätze knallen hart auf den Marmorfußboden, während meine bei jedem Schritt quietschen. Jedes Geräusch klingt ohrenbetäubend. Schließlich gehen wir in eine der kleineren Fachbibliotheken.

Chiamaka setzt sich vor einen Computer, gibt ihr Login ein und sieht mich scharf an, weil ich sie immer noch ansehe, als sie ihr Passwort eingibt.

Ich seufze innerlich. Was soll ich denn mit ihrem Passwort?

Sie steckt den USB-Stick in den Port.

»Ich habe mir nicht viel ansehen können, weil ich Unterricht hatte, aber es sind eine Menge Ordner. Wenn du sie siehst, kannst du dich vielleicht auf das vorbereiten, was noch kommt. Oder wir zeigen es Rektor Ward zusammen mit den Karten ...«

»Jetzt, wo er uns beschuldigt, dass wir uns das gegenseitig antun, vertraust du immer noch darauf, dass er die Richtigen schnappt?«

Chiamaka ignoriert mich und konzentriert sich auf den Bildschirm. Der Computer macht ein lautes Geräusch und dann taucht die Meldung auf:

`USB nicht erkannt.`

Sie nimmt ihn heraus und versucht es noch einmal. Das gleiche Resultat.

Bei allem, was hier so läuft und wie mein Herz zurzeit hämmert, ist es gut möglich, dass ich gleich eines natürlichen Todes sterbe.

»Gib mir deinen«, verlangt sie und streckt die Hand aus. Ich setze meine Tasche ab und suche ihn zwischen Büchern und Heften heraus.

Sie steckt ihn in den Computer und es geschieht das Gleiche.

»Nein, nein, nein, nein, nein!«, höre ich sie murmeln.

Sie schlägt auf den Computer und legt dann das Gesicht in die Hände.

»Die USBs waren eine Falle«, erklärt sie. »Aces hat sie uns untergeschoben. Irgendetwas in der Codierung führt dazu, dass sich die Dateien von selbst löschen.«

Ich schlucke. »Aber warum gibt er uns dann diese Informationen überhaupt?«

»Um uns zu verwirren? Oder, ich weiß auch nicht – um uns Angst zu machen davor, was der andere gesehen haben könnte?« Sie sieht mich stirnrunzelnd an, als versuchte sie herauszufinden, was ich wohl gesehen habe.

Ich denke an die Datei Mörderin und frage mich, ob es etwas damit zu tun hat.

Chiamaka fährt den Computer herunter und steht auf. »Ich weiß nicht, wie oder warum, aber …« Sie senkt die Stimme und fährt leise fort: »Ich glaube, jemand will erreichen, dass wir von der Schule geworfen werden.«

»Scotty und Jack auch«, füge ich hinzu.

Chiamaka sieht mich verwundert an.

»Wer ist Jack?«

»Der andere Junge, den Aces angegriffen hat«, sage ich, nehme mein Telefon und zeige ihr die Nachricht. »Jack McConnel.«

Sie schüttelt den Kopf. »Das habe ich nicht bekommen. Und ich glaube, auch niemand anderes, den ich kenne.«

Das ergibt keinen Sinn … Und wenn ich überlege, dann kann ich mich auch nicht erinnern, dass das übliche vielfache Summen von eingehenden Textnachrichten erklang, als ich die Meldung erhielt. War ich der Einzige? Aber warum?

»Also, was machen wir jetzt? Wie schaffen wir es, dass wir nicht rausgeworfen werden?«, frage ich sie. So langsam kommt mir das richtig ernst vor. Noch ernster als zuvor.

»Ich habe keine Ahnung«, erklärt Chiamaka seufzend und kneift sich in die Nase. »Ich muss nach Hause und nachdenken. Ich melde mich«, sagt sie. Dann geht sie an mir vorbei, verschwindet durch die dunklen Eichenholztüren und lässt mich allein mit meinen Gedanken zurück.

TEIL II

ZIELSCHEIBE

16

CHIAMAKA

Dienstag

Unerwarteterweise kommt Belle auf dem Heimweg auf mich zu.

Nach Hause laufen tue ich in letzter Zeit häufig. Seit dem Unfall kann ich nicht mehr Auto fahren, ohne dass ich eine Panikattacke bekomme. Schon komisch – letztes Jahr habe ich meine Eltern um ein Auto angebettelt und jetzt kann ich mich nicht überwinden, es zu fahren.

»Hi«, holt sie mich aus meinen deprimierenden Gedanken über den USB-Stick, den ich im Schließfach gefunden habe, und dass mir Ward das Abzeichen abgenommen hat.

Zuerst sage ich gar nichts, weil ich das Gefühl habe, ich bilde mir ihre Gegenwart nur ein. Warum sollte sie mit mir sprechen? Vorsichtig strecke ich die Hand aus, um Belle zu berühren, damit ich weiß, dass sie wirklich da ist. Doch dann ziehe ich sie wieder zurück, denn falls sie da ist, hält sie das vielleicht für seltsam.

»Hallo«, antworte ich.

»Ich war gestern ein bisschen heftig zu dir … tut mir leid«, beginnt sie, was noch seltsamer ist, denn eigentlich sollte ich mich bei ihr entschuldigen. Schließlich habe ich mit ihrem Freund geschlafen und dann deswegen gelogen, auch wenn ich zu dem Zeitpunkt noch nicht wusste, dass sie und Jamie zusammen waren.

»Ich wollte deine Seite der Geschichte hören. Ich habe mir immer gesagt, falls es bei meinem Freund mal eine andere geben sollte, würde ich auf keinen Fall den einfachsten Weg gehen und dem Mädchen die Schuld geben, aber genau das hab ich getan.«

Belles Wangen sind von der Kälte rosa angehaucht und ihre blonden Locken stecken unter einer grauen Baskenmütze. Sie sieht mich offen und freundlich an und das ist seltsam. Warum will sie nach alldem plötzlich mit mir sprechen? Besonders jetzt, wo jemand versucht, mich aus der Schule zu mobben. Und vor allem, wo sich Belle auch an der Yale beworben hat, die, seit es unsere Schule gibt, immer nur einen einzigen Bewerber von hier angenommen hat. Ich weiß, ich klinge wie eine Stalkerin, aber vor ein paar Monaten habe ich Erkundigungen wegen meiner Konkurrenz für Yale eingezogen – nichts Schlimmes oder so. Ich wollte nur wissen, gegen wen ich antrete.

»Ehrlich gesagt«, beginne ich und denke jetzt nicht mehr darüber nach, ob irgendetwas, das ich ihr sage, die Sache noch schlimmer machen könnte. »Ich war tatsächlich in Jamie verliebt und das ist dämlich, denn es hätte mir klar sein sollen, dass es nur Sex war …«

Okay, das ist jetzt zu viel Wahrheit, ich muss einen Gang runterschalten.

»Aber er war mein bester Freund. Ich hätte wissen müssen, dass er mich nicht auf diese Weise mag.«

Belle schüttelt den Kopf. »Warum hat er dann mit dir geschlafen? Ich würde gerne glauben, dass die Sache einseitig war, und dir die Schuld geben, aber das kann ich nicht.«

Ich weiß nicht, was sie von mir hören will.

»Du solltest mir die Schuld geben und weitermachen. So ist es einfacher. Ich kann nicht alles erklären, was Jamie tut.«

Ich versuche, schneller zu gehen, doch sie schließt zu mir auf.

»Wer hat die Sache zwischen euch angefangen?«

»Er«, antworte ich und blinzle heftig. »Aber wir waren es beide und ich wollte es. Ich weiß nicht, was er für einen Grund hatte, aber ich wollte mit ihm zusammen sein, warum hätte ich also Nein sagen sollen? Ich hatte das Gefühl, als könnte es mit uns funktionieren … Und dann erzählt er mir, dass er mit dir zusammen ist und dass es nichts bedeutet hat, und ich …« Als ich erst mal angefangen habe, kann ich nicht mehr aufhören. Auf meiner Brust lastet ein Druck, als würde ich diese Last schon seit einer Ewigkeit mit mir herumtragen. »So ist Jamie nun mal.«

Schockiert sieht Belle mich an.

»Jamie ist ein Schwachkopf«, sagt sie.

Ich weiß auch nicht, warum mein es erster Impuls ist, ihn zu verteidigen. Doch all das laut auszusprechen, lässt mich innehalten und überlegen.

Ich hinterfrage eigentlich nie, ob Jamie ein schlechter Mensch ist, weil er schlechte Dinge tut. Jeder macht irgendwann mal etwas Schlimmes und trifft falsche Entscheidungen. Das weiß ich besser als jeder andere.

»Richtig«, bestätige ich.

»Ich habe mit ihm Schluss gemacht«, erklärt sie.

Ich bin überrascht. Sie scheint es nicht mal zu bedauern.

»Warum?«

»Weil er ein Schwachkopf ist.«

Ich habe das Gefühl, als müsste sie gleich grinsen. »Und ich hatte ein ungutes Gefühl wegen der ganzen Sache, also habe ich sie beendet.« Sie hält inne und ihr Zögern macht die Situation peinlich. »Ich weiß, dass das komisch klingt, Chiamaka, aber ich wollte gerne deine Freundin sein, die ganze Zeit schon, auch als ich mit ihm zusammen war … Auch wenn es so schien, als würdest du mich hassen… aber so verkorkst diese

Situation auch ist, du scheinst netter zu sein, als die Leute behaupten. Außerdem sind wir beide zu gut für Jamie«, schließt sie.

Ich sage nichts. Ich tue nichts. Ich atme nicht mal. Belles Worte sind so verwirrend. Eben noch war sie wütend auf mich und jetzt will sie meine Freundin sein.

Jamie war an der Highschool mein einziger »richtiger« Freund. Jeder andere war nur eine Schachfigur in diesem Beliebtheitswettbewerb. Ich weiß nicht mal, ob ich überhaupt Freunde haben will, sie scheinen einen doch nur zu verletzen.

Belle sieht mich mit ihren blauen Augen erwartungsvoll an und ich sehe schnell weg, weil mein Herz schneller schlägt.

Wir sind tatsächlich besser als er.

»Du täuschst dich übrigens, wenn du glaubst, ich wäre nett. Die anderen haben recht. Ich bin eine Bitch«, erkläre ich, was sie nur noch breiter lächeln lässt.

»Das sind wir wohl alle gelegentlich.«

Ich friere an Armen und Beinen und der Wind macht es nicht besser. Ich will wirklich nur nach Hause. Ich sehe sie an, die Erinnerung an das Meeting und an Aces deprimiert mich immer noch.

»Ich will nach Hause und mir Project Runway ansehen … hast du Lust, mitzukommen?«, frage ich, als stünde mein Leben nicht gerade auf der Kippe.

»Das würde ich gerne«, nickt sie.

Als wir weitergehen, muss ich wieder an den USB-Stick denken. Ich habe einen Technikfreak, den ich kenne, gefragt, ob er sich in die Überwachungskameras von Niveus einschalten und nachsehen kann, wer die Sticks heute Morgen verteilt hat, und auch, ob er zurückverfolgen kann, woher die Nachrichten von Aces kommen. Vielleicht kann ich ihn auch fragen, ob er die Dateien auf dem Stick wiederherstellen kann, doch dafür muss ich Devon in meine Pläne einweihen. Aces darf mir nicht noch mehr kaputt machen – je tiefer er gräbt, desto schwerer wird es werden, aus dieser ganzen Sache wieder rauszukommen.

Und ich weigere mich, alles verloren zu geben.

17

DEVON

Mittwoch

»Deine Schule sieht aus wie der Buckingham Palace«, sagt Terrell, der auf seinem gelben Rad sitzt.

Ich bin mit dem Nachsitzen für heute fertig, nachdem ich eine Stunde lang Kaugummi von den Tischen in irgendeinem Klassenzimmer gekratzt habe. Allein. Ich glaube, Ward hat Chiamaka und mich mit Absicht voneinander getrennt, auch wenn ich nicht genau weiß warum. Vielleicht glaubt er, wir würden uns gegenseitig noch mehr Schaden zufügen oder dass ich ihr die Kehle mit der Klinge des Schabers aufschlitzen würde oder so.

Ward war sehr schnell dabei, uns zu verurteilen und als Kriminelle abzustempeln. Bevor ich auch nur daran denken würde, Chiamaka etwas zu tun, würde ich eher ihn abstechen. Aber in Wahrheit würde mich jemand wie Ward wie ein Insekt zerquetschen. Ich kann ums Verrecken nicht kämpfen. Nicht, dass er mir glauben würde, wenn ich ihm das sagte.

Als ich schließlich mit rauen, schmerzenden Händen aus der Niveus komme, wartet Terrell draußen auf mich. Zuvor hatte er mir eine mysteriöse Nachricht geschickt:

`Ich muss dir was sagen.`

Jetzt sind wir hier. Ich sitze auf einer der Schaukeln und er auf seinem Fahrrad. Wir sind zu einem Park in der Nähe gegangen beziehungsweise gefahren. Den großen Park in der Nähe unseres Hauses meide ich, weil ich weiß, dass Dre und seine Freunde dort manchmal abhängen. Beim Gedanken an Dre fühle ich einen Stich im Herzen.

»An ihr ist aber nichts königlich«, antworte ich.

»Ist es nicht richtig weiß und voller reicher Leute? Klingt schon wie ein Palast, finde ich.« Seine Grübchen erscheinen, sodass ich auch lächeln muss. Wahrscheinlich hat er recht. Niveus ist eine Kreuzung zwischen Amerika und England. Wir nennen unseren Schulleiter »Rektor« und sagen »Registration« anstatt »Homeroom«. Und das Gebäude sieht auch irgendwie englisch aus. Als ich das erste Mal herkam, fand ich das total merkwürdig und ich habe eine Weile gebraucht, um mich daran zu gewöhnen.

»Abgesehen davon ist es die Hölle.«

»Reden die Leute noch über dich?«

Ich nicke. »Das liegt nur an Aces. Normalerweise kümmern sich die Kids an der Schule nicht um mich.«

Terrell zieht die Brauen hoch. »Aces?«

Ich vergesse immer, dass Aces außerhalb von Niveus niemandem etwas sagt.

»Dieser anonyme Nachrichtenschreiber. Er hat mich und ein Mädchen, Chiamaka, echt genervt und verbreitet Gerüchte über uns.«

Terrell nickt, als versuchte er, etwas herauszufinden.

»Ist diese Chikkaka auch schwarz?«, fragt er.

Ich will lachen, tue es aber nicht. Warum bin ich diese Woche ihr gegenüber so loyal? Das nervt mich. »Ja.«

Zuerst sage ich nichts weiter, aber schon in der Bibliothek habe ich darüber nachgedacht, ob es etwas damit zu tun hat, dass ich schwarz bin.

»Und sie quälen nur euch beide?«

Ich nicke langsam und hoffe, dass er die Rassenthematik nicht anspricht.

Terrell blinzelt mich kopfschüttelnd an. »Seid ihr blind, oder was?«

Seufzend wende ich mich ab. »Was?«

»Gibt es an eurer Schule noch andere Schwarze?«

Ich schätze, die Frage ist wohl rhetorisch, aber ich schüttle dennoch den Kopf.

»Also, du gehst auf eine weiße Schule im weißen Teil der Stadt, wo nur schwarzen Schülern schlimme Dinge passieren …«, beginnt er, als würde er ein schwieriges mathematisches Problem lösen.

Ich möchte ihn unterbrechen und seine Theorie verwerfen, aber ich bringe kein Wort heraus. Ein kalter Windstoß lässt mich schaudern.

»Ich glaube, es ist Rassismus«, sagt Terrell und sieht mich direkt an.

»Sie sind nicht alle schlecht, Terrell.« Das stimmt. Vielleicht bin ich mit niemandem an der Niveus befreundet, aber die meisten von ihnen waren im Laufe der Jahre ganz in Ordnung.

Terrell klettert von seinem Bike und setzt sich auf die Schaukel neben mir.

»Nenn mir drei gute Menschen hier. Und ich meine nicht ganz anständig, sondern wirklich gut.«

Ich bin kein sonderlich sozialer Mensch, daher umfasste mein Bekanntenkreis an der Schule eigentlich immer nur Jack und mich. Die anderen sind alle okay – anständig – gut. Nein, alle anderen sind gut.

»Mein Musiklehrer, Mr Taylor, Jack und dieser Daniel.«

»Jack, das ist der Freund, der dich fallen gelassen hat?«

Ich habe vergessen, dass ich Terrell davon geschrieben hatte.

»Er stammt aus unserer Gegend und muss an seine Familie denken. Er schützt sich nur, solange diese Nachrichten im Umlauf sind. Sie können auch ihn treffen.« Außerdem kenne ich Jack schon mein ganzes Leben lang. Wenn er ein Rassist wäre, warum sollte er dann mein Freund sein oder auch nur so tun? Das ergibt keinen Sinn.

Terrell lächelt nur darüber. »Ich glaube, das hat nichts mit seiner Familie zu tun.«

Was meint er damit?

»Wer ist Daniel?«, fährt er fort, als wäre er von meinen Worten nicht überzeugt.

»Das ist einer der beliebten Jungen an der Schule. Er ist seltsam und lästig, aber ganz nett insgesamt.«

»Und Mr Taylor?«

Ich bin zuversichtlich, dass er ein ausgezeichnetes Beispiel für einen guten weißen Menschen ist.

»Er ist der beste Musiklehrer, den ich je hatte. Er lässt mich den ganzen Tag im Musikraum spielen und er bemüht sich wirklich, dass ich an die Juilliard kann.«

»Ach, tatsächlich?«, fragt Terrell hohntriefend.

»Ja.«

»Na gut.«

»Du klingst, als würdest du das nicht glauben.«

Achselzuckend stößt er mich an. »Ich vertraue Weißen nicht so wie du. Ich glaube zwar nicht, dass sie alle Mörder sind, aber dass sie alle Rassisten sind.«

»Alle?«, frage ich stirnrunzelnd.

»Das klingt heftig, ich weiß, aber Rassismus hat eine große Bandbreite und irgendwie sind sie alle dran beteiligt. Nicht alle sind beim Ku-Klux-Klan und tragen weiße Kapuzen oder beschimpfen uns. Aber bei Rassismus handelt es sich nicht nur darum, ob man nett oder gemein ist. Es ist nicht einfach Gut gegen Böse. Es ist viel mehr als das. Wir werden alle von der Vergangenheit beeinflusst. In dem Augenblick, als sie entschieden, dass sie weiß sind und alle Macht haben und dass wir schwarz sind und gar nichts haben, hat sich alles verändert. Wenn wir darüber nicht ehrlich reden können, ich meine, wirklich reden, was hat das alles dann für einen Sinn? Ich habe letztes Jahr Malcolm X gelesen und ich stimme ihm zu. Manche behandeln einen sogar gut, wie ein Eigentümer sein Haustier.«

»Das ist krass«, sage ich.

»Ja, ist es. Ich denke, jeder kann nett sein, aber darum geht es nicht. Aus einer Geschichte wie dieser kann man nicht unbeschadet hervorgehen. Wir Schwarze haben angefangen, uns selbst zu hassen, und die Weißen haben angefangen, sich für besser zu halten als wir. Auch wenn sie es nicht ständig denken, ist dieser Gedanke latent immer irgendwo vorhanden.«

Ich muss ein wenig lächeln, weil er aussieht wie ein verrückter Wissenschaftler, der eine Theorie erklärt. Auch seine Haare sind wirr und stehen in alle Richtungen ab. Ich weiß nicht, ob ich ihm da ganz zustimmen kann. Ich weiß nicht mal, ob ich das überhaupt will. Es ist ein trauriger Standpunkt.

»Du klingst wie jemand, der aufs College gehen sollte«, sage ich. Er könnte hervorragend sein in Politik oder Soziologie, er könnte Artikel schreiben und mit seinen Reden alle auf die Palme bringen.

»Die Welt ist nicht ideal«, erinnert Terrell mich.

»Und wenn sie es wäre?«, frage ich und drehe mich mit der Schaukel zu ihm um.

»Dann wäre eine Menge Mist anders.« Er sieht mich an. »Ich könnte aufs College gehen, groß ins Business einsteigen oder so. Ich könnte Erfolg haben und hier rauskommen. Ich könnte gefährliche Dinge tun und die Jungen küssen, die ich mag, und alles tun, was ich schon immer tun wollte. Aber die Welt ist nicht ideal, warum sollte ich also mein Gehirn mit Gedanken belasten, die doch nichts bringen?«

Das kann ich verstehen. Träume können gefährlich sein. In einer Nachbarschaft wie der unseren ist es schwer, zu träumen. Aber meine Ma hat mir immer empfohlen, zu träumen, dass es keine Grenzen gibt. Ich habe Angst, zu viel zu träumen – ich könnte eine Bauchlandung hinlegen.

Es tut weh, zu träumen, aber ich träume trotzdem.

Ma hat versucht, eine ideale Welt für mich zu erschaffen. Trotz meines Stipendiums muss sie viel zu viel Geld für diese Schule aufbringen, in der Hoffnung, dass mich eine gute Universität annimmt.

Aber was ist, wenn das nicht klappt? Wenn ich versage? Oder von der Schule geworfen werde? Was, wenn Aces alles ruiniert?

Was, wenn ich hier festhänge, sie enttäusche und nur ihre Zeit und ihr Geld verschwendet habe?

Terrell legt mir die Hände auf die Schultern und umarmt mich, während ich versuche, wieder Luft zu bekommen.

»S…sorry, ich habe zu viel nachgedacht. Ich mache mir Sorgen um meine Ma und alles«, sage ich und reibe mir die Augen.

»Geht es ihr gut?«

Ich nicke und gestehe dann: »Ich mache mir nur Sorgen, dass ich es nicht auf die Uni schaffe und dass sie ihr Geld für mich umsonst ausgegeben hat.«

»Es ist nicht umsonst gewesen, egal, was passiert. Ich mache mir auch Sorgen ums Geld. Meine Schwester ist krank und wir sind knapp bei Kasse. Wir können ihr bei den Arztrechnungen nicht helfen. Aber diese Sorgen dürfen nicht zu viel Raum einnehmen oder dich traurig machen.«

Seine Schwester ist krank?

»Das mit deiner Schwester tut mir leid.«

Terrell sieht zur Seite. »Es muss dir nicht leid tun. Lass uns was anderes machen.«

Seine knappe Antwort verwundert mich. Vielleicht sollte ich ihn auch mal fragen, ob es ihm gut geht. Ich habe das Gefühl, nur über mich selbst zu reden und nie nachzufragen, ob ihn etwas belastet. Ich muss Terrell ein besserer Freund werden, er war so nett zu mir. Aber bevor ich noch etwas sagen kann, springt er auf und läuft zum Klettergerüst. Ich erhebe mich von der knarrenden Schaukel und gehe ihm nach. Terrell steigt die neongrünen Stufen hinauf und kriecht in die lila Röhre. Aber er kommt nicht mehr heraus.

Ich warte …

… und warte.

Ist er stecken geblieben?

Noch einmal betrachte ich die Röhre, in die er hineingeklettert ist.

»Terrell?«, rufe ich.

Keine Antwort.

Ich stelle mich auf die Zehenspitzen und versuche, in die Röhre zu sehen, doch die windet sich nach oben und versperrt mir die Sicht. Seufzend steige ich die Stufen hoch. Mein Körper hat sich immer noch nicht ganz von den Schlägen erholt, außerdem bin ich sicher, dass das hier für Kinder gebaut wurde, und ich will nicht, dass Ma für meine Gedankenlosigkeit bezahlen muss, wenn ich etwas kaputt mache. Oben angekommen sehe ich in die Röhre und entdecke Terrell, der mit gesenktem Kopf darin hockt, als würde er auf mich warten.

»Na, das hat ja gedauert«, meint er.

Also hat er tatsächlich auf mich gewartet.

»Ich komme da nicht rein«, erkläre ich und versuche, ernst zu klingen, obwohl ich lächeln muss.

»Na gut, dann warte ich eben so lange, bis du kommst.«

»Ist mir recht.«

Er starrt mich an und ich starre zurück. Ich setze mich und lehne mich an den Pfosten an der Treppe.

»Ist ganz schön kalt da draußen«, meint er.

»Echt? Merke ich gar nicht.«

»Sicher?«

»Ganz sicher.«

»Na gut, wenn du ganz sicher bist.«

Er kommt zum Eingang, klettert hinaus und setzt sich auf den leicht erhöhten Eingang.

»Ich glaube, ich kann dich überreden, nach drinnen zu kommen«, sagt er und streicht sich über seine Dreadlocks.

Skeptisch sehe ich ihn an.

»Wie denn?«

Er lächelt mich an, sodass er Fältchen um die Augen bekommt und die Grübchen tiefer werden. Dann steckt er die Hand in die Tasche und holt sie als Faust wieder heraus.

»Komm näher, dann zeige ich dir, was ich in der Hand habe. Glaub mir, wenn du das siehst, willst du reinkommen.«

Ich weiß nicht recht, was mich da überzeugen soll, aber ich rücke näher und versuche, zwischen seinen Fingern zu erkennen, was er da wohl versteckt.

»Ich bin näher gekommen, zeig her!«

Er sieht aus, als müsste er gleich loslachen. Dann öffnet er die Hand und zeigt mir … gar nichts.

Ich starre von seiner leeren Hand in sein Gesicht.

»Du hast einen Vogel«, sage ich, woraufhin er nur noch breiter grinst.

»Und eine Katze«, sagt er und kriecht wieder in die Röhre.

Ich tue so, als zögerte ich immer noch, ihm zu folgen, und setze mich ein wenig näher an den Eingang. Immer noch fürchte ich, ich könnte etwas kaputt machen.

In der Röhre ist es nicht so dunkel, wie ich erwartet habe, aber enger. Ich muss mich ein bisschen klein machen. Terrell ist allerdings größer als ich und muss sich ziemlich ducken. Er stößt sich den Kopf an und ich muss kichern.

Auf der Kapuze seines Hoodies glänzt etwas. Es ist ein metallisch glänzendes Alien, das in der Mitte aufgedruckt ist.

Irgendwie sieht es ihm ähnlich.

»Ich hab dir doch gesagt, ich könnte dich überreden, reinzukommen«, sagt Terrell leise.

»Ich bin hereingekommen, weil ich es wollte«, entgegne ich, was nicht ganz stimmt. Ein bisschen mag ich es wohl, Terrell nahe zu sein. Außerdem hatte er recht, es war kalt draußen.

»Und wer hat jetzt einen Vogel?«, fragt er.

»Immer noch du«, antworte ich zitternd.

Wir schweigen eine Weile, ohne dass es unangenehm ist. Ich versuche, nicht an schlechte Dinge wie Aces oder Andre zu denken und auch nicht daran, dass ich vor zwei Wochen um diese Zeit noch keine Angst hatte, von der Schule geworfen zu werden. Wahrscheinlich war ich bei Dre. Und glücklich. Aber diese Gedanken verdränge ich. Ich habe mich bei Terrell schon genug ausgeheult.

Er hat das Kinn auf die Knie gestützt und sieht zu mir auf. Als er merkt, dass ich ihn anstarre, lächelt er.

»Ist dir kalt?«, fragt er.

»Ein bisschen«, gebe ich zu.

Er setzt sich auf und flucht leise, als er sich wieder den Kopf anstößt. Verlegen sehe ich, wie er sich den Hoodie auszieht und ihn mir zuwirft.

»Zieh das an.«

Ich nehme das Sweatshirt und ziehe es über mein Schulhemd mit der Krawatte. Es ist warm und angenehm, als hätte man eine große warme Decke um mich gewickelt.

»Danke.«

»Kein Problem.«

Ich rücke etwas weiter vom Eingang ab und näher zu ihm.

»Weißt du, was komisch ist?«, fragt Terrell leise.

»Was denn?«

»Ich habe Platzangst.«

Ich runzle die Stirn. »Warum wolltest du dann unbedingt hier rein?«

»Hab nicht drüber nachgedacht«, gibt er leicht besorgt zu. Er lehnt sich zurück und steckt den Kopf aus der Röhre hinaus. Es erinnert mich an einen Hund, der den Kopf aus dem Autofenster steckt.

»Freiheit!«, ruft er übertrieben enthusiastisch.

Hatte ich zuvor versucht, die schlechten Erinnerungen zu ignorieren, so bemühe ich mich jetzt, die nackte Haut an Terrells Bauch zu ignorieren, und konzentriere mich lieber auf die Decke der Röhre.

Irgendwann findet Terrell, dass er genug frische Luft bekommen hat, und setzt sich auf, sodass ich mich wieder auf sein Gesicht konzentrieren kann. Über ein paar Blätter in seinen Dreadlocks muss ich lachen.

»Du hast Laub in den Haaren!«

Er versucht, sie aus den Haaren zu streichen, schafft es aber nicht, daher helfe ich ihm.

»Jetzt ist es gut«, erkläre ich schließlich.

Terrell sieht mich an und ich muss schlucken. Seine Augen erinnern mich irgendwie an die Art, wie Dre mich angesehen hat, kurz bevor wir uns küssten oder berührten oder noch mehr taten. Ich lege die Hand an seine Wange und beuge mich zu ihm hin. Etwas rät mir, mich fernzuhalten, doch dann spüre ich, wie er die Arme um mich legt und ich ignoriere, was mein Verstand mir sagt, und küsse ihn.

Ich hätte nicht erwartet, dass er mich so schnell zurückküsst, so als hätte er nur darauf gewartet. Einen Moment lang vergesse ich, dass wir in diese kleinen lila Röhre stecken – alles ist ruhig, ich fühle mich leicht zittrig und mein Herz hört nicht auf zu hämmern.

In den Filmen ist das mit dem Küssen immer ganz falsch. Es gibt kein Feuerwerk und keine lauten Explosionen. Ich hatte immer geglaubt, wenn ich einen Jungen küsste, müsste die Welt explodieren. Mit Dre fühlte sich Küssen an, als ob ich sanft über einen kleinen, kalten See gleite. Jetzt habe ich das Gefühl, in heißem Wasser zu stecken und dann immer tiefer auf den Grund des Meeres zu sinken.

Ich habe das Gefühl, ich ertrinke, ein Gefühl, das mich normalerweise beruhigt, doch jetzt …

Ich löse mich aus Terrells Umarmung.

Ich muss hier weg!

Schnell drehe ich mich um und krieche aus der Röhre. Mir ist total warm, aber ich denke nicht weiter darüber nach, klettere die Stufen des Gerüsts herunter, verfehle die letzte Stufe und stürze zu Boden.

»Scheiße«, flüstere ich.

»Alles in Ordnung?«, fragt Terrell. Ein wenig erschrocken sehe ich seinen Kopf aus der Röhre auftauchen.

»Ich … ich hab was vergessen«, sage ich. Wahrscheinlich sehe ich wirr aus und rede auch so. Terrell erwidert etwas, das ich nicht mitbekomme.

Ich laufe einfach davon.

♠

Donnerstag

Heute sind mir die Blicke egal. Ich muss meine Komposition fertig machen, damit ich sie aufzeichnen kann, bevor es mit den Bewerbungsverfahren für die Unis losgeht. Mein Stück muss perfekt sein. So perfekt, dass die Leute in der Zulassungsstelle völlig geflasht werden und mir das Stipendium geben, das ich brauche, um hier rauszukommen. Ich renne die Stufen zum Musikraum hinauf.

»Mr Richards«, sagt Mr Taylor, als ich eintrete. Es ist, als hätte er mich erwartet. Merkwürdig ist nur, dass er mich normalerweise Devon nennt.

»Guten Morgen, Mr Taylor. Ich möchte heute nur noch einmal kurz am letzten Teil meines Zulassungsstücks arbeiten.«

»Das ist in Ordnung«, lächelt er, »aber bevor du anfängst, würde ich gerne einige Bedenken äußern.«

Bedenken?

»Ich gebe normalerweise nichts auf Gerüchte ... aber ich habe etwas gehört und wollte es mit dir besprechen.«

Er zögert, als wäre er nicht sicher, wie er den nächsten Satz formulieren soll. Das Herz schlägt mir bis zum Hals. Ich schwöre, wenn es um Scotty geht, sterbe ich ...

»Es heißt, du wärst in Drogenhandel verwickelt.« Mr Taylor sieht verwirrt aus, als wäre ich der Letzte, dem er so etwas zugetraut hätte.

Mein Magen macht einen Purzelbaum.

»Das bin ich nicht«, lüge ich.

Er nickt. »Du solltest nur wissen – die Universitäten sind da sehr streng.«

»Ich verstehe«, sage ich mit flauem Gefühl. Er sieht mich an, als würde er mich und meine Lüge glatt durchschauen. Dann wendet er sich ab.

»Gut. Ich fände es schade, wenn das deine Chancen beeinträchtigen würde. Das soll einem unserer vielversprechendsten Studenten nicht passieren.«

Ich nicke mit schlechtem Gewissen wegen der Lüge – aber was habe ich schon für eine Wahl?

Aus offensichtlichen Gründen habe ich in den letzten beiden Wochen nicht gedealt. Ich vermisse das vertraute Geräusch eines Windspiels für seine Textnachrichten – ich hatte es so eingestellt, damit ich wusste, dass es Dre war und niemand anderes. Ich schiebe ihn in den letzten Winkel meines Kopfes und gehe zu meinem üblichen Platz ganz hinten. Die Tränen in meinen Augen blinzle ich fort. Ich will jetzt nicht an ihn denken.

Tief hole ich Luft.

Dann schließe ich die Augen und lasse mich hinabsinken.

♠

Obwohl ich ihm nicht gesagt habe, er soll kommen, überrascht es mich nicht, dass Terrell nach dem Nachsitzen vor der Niveus auf mich wartet. Chiamaka habe ich heute nicht gesehen, aber sie ist wahrscheinlich abgerauscht, sobald sie fertig war.

Ich wusste, dass ich mit Terrell irgendwann über das sprechen muss, was gestern im Park passiert ist, aber ich hätte nicht geglaubt, dass es so bald sein würde.

Was soll ich ihm bloß sagen?

Tut mir leid, dass ich dich geküsst habe – ich bin noch nicht über Dre hinweg und habe das wahrscheinlich nur getan, weil ich ihn vermisse.

Ich tue so, als müsste ich eine Nachricht auf meinem Telefon lesen, aber mein Herz klopft heftig und ich weiß, er wartet darauf, dass ich hinauskomme.

Nachdem ich ein paar Minuten lang ziellos durch meine Meldungen gescrollt habe, stecke ich das Telefon ein und gehe die Stufen hinunter auf ihn zu. Am Tor kann ich ihn deutlich erkennen. Er sitzt auf seinem Fahrrad, in einem großen grauen Hoodie und Jogginghosen.

»Hi«, sagt er und starrt mich an, sodass ich mir ganz nackt vorkomme. Ich glaube, darin liegt Terrells Superkraft: Er kann mich nervös machen.

Ich frage mich, wie lange er schon hier wartet.

Gerade als er »Alles in Ordnung?« fragt, sage ich »Entschuldigung.«

»Wofür?«

»Dass ich dich geküsst habe und dann davongerannt bin. Ich habe gerade am Freitag mit meinem Freund Schluss gemacht. Ich habe nicht nachgedacht und die Sache wahrscheinlich total kompliziert gemacht. Es tut mir leid.«

Terrell sieht erst mich an und dann seinen Hoodie, den ich wieder trage. Er ist viel wärmer als alle meine Sweatshirts.

»Kann ich dich nach Hause begleiten?«, fragt er.

Das habe ich zwar nicht erwartet, aber ich nicke.

Wir gehen los und Terrell schiebt die knallgelbe Konstruktion, die er Fahrrad nennt, nebenher.

»Geht er auf deine Schule oder so? Der Ex, meine ich«, erkundigt er sich plötzlich.

»Nein.« Ich sehe ihn an. »Es ist ein Junge aus unserem Viertel.«

»Wie heißt er denn? Vielleicht kenne ich ihn.«

Nach kurzem Zögern sage ich: »Andre Johnson.«

Terrell schweigt eine Weile, dann fragt er: »War er es, der seinen Jungs befohlen hat, dir das anzutun?«

Ich schüttle den Kopf. »Er war sauer, weil die Nachrichten von Aces Gerüchte über uns in Umlauf gebracht haben, deshalb hat er Schluss gemacht.«

»So eine Behandlung hast du nicht verdient.«

»Ich bezweifle, dass Dre das befohlen hat.«

»Und wenn schon. Hat er nach dir gesehen?«, erkundigt sich Terrell kopfschüttelnd.

»Er hat es auch nicht leicht. Er hatte kein einfaches Leben«, verteidige ich ihn, obwohl das für Terrell wahrscheinlich keinen Unterschied macht.

»Wir haben alle ein verdammt schweres Leben – das macht mich noch lange nicht zum Arschloch.«

»Er hat einen Boss, der ihn bedroht …«

»Also entweder er oder du? Andre sitzt da und heißt es gut, dass du zusammengeschlagen wirst, weil er sich dem nicht selbst stellen will – was für ein verdammter Feigling«, sagt Terrell wütend.

»Ich kenne ihn seit Jahren, okay? Für manche ist es vielleicht einfach, immer das Richtige zu tun, aber er baut regelmäßig Mist und bereut es später. Ich habe zwar keine Lust, das miese Verhalten anderer zu entschuldigen, aber wir treffen alle mal schlechte Entscheidungen.«

Ich will nicht weiter darüber reden. Im Moment tut es zu weh, über Dre zu reden, als würde mir eine Wespe ins Herz stechen.

Terrell sieht mich an, als wäre ich bescheuert. Dann sieht er weg. »Hat er sich seitdem bei dir gemeldet?«

Das scheint mir eher eine rhetorische Frage zu sein. Ich habe das Windspiel seit Tagen nicht mehr gehört.

»Ja«, lüge ich.

»Dann ist ja gut.«

Ich nicke.

»Glaubst du, dass ihr wieder zusammenkommt?«, fragt er ein wenig gequält.

Die Frage habe ich mir auch schon gestellt. Dre scheint mich nicht mehr sehen zu wollen. Ich schlucke den Kloß in meinem Hals herunter.

»Nein, ich glaube nicht. Aber Andre ist für mich wie Familie. Ich möchte einfach nur ein guter Freund für ihn sein.«

Andre und ich sind befreundet, seit er zwölf und ich elf war. Ich kenne ihn seit fast sieben Jahren, auch wenn wir erst seit letztem Jahr zusammen sind. Davor war Andre einfach ein Freund, ein wirklich guter Freund. An Tagen wie heute wünschte ich mir, wir wären einfach nur gute Freunde geblieben, sodass ich immer noch mit ihm sprechen könnte und nicht alles so kaputt und schräg wäre.

Während wir weitergehen, breitet sich peinliche Stille aus. Wahrscheinlich hält Terrell mich für jämmerlich.

»Weißt du«, beginnt er schließlich, »du bist echt richtig schnell.«

»Wie bitte?«

Er zeigt mir seine Grübchen. »Gestern, als du von mir weggerannt bist. Du solltest dir überlegen, ob du bei den Olympischen Spielen mitlaufen willst, falls du's dir mit der Musik mal anders überlegst ...«

Ich gebe ihm einen Schubs und er lacht.

»Halt die Klappe«, sage ich und werde noch verlegener.

»Ich werde dich Quickie nennen«, erklärt er sehr selbstzufrieden.

»Na, dann werde ich dich Quatschkopf nennen«, erwidere ich.

»Ist mir recht.«

Terrell bringt mich bis zu unserer Haustür. Ich habe ein schlechtes Gewissen, dass ich ihn nicht hereinbitte, aber das tue ich nie.

Es ist mir ein bisschen peinlich, wie es bei uns zu Hause aussieht, und ich fürchte, er könnte einen schlechten Eindruck von mir bekommen, auch wenn es wahrscheinlich nicht so wäre.

»Vielen Dank, dass du mich nach Hause gebracht hast. Und nochmals Entschuldigung für gestern«, füge ich leise hinzu.

»So wie ich das sehe, bin ich wohl unwiderstehlich«, grinst Terrell.

»Klar.«

Er sieht mich kurz an und umarmt mich dann.

Ich weiß nicht, ob mich je ein Freund so umarmt hat, und ich muss zugeben, ich mag Terrells Abschiedsumarmungen. Sie sind immer so angenehm herzlich.

Später in meinem Zimmer, als meine Brüder schlafen und die Welt still geworden ist, denke ich darüber nach, wie schön es wäre, jemanden zu haben, für den ich keine Last bin.

Ich habe vergessen, wie sich das anfühlt.

♠

Freitag

Letzte Nacht ist mir die Melodie im Traum eingefallen. Sie lief als Schleife, bis ich aufwachte, aus dem Bett sprang und so schnell wie möglich zur Schule rannte.

Endlich weiß ich, wie mein Bewerbungsstück klingen soll!

Ich bin so früh, dass in der Eingangshalle nur ein paar Leute sind, als ich hereinstürme. Ich renne die Treppe hinauf und stoße die Tür zum Musikzimmer auf. Mr Taylor ist noch nicht da, und irgendwie bin ich erleichtert, denn ich will jetzt gerne allein sein und nicht abgelenkt werden.

Ich setze mich an meinen Tisch, stöpsle das Keyboard ein, sehe es mit dem üblichen Summton zum Leben erwachen und schließe die Augen. Da niemand da ist, will ich nicht den Kopfhörer verwenden.

Ich bin unter Wasser … ich sinke herab … und plötzlich bin ich am Strand. Die Leute lachen und laufen im Sand umher. Die Sonne blendet mich. Ich laufe wieder zum Wasser, um ihr zu entgehen. Doch nackte Arme umfangen mich und halten mich vom Wasser fern. Ich wehre mich, doch ich komme nicht gegen sie an. Ich drehe mich um und will sehen, wer es ist ...

Meine Augen öffnen sich erschrocken und ich falle vom Stuhl. Als ich aufsehe, erkenne ich Jack, der neben mir aufragt.

»Was zum Teufel soll das, Jack?«

»Was zum Teufel das soll? Das soll heißen, ich dachte, du wolltest dich darum kümmern!«

Mich um was kümmern? Jacks Probleme sind doch gelöst. Dre hat mit mir Schluss gemacht, seine Brüder sind sicher. Worum soll ich mich also kümmern? Er lässt sich ja nicht mal mehr mit mir zusammen blicken.

»Ich habe ...«

»Sich kümmern heißt in Deckung bleiben. Es heißt nicht, den verdammten Terrell aus der Mittelschule zu ficken!«

Mir bleibt fast das Herz stehen.

Ich ertrage keine weiteren Bilder oder Videos mehr. Ich will einfach nur leben, ohne dass ich mich ständig umschauen muss.

»Du kennst Terrell?«, bringe ich hervor.

Jack schüttelt ungläubig den Kopf.

»Natürlich. Mein Bruder hat mir gesagt, er hat euch zusammen nach Hause gehen sehen. Jeder weiß, dass Terrell ein beschissener Homo ist.«

Ich wusste bis Freitag nicht mal, dass er existierte.

Ich zittere am ganzen Körper. Zumindest hat Jack es von seinem Bruder erfahren und es weiß nicht die ganze Schule durch einen SMS-Alarm Bescheid.

»Du hast dir das alles selbst zuzuschreiben, Devon. Das ist alles deine eigene Schuld. Wir haben gelernt, wir sind an diese Schule gekommen und hatten die Chance, normal zu sein. Die Chance, die Mittelschule und ihre Gewohnheiten hinter uns zu lassen. Aber nein, du kommst hierher und führst dich genauso schräg auf wie Terrell. Du verdienst alles, was dir zustößt!«

Jack tritt einen Schritt zurück.

»Ich wünsch dir noch ein schönes Leben, Devon!«, zischt er.

Dann verschwindet er.

Ich versuche erst gar nicht, mein Stück fertig zu schreiben, ich bleibe einfach am Boden sitzen und lasse meinen Körper tun, was er will. Ich halte nichts mehr zurück, verdränge nichts mehr. Ich kann nicht mehr.

Ich denke an Ma und wie sie sich abmüht und dass ich so verdammt hilflos bin. Dass ich Erfolg haben muss, einen Job brauche und das Stipendium und auf die Uni gehen muss. Ich denke an Dre und dass er gesagt hat, er liebt mich, und mich dann fallen gelassen hat, als würde Liebe gar nichts bedeuten. Und ich denke daran, dass ich ihn so sehr liebe, dass es schmerzt, aber ich kann ihn nicht dazu bringen, für mich alles aufzugeben, so wie ich es für ihn tun würde.

Ich denke an Jack und daran, dass er, auch wenn er es nicht zugeben will, diesen Teil von mir immer gehasst hat, obwohl wir seit Jahren beste Freunde sind, alles zusammen unternommen haben, obwohl ich für ihn da war, als er seine Eltern verlor, wie so viele von uns, obwohl er mir versprochen hatte, dass er mir immer helfen würde, als sie meinen Vater abgeholt haben.

Ich erinnere mich an den gequälten Ausdruck in Jacks Gesicht, als ich ihm erzählte, dass ich auf Jungen stehe. Ich weiß noch, wie er mir die Spielkonsole reichte und sagte, er müsse nach den Burgern im Ofen sehen. Ich fühlte mich beschissen, aber ich nahm die Konsole, beendete das Level, auf dem er war, und sprach das Thema nicht mehr an. Jack hat es gehasst, dass ich mit Scotty ausging. Er war nie glücklich darüber. Ich redete mir ein, das läge daran, dass Scotty ein Arsch ist, nicht weil er einen Schwanz hat. Jack machte Witze über Mädchen mit kurzen Haaren und muskulösen Armen, mit denen ich ausgehen könnte, als wäre das Aussehen ausschlaggebend dafür, wen ich attraktiv finde. Und wenn ich über Dre sprach, zuckte er zusammen.

Und zur Krönung gibt es auch noch Aces – die Person oder die Personen, die darauf erpicht sind, mein Leben zu ruinieren.

Ich fühle mich so einsam.

Vielleicht bin ich einfach verflucht … vielleicht lässt sich das nicht reparieren.

Ich schniefe, weil meine Nase dicht ist. Gott, wie ich es hasse, zu heulen. Ich kann nicht atmen, und je mehr ich keuche, desto mehr Tränen kommen und desto mehr schmerzt meine Brust.

Und desto mehr möchte ich von hier weg und nie wieder zurückkommen.

18

CHIAMAKA

Freitag

Noch nie in meiner ganzen Schulzeit habe ich nachsitzen müssen. Und heute schon zum dritten Mal.

Klar habe ich schon Sachen gemacht, für die ich hätte nachsitzen sollen. Aber ich bin nie erwischt worden.

Und jetzt, in meinem wichtigsten Jahr, stehe ich hier, ohne mein Head-Prefect-Abzeichen, neben Richards und lasse mir unsere Arbeitsutensilien aushändigen.

Normalerweise sehe ich ihn beim Nachsitzen nicht – und ansonsten auch nicht. Aber heute hat uns Ward in dasselbe Klassenzimmer bestellt, Devon die Müllzange für draußen und mir den Kaugummischaber für drinnen gegeben. Devon tut mir fast leid. Es gießt in Strömen.

»Keine Gespräche«, befiehlt Ward und sieht uns noch einmal scharf an, bevor er geht.

Richards geht schnell zur Tür, doch ich halte ihn zurück, bevor er verschwinden kann. Ich bin erleichtert, dass ich ihn erwischt habe. Ich habe schon in den letzten beiden Tagen versucht, ihn zu sprechen, aber in der Schule sehe ich ihn kaum. Er geht selten zu seinem Schließfach und ist auch nie in der Cafeteria. Und wenn ich ihn sehe, hat es den Anschein, als könnte er es gar nicht erwarten, von mir wegzukommen.

Er sieht mich fragend an, doch ich lege den Finger an die Lippen und warte auf das Geräusch von Rektor Wards Bürotür.

Da ist es: Peng.

»Was ist?«, fragt er schließlich.

Ich lasse ihn los, gehe zur Klassenzimmertür und schließe sie leise, bevor ich mich zu ihm umdrehe.

»Wir werden Aces los.«

Er runzelt die Stirn. »Wir werden ihn los?«

»Wir bringen ihn zur Strecke. Ich habe an einem Plan gearbeitet und ich weiß so einiges. Erstens: Aces muss hier an der Schule sein, denn er weiß Dinge, die nur ein Niveus-Schüler wissen kann, und hat Zugang zu Orten, an die nur ein Schüler kommt. Zweitens: Er verfolgt mich – uns –, um zu sehen, was wir tun, und dokumentiert es. Drittens: Er ist clever. Sehr clever. Viertens: Er scheint einen Grund dafür zu haben, dass er uns zur Strecke bringen will.«

»Ja … das habe ich mir auch schon gedacht«, sagt Devon. »Ich hätte nur nicht geglaubt, ich wäre so wichtig, dass man mich zur Strecke bringen muss.«

Ehrlich gesagt, habe ich das auch schon gedacht. Ganz ehrlich: Bevor das alles angefangen hat, hatte keiner eine Ahnung, wer Richards eigentlich ist.

»Offensichtlich bist du aber so wichtig – ich versteh das auch nicht.«

Ich sehe, wie er die Augen verdreht, was mich überrascht. Die meisten Leute haben nicht den Nerv, mir gegenüber unhöflich zu sein – nein: Sie hatten nicht den Nerv dazu. Seit Aces angefangen hat, meine Geheimnisse herauszuposaunen, sind meine Mitschüler immer mutiger geworden. Von Ava und Ruby habe ich kaum noch etwas gesehen, was sicherlich an Aces und meinem wachsenden sozialen Außenseiter-Status liegt.

Das Schlimme bei Aces ist, dass es praktisch jeder sein könnte. Es könnten Leute aus meinem engsten Umfeld sein oder Menschen aus meiner Vergangenheit wie Scotty, oder jemand, den ich benutzt habe, um dorthin zu kommen, wo ich jetzt bin. Ich kann mir einfach nur nicht vorstellen, wie Devon da ins Bild passt.

»Also verdächtigst du die gesamte Schülerschaft?«, meint er mit müdem Seufzen.

»Sei nicht so negativ. Ich habe eine Liste mit Leuten gemacht, die es sein könnten, und ich habe mit einem Technikfreak in meiner AP-Matheklasse gesprochen, der uns dabei helfen kann, das Rätsel zu lösen.«

»Du willst das Problem mithilfe eines Highschool-Technikfreaks lösen?«

Warum ist er denn so negativ?

»Er ist nicht einfach nur ein Technikfreak. Peter ist ein Hacker. Er wird die Nachrichten zurückverfolgen und sehen, wer sie schickt, und er durchsucht das Material der Überwachungskameras, um herauszufinden, wer die USB-Sticks in unsere Schließfächer gelegt hat. Außerdem versucht er, das Material darauf wiederherzustellen. Ich habe gehört, er hätte letztes Jahr die vorzeitige Zulassung zur MIT abgelehnt, weil ihn irgendein hochgeheimer Bundesagent angeheuert hat, sich in eine russische Datenbank einzuhacken. Er ist wirklich gut. Und im Augenblick ist er unsere einzige Chance, der Lösung des Rätsels um die Identität von Aces näher zu kommen.«

Obwohl ich furchtbare Angst davor habe, was auf diesem USB-Stick sein könnte, muss ich wissen, was Aces noch gegen mich – gegen uns – in der Hand hat, damit ich verhindern kann, dass es bekannt wird.

Devon starrt mich eine Weile an, doch er scheint völlig hoffnungslos. Es ist schön, einen Partner zu haben, der null Vertrauen in dich hat.

»Okay«, sagt er schließlich, geht an mir vorbei und knallt die Tür des Klassenzimmers hinter sich zu.

Ich bin ein praktisch veranlagter Mensch, deshalb mag ich die naturwissenschaftlichen Fächer am liebsten. Mir gefällt es, dass man alles objektiv beweisen kann, ich liebe die Formeln und Methoden, auf die man sich verlassen kann. Ich liebe die Sicherheit.

Ich wünschte, Richards würde mir vertrauen. Er ist ein Künstler. Die sehen alles als zweifelhaft und subjektiv an.

Ich nicht. Ich lebe in einer Welt der Fakten und Zahlen.

Und ich werde mich nicht ducken und zulassen, dass jemand anders mir die Krone abjagt. Im Leben nicht!

♠

Zu Hause rieche ich Mums Reis und den nigerianischen Gemüseeintopf. Bei ihren vollen Terminkalendern sind Mum und Dad selten zu Hause, daher bin ich ein bisschen verblüfft, als ich sie reden höre. Wenn sie zusammen zu Hause sind, wollen sie immer zusammen kochen und einen auf Familie machen, was ja im Grunde ganz nett ist, aber ich bin nicht in der Stimmung für Reis oder belangloses Geplauder.

»Mum, kann ich mir eine Pizza bestellen?«, frage ich, als ich in die Küche komme. Sie steht am Tisch und blättert in einem Buch, während Dad im Reistopf rührt. Er hat seine Lesebrille auf der Nase, ganz beschlagen vom Dampf, und in letzter Zeit hat er seinen Bart wachsen lassen, was er nur sehr selten tut.

»Das Essen ist gleich fertig«, antwortet Dad, nimmt seine Brille ab und wischt sie an der Schürze sauber. Das bedeutet Nein.

Da es sich nicht lohnt, darüber zu streiten, gehe ich in mein Zimmer hinauf, werfe die Tasche auf den Boden und lasse mich aufs Bett fallen.

Ich schreibe Peter, um ihn zu fragen, ob er schon etwas gefunden hat, als mein Telefon summt.

`Fertig mit der Kinderarbeit für heute? B`

Ich muss lächeln. Seit sie mich am Dienstag konfrontiert hat, sind wir uns nähergekommen. Ich weiß gar nicht, warum ich sie anfangs so abgelehnt habe.

Gott sei Dank! Jetzt sitze ich gemütlich in meinem Zimmer und werde mir gleich Pretty in Pink ansehen.

Was ist Pretty in Pink? B

Ähm - einer der besten Filme aller Zeiten?

Und warum habe ich den dann noch nicht gesehen? Chi, als Freundin versagst du, wenn du mich nicht zwingst, ihn anzusehen. B

Freundin …

Du solltest herkommen.

Sollte ich. B

Bis gleich!

Ich lasse das Telefon fallen, sause in meinem Zimmer herum, um Kleider in meinen Schrank zu stopfen, und sehe mich um, ob es Unstimmigkeiten gibt, bevor ich in die Küche laufe, wo meine Mutter Gemüse schneidet und mein Dad irgendetwas püriert.

»Belle kommt her«, verkünde ich.

»Wer ist Belle?«, wundert sich Dad.

»Die hübsche Blonde, die letzte Woche da war«, erklärt Mum, bevor ich etwas sagen kann.

»Ah.«

Sie sehen einander an, und unterhalten sich wortlos in ihrer geheimen Seelenverwandten-Art.

»Stimmt«, lacht Mum.

»Mum, Dad, könnt ihr aufhören, euch telepathisch zu unterhalten? Darf ich jetzt Pizza bestellen, wenn eine Freundin kommt?«

»Warum kann sie nicht mit uns Efo essen?«, fragt Mum.

Ehrlich gesagt will ich nicht, dass Belle sich unwohl fühlt. Aber ich habe auch ein schlechtes Gewissen, denn schließlich schäme ich mich nicht dafür, Nigerianerin zu sein.

»Liebling, vielleicht verträgt sie die scharfen Gewürze nicht«, wirft Dad ein.

»Oh ja, sie ist ein Oyinbo. Ich vergesse immer, dass nicht alle Oyinbos die scharfen Gewürze so gut vertragen können wie du.«

»Und ob ich das kann!« Dad legt den Arm um Mum und ich lösche den Anblick aus meinem Gedächtnis.

»Chiamaka, das Efo ist gleich fertig. Ich bin sicher, deine Freundin wird es mögen.«

♠

»Das war sehr lecker, Mr und Mrs Adebayo«, sagt Belle.

Dad sieht mich an. Hab ich doch gleich gesagt!, steht ihm ins Gesicht geschrieben.

Ich verdrehe lächelnd die Augen.

»Okay, Mum und ich räumen auf, ihr beide könnt nach oben gehen und abhängen.« Dad bemüht seine »Ich-bin-ein–cooler-Dad,-versprochen«-Stimme.

Belle folgt mir in mein Zimmer und lässt sich sofort auf mein Bett fallen, als wären wir schon ewig Freundinnen. Mir gefällt, dass wir uns gegenseitig nichts vormachen müssen – auch wenn ich immer noch befürchte, dass mein Zimmer nicht ordentlich genug ist.

Ihr Camp Niveus-Shirt glänzt im matten Licht meines Zimmers. Es ist bordeauxrot und mir fällt vor allem der silberne Ring mit dem Logo des Camps auf, weil es mich an das von Jamie erinnert. Ihre Jeans sind auf merkwürdige Weise ausgefranst, was mich davon ablenkt, warum sie überhaupt hier ist.

»Also … Pretty in Pink …«

Belles Stimme holt mich aus meinen Gedanken und ich merke, dass ich sie allzu lange angestarrt habe. Also setze ich mich auf mein Bett und mache den Laptop auf.

»Mach dich bereit, dass dir das Herz bricht.«

»Und wenn nicht?«

Ich hebe eine Augenbraue.

»Wenn nicht, dann bist du nicht menschlich und diese Freundschaft ist am Ende.«

»Okay, aber hast du genug Klebeband, um mein gebrochenes Herz zu reparieren?«

Mein Magen macht einen Satz und mein Herz auch.

Belle wird knallrot. »Sorry, das war unglaublich schmalzig.«

»Ach, daran bin ich gewöhnt. Wenn man die Marvel-Filme nicht mitzählt, könnte man die Filme in meiner Top-Ten-Liste auch Schmalzfilme 1 bis 10 nennen«, erwidere ich.

Mit immer noch roten Wangen lächelt sie mich an.

»Ich hätte nie gedacht, dass du auf romantische Komödien stehst, Chi.«

Das hat Jamie auch mal gesagt. Ich habe so lange an meinem Image an der Schule gearbeitet – eine unzerstörbare zweidimensionale Maske –, dass ich manchmal vergesse, dass nur ich selbst dahinter schauen kann und weiß, wer ich eigentlich wirklich bin.

Ich mag Chemie, Biologie und Physik und ich liebe die CSI-Serien und Filme über Mutanten, aber das heißt nicht, dass ich nicht auch so rührselige Filme wie *Wie ein einziger Tag* und *Harry und Sally* mag.

»Ich mag Happy Ends«, erkläre ich.

Belles Lächeln wird zum Grinsen.

»Ich auch«, gesteht sie.

19

DEVON

Montag

Ich bin verwirrt.

Und zwar, weil ich auf die dämliche Chiamaka Adebayo gehört habe.

Nach dem Nachsitzen am Freitag ist sie wieder auf mich losgegangen und hat ungefragt ihre Telefonnummer in mein Handy eingegeben. Dann hat sie mir heute Morgen die Nachricht geschickt, ich soll sie in Labor 201 treffen – wo immer das auch sein mag.

Als mich eine Hand am Arm packt, schreie ich beinahe auf. Mein Herz explodiert fast, und als ich mich umdrehe, sehe ich eine verärgerte Chiamaka.

»Du bist zu spät.«

Glaubt sie etwa, ich weiß das nicht?

»Ich wusste nicht, wo Labor 201 ist.«

Das kümmert sie nicht, aber mir ist es auch egal. Ich will, dass Aces aufhört, ich will, dass Dre wieder mit mir spricht und ich will an die Juilliard und mit Niveus endlich fertig sein.

Sie zerrt mich in irgendeinen Raum – Labor 201, nehme ich an –, wo ich einen schlaksigen Kerl treffe, der an einem Tisch vor einem Laptop sitzt.

»Gib ihm dein Telefon«, befiehlt Chiamaka und schlägt mir auf den Arm.

Ich sehe sie an und hoffe, sie merkt, wie wütend ich bin.

»Wieso mein Telefon? Warum nicht seins oder deines?«

Chiamaka sieht mich an wie meine Ma, wenn ich frech bin.

»Peter hat kein Telefon – ich weiß, das ist schockierend, vor allem bei einem Technikfreak. Mein Telefon hat er schon, aber da ich die Meldungen über mich selbst nicht bekomme, brauchen wir auch dein Telefon. In Ordnung? Oder soll ich dir das noch mal ganz langsam erklären?«

Ich sollte einfach gehen. Ihr herablassender Ton nervt total. Aber ich gehe nicht. Wie ein Zombie reiche ich dem Kerl mein Telefon und er schließt es an seinen Computer an.

»Konntest du auf den USB-Stick zugreifen? Ich hab Devon gesagt, er soll seinen auch mitbringen …«

Peter schüttelt den Kopf. »Unmöglich. Alle Dateien sind unbrauchbar. Ich kann mir seinen gerne auch ansehen, wenn du willst, aber die Daten auf deinem Stick waren absichtlich zerstört. So was hab ich noch nie gesehen …«

»Na, dann sehen wir eben, was herauskommt, wenn du die Nachrichten zurückverfolgst. Was ist mit den Überwachungskameras?«, erkundigt sich Chiamaka.

»Ich habe mir die Aufnahmen der Kamera angesehen, die die Umgebung der Schließfächer abdeckt, zu der Zeit, als eurer Meinung nach die Sticks in eure Schließfächer gelegt wurden, aber kurz zuvor gab es einen Stromausfall. Der hat die Beleuchtung und die Kameras lahmgelegt und dauerte bis kurz vor der ersten Stunde.«

Aces scheint uns immer ein paar Schritte voraus zu sein. Und sehr geschickt ist er auch. Ich überlege, ob ich jemanden kenne, der insgeheim ein technisches Genie ist und etwas gegen mich hat, komme aber auf niemanden.

Peter gibt mir mein Telefon zurück. Auf seinem Laptop taucht ein schwarzer Bildschirm mit jeder Menge Code auf.

»Fertig, jetzt hab ich alles, was ich brauche«, sagt Peter, was mich ein wenig nervös macht.

Nicht, dass ich irgendetwas Belastendes hätte … nur Nachrichten, und ehrlich, welcher Schaden könnte schlimmer sein als der, den Scottys altes Telefonarchiv schon angerichtet hat?

»Ich werde daran arbeiten, den Ort ausfindig zu machen, von dem die Nachrichten verschickt wurden. Das sollte nicht allzu lange dauern.«

»Und wann bist du fertig?«, erkundigt sich Chiamaka.

»Ich muss noch einen Laborbericht schreiben, also wahrscheinlich Ende der Woche …«

Sie legt ihm eine Hand auf die Schulter.

»Peter«, beginnt sie und legt den Kopf schief. »Das ist sehr dringend, ich hoffe, du verstehst das.«

Er nickt und wird rot.

»Gut. Kann ich mich also darauf verlassen, dass du das morgen früh fertig hast?«

Peter sieht gleichzeitig entsetzt und erregt aus. Das allein ist so gruselig, dass ich am liebsten davonrennen würde, aber aus unerfindlichen Gründen bleibe ich.

»Morgen früh«, wiederholt Peter.

Wow. Mehr Überredungskünste braucht es bei Hetero-Jungen nicht?

»Danke, Peter.« Chiamaka fährt ihm durchs Haar, was er nicht sonderlich zu mögen scheint, und zieht mich dann zum Ausgang.

Kurz bevor ich die Tür aufmachen kann, hält sie mich zurück und legt mir die Hand auf die Brust.

Wenn sie nicht aufhört, mich dauernd zu berühren, flippe ich aus …

»Lass mich zuerst gehen, warte fünf Minuten, dann gehst du auch.

Wir wollen den Leuten ja nicht zeigen, dass wir ihnen auf der Spur sind, verstehst du?«

Ich nicke.

Ich weiß nicht, wie überrascht der Devon aus der 11. Klasse darüber sein würde, dass ich mich so häufig mit Chiamaka unterhalte, aber ich weiß, dass er mich härter beurteilt als der Devon aus der 12. Klasse.

♠

Mr Taylor hat meine Kopfhörer und hört sich mein Stück an. Heute Morgen habe ich es endlich geschafft, eine erste Aufzeichnung anzulegen, und beobachte ihn seit drei Minuten nervös.

Schließlich nimmt er den Kopfhörer ab und sieht mich an. »Das ist gut, wirklich gut. Ich glaube, da hast du etwas ganz Großartiges, Devon.«

Großartig ist nicht unglaublich.

»Ich höre mir jetzt Tabithas Stück an. Gute Arbeit. Weiter so.«

Seufzend sehe ich auf meine Notenblätter herunter. Was ist nur schiefgegangen?

»Was geht, Devon«, sagt Daniel, der neben meinem Tisch auftaucht.

»Hi.«

»Also, ich muss dir was Wichtiges erzählen«, beginnt er.

»Okay.«

Bei Daniel Johnson kann »wichtig« alles zwischen Pizza zum Mittag bis *Weißt du schon, dass wir einen neuen Rektor haben?* sein.

Er sieht sich unsicher um und blickt mich dann an. »Ich weiß, wer deine Geheimnisse rumschickt.«

Ich habe das Gefühl, ich könnte ihm auf seine Marc-Jacobs-Schuhe kotzen.

»Wer?«

»Du musst mir versprechen, es niemandem zu sagen – ich könnte sonst Ärger bekommen.«

Jetzt bekomme ich wirklich Angst.

Ich überlege. Nur jemand, den ich kenne – oder jemand, der mir gefolgt ist –, könnte all das wissen, was herausgekommen ist. Und der Einzige, dem ich das alles anvertraut habe, ist Jack. Aber warum sollte Jack so etwas tun? Ich weiß es nicht. Und woher sollte Jack etwas über Chiamaka wissen?

»Ich werde es keinem Menschen sagen«, verspreche ich, obwohl ich es mit Sicherheit Terrell und Chiamaka erzählen werde.

Leise flüstert er mir zu: »Das FBI.«

Ich atme aus. Ich hatte vergessen, dass das hier Daniel ist.

»Deckst du deine Laptop-Kamera ab?«, fährt er fort.

Ich schüttle den Kopf, versuche, mich zu beruhigen und das Entsetzen loszuwerden.

Daniel schlägt auf den Tisch. »Ich sage dir, die sind es, Mann!«

»Danke, Daniel.«

»Schon gut, für dich tue ich alles.«

Ich blinzle ihn ein paarmal an, weil ich nicht recht weiß, wie ich reagieren soll. Schließlich gebe ich auf und wende mich meiner Musik zu, in der Hoffnung, dass Daniel den Hinweis versteht und die Klappe hält.

♠

Auf dem Heimweg vom Nachsitzen fängt es an zu regnen. Ich halte mir den Rucksack über den Kopf, damit ich nicht so nass werde, aber das hilft nicht viel. Ich kann unser Haus schon sehen, doch je weiter ich komme, desto weiter weg scheint es zu sein. Ich kämpfe gegen Regen und Wind, bis ich endlich an unsere Tür komme.

Ma sitzt am Tisch und sieht die Post durch. Sie legt sie mit der

Schrift nach unten ab und lächelt mich an, doch ihre Augen sind traurig. Egal, was für einen Gesichtsausdruck sie hat, ich sehe immer, wenn es schlimm ist, denn dann verblasst das Licht in ihren Augen, so wie jetzt.

»Hi Von, wie war die Schule?«

»Gut, Ma … Was hast du denn da?«

Sie zuckt mit den Achseln. »Ich habe letzten Monat die Stromrechnung nicht bezahlt, deshalb haben sie eine Mahnung geschickt.«

»Ma …«

»Nein, Von, ich will nicht, dass du dich da einmischst. Ich bin deine Mutter und muss mich um dich kümmern, nicht umgekehrt.« Sie lässt den Kopf sinken, was sie immer macht, wenn ich nicht sehen soll, dass sie weint.

»Ma, bitte lass mich helfen, ja? Ich kann das Geld besorgen.«

Sie schüttelt den Kopf. »Ich weiß, was tu tun willst, und ich will nicht, dass du das machst. Ich will, dass du von der Straße wegbleibst und in die Schule gehst. Du sollst was tun, damit dein Leben besser wird, du sollst es nicht in Gefahr bringen.«

Ich antworte nicht.

»Ich kriege das schon hin. Ich werde mir Geld leihen oder so«, sagt Ma schwach.

»Die Bank wird dir keinen Kredit mehr geben, Ma.«

»Es geht schon alles gut, Von. Gott lässt uns nie im Stich.«

Am liebsten würde ich lachen. Gott lässt uns nie im Stich, ja? Das tut er doch schon unser ganzes Leben lang.

Als ich sie betrachte, so niedergeschlagen wegen der Briefe, komme ich mir ebenso hilflos vor wie sie. Dann umarme ich sie.

Ich schwöre, dass ich es gutmachen werde, Mum. Ich werde dir ein Haus kaufen und dir zu einem Leben verhelfen, in dem du nicht mehr arbeiten musst.

Dann gehe ich in mein Zimmer und überlege. Ich könnte auf Ma hören und drinnen bleiben, durch die Wand zuhören, wie sie nachts um Hilfe betet zu einer Gestalt, die sich immer abwendet, wenn wir sie am nötigsten brauchen. Oder ich könnte zu Dre gehen und ihn um Hilfe bitten.

Ich gehe in mein Zimmer, lasse den Rucksack auf das Bett fallen, das ich mir mit meinen Brüdern teile, die auf dem kleinen Fernseher in der Ecke Cartoons sehen. Einen Moment lang schaue ich auch hin und bin abgelenkt. Die beiden sehen mit großen, unschuldigen Augen zu. Sie machen sich noch keine Sorgen. Sie haben keine Ahnung. Ich hoffe, sie haben etwas gegessen.

Ma hat ihre Art, mit Problemen fertig zu werden – sie betet zu jemandem, der sich einen Scheiß um uns kümmert, und arbeitet in Jobs, in denen sie nicht genug verdient. Sie sagt mir immer, wie gerne sie ans College gegangen wäre, aber so etwas kann man sich nicht so einfach leisten. Man kann es auch nicht anstreben, wenn man miese Lehrer hat und deswegen auch miese Noten.

Wir können uns die Niveus kaum leisten, da mein Stipendium die Studiengebühren nicht ganz abdeckt.

Aber das will sie für mich: dass ich an die Uni gehe und einen Abschluss mache …

Ich ziehe mir ein Sweatshirt über und nehme einen Schirm aus dem Schrank.

»Ich gehe zu Jack«, verkünde ich, als ich wieder in die Küche komme. Ma wirft mir einen Blick zu, den ich öfters sehe. Es ist der »Ich glaube dir nicht, aber sei vorsichtig / Bau keinen Mist / Halt dich aus Gegenden fern, in denen Streifenwagen stehen / Behalt den Kopf unten und die Kapuze auf«–Blick.

»Okay, Von«, sagt sie zögernd. »Pass auf dich auf.«

Ma lässt mir meine Freiheit, solange meine Noten in Ordnung sind und ich keine Schwierigkeiten in der Schule habe. Aber seit Nathaniel, der Sohn ihres Freundes Maurice, im Juni von einem Polizisten erschossen wurde, sieht sie mich so seltsam an, als wollte sie mir diese Freiheit nehmen, um mich vor so etwas zu beschützen.

Sie lässt mich gehen und ich gehe wieder hinaus in den Regen, der mich auf dem Weg zu Dre jetzt nicht mehr schrecken kann.

Der Keil an der Tür zögert, bevor er hineingeht, kommt aber gleich darauf mit der Erlaubnis wieder, dass ich hineingehen kann. Mein Herz schlägt wild, als mir klar wird, dass ich Dre gleich zum ersten Mal seit über einer Woche wiedersehen werde. Ich weiß, dass es keine Rolle spielt, aber ich frage mich, ob ich gut aussehe.

Also klappe ich den Schirm zu und gehe langsam die Treppe hinauf. Auf dem Weg versuche ich, meine Nerven in den Griff zu bekommen. Oben atme ich tief durch.

Dre weiß, dass ich es bin. Wenn er mich nicht sehen wollte, hätte er mich nicht hereingelassen.

Ich mache die Tür auf. Im Wohnzimmer ist es schummrig und ich habe Angst, dass ich beim Durchqueren über irgendetwas stolpere. Meine Finger zittern. Seine Zimmertür knarrt laut, als ich sie öffne und eintrete.

Dre sitzt an seinem Schreibtisch, den Kopf nach hinten gelegt, die Augen geschlossen, als würde er träumen. Er trägt ein grünes Durag auf dem Kopf. Trotz des trüben Lichts leuchtet seine dunkle Haut und sein Bart ist ein wenig gewachsen. Er versucht wieder älter auszusehen als achtzehn. Er will ernst genommen werden. Ich hingegen fürchte mich vor dem Erwachsenwerden.

Ich glaube, wir – die Jungs von hier – haben in diesem Leben so schlechte Karten bekommen, dass wir eines total vergessen: vor dem Auge des Gesetzes sind wir eigentlich noch Minderjährige, Kinder. Technisch gesehen ist achtzehn alt genug, aber nicht, wenn einem wie Dre der größte Teil der Kindheit gestohlen wurde.

»Hi, Dre«, sage ich. Er rührt sich nicht.

»Was willst du?«, fragt er. Seine tiefe Stimme berührt mich im Innersten. Ich habe sie vermisst.

»Reden«, sage ich. Er öffnet die Augen und lässt den Kopf nach vorne fallen. Er starrt mich so an, dass ich mir vorkomme wie ein Stück Fleisch, das beim Metzger begutachtet wird.

Langsam schiebt er sich aus seinem Sessel hoch und kommt auf mich zu, sieht mich aber nicht direkt an.

»Ich will nicht mit dir reden«, erwidert er. Das Hämmern in meiner Brust wird lauter.

»Wenn das wahr wäre, hättest du dem Jungen nicht gesagt, dass ich reinkommen soll. Du hättest nicht mal geantwortet.«

»Wir waren mal Freunde. Ich wollte dich nicht wegschicken und aussehen lassen wie einen Idioten«, erwidert Dre mit gezwungenem Lächeln.

Wir waren mal Freunde.

»Nur Freunde?«, frage ich. Jetzt sieht er mich mit blanken Augen an. Ich fühle einen Stich in der Brust. »Küsst du alle deine Freunde, Dre?«

Er tritt unruhig von einem Bein aufs andere und schnieft.

»Und schläfst du mit ihnen?«, fahre ich mit Tränen in den Augen fort. »Sagst du ihnen, dass du sie liebst?«

Ich wische mir über die Augen. Ich muss mich konzentrieren. Dre sieht mich jetzt still an.

»Du weißt, dass ich das nicht so gemeint habe.«

Nicht die Kontrolle verlieren.

»Wir gehen verschiedene Wege«, beginnt er und sieht wieder weg. »Ich bin ein Schulabbrecher, ich habe keine Familie, ich lebe, um zu überleben. Dein Weg ist Schule, dann ein Job und dich um deine Ma kümmern. Du weißt gar nicht, wie oft ich an dich denke, Von. Ich möchte dich anrufen, aber ich kann nicht, denn das, was wir da am

Laufen haben, hat ein Ablaufdatum, entweder, wenn du an irgendeine schicke Uni gehst oder wenn dir klar wird, dass du und ich zu verschieden sind.«

Ich möchte gerne sagen, dass das nicht wahr ist, aber ich habe das dumme Gefühl, dass ich da gar nicht so sicher bin.

»Du sagst, du liebst mich, aber du lässt mich von deinen Jungs zusammenschlagen …«

»Weil du nicht mehr für mich dealst! Jeder bekommt Abschiedsprügel!«, ruft er lauter. Dieses Gespräch wühlt ihn offensichtlich auf. Normalerweise ist Dre beherrschter, aber heute scheint er nervös.

Doch mir sind seine Ausflüchte egal und ich habe keine Lust, mir den taktischen Unsinn von seiner Gang anzuhören.

»Du hättest sie aufhalten können, Dre, aber das hast du nicht getan. Du wusstest, was passiert.«

»Ich wollte sie aufhalten, aber dann hätte man Fragen gestellt …«

»Glaubst du etwa, die wissen nicht, was wir hier treiben, wenn ich komme? Hältst du sie für so dämlich?«

Er wendet sich ab und wischt sich mit dem Ärmel übers Gesicht. Ich spüre einen neuerlichen Stich, aber ich ignoriere ihn. Ich darf nicht aus den Augen verlieren, was mir wichtig ist.

Wein nur, Dre, ich werde dich dafür sicher nicht verurteilen.

»Wenn du das mit Leuten machst, die du liebst, dann bin ich froh darüber.«

Immer noch von mir abgewandt, schüttelt er den Kopf. »Ich hab nur ans Überleben gedacht und an die Leute an deiner Schule, die diese Dinge rumposaunen. Wenn ich das hier verliere, verliere ich alles. Aber wenn du mich verlierst, hast du immer noch alles.«

Warum versteht er denn nicht, dass er ein großer Teil von »allem« ist?«

Ich sehe mich im Zimmer um, das kalt und dunkel ist. Auf dem Tisch liegen Drogen und ich weiß, er hat weitere in den Schubladen.

Ich wünschte, er würde seinen Trost nicht in so kurzfristigen Highs suchen. Ich möchte ihm sagen, dass sein Weg anders aussehen könnte, aber dann würde ich lügen. Er verdient damit eine Menge Geld. Es hilft ihm, zu überleben.

Er war so glücklich, als er genug Geld hatte, diese Wohnung zu mieten, und ich möchte, dass er glücklich ist, auch wenn es schön wäre, er würde etwas weniger Gefährliches tun.

Ein Windstoß durch das offene Fenster lässt den Raum noch kälter werden. Das mit mir und Dre ist vorbei, das wusste ich vorletzte Woche schon, als er mir gesagt hat, ich solle verschwinden; als seine Jungs mich verprügelt haben – und noch sicherer jetzt, wo er mich nicht mal ansehen kann. Aber ich bin es so gewohnt, bei ihm zu sein, dass es mir unmöglich erscheint, einfach loszulassen.

Plötzlich senkt er die Schultern, hebt sie dann, dreht sich um und seine Tränen sind verschwunden.

»Ein Abschiedskuss?«, frage ich und denke an Terrell und seine Abschiedsumarmungen.

Andre sieht mich an, als würde ihm erst jetzt klar, was dieser Abschied für uns bedeutet.

Der Wind scheint ihn auf mich zuzutreiben.

»Klar«, sagt er leise.

Ich ignoriere meine innere Stimme, die mich anschreit, einen Jungen nicht zu küssen, der mich so verletzt hat, aber mein Herz war schon immer lauter als diese Stimme. Zögernd gehe ich auf ihn zu und lege die Stirn an seine, während ich seinen Duft einatme. Ich habe ihn einmal nach seinem Aftershave gefragt und Dre hat mir lächelnd geantwortet: »Schweiß.« Das war Blödsinn. Ich wünschte, ich wüsste, wonach er riecht. Ich möchte auch nach dem Kuss noch von diesem Duft umgeben sein, ich will ihn nicht verlieren. Dre zieht mich an sich, unsere Nasen berühren sich, dann unsere Lippen. Er hält mich so fest, dass es wehtut, als wollte er, dass unsere Körper miteinander verschmelzen. Mein Herz ist ruhig, dafür bebt jetzt der Rest meines Körpers.

Als wir den Kuss beenden, hält er mich immer noch fest. Ich lege den Kopf an seine Schulter, atme langsam und versuche, nicht an den Augenblick zu denken, wenn ich gehen und ihn verlassen muss. Für immer.

Nicht das Ziel aus den Augen verlieren!

Aber das habe ich. Ich würde gehen, ohne ihm zu sagen, dass ich noch ein oder zwei kleine Jobs brauche, um Ma auszuhelfen. Ich sehe auf.

Sein tränenverschmiertes Gesicht überrascht mich. Es überrascht mich noch mehr, als er es zulässt, dass ich seine Tränen wegwische.

»Ich werde dich wirklich vermissen, Devon«, meint er.

»Ich dich auch.«

Ich bleibe noch einen Moment in diesem Kokon stehen und warte darauf, dass er sich zurückzieht. Doch er tut es nicht. Ich weiß, dass ich das eines Tages bereuen werde, vielleicht sogar gleich, aber ich bin noch nicht bereit, loszulassen. Ich spüre, wie er seinen Griff lockert und das ängstigt mich zu Tode, daher küsse ich ihn erneut. Er hält inne und zieht mich wieder an sich, und auch wenn mein Herz hämmert, als wäre ich gerade eine Meile gesprintet, lasse ich mich wie so oft schon langsam rückwärts bugsieren.

Mein zukünftiges Ich schüttelt den Kopf und sieht zu, wie meine Kniekehlen an Dres Bett stoßen, wie ich schnell auf die kalten Kissen rutsche und den Kuss unterbreche, um mir das Sweatshirt über den Kopf zu ziehen. Aber ich ignoriere das Urteil des Devon der Zukunft.

Dre sieht aus, als wollte er etwas sagen, mir sagen, ich solle nach Hause gehen oder dass wir das nicht tun sollten. Ich höre förmlich seine Gedanken. Er denkt zu viel darüber nach, wie ich es tun würde, wenn ich die Gedanken nicht beiseiteschieben würde. Seine Gedanken schreien, doch als würden sie von einem Vakuum aufgesogen, verstummt plötzlich alles. Alle Sorgen verschwinden und alles, was zählt, ist das Jetzt, nicht die zukünftigen Visionen von uns, die etwas bereuen könnten, es zählt nur die Gegenwart, Andre und ich, wir wollen es beide, wir küssen eine Weile alle Schmerzen weg.

Dre steigt vom Bett und holt ein paar Kondome aus der Schreibtischschublade. Ich sehe zur Decke und lausche dem Geräusch des Regens am Fenster und dem wütenden Heulen des Windes, in dem meine Gedanken untergehen.

Sein Gewicht lässt die Bettfedern knarren, als er sich über mich neigt und mich wieder küsst.

Ich möchte, dass dieser Augenblick so lange dauert wie möglich, ich möchte so lange wie möglich hier mit ihm zusammenbleiben.

Wie immer ist er sanft, rücksichtsvoll und gibt mir das Gefühl, etwas Besonderes zu sein, als er mich überall küsst. Erst als wir endlich fertig sind und ich in seinen Armen liege, wage ich es, zu weinen.

Mir ist klar, dass ich das, weswegen ich eigentlich gekommen bin, völlig vergessen habe. Aber wahrscheinlich hätte er sowieso Nein gesagt.

Er küsst meine Schulterblätter und zieht mich an sich. Und ich weiß, dass ich gleich aufstehen, mich anziehen und verabschieden muss. Ich muss mich meinen anderen Problemen widmen, Ma und Aces. Aber jetzt, in diesem Augenblick, will ich nur die Augen schließen, dem Regen und Dres Atem lauschen und darin versinken.

20

CHIAMAKA

Dienstag

»Du bist schon wieder zu spät«, sage ich zu Richards, als er das Labor betritt.

Er sagt nichts, sondern sieht mich nur an, als wäre ihm das egal. Aber ich werde das ignorieren, weil es wichtig ist, dass er hier mit Ernst bei der Sache ist, was er nach dem heutigen Tag hoffentlich sein wird.

Ich gehe auf Peter zu, der schon wartet, den aufgeklappten Laptop auf dem Schoß. Devon ist nervtötend langsam.

»Was hast du gefunden?«, frage ich ohne Einleitung.

Peter lächelt und lehnt sich zurück.

»Wahrscheinlich alles, worauf du gehofft hast. Aber da ich das hier für dich getan habe, kannst du mir auch einen Gefallen tun?«

Es ist, als hätte Aces, das Cyber-Monster, alle Jahre zunichtegemacht, in denen ich mir hier Respekt verdient habe. Aber da Peter mir tatsächlich geholfen hat, geht das mit dem Gefallen natürlich in Ordnung.

»Das kommt darauf an«, sage ich.

»Ich habe gehört, dass Belle und Jamie Schuss gemacht haben … und dass du jetzt mit Belle befreundet bist.«

»Von wem?«

»Von allen möglichen Leuten«, erwidert Peter achselzuckend.

Nach dem, was Aces über mich und Jamie erzählt hat, überrascht es die Leute wahrscheinlich, dass ich mit Belle abhänge. Normalerweise passiert genau das Gegenteil: Der Junge benimmt sich beiden Mädchen gegenüber beschissen, aber die Mädchen streiten miteinander und bekriegen sich gegenseitig, während der Junge ungestraft davonkommt.

Ich bin froh, dass das bei Belle und mir nicht so ist.

»Was ist mit ihr?«, frage ich.

»Kannst du ihr von mir erzählen und dass ich dir geholfen habe?«, bittet er flehentlich.

In meinem Magen vibriert es. Das gefällt mir zwar nicht, aber ich nicke leicht.

Peter sieht wieder auf seinen Laptop. »Also, es wird dich freuen, zu erfahren, dass die Nachrichten nur von einem Gerät aus geschickt wurden, und das ist leicht zu lokalisieren.«

»Und wo steht es?«, fragt Devon, der endlich aufgewacht zu sein scheint.

»Hier in der Schule. Die Morgan-Bibliothek, Computer 17.«

Das ist seltsam. Warum sollte Aces das an einem Ort tun, wo man so leicht erwischt werden kann?

»Kannst du Überwachungsvideos aus der Morgan bekommen?«, frage ich.

Peter schüttelt den Kopf. »Die Morgan ist einer der wenigen Orte in der Schule, die nicht überwacht werden. Der perfekte Ort, an dem man so einiges tun kann«, grinst Peter und zwinkert.

Ich ignoriere die Anspielung, da mir sonst das Frühstück hochkommt.

In die Morgan-Bibliothek gehe ich selten. Sie gilt als berüchtigter Treffpunkt für Pärchen, und außerdem ist in der Nähe der Labors, in denen ich arbeite, eine eigene Wissenschaftsbibliothek, die ich nutze.

»Aber es gibt noch mehr Informationen«, erklärt Peter. Richards und ich beugen uns vor. »Sonntags und montags gegen zehn Uhr abends werden die Nachrichten eingegeben und so programmiert, dass sie zu bestimmten Zeitpunkten in der Woche abgeschickt werden. Jemand hat sich ins zentrale Administrationssystem der Schule eingehackt, sodass er Zugang zu allen Einträgen der Schülertelefone hat.«

Ich erinnere mich daran, dass Rektor Ward gesagt hat, er könne anhand unserer persönlichen Schülerkonten nachvollziehen, was wir getan haben.

»Konntest du dir das persönliche Konto des Schülers, der sich eingeloggt hat, mal ansehen?«

Peter kratzt sich am Kopf. »Ja, tatsächlich. Das habe ich versucht, sobald ich drin war, aber ich fürchte, das Konto, das benutzt wurde, ist nicht auf einen Schüler oder einen Angestellten registriert. Bei einem normalen Konto in der Niveus-Datenbank hat man einen Benutzernamen und ein Passwort. Deines zum Beispiel lautet Chiamaka Adebayo 5681 …«

»Könntest du vielleicht etwas leiser sprechen? Da ist jemand hinter mir her und du posaunst im ganzen Labor herum, wie mein Passwort lautet!«, unterbreche ich ihn.

»Sorry«, nickt Peter. »Was ich meine, ist, ich kann in jedes Konto sehen. Aber diese Person hat keinen Namen und das Passwort wird häufig geändert. Ich nehme an, sie nutzen eine Art Zufallsgenerator … Egal, ich kann weder die Person identifizieren, die Nachrichten von diesem Konto aus sendet, noch kann ich auf die Daten zugreifen. Die sind so verschlüsselt, dass ich Tage bräuchte, um sie zu knacken. Ich sehe erst, was von diesem Computer aus gesendet werden soll, wenn die Nachrichten eingegeben werden.«

Aces ist viel zu clever, um eine der Personen auf meiner Liste zu sein. Ich glaube nicht, dass ich Ruby je einen Computer habe nutzen sehen.

»Kann ich eine Kopie von allem haben, was du herausgefunden hast?«, frage ich und überlege schnell. Peter sieht aus, als wollte er widersprechen, doch dann nickt er zögernd.

»Soll ich es ausdrucken?«, fragt er.

»E-Mail. Ich warte darauf«, antworte ich, drehe mich um, packe Richards am Arm und zerre ihn zur Tür.

Richards reißt sich los und ich werfe ihm einen tödlichen Blick zu. Warum ist er so kindisch?

»Wer Aces auch ist, nach allem, was wir wissen, ist es klar, dass er das hier sehr sorgfältig geplant hat. Wir müssen ihm voraus sein und ahnen, was er als Nächstes tut«, erkläre ich. Mir fällt auf, dass Richards Augen rot sind, als hätte er den ganzen Morgen geweint.

»Was machen wir also?«, fragt er.

»Wir legen uns diesen Sonntag auf die Lauer – wir werden Aces schnappen, wenn er die nächsten Nachrichten verschickt.«

»Und dann?«

»Dann haben wir all seine Nachrichten und Peters Daten als Beweis, und wenn wir wissen, wer es ist, werden wir keine Ruhe geben. Wir werden ihn und alles, was er getan hat, bloßstellen – vor der Schule und jeder Uni, an der er sich möglicherweise bewirbt. Ich will seine Zukunft genauso ruinieren, wie er es bei uns versucht hat.«

»Ich bin dabei«, nickt Devon.

♠

Ich habe Chemie und setze mich neben Jamie.

Schwer lasse ich mich auf meinen Stuhl fallen und hole mein Heft heraus. Ach, was waren das doch für einfache Tage, als ich mich nur einfach auf mein Lieblingsfach freuen konnte. Ich hätte diese Momente mehr schätzen sollen.

»Bildet Zweierteams und folgt den Anweisungen auf dem Blatt«, fordert uns Mr Peterson auf.

Ich winde mich innerlich. Jetzt wäre der perfekte Zeitpunkt für einen Partnerwechsel. Jeder andere, nur nicht Jamie. Aber so leicht ist das mit dem Laborpartnerwechsel nicht. Und da ich nicht mit ihm spreche und Ruby und Ava nicht mit mir, will ich es lieber gar nicht erst bei jemand anderem versuchen.

Ich sehe zu einem der Mädchen in der nächsten Bank hinüber: Clara. Sie hat mich schon immer gehasst, jetzt kann sie es wenigstens ganz offen tun. Mit selbstzufriedenem Lächeln wendet sie sich ab.

Ich gehe zu den Seitentischen, um uns einen Bunsenbrenner und die Materialien zu holen.

»Belle hat mit mir Schluss gemacht«, verkündet Jamie, als ich zu unserem Tisch zurückkomme.

»Das tut mir leid«, erwidere ich, ohne es zu meinen.

Er schnieft und sofort bekomme ich Mitleid.

»Ich habe sie wirklich gemocht.«

Schweigend packe ich alles aus, aber ich spüre, wie er mich ansieht.

»Es tut mir leid, dass ich dich allein gelassen habe und nicht für dich da war, als du mich gebraucht hast.«

Wieso ist er auf einmal so nett zu mir? Ich stelle den Bunsenbrenner auf und verteile die Materialien.

»Schon gut.«

»Ist es nicht. Ich bin dein bester Freund und habe dich im Stich gelassen, als es schwierig wurde.«

Bin ich gewohnt, will ich sagen. Ich bin es gewohnt, dass Jamie Situationen ignoriert, in denen es schwierig wird oder über die man schwer sprechen kann. Jetzt versuche ich, sein mieses Verhalten nicht zu akzeptieren.

»Hier ist die Liste der Elemente, die wir testen sollen«, sage ich ohne zu stammeln, worauf ich stolz bin, denn ich spüre immer noch Jamies Blick auf mir und das macht mich nervös.

»Okay«, sagt er. Hinter mir höre ich es flüstern und zuerst bin ich verwirrt, bis ich die Stimmen deutlicher höre.

»Ich weiß gar nicht, wie Belle mit so jemandem zusammen sein kann …«, sagt jemand. Ich sehe auf. Jeremy lächelt mich an und winkt und ich lächle mit erhobenem Mittelfinger zurück. Sein Lächeln verschwindet und er dreht sich um.

»Was für eine Bitch, kein Wunder, dass sie niemand leiden kann.«

Manchmal hasse ich Niveus richtig.

Die beste Rache ist es im Moment, meine Noten nicht schlechter werden zu lassen. Ich werde nach Yale gehen, Medizin studieren und ich werde die beste Ärztin des Staates werden, ob es ihnen gefällt oder nicht.

Jamie und ich sitzen den Rest der Stunde nebeneinander. Er lässt mich sogar die meiste Arbeit am Bunsenbrenner tun. Als wir fertig sind, geht er mit mir zusammen hinaus.

»Willst du heute zu mir kommen oder in den Waffelpalast gehen oder so?«, fragt er. Ich weiß nicht, warum mich das überrascht. Immer, wenn irgendetwas passiert, will er, dass wir es vergessen und weitermachen und die besten Freunde sind. Ich weiß nicht, ob es an Aces, an Belle oder etwas anderem liegt, aber ich erkenne mittlerweile die Risse in Jamies scheinbar so perfektem Verhalten.

Und ich habe das Gefühl, mehr wert zu sein.

»Ich bin beschäftigt«, erkläre ich.

»Oh.«

Beim Weitergehen werden wir angestarrt, aber ich halte den Kopf hoch. Meine Absätze knallen auf den Marmorboden und ich stelle mir vor, dass ich in ihre glotzenden Gesichter trete. Ich werde nicht schwach aussehen.

»Soll ich dich nach Hause bringen?«

»Ich habe Beine, Jamie«, sage ich zu ihm. »Ich kann allein nach Hause gehen und du kannst das sicher auch.« Ich lächle knapp und gehe aus der Schule, die Treppe hinunter und durch das Tor. Allein.

♠

Es ist niemand zu Hause, als ich heimkomme.

Ich gehe sofort nach oben, klappe meinen Laptop auf und lade alles herunter, was Peter geschickt hat.

Das erste Blatt taucht auf. Ich scrolle herunter und sehe jede Nachricht, die zu ihrem Ausgangspunkt zurückverfolgt wurde, zu Computer 17. Jede Nachricht, die geschickt wurde, ist da.

`Nur so. Chi ist wohl doch nicht ganz so süß. Meinen Quellen nach hat sie versucht, Süßigkeiten zu stehlen. Vorsicht, Chi, du willst doch kein Vorstrafenregister für Yale … Aces`

Das mit den Süßigkeiten ist zwei Wochen her und ich weiß immer noch nicht, wie sie in meine Tasche gekommen sind. Ich frage mich, wer diese Quellen wohl sind. Es waren noch andere Leute im Laden, aber niemand, den ich von der Niveus her kannte. Nur Jamie. Aber es ergibt keinen Sinn, dass er später sein Verhältnis zu Belle ruiniert, indem er die Nachrichten über uns postet. Nichts hiervon ergibt einen Sinn.

Die nächste Seite taucht auf dem Bildschirm auf. Die Daten und Uhrzeiten der Textnachrichten.

Wie Peter sagte, war es immer um zehn Uhr abends herum.

22:06

22:13

21:57

Und immer sonntags oder montags. Wer hat zu dieser Zeit Zugang zur Schule? Der Hausmeister? Lehrer? Jeder könnte einen Schlüssel stehlen …

Als mein Telefon summt, erschrecke ich.

`Schon komisch, dass ich noch nie Wie ein einziger Tag gesehen habe. B`

Ich muss lächeln und habe gleichzeitig Schuldgefühle, weil ich froh bin, dass sie mir schreibt, obwohl Jamie offensichtlich noch unter der Trennung leidet. Eine gute Freundin würde versuchen, die Beziehung zu kitten … aber ich muss niemandem ein guter Freund sein, der das nicht auch für mich ist.

`Ja, wirklich komisch, das solltest du baldmöglichst ändern.`

Ich starre auf das Telefon und warte auf eine Antwort.

Vielleicht war ich zu direkt.

Sie soll ja nicht glauben, dass ich vorschlage, sie soll herkommen und sich den Film mit mir zusammen ansehen, auch wenn es genau das war, was ich vorgeschlagen habe.

Ich bereue es schon.

`Hast du Zeit? Ich habe ihn auf DVD. B`

Ich sehe auf meinen Laptop, als sich ein weiterer Download öffnet.

Eingegeben um 22:04 am Sonntag … Das kann nicht sein.

Ich scrolle, zoome auf die Seite und die Details. Mein Herz schlägt schneller.

Wie kann Aces wissen, dass ich am Dienstag beschuldigt werde, Süßigkeiten zu stehlen, wenn er die Nachricht schon am Sonntag um 22:04 eingegeben hat?

`Meine Mutter macht auch Pfannkuchen … B`

Ich sehe auf ihre Nachricht. Das Wissen, dass das Verhängnis jederzeit über mich hereinbrechen kann, gibt mir das Gefühl, als würde mir jemand die Luft abschnüren.

Blondes Haar. Blut. Asphalt.

Aces kann jederzeit neue Lügen oder Wahrheiten verbreiten. Die Polizei könnte hierherkommen, mir Handschellen anlegen und mich abführen, während sich die Enttäuschung auf den Gesichtern meiner Eltern für ewig in mein Gedächtnis einbrennen wird.

Ich muss alles durchgehen, was Peter mir geschickt hat, und dafür sorgen, dass ich Devon morgen einen wasserdichten Plan präsentieren kann.

`Sorry, mir ist etwas dazwischengekommen.`

Ich hätte gerade eine wirkliche Freundin bekommen können, aber wie üblich hat Aces auch das ruiniert.

21

DEVON

Mittwoch

»Und?«, frage ich Chiamaka, als sie ein Papier mit Zahlen und Worten hochhält, die ich nicht verstehe. Ihre knallpinke Prada-Handtasche ist ein wenig verstörend.

»Das hier wurde eingegeben, bevor ich beschuldigt wurde!«, flüstert sie lautstark.

Ich sehe mir die Seiten an und versuche ohne jeglichen Kontext einen Sinn in den Zahlenreihen aus Uhrzeiten vor und nach zehn Uhr abends zu erkennen.

»Was wurde eingegeben?«

Sie seufzt laut. »Oh mein Gott, für jemanden, der mit mir um die Abschlussrede konkurriert, bist du echt langsam!«

»Vielleicht würde ich es ja verstehen, wenn du es mir erklärst«, fauche ich zurück.

Sie lächelt mich sarkastisch an.

»Peter hat mir gestern Nachmittag diese Dokumente geschickt. Ich habe die Zeiten der verschickten Nachrichten mit den Zeiten verglichen, zu denen sie an Computer 17 eingegeben wurden. Mein angeblicher Diebstahl wurde zwei Tage, bevor er geschah, eingegeben. Verstehst du jetzt?«

Scheiße.

»Dann war das also geplant?«

»Offensichtlich«, bestätigt sie und verdreht die Augen.

Ich drehe mich von meinem Keyboard weg, um sie anzusehen.

»Wer sollte dir denn so eine Falle stellen?«

Sie zuckt mit den Schultern, als würde sie der Gedanke daran schon aufregen.

»Mein … mein Freund Jamie war mit mir zusammen in dem Laden.«

»Würde er so etwas tun?«

»Nein, natürlich nicht!«, sagt sie, klingt aber nicht überzeugend.

»Wer war noch da?«

»Ich weiß es nicht genau. Aber wir haben noch vier Tage bis Sonntag, dann können wir ihn schnappen. Oder zumindest denjenigen, den Aces damit beauftragt hat. In der Zwischenzeit werde ich den Hausmeister nach diesem Stromausfall fragen.«

Ich nicke. In letzter Zeit habe ich etwas freier atmen können, da Aces seit ein paar Tagen still ist. Aber ich bin nervös, ich hasse es, nicht zu wissen, was als Nächstes kommt, und ich will wissen, wer dahintersteckt.

»Ich halte dich auf dem Laufenden, wenn ich kann«, sagt Chiamaka und wirft meinem Keyboard einen Blick zu, als wäre es unter ihrer Würde, was mich daran erinnert, warum ich sie nicht mag. »Bis dann!«

Mit klackernden Absätzen stolziert sie davon. Ich wende mich wieder meinem Keyboard zu und nehme das Blatt, auf dem ich geschrieben habe, bevor sie hereingestürmt ist und mich unterbrochen hat. Hoffentlich macht sie es sich nicht zur Gewohnheit, mich hier an meinem Rückzugsort heimzusuchen. Den ruinieren hier in letzter Zeit zu viele Leute.

Ich weiß nicht, wozu uns unsere regelmäßigen Unterhaltungen machen, aber ich bin mir sicher, dass wir uns nicht nahe genug stehen, uns gegenseitig unsere Wohlfühlorte zu ruinieren. Ich gehe auch nicht unangemeldet in ihr Labor, doch so höflich ist sie wohl nicht. Fast hätte ich Terrells Rassentheorie erwähnt, habe mich aber zurückgehalten, weil ich erstens nicht sicher bin, dass sie das glaubt, und zweitens der Gedanke, dass irgendein Rassist das tut, weil ich – weil wir – schwarz sind, einfach zu ekelhaft ist.

Ich sehe auf das Blatt und klimpere mit der linken Hand auf den Tasten, um den Rhythmus zu finden, damit es perfekt klingt. Noch klingt es holperig und unvollständig. Die Juilliard würde es sofort ablehnen.

Ich reibe mir die Augen und stehe auf. Wenn ich so niedergeschlagen bin, kann ich weder spielen noch arbeiten, also schreibe ich Terrell, der es hoffentlich nicht merkwürdig findet, dass ich ihn während der Schulzeit kontaktiere.

`Sollen wir nach der Schule abhängen?`

Gleich darauf summt mein Telefon.

`Klar. Wie läuft es?`

Ich muss grinsen, als ich das lese. Das Schöne bei Terrell ist, dass er immer antwortet.

`Geht so. Versuche, zu schreiben, um diesen Song besser zu machen, aber es geht nicht. Und bei dir?`

Summ.

`Meine Ohren sind immer offen, bring es mit, wenn du später kommst. Ich habe heute Zeit, hatte keine Lust auf Schule, also bin ich zu Hause. T`

Ich wünschte, ich könnte auch mal keine Lust auf Schule haben, ohne das schlechte Gewissen, Mas Geld zu verschwenden. Aber meine Anwesenheitsliste ist perfekt, auch wenn ich seit Kurzem mehr in den Musikzimmern als in den Klassenräumen bin. Ein Tag ohne Schule würde das doch sicher nicht ruinieren, oder?

`Ich bringe es später mit, danke :)`

`Bis dann :) T`

Ich schalte das Keyboard aus, stecke meine Sachen in die Tasche und verlasse den Übungsraum, um zum Sekretariat hinunterzugehen.

»Ich bin krank und muss nach Hause«, erzähle ich der Frau hinter dem Tresen.

Sie hebt die Augenbraue. »Name?«

»Devon Richards.«

Ihre langen rotlackierten Fingernägel klimpern auf der Computertastatur. Dann sieht sie mich prüfend von oben herab an und wieder auf den Bildschirm. Als sie aufhört zu tippen, spuckt der Drucker ein Blatt aus.

Das Kratzen, mit dem sie das Blatt unterschreibt, lässt mich zusammenzucken.

»Hier unterschreiben, dann kannst du gehen.«

Zu den Privilegien der 12. Klasse gehört es, dass man keine Bestätigung der Eltern braucht, wenn man sich krankmeldet, was ich nie tue, weil ich irgendwie nie krank werde, und wenn ich versucht habe, so zu tun, hat Ma immer gewusst, dass ich schauspielere. Ich unterschreibe und versuche, die Schuldgefühle zu verdrängen.

Ich bin sonst immer in der Schule, das macht gar nichts.

Immer wieder sage ich mir das, als ich durch die Gänge laufe und dem Gefängnis hinter der Doppeltür und dem hohen schwarzen Zaun entkomme.

Ich fühle mich beinahe unbesiegbar.

♠

Mit klopfendem Herzen und feuchten Handflächen nähere ich mich Terrells Tür. Ich bin vom Adrenalin ganz high und froh, von der Musik wegzukommen und eine Pause zu machen. Ich steige über das Unkraut am Eingang und streiche mir die Uniform glatt, bevor ich klopfe.

Ich sollte mir nicht zu viele Gedanken machen. Ich weiß gar nicht, warum ich das tue.

Gleich darauf kommt er und sieht mich überrascht, aber nicht übermäßig begeistert an.

»Hi! Ich konnte heute früher gehen, da dachte ich, ich komme gleich her«, sage ich.

Terrell wirft einen Blick zurück ins Haus.

»Ich habe dich erst in ein paar Stunden erwartet … Jetzt ist gerade kein guter Zeitpunkt.«

»Ist alles in Ordnung?«, erkundige ich mich.

»Ja«, nickt er. »Meine Schwester ist da. Es geht ihr nicht so gut, also kümmere ich mich eine Weile um sie, während Ma arbeitet.«

Ich sehe ein weißes Fellknäuel aus der Tür schleichen. Es miaut und geht an mir vorbei. Terrell sieht ihm kurz nach, dann sagt er: »Später?«, als wäre nicht eben seine Katze weggelaufen.

Ich nicke und komme mir vor wie ein Idiot.

Völlig unerwartet nimmt er mich in die Arme und drückt mich, dann schlägt die Tür zu und ich stehe hier und weiß nicht, wohin ich gehen soll.

Ich gehe zurück Richtung Niveus, in den Teil der Stadt, in dem die Zäune heil sind, die Vorgärten gepflegt und wo glückliche Familien wohnen, die sich keine Sorgen um die nächste Mahlzeit oder das Studiengeld machen müssen, oder darüber, dass sie ausgewiesen werden könnten.

Schließlich lande ich in dem Park, in dem ich mit Terrell war. Ich lasse die Tasche fallen, steige die Stufen zum Klettergerüst hinauf und setze mich in die lila Röhre.

Ich schließe die Augen und zuerst ist da nur Dunkelheit. Ich versuche, mir Wellen vorzustellen, irgendetwas, das mich beruhigt, das mich vergessen lässt, was los ist. Bald schwimme ich, doch dann fühle ich warme Hände. Ich fühle wieder seine Hände um mich, wie er mich küsst, warm und weich, seine Haut an meiner. Wasser umgibt uns und unsere Lungen brennen, als sich unsere Lippen endlich treffen …

Dann mache ich die Augen auf und finde mich in der dunklen Röhre wieder, außer Atem und desorientiert.

Das Geräusch ist so leise, dass ich es fast für Einbildung halte. Ein Klicken, als ob ein Foto gemacht würde.

Ich setze mich schnell auf und sehe eine Gestalt mit Kapuze, den Rücken zu mir, in der Ecke des Parks. Langsam krieche ich aus der Röhre und versuche, herunterzuklettern, ohne dass die Gestalt mich hört. Sie dreht sich ein wenig und ich kann erkennen, dass etwas ihr Gesicht verdeckt. Eine Maske?

Mein Blick fällt auf die Hände, die sich durch die Bilder auf einer großen Kamera klicken. Mein Atem wird ganz flach. Aces?

Ich mache einen Schritt und übersehe wie beim letzten Mal die letzte Stufe, trete ins Leere und falle vom Podest, sodass ich schmerzhaft auf den Knien lande. Laut stöhne ich auf, was die Gestalt alarmiert, und ich höre, wie sie davonrennt.

Schnell raffe ich mich auf, klopfe mir den Schmutz von den Knien und renne ihr nach, doch als ich durch das Tor des Parks komme und die Straße entlangschaue, kann ich niemanden sehen.

Es gibt keine Straßen, in die sie so schnell hätte einbiegen können, nur die langen Reihen von Häusern.

Es ist, als hätte sich die Gestalt in Luft aufgelöst.

22

CHIAMAKA

Mittwoch

Als Ward mir mein Arbeitsgerät reicht – eine Zahnbürste und einen Eimer Seifenwasser –, wird mir klar, dass Richards nicht zum Nachsitzen kommt. Sobald der Rektor gegangen ist, schreibe ich ihm.

Wo bist du?

Lila Plastikrohr. D

Wir haben keine Zeit für Sarkasmus. Wir müssen dafür sorgen, dass unsere Überwachungsaktion am Sonntag perfekt abläuft, und ich will ihm ein Update geben. Der Hausmeister meint, es hätte keinen Stromausfall gegeben, aber in letzter Zeit hätte es eine Menge »merkwürdiger Vorfälle mit der Elektrik« gegeben, weshalb sie den Wartungstag einlegen wollen. Das ist kein Zufall, so viel steht fest.

Nächste Woche um diese Zeit werde ich mich auf Yale konzentrieren können und Rektor Ward davon überzeugen, mich wieder in meine Position als Head Prefect einzusetzen. Ich werde mich auf den Snowflake Charity Ball vorbereiten. Dieser Ball ist das bedeutendste Event des

Jahres an der Niveus. Es kommen nicht nur Niveus-Schüler, der Rektor lädt auch die größten Sponsoren und ehemalige Schüler ein, zuzusehen, wie Ballkönig und -königin gekrönt und als die Schüler ausgezeichnet werden, die jeder kennt, wenn sie ihren Abschluss machen.

Die Snowflake-Queen des letzten Jahrgangs bekam von einem einflussreichen Ehemaligen eine Empfehlung und ging nach Harvard. Die Ballkrone sollte mir eigentlich den Zugang zur Yale garantieren.

Warum bist du nicht beim Nachsitzen?

Ich bin krank geworden. D

Na klar doch.

Wenn es dir besser geht, müssen wir der Morgan-Bibliothek einen Besuch abstatten.

Okay. D

Jungs können einen wahnsinnig machen.

Der Plan für Sonntag ist noch nicht perfekt. Ich bin mir noch nicht sicher, ob es zu früh ist, wenn wir um 21:00 Uhr kommen, oder ob 21:30 Uhr zu dicht an der voraussichtlichen Ankunftszeit von Aces liegt, oder ob 22:00 Uhr zu spät ist. Ich werde den Hausmeister bestechen. Aber was tun wir dann? Laufen wir in der Schule herum, als hätten wir keinen Plan? Wir brauchen ein Versteck, das nahe genug an der Bibliothek liegt, dass wir uns unbemerkt hineinschleichen können. Und wir brauchen einen Fluchtweg. Außerdem will ich Beweise – sichtbare Beweise –, wer an diesem Computer sitzt. Das meiste davon kann ich allein machen, aber ich muss sicher sein, dass Richards es nicht vermasselt. Oder wieder auf krank macht.

Ich schrecke auf, als eine neue Nachricht auftaucht.

Übrigens glaube ich, dass Aces mir gefolgt ist. D

Wie meinst du das?

Jemand mit einer Maske ist mir bis nach Hause gefolgt, glaube ich. Hat Bilder gemacht. D

Folgt er dir noch?

Nein, ich glaube nicht. Ich habe versucht, ihn zu verfolgen, aber er ist mir entwischt.

Das beunruhigt mich. Wenn sie uns verfolgen … ein Grund mehr, dass wir für Sonntag einen vernünftigen Plan brauchen.

Und wehe, er kommt morgen nicht …

»Hi«, flüstert jemand. Belle steht in ihrem hellblauen Lacrosse-Dress in der Tür, die blonden Locken zu einem hohen Pferdeschwanz gebunden. Mein Blick fällt auf ihre nackten Beine, dann wende ich mich wieder der Arbeit zu, tauche die Zahnbürste in den Eimer mit Seifenwasser neben mir und schrubbe den nichtexistenten Dreck von irgendeinem Tisch.

»Hi«, sage ich.

Schrubb, schrubb.

»Fertig mit dem Training?«, frage ich.

»Nein, ich bin auf dem Weg dorthin … Ich wollte nur sehen, ob du hier bist, Hi sagen und dem Gezeter unserer Trainerin für ein paar Augenblicke entgehen.«

Ich höre auf zu schrubben und wende mich Belle und ihren wirklich langen Beinen zu.

»Schön, dass ich dir eine Pause davon bieten kann.« Sorgsam beobachte ich die Tür und füge grinsend hinzu: »Aber wenn Ward hereinkommt, werde ich ihm sagen, dass du mich belästigst.«

»Du würdest mich verraten?«, lacht sie.

»Vielleicht, vielleicht aber auch nicht«, gebe ich achselzuckend zurück. »Kommt darauf an, wozu ich Lust habe.«

Ich war mir sicher gewesen, dass mein Nein zu ihrem Vorschlag, *Wie ein einziger Tag* zusammen zu sehen, unserer neuen Freundschaft einen Dämpfer verpassen würde, aber hier steht sie vor mir und macht mich ganz nervös. Es ist fast, als würde ich sie mehr als nur als Freundin mögen. Aber das ist absurd.

Oder etwa nicht?

»Und wie geht es dir?«, fragt sie mit schief gelegtem Kopf.

»Ich bin müde. Das ist, als ob man an gar nichts herumschrubbt«, sage ich und deute auf die Tische.

»Warum hast du eigentlich ein so strenges Urteil bekommen?«

Das ist eine merkwürdige Ausdrucksweise. Aber im Grunde ist es ein Urteil. Es wundert mich, dass sie nicht weiß, wofür ich es bekommen habe. Ich bin davon ausgegangen, dass jeder weiß, in welch neue erniedrigende Situation ich gezwungen wurde.

»Ward glaubt, Devon und ich hätten uns die Nachrichten gegenseitig geschickt. Dass wir Aces sind.«

»Und wer, glaubst du, ist es?«, fragt Belle. Ich zögere und überlege, ob ich meine Liste mit Verdächtigen aufzählen soll.

»Es könnte jeder sein«, antworte ich. Jeder. Ich senke den Kopf und gehe meine Liste durch, doch niemand darauf scheint mir in der Lage, so etwas zu tun. »Was glaubst du denn?«

»Vielleicht jemand, der auf dein perfektes Aussehen und deine Noten neidisch ist«, meint sie.

Meine Wangen glühen. Ich weiß nicht, was ich darauf sagen soll, also halte ich den Mund. Eine Weile ist es still bis auf mein Schrubben und Keuchen, dann höre ich, wie sich Belle auf einen der Tische im Klassenzimmer setzt.

»Ich hätte gute Lust, Lacrosse sausen zu lassen und hier bei dir zu bleiben. Hast du noch eine Zahnbürste?«

Wieso sollte jemand freiwillig Bänke putzen wollen?

»Nein, habe ich nicht, aber du kannst gerne meine nehmen«, biete ich ihr lächelnd an.

Sie sieht mich mit einem Grinsen auf den rosa Lippen an, legt ihren

Lacrosse-Schläger auf den Tisch und kommt zu mir. Obwohl ich größer bin als Belle – mit oder ohne diese Chloé-Stiefeletten –, komme ich mir neben ihr kleiner vor.

Nach einem kurzen Blick zur Tür sieht sie mich schelmisch an, als hätte sie etwas vor, das uns beide in Schwierigkeiten bringen könnte. Genau das Gefühl habe ich auch, aber ich bin mir nicht sicher, was sie vorhat. Dann nimmt sie mir die Zahnbürste aus der Hand, greift sich den Eimer und ich beobachte sie. Mein Herz schlägt schneller als bei einer der Meldungen von Aces.

»Also man tunkt sie einfach ein, rührt um und schrubbt dann den Tisch?«, fragt Belle.

Ich glaube kaum, dass ich bei dem Tumult in meinem Inneren eine Antwort geben kann. Ich kann nur daran denken, ob ich das tun soll – ob ich diese haltlose Theorie, die ich habe, überprüfen sollte.

Als ich nicht antworte, dreht sie sich um. »Oder ist das falsch? Gibt es eine richtige Methode, um einen Tisch sauber zu machen?«

Dass Belle nett zu mir ist, könnte nur ein Zeichen dafür sein, dass sie das Band der Freundschaft, das aus dem Nichts zwischen uns entstanden ist, stärken möchte. Oder es ist etwas anderes, etwas, das eigentlich nicht dazugehört. Gefühle kann man nicht berechnen.

Sie tritt näher. Das Seifenwasser schwappt im Eimer, als sie ihn wieder auf den Tisch stellt und mit der Hand vor meinem Gesicht wedelt. »Erde an Chiamaka!«

Belle riecht nach Vanille, mit einem Hauch von etwas Süßerem. Am liebsten würde ich alles fallen lassen und sehr unwissenschaftlich werden.

Und das möchte ich … ganz dringend.

Aber was, wenn ich diese Theorie teste und es stimmt nicht? Was dann?

»Alles in Ordnung?«, fragt Belle ein wenig besorgt.

»Ich bin verwirrt und versuche herauszufinden, ob wir jetzt Freundinnen sind oder nicht«, plappere ich zu meiner eigenen Überraschung die Wahrheit aus.

Belle sieht ein wenig verletzt aus, aber so hatte ich das auch nicht sagen wollen.

»Ich dachte, das wären wir.«

»Was, wenn ich nicht will, dass wir Freundinnen sind?«

Den Rest will ich nicht laut sagen.

»Du willst nicht, dass wir Freundinnen sind?« Jetzt sieht Belle wirklich verletzt aus, was sich anfühlt, als würden in meinem Körper tausend Explosionen stattfinden.

»Nein.«

Belle nickt und legt die Zahnbürste hin.

»Na gut, in Ordnung«, sagt sie leise und geht an mir vorbei.

Vielleicht will ich, dass sie geht und aufhört, mich durcheinanderzubringen, aber gleichzeitig will ich, dass sie hier bleibt.

Ich will, dass sie bleibt, damit ich es erklären kann.

»Ich glaube, ich mag dich in einer Nicht-Freundin-Art ... und wenn du das krass findest, kannst du gehen«, bringe ich unbeholfen hervor. Ich weiche ihrem Blick aus und schaue zum Boden. Doch auch wenn ich sie nicht sehen kann, weiß ich, dass sie noch da ist, weil ich die Tür nicht gehört habe.

»Ich glaube nur nicht, dass wir Freundinnen sein können, wenn du das krass findest oder wenn du nicht das Gleiche empfindest – zumindest jetzt nicht. Ich bin seit Ewigkeiten mit Jamie befreundet und wollte immer mehr ... den Fehler möchte ich nicht noch mal machen«, erkläre ich weiter, ohne Atem zu holen.

Das ist echt peinlich.

Ich schließe die Augen und füge hinzu: »Also bitte, wenn du das nicht auch willst, dann geh.«

Vom Sportplatz her erklingen Rufe, aber zwischen uns herrscht Totenstille.

Als ich höre, wie die Tür sich erst öffnet und dann wieder zufällt, zerbricht etwas in mir. Heftig stoße ich den Atem aus und drehe mich um, um den leeren Raum zu betrachten. Doch stattdessen stehe ich direkt vor dem Vanilleduft, den blonden Haaren und den rosa Lippen, die mich anlächeln.

Und dann neigt Belle sich vor, schließt die Augen und küsst mich. Und innerhalb einer Nanosekunde erwidere ich ihren Kuss.

23

DEVON

Donnerstag

Ich treffe Chiamaka in der Mittagspause in der Morgan-Bibliothek.

Bis heute bin ich noch nie länger in dieser Bibliothek gewesen, aber sie ist genauso groß und alt wie die anderen, mit braunen Regalen bis an die Decke, Büchern, die alt und muffig riechen, und Reihen mit Computern. Computer 17 steht ganz hinten in der Ecke. Ein Junge sieht sich darauf Videos an, daher kann ich nur hinstarren und mich fragen, was da wohl drauf ist. Hunderte von Geheimnissen liegen auf dem Konto von Aces verborgen.

Chiamaka schreibt etwas in ein winziges Notizbuch.

»Wenn wir uns hinter dem Bücherwagen dort bei dem Computer verstecken, haben wir den besten Blick und die beste Deckung«, flüstert sie. Ich sehe zu dem Wagen.

»Und wenn der am Sonntag nicht da steht?«

Seufzend sieht sie sich um. »Die Wagen werden nicht bewegt. Ich bin diese Woche ein paarmal hergekommen, um nachzusehen, und am Eingang steht immer ein Wagen. Aber wenn er aus irgendeinem Grund am Sonntag nicht da sein sollte, verstecken wir uns hinter dem ersten Bücherregal und warten, bis jemand kommt.« Sie klappt das

Notizbuch zu, als mit dem ersten Läuten das Ende der Mittagspause verkündet wird. Trotz Chiamakas Zuversicht habe ich Angst, dass etwas schiefgeht.

Wir verlassen die Morgan getrennt – Chiamaka ein paar Schritte vor mir, sodass es nicht so aussieht, als wären wir zusammen dort gewesen – und ich gehe zu meinem Schließfach. Zwischen den Schülern, die durch den Gang eilen, verlieren wir uns aus den Augen.

In der Nähe der Schließfächer für die 12. Klasse verändert sich die Atmosphäre. Irgendetwas ist anders. Zum einen ist es vollkommen dunkel, zum anderen werden die Leute langsamer, ihr Gemurmel wird lauter und zuerst weiß ich nicht, was das Chaos zu bedeuten hat.

Dann gehen flackernd die Lichter wieder an und ich sehe es.

Jedes einzelne Schließfach ist mit einem Poster beklebt.

Es sind Poster von einer bewusstlosen Chiamaka in einem kurzen silbernen Kleid, in schwarzen Strümpfen und hochhackigen Stiefeln, auf den Wangen verschmierter Mascara und zerzauste Haare. Auf einigen Postern steht in großen schwarzen Buchstaben Bitch, auf anderen Schlampe.

Als ich näher hinsehe, erkenne ich, dass um sie herum lauter blonde Puppen liegen.

Ich sehe mich nach Chiamaka um und schlucke den Kloß in meinem Hals herunter, als ich sie wie erstarrt in der Mitte des Ganges stehen sehe.

Plötzlich wird die Stille von plärrender Popmusik aus der Lautsprecheranlage der Schule zerrissen und eine von Kopf bis Fuß in Schwarz gekleidete Gestalt mit schwarzer Kapuze und einer gruseligen Guy-Fawkes-Maske erscheint wie aus dem Nichts mit einem großen Paket Handzettel und kommt auf uns zugelaufen.

Mir stellen sich die Nackenhaare auf und ein Schauer läuft mir über den Rücken. Ich muss an die Gestalt mit der Kamera im Park denken.

Mit einer schnellen Bewegung wirft die Gestalt die Blätter in die Luft, die wie riesige Schneeflocken langsam zu Boden wirbeln. Überall greifen Hände danach, die Schüler springen hoch und versuchen, die Papiere zu fangen, als wäre das ein Spiel. Ich schütze mein Gesicht, doch schnell habe ich die Bilder auf den Handzetteln erkannt.

Es sind Chiamakas und mein Foto aus dem Jahrbuch der 11. Klasse. Aber unsere Augen sind herausgekratzt. Es ist wie ein Schlag in den Magen.

Ohne zu überlegen, dränge ich mich durch die Leute auf die maskierte Gestalt zu. Die bemerkt die plötzliche Bewegung, sieht mir direkt in die Augen und läuft dann weg. Sie ist schnell unterwegs auf ihren schwarzen Turnschuhen.

Ich renne los, doch bald ist mir der Weg durch Schüler blockiert, die Zettel vom Boden aufsammeln. Ich kämpfe mich durch, weil ich die Person nicht aus den Augen verlieren will, doch bis ich aus der Menge heraus bin, ist sie verschwunden.

Aces?

Bebend hole ich Luft und drehe mich um. Mein Gesicht glüht und meine Glieder zittern, als mich alle ansehen. Ein paar Leute kichern hämisch, andere starren mich nur ausdruckslos an. Ich sehe mich nach Chiamaka um, doch die ist verschwunden. Wieder sehe ich ihr Bild an jedem Schließfach. Ich renne auf das erste zu, reiße es ab, dann das nächste, ich reiße es herunter, das nächste, das übernächste … Mein Blut kocht. Wer dieses Foto gemacht hat, wollte ihr damit schaden. Sie ist bewusstlos und hatte keine Ahnung davon. Es ist ekelhaft, es ist ein Übergriff.

Am Ende des Ganges sehe ich Mr Ward, der eines der Poster in der Hand hält, zerknüllt und in den Müll wirft, bevor er weitergeht.

Das zweite Läuten ertönt und die Schüler um mich herum machen sich auf den Weg in ihre Klassenzimmer. Ich bleibe allein stehen, das

Bild von Chiamaka in der Hand und auf dem Boden die Kopien von unseren gesichtslosen Jahrbuchbildern.

♠

Mr Taylor sieht auf die zerknüllten Zettel von Chiamaka und mir. Er runzelt die Stirn und verzieht den Mund.

»Das tut mir leid, Devon. Die waren einfach so im Gang? Hast du nicht gesehen, wer sie angebracht hat?«, fragt er.

Ich nicke. »Wir haben nicht gesehen, wer sie aufgehängt hat, aber da war jemand, der die Zettel in die Luft geworfen hat. Er hat eine Maske getragen, daher weiß ich nicht, wer es war.«

Seufzend sieht mich Mr Taylor an.

»Ich werde herausfinden, wer das war, Devon, okay?«

»Danke«, sage ich erleichtert.

»Geh nach Hause und versuch, dich davon nicht unterkriegen zu lassen.«

Genau das tue ich auch – ich gehe nach Hause und versuche, nicht daran zu denken. Aber das gelingt mir nicht.

Als ich zu Hause in meinem Zimmer sitze, zittern mir die Knie, als hätte ich zu viel Kaffee getrunken. Auf dem Bettrand versuche ich, meine Hausaufgaben zu machen, aber ich kann das Bild dieser Poster im Gang und der maskierten Gestalt nicht aus meinem Kopf verdrängen. Es ist, als könnte mein Gehirn nicht fassen, was da passiert.

Ich habe Schuldgefühle, weil Chiamaka wahrscheinlich gerade irgendwo ganz allein ist und selbst damit klarkommen muss. Ich kann es ja hier schon kaum ertragen, dabei war der Angriff auf mich nicht halb so persönlich. Nach dem Unterricht konnte ich sie im Labor nicht finden, und sie geht nicht an ihr Telefon. Wo sie wohnt, weiß ich nicht. Diese Aktion hat mich erschreckt, sie ist eine offene Drohung gegen mich und Chiamaka. Man lässt uns wissen, dass es jemand auf uns abgesehen hat und nicht aufhören wird, bis er uns vernichtet hat.

Als mir jemand auf die Schulter tippt, erschrecke ich. Es ist mein Bruder James, der mir mit ernstem Gesicht eine Zeichnung vor die Nase hält. Meine Brüder haben den ganzen Abend lang Cartoons gesehen, wie häufig, wenn sie aus der Schule kommen. Ma ist in der Küche und macht Abendessen. Normalerweise helfe ich ihr, aber in letzter Zeit bin ich mit allem hinterher und ich muss meine Hausaufgaben fertig machen.

Ich betrachte das Bild und versuche, beeindruckt auszusehen. In neun von zehn Fällen ist es das Bild eines Elefanten, James' Lieblingstier, aber dieses Bild ist rosa, braun und schief.

»Wie cool. Ist das ein Elefant?«, frage ich und ziehe ihn auf meinen Schoß.

Er schüttelt den Kopf, enttäuscht, dass ich falsch geraten habe. »Nein … das sollst du sein.«

Wieder sehe ich das Bild an. Das Gesicht der Figur ist groß, der Körper klein und krumm. James hat zwei Ohrringe gezeichnet, ein Kreuz und einen normalen Stecker, wie ich sie trage. Außerdem runzelt die Figur die Stirn und hat eine Träne unter einem Auge.

»Ah, jetzt sehe ich's, er sieht genau aus wie ich«, sage ich, ein wenig beleidigt, aber er lächelt. Dann klettert er von meinem Schoß und geht wieder zu Elijah, der vor dem kleinen Fernseher in der Ecke am Boden hockt.

Einen Moment lang sehe ich mit auf den Bildschirm, dann wende ich mich wieder meinen Aufgaben zu. Als neben mir das Telefon summt, greife ich schnell danach. Ich hoffe, es ist Chiamaka, die mir sagt, dass es ihr gut geht, dass die Poster beschissen sind und dass alles definitiv gegen uns gerichtet ist und wir auf jeden Fall gleich jetzt etwas unternehmen müssen, noch vor Sonntag.

Aber es ist nicht Chiamaka, es ist Terrell.

`Du bist gestern einfach verschwunden. T`

Er hat mir auch gestern geschrieben, was ich aber ignoriert habe, da ich hoffte, so die Erinnerung an die peinliche Unterhaltung vor seinem Haus löschen zu können. Nach unserem Gespräch gestern bin ich nach Hause gegangen. Ihn danach noch zu sehen, wäre mir zu unangenehm gewesen.

`Tut mir leid. Ich hoffe, deiner Schwester geht es besser. D`

Sofort schreibt er zurück.

`Ja. T`

Wir sind erst seit ein paar Tagen befreundet und schon bin ich anhänglich und lästig. Was ist nur los mit mir?

`Willst du rüberkommen? Du könntest deine Musik mitbringen. T`

Ich sehe auf meine Hausaufgaben, und während der Lärm der Cartoons die Stimme meines Gewissens übertönt, ziehe ich mir die Sneaker an und lege meine Aufgabenblätter zur Seite.

Ich könnte mich sowieso nicht konzentrieren, sage ich mir, als ich antworte:

`Bin in 10 Minuten da. D`

♠

Zehn Minuten später liege ich auf Terrells Bett. Es ist echt bequem, vor allem, weil er es mit niemandem teilen muss. Ich vermisse die Tage, als ich noch ein Einzelkind war und mir mein Bett nicht mit meinen Brüdern teilen musste.

Terrell sitzt vor mir und hört sich mein Bewerbungsstück an. Mit flauem Gefühl im Magen beobachte ich ihn.

Möglicherweise sagt er ja, mein Stück ist schlecht und ich soll es lieber zerreißen?

Manchmal habe ich das Gefühl, es ist sinnlos, dieses Stück vollenden zu wollen. Bei dem, was gerade läuft, wird es wohl kaum eine Rolle spielen, wie gut mein Stück ist, wenn Aces den ganzen Mist an die Juilliard bringt. Die wollen bestimmt keinen Studenten, dem solche Sachen vorgeworfen werden, wie Aces sie mir vorwirft.

Besonders nicht, da die Anschuldigungen nicht völlig falsch sind.

Aus dem Augenwinkel sehe ich Terrells Schultern unter dem schwarzen Stoff seines Hoodies zucken. Er scheint fast zu tanzen. Ich möchte lachen, will ihn aber nicht in seiner Konzentration stören.

»Ich weiß, was fehlt«, sagt er schließlich. Ich erschrecke beim Klang seiner Stimme, lasse mir aber nichts anmerken.

»Was denn?«

»Ein Schlagzeug.« Er nimmt seine Kopfhörer aus den Ohren und gibt mir den Player zurück.

Ein Schlagzeug?

»Echt?« Mir kommt das seltsam vor. Schlagzeug spielen kann ich – einigermaßen –, aber seit den Bandproben in der 9. Klasse, mit denen ich bei der ersten Gelegenheit aufgehört habe, habe ich nicht mehr gespielt. Bei Musik arbeite ich nicht gerne mit anderen zusammen. Ich bin mir nicht mal sicher, ob die Kompositionsfakultät der Juilliard das mögen würde.

»Ohne ist es zu weichgespült, wie diese Weißarschschule, auf die du gehst.«

Ich stupse ihn und er stupst zurück.

Das Stück hat nur Keyboard und Klarinette. Ich glaube, ich verstehe, was er meint.

»Vielleicht hast du recht …«, sage ich nachdenklich. Wieder sind meine Gedanken bei den Postern im Gang. Mein Gesicht. Chiamakas

Gesicht. Es fällt schwer, die Abwesenheit von weißen Gesichtern auf den Plakaten zu übersehen. Es ist schwer, zu ignorieren, was Chiamaka und mich so offensichtlich verbindet: unsere schwarze Haut.

In meinem Kopf geht alles durcheinander. In der Schule fühle ich mich nicht sicher – und sonst auch nirgendwo – und ich habe ständig das Gefühl, verfolgt zu werden.

Als ich noch kleiner war, habe ich gelernt, meine wahren Gefühle zu verbergen und mich später allein damit auseinanderzusetzen. Ich bin gut darin, alles weit nach hinten zu verdrängen, gut darin, im Allgemeinen gut zu funktionieren. Bis es plötzlich nicht mehr geht und alles auf einmal aus mir herausbricht.

»Hey, Terrell«, sage ich leise und nähere mich einem der weggesperrten Gedanken in meinem Kopf.

»Ja?«

Ich schließe die Augen und habe das Gefühl, davonzuschweben, weit weg von hier. Schniefend suche ich nach Worten. Wie soll ich das sagen?

»In der Schule ist heute etwas Gruseliges passiert, etwas wirklich absolut Beschissenes.«

»Was denn?«, fragt Terrell. Typisch Terrell, er klingt jetzt schon besorgt. Er ist mitfühlend.

»Der Typ, der diese Meldungen über mich und das Mädchen verbreitet, hat heute Plakate aufgehängt. Ich habe ein paar Bilder gemacht«, sage ich und zeige ihm mein Telefon.

Er sieht sie sich stirnrunzelnd an und wird immer wütender.

»Hast du das jemandem gesagt?«, fragt er, als er den Blick davon losreißt und mich ansieht. Ich klaube angestrengt unsichtbare Fussel von meiner Hose und vermeide es, ihn anzusehen.

»Ich habe es heute meinem Musiklehrer Mr Taylor gesagt. Er will uns helfen, herauszufinden, wer die Plakate aufgehängt hat. Chiamaka und ich wollen am Sonntag in die Schule einbrechen und den Kerl auf frischer Tat ertappen, damit das aufhört, bevor es noch schlimmer wird – wenn es überhaupt noch schlimmer werden kann.«

Terrell nickt langsam. »Diese Bilder, die sind echt gruselig …« Er wird leiser. »Passt bloß auf, wenn ihr einbrecht. Der Kerl kann gefährlich sein. Bist du sicher, dass ihr das allein schafft? Wenn ihr wollt, kann ich mitkommen.«

Ich nicke beschwichtigend. »Wir kommen schon klar«, sage ich, auch wenn ich das eigentlich nicht so richtig glaube. Aber ich will Terrell nicht auch noch in die Sache mit hineinziehen. Mal ganz ehrlich gesprochen: Ich habe verdammt große Angst. Unsere geplante Aktion ist im Moment die einzige Möglichkeit, aber die Situation scheint außer Kontrolle zu geraten – als stünde plötzlich alles auf dem Spiel. Und wir haben keine Ahnung, mit was für einem Gegner wir es zu tun haben.

»Klingt nach richtiger CSI-Arbeit«, meint Terrell und zielt aus nächster Nähe mit den Zeigefingern auf mein Gesicht. Ich drehe sie zu ihm um, doch er schiebt sie wieder zu mir zurück. Unwillkürlich muss ich lächeln.

Ich verdränge Dinge. So werde ich damit fertig. Im Gegensatz zu Chiamaka gehe ich Probleme nicht direkt an. Es besteht immer das Risiko, dabei ernsthaft verletzt zu werden und andere mit in die Sache zu verwickeln.

»Chiamaka will, dass ich nur Schwarz trage, als wollten wir die Schule überfallen oder so.«

Ich ringe mir ein Lachen ab, aber es klingt gezwungen.

Terrell zieht eine Augenbraue hoch. »Na, wenn ihr das schon macht, dann richtig.«

»War das ein Wham-Zitat?«

»Wer ist Wham?«

»Eine alte weiße Band …«

»Ahh«, macht Terrell. »Ich beschäftige mich nur mit hübschen jungen braunen Jungs wie mir.«

Jetzt muss ich wirklich lachen. »Du bist nicht hübsch«, sage ich.

Auf seinen Wangen erscheinen die Grübchen. »Das ist deine Meinung. Ich finde mich sehr hübsch, nicht so hübsch wie du, aber ganz passabel.«

»Wie du meinst«, sage ich und starre auf die Bilder der Plakate auf meinem Telefon, bis das Display schwarz wird.

»Habt ihr irgendeine Ahnung, wer hinter dem Ganzen stecken könnte?«, fragt Terrell und nimmt eines seiner Hefte vom Tisch.

»Chiamaka meint, es könnte jemand in unseren Klassen sein, der uns die ganze Zeit beobachtet.«

»Und wenn nicht?«

Ich runzle die Stirn. Was meint er denn damit?

»Was, wenn es ein Lehrer ist? Könnten dir irgendwelche Lehrer schaden wollen?«, fährt Terrell fort.

Ich muss an Rektor Ward im Flur denken, als er die Bilder von Chiamaka und mir sah, sich aber offensichtlich einen Dreck darum scherte. Und daran, wie schnell er uns wegen der USB-Sticks verurteilt hat.

»Der neue Rektor … Er scheint etwas gegen mich und Chiamaka zu haben. Das wäre logisch. Bevor er kam, war alles in Ordnung. Es gab Aces nicht, all das begann erst, als er an die Niveus kam.«

Terrell nickt. »Vielleicht habt ihr an der falschen Stelle nach dem Übeltäter gesucht. Ihr solltet zum Schulaufsichtsrat gehen, damit er gefeuert wird.«

Ich muss an die Grundschule denken, wo ich eine weiße Lehrerin hatte. Damals verstand ich es nicht, aber sie kam mir irgendwie böse vor. Stets hatte ich das Gefühl, als hasste sie uns – mich und die anderen schwarzen Kinder in unserer Klasse. Zu Jack war sie nett, aber mit mir redete sie immer, als hätte ich etwas falsch gemacht.

Damals habe ich es nicht verstanden, aber vielleicht war es wirklich das. Vielleicht hat Terrell recht.

Es ergibt Sinn. Ward hat Zugang zu all unseren Akten und am Wochenende auch zur Schule. Er kann die Überwachungskameras manipulieren, die Lichter ausschalten, anonyme Schülerkonten anlegen … Aber wie sollen wir so etwas beweisen?

»Wahrscheinlich bräuchten wir dazu konkretere Beweise. Die hoffen wir am Sonntag zu bekommen. Wenn alles auf Ward hindeutet, machen wir ihn fertig«, erkläre ich.

Ich glaube, ich höre mich langsam an wie Chiamaka.

♠

Freitag

Es ist Freitag und ich bin ein bisschen früher in der Schule, da Chiamaka endlich mit mir sprechen will.

Ich spüre die Blicke, die auf mir ruhen, als ich durch den Gang gehe, das mitleidige Lächeln, das Kopfschütteln – als ob mich das interessieren würde!

Es hängen keine Plakate von Chiamaka mehr, die Wände sind leer bis auf die Plakate für den Ball, zu dem wir alle nächste Woche gehen sollen.

Wahrscheinlich hat der Hausmeister sie entfernt. Aber alles ist so blitzblank, als wäre am gestrigen Tag rein gar nichts geschehen.

Ich sehe auf meinem Telefon nach, ob sich Chiamaka gemeldet hat. Ich war noch ziemlich lange bei Terrell, deshalb habe ich mein Telefon erst heute Morgen aufgeladen, und da hat sie mir geschrieben.

Auf dem Weg zum Musikraum, in dem wir uns treffen, blinkt mein Display auf.

Also Leute, das hier ist echt hart! Zieht die Gucci-Gürtel strammer und holt das Popcorn, ich erzähle euch die Geschichte eines Mädchens, das das Blut nicht von ihren Händen waschen kann. Denn wenn sie es könnte, wüsste ich vielleicht nicht so viel darüber …

Scheiße…

Unsere liebste Mist… ich meine Miss Head Prefect würde für ein wenig Aufmerksamkeit von Aces töten. Es muss schwer sein, von der Königin über Nacht zur Bettlerin degradiert zu werden, also dachte ich, ich helfe mal nach, dass sie die Leiter wieder hochklettert. Die große Frage lautet also:

Was bekommt man für Mord? Zehn, fünfzehn Jahre … lebenslänglich? Wer kann dem Mädchen helfen? Demnächst mehr zu dieser Killer-Story. Aces

Ich muss wieder an die Datei auf dem USB-Stick denken.

Die Tür zum Musikraum fliegt auf und Chiamaka stürzt mit tränenüberströmtem Gesicht herein.

»Devon, ich glaube, mir passiert gerade etwas Schreckliches!«

24

CHIAMAKA

Freitag (ein paar Minuten früher)

Geflüster ist wie eine Schlange, es gleitet in deine Ohren und droht, deinen Geist mit Gift zu verwirren.

Ich habe gehört, dass Jamie es wusste …

Ich kann nicht fassen, dass man sie noch nicht von der Schule verwiesen hat …

Hoffentlich geht Jamie nicht mit ihr unter, weil er mit ihr zusammen war.

Als ich Jamie mit ein paar Footballfreunden lachend an seinem Schließfach stehen sehe, gehe ich selbstbewusst auf ihn zu.

»Hi Jamie«, sage ich und klopfe ihm auf die Schulter. Er erstarrt augenblicklich. Einige seiner Freunde sehen mich an, als fürchteten sie, ich könnte ihnen etwas antun. Die Angst in ihren Augen macht mich nervös. Selbst als ich ganz oben war, hat mich nie jemand mit offener Furcht angesehen so wie die hier jetzt.

Jamie dreht sich um und sein Gesicht verdüstert sich.

Dann sagt er zu seinen Freunden: »Wir sehen uns später!« Sie schlagen ihm auf den Rücken und gehen davon.

»Was ist?«, fragt er.

Ich verschränke die Arme, um meine zitternden Finger zu verbergen. Seit gestern zittere ich nur noch.

»Vielen Dank dafür, was du gestern mit den Plakaten gemacht hast«, sage ich leise.

Ich habe gehört, dass er mit ein paar Jungs aus dem Footballteam die Poster abgenommen hat. Das war eine nette Geste. Er ist zwar immer noch ein Arsch, aber ich will mich bedanken.

»Kein Problem. War das alles?«, erwidert er kühl.

Wieso tut er denn, als wäre ich wieder seine Feindin, nach seiner sogenannten Entschuldigung vom Dienstag?

»Wegen der Poster ... ich wollte fragen«, beginne ich und räuspere mich, »das Bild war von deiner Party letztes Jahr, nicht wahr? Ich habe dieses Kleid nur das eine Mal getragen.«

»Schon möglich«, meint er achselzuckend.

»Weißt du, was in dieser Nacht geschehen ist? Das Bild war so ... komisch. Ich erinnere mich nicht mehr an so viel.«

Einige Schüler tauchen auf, starren uns an und gehen schnell weg, so als wollten sie uns nicht zu nahekommen.

»Nein«, erklärt er abrupt.

Das Bild von dieser Nacht vermittelt mir ein seltsames Gefühl. Ich habe es noch nie gesehen und kann mich nicht daran erinnern. Diese Puppen erinnern mich an die Puppen aus meinem Traum, die, die aussehen wie sie.

Warum sollte jemand dieses Bild gerade jetzt verbreiten, nach über einem Jahr? Was ist in dieser Nacht noch geschehen?

»Bist du fertig mit deinen Fragen?«

Ich schüttle den Kopf. »Gab es eine noch eine Nachricht? Vielleicht bin ich ja paranoid, aber ...«

»Eine über dich und den Unfall«, sagt Jamie ruhig.

Ich spüre einen Schlag in den Magen.

»Was?«, rufe ich.

»Aces deutet es jedenfalls an …«

»Und was ist mit dir?« Wenn Aces darüber spricht, dann kann es nicht nur um mich gehen.

»Warum sollten sie mich erwähnen, Chi?«, meint Jamie gelassen.

Es verschlägt mir den Atem und der Schmerz in meinem Bauch nimmt zu.

»Was?«, rufe ich lauter. »Ich habe gar nichts getan, Jamie!« Er war da. Er ist gefahren, er hätte auf die Straße achten sollen und er hat sie angefahren …

»Hast du sie etwa nicht angefahren? Und liegen lassen? Das nennt man Fahrerflucht, Chi … Dafür kommt man ins Gefängnis.« Jamies Stimme brennt förmlich in meinen Ohren.

Ich sehe Blut, das blonde Locken rot färbt, ich sehe große Augen und den schlaffen Körper – und ich möchte weinen.

»Du hast sie überfahren, Jamie, du warst das! Du bist weggefahren und hast uns nicht einmal einen Krankenwagen rufen lassen oder die Polizei …«

»Bist du dir da so sicher, Chi?«, fragt er mit einem Lächeln, das mich völlig niederschmettert. Früher dachte ich mal, es läge Schalk in diesem Lächeln. Doch jetzt scheint es Hass zu sein.

Der Süßigkeitenladen … dass Aces so viel weiß … die Art, wie Jamie redet. Was zuvor unmöglich erschien, weil er vorgab, Belle zu lieben … vielleicht hat er ihre Beziehung aufs Spiel gesetzt, nur um mir zu schaden. Wie gesagt, Liebe und Hass liegen dicht beieinander. Vielleicht hat dieser geheime Hass auf mich immer schon schwerer gewogen als seine Gefühle für Belle.

Jamie bleibt stehen, als ich stammle:

»Das bist du, nicht wahr?« Mit zitternden Fingern streiche ich mir eine Haarsträhne hinters Ohr. »Du bist Aces. Du hast mich in dem

Süßigkeitenladen reingelegt, du hast meine Geheimnisse in der Schule herumposaunt. Du bist der Einzige, der das alles über mich weiß. Du hast aus irgendeinem Grund deine eigene Beziehung zu Belle sabotiert. Aber was hat Devon dir je getan?«

Denn Jamie ist – war – mein bester Freund. Manchmal entzweien sich beste Freunde. Manchmal machen wir einander so wütend, dass Abneigung und schließlich Hass daraus wird. So, wie er mich gerade ansieht, ist es auf jeden Fall Hass. Für irgendetwas hasst mich Jamie. Aber Devon …

»Ist es, weil wir schwarz sind?«

Es gibt nichts mehr außer Jamie und mir. Keinen Gang, kein Flüstern. Nur uns.

»Nennst du mich einen Rassisten?«, fragt er.

Schon früh habe ich eines gelernt: Wenn man sie als Rassisten bezeichnet, hassen die Leute das noch mehr als den Rassismus selbst. Daher wundert es mich nicht, dass Jamie innehält, eine Hand in die Tasche steckt und sich langsam zu mir umdreht. Sein Grinsen wird immer breiter.

»Meinst du, ich hätte dich angefasst, wenn ich schwarze Chicks hassen würde?«

Ich bebe am ganzen Körper vor Wut. Heftig stoße ich ihn, sodass er zurücktaumelt. Als er sein Gleichgewicht wiederfindet, lacht er.

Warum zum Teufel lacht er?

»Ich bin nicht Aces … aber ich bin ein bisschen verwirrt, Chi.« Er tritt näher und zeigt mir statt des Lächelns ein Stirnrunzeln. »Ist es nicht das, was du seit der 9. Klasse gewollt hast?«

»Was?«, frage ich. Ich kann nicht aufhören, ihn anzustarren. Es fällt ihm so leicht, einen anderen Gefühlsausdruck zu zeigen, als hätte er irgendwo einen Schalter.

»Dass die Leute deinen Namen kennen, dass man über dich redet.

Ruhm.« Sein verwunderter Ausdruck ändert sich zu Mitleid. »Nun, jetzt hast du ihn, Chi.« Er tritt so nah an mich heran, dass ich sein starkes Eau de Cologne rieche. »Wie«, meint er grinsend mit einer Geste auf den jetzt fast vollen Gang, »wie könnte jetzt noch jemand die große Chiamaka Adebayo vergessen?«

Mit einer Hand berührt er leicht mein Haar. Ich würde mich am liebsten übergeben und der Kloß in meinem Hals macht es nicht besser. Er ist auf mein Haar konzentriert, genauso blickt er die Bunsenbrenner an, wenn wir daran arbeiten. Als wäre mein Haar ein wissenschaftliches Experiment.

Abrupt lässt er es los und die Strähnen aus seinen rauen Fingern fallen mir ins Gesicht.

Dann dreht er sich wortlos um und geht.

Das Mädchen, das meine Gedanken heimsucht, legt mir die Hände um den Hals und drückt zu. Ihr Schrei verfolgt mich, als ich durch die Doppeltür und die Treppe hinauf in Devons Musikzimmer rase, wo ich ihn treffen wollte. Doch als ich dorthin komme, starrt er auf sein Telefon.

Er hat es auch gesehen.

»Devon, ich glaube, mir passiert gerade etwas Schreckliches!«, sage ich und breche in Tränen aus, ohne dass ich es verhindern kann.

Meine Gefühle überwältigen mich – erst die Angst, die ich gestern ausgestanden habe, dann das Entsetzen, das ich jetzt verspüre. Jeder hat meinen besinnungslosen Körper angestarrt, ihn ausgelacht. Jamie hat meinen Körper angestarrt, ihn benutzt, ihn ausgelacht.

»Das war's mit Yale, meine Zukunft ist futsch. Ich werde in einem Fast-Food-Restaurant arbeiten. So kann ich keine Ärztin werden …«

»Chiamaka …«

Ich weine noch lauter. »Alles ist kaputt!«

»Chiamaka!«, sagt Richards so laut, dass ich erschrecke.

Jetzt erst sehe ich ihn richtig an. Er sieht gar nicht aus, als würde er seine Uniform tragen, mit dem schwarzen Alien-Hoodie und seinen Sneakers.

»Chiamaka, wir werden ihn finden und aufhalten. Und Universitäten kümmern sich wahrscheinlich sowieso nicht um so kleinlichen Tratsch, klar?«

Devon ist ein schlechter Lügner. Natürlich kümmern sie sich darum, aber ich nicke trotzdem.

Am Sonntag muss alles wie am Schnürchen klappen, wir müssen in diesem Spiel endlich die Oberhand gewinnen. Niemand darf erfahren, was ich getan habe.

♠

Bevor Aces angedeutet hat, ich sei eine Mörderin, hielt ich das Flüstern und die vernichtenden Blicke für das Schlimmste. Aber ich habe mich geirrt. Die Stille ist viel schlimmer. Wenn ich jetzt in einen Gang komme oder ein Klassenzimmer betrete, verstummen alle, einschließlich der Lehrer. Die Stille ist viel lauter und bedrückender als ihr leises Getuschel.

Ich überstehe den Tag kaum. Es ist schwer, so zu tun, als ginge es mir gut. Ich beende mein Nachsitzen – eine Doppelschicht, weil ich gestern nichts getan habe. Draußen wartet Belle auf mich. Sie lächelt breit – als wäre ich nicht des Mordes beschuldigt worden, als würde nicht mein Leben auseinanderbrechen, als würde nicht jemand versuchen, mich zu ruinieren. Belle scheint das, was Aces geschrieben hat, nicht zu kümmern und ich weiß nicht, ob ich sie deshalb naiv oder perfekt finde.

Sie umarmt mich, doch mir kommt die Umarmung wie ein Abschied vor. Ich warte jederzeit auf die nächste Nachricht von Aces – auf die Geschichte, den Beweis. Was wird es sein? Dass ich diejenige war, die das Auto fuhr, das Mädchen anfuhr und liegen ließ? In Wahrheit bin ich höchstens eine Mitwisserin, aber das spielt keine Rolle. Aces hat alles verdreht. Und wer würde eher mir glauben als dem Legatenkind Jamie Fitzjohn?

Niemand.

Meine Macht erstreckte sich immer nur auf die Gänge und bestand in dem, was die Leute von mir hielten. Wie kann ich da gegen jemanden antreten, dessen Eltern Niveus-Absolventen und Sponsoren sind, Menschen mit wirklicher Macht?

Belle hakt sich bei mir unter und ich halte mich an ihr fest, als wir die Schule verlassen.

»Kann ich mit dir nach Hause gehen?«, frage ich und hoffe, dass sie Ja sagt. Ich will im Moment nicht allein in meinem Zimmer sein.

»Klar. Und unterwegs erzähle ich dir, wie Jamie versucht hat, mir weiszumachen, dass er sich geändert hätte. Er sagte sogar, ihr würdet wieder miteinander sprechen«, berichtet sie sarkastisch.

Mir dreht sich der Magen um, als ich an unser Gespräch vom Morgen denke, wo Jamie mich angesehen hat, als würde ich tief unter ihm stehen. Wie sicher er war, dass er bei alldem nicht zu Schaden kommen würde. Ich bin immer überzeugt gewesen, dass sich Jamie ebensolche Sorgen um seine Zukunft macht wie ich, aber Fakt ist, er ist ein weißer Mann und die können mit einem Mord davonkommen.

»Dann hat er eine seltsame Definition von miteinander sprechen.«

Belle lacht. »Ich kann mir gar nicht vorstellen, dass jemand so lange eng mit ihm befreundet sein konnte«, meint sie und sieht mich von der Seite her an. Ich stupse sie leicht und lache auch ein wenig.

»Ich weiß. Und was das Mädchen angeht, das mit ihm gegangen ist … wow, so was könnte ich gar nicht.«

»Gut, dass wir das nicht sind, nicht wahr?«, findet Belle und flicht ihre Finger ganz natürlich in meine. Ich bemühe mich, das normal zu finden.

»Genau.«

»Auf jeden Fall habe ich ihm gesagt, dass ich kein Interesse mehr an ihm habe und dass es jemand anders gibt.«

Ich ziehe die Brauen hoch, versuche aber nicht zu hoffnungsvoll dreinzusehen.

»Hast du ihm gesagt, wer das ist?«

Sie schüttelt den Kopf. »Ich wusste nicht, ob dir das recht ist.«

Als ich stehen bleibe, tut sie es auch.

Am Mittwoch haben wir uns geküsst.

Dann kam Ward herein und ich musste schnell so tun, als hätte mir Belle meine Hausaufgaben gebracht, und zu Gott und allen anderen Göttern beten, dass er uns nicht gesehen hätte. Belle lief hinaus und wir haben nicht darüber sprechen können, besonders nicht nach gestern, als ich nur allein sein wollte.

Bis jetzt.

Wir laufen weiter.

»Es tut mir leid, dass es am Mittwoch so schnell ging. Ich hätte gerne darüber geredet«, sagt Belle.

»Ich auch.«

Ich weiß nicht genau, was das bedeutet, oder warum Belle das einzige Mädchen ist, an das ich je in dieser Weise gedacht habe, aber ich will meine Gefühle jetzt nicht analysieren, ich will sie einfach nur mögen und nicht an meine Eltern oder die Leute an der Niveus denken und was sie davon halten.

»Ich bin bi«, sagt Belle. »Und das ganz offen, aber bei dir war ich mir nicht sicher. Ich meine, alle wissen so einiges über dich … mit welchen Jungs du gegangen bist – und ich wollte nichts Falsches annehmen. Als ich mit Jamie zusammen war, schienst du mich geradezu zu hassen, daher glaubte ich, wir könnten wohl höchstens gute Freunde werden … bis Mittwoch.«

Das sagt sie mit einem verschmitzten Lächeln.

»Mir ist erst Mittwoch klar geworden, wie sehr ich dich mag … Na ja, vorher habe ich es wahrscheinlich geleugnet«, erwidere ich. »Und nur um das richtigzustellen: Ich habe dich nie gehasst.«

»Okay«, sagt sie nach einer längeren Pause.

Wir sind an ihrem Haus angekommen und sehen uns an, als wäre das ein Wettkampf. Ich versuche, nicht zu blinzeln, falls es tatsächlich einer ist. Dann blinzelt sie und ich gewinne.

»Darf ich dich wieder küssen? Wir sind nicht richtig fertig geworden, was ich für meinen Teil ziemlich unfair finde«, meint Belle und kommt näher.

»Na dann …«, antworte ich und sie küsst mich, dieses Mal, ohne dass uns jemand unterbricht.

Vom Fernsehen und von Büchern her hatte ich immer die Vorstellung, dass es eine große Sache ist, wenn ein Mädchen sich in jemanden verliebt, der kein Junge ist, und dass das stets mit unbändigem Selbsthass einhergeht. Es ist fast komisch, dass es mir dabei so gut geht, dass ich mich so zu Belle hingezogen fühle. Für mich hat das überhaupt nichts Merkwürdiges, es kommt mir genau richtig vor.

Belle verabschiedet sich und geht hinein. Ich mache mich auf den Heimweg, und als ich mit meinen Sorgen wieder allein bin, melden sich Kopfschmerzen. Ich kann mir nicht vorstellen, dass meine Zukunft nicht so sein sollte, wie ich sie mir ausgemalt habe, kann mir nicht vorstellen, ins Gefängnis zu gehen, und auch nicht, wie enttäuscht meine Eltern sein werden. Ich habe doch immer nur gewollt, dass sie stolz auf mich sind. Jetzt werden sie glauben, dass sie all ihre Opfer an ein Monster verschwendet haben.

Erst ein paar Häuser später bemerke ich, dass mir ein schwarzer

Wagen folgt. Er fährt mir nach, bleibt stehen und wird langsamer oder schneller, je nachdem, wie ich laufe. Ich muss schlucken und gehe schneller.

Wahrscheinlich leide ich unter Verfolgungswahn, denke ich und sehe zum Wagenfenster. Beinahe bleibt mir das Herz stehen. Durch die Spiegelung im Glas kann ich nicht deutlich sehen, doch ich mache schwarze Handschuhe auf dem Steuer aus und dieselbe gruselige Maske, wie sie die Person am Donnerstag getragen hat.

Ich beginne, den Gehweg entlangzurennen. Ich atme schwer und in meinen Augen brennt es, während ich versuche, nicht zu stürzen.

Was soll das?

In den Stilettos fühlen sich meine Zehen schon ganz taub an, als ich versuche, dem Auto davonzulaufen. Das Aufheulen des Motors lässt mich am ganzen Körper zittern. Schon sehe ich das Tor zu meinem Haus vor mir auftauchen, und als ich da bin, stolpere ich völlig außer Atem die Einfahrt hinauf. Ich hyperventiliere, gebe den Code ins Zahlenschloss ein und schlüpfe durch das Tor. Hinter mir höre ich, wie der Motor ausgestellt wird.

Schnell schließe ich die Haustür auf, springe ins Haus, schlage die Tür hinter mir zu und lege beide Riegel vor.

Dann weiche ich von der Tür zurück, als wäre sie vermint, und schnappe vergeblich nach Luft. Hinter der Milchglasscheibe kann ich entfernt eine Bewegung wahrnehmen.

Die können nicht durchs Tor. Die können nicht durchs Tor.

Das Zahlenschloss piept energisch, dann nähert sich eine Gestalt der Tür und ich kann das verzerrte Grinsen und die bleiche Farbe der Maske erkennen. Mit einem Schrei ziehe ich mich weiter in den Gang zurück.

»Mum! Dad!«, schreie ich und beobachte ängstlich die Tür.

Doch ich bekomme keine Antwort. Nicht, dass mich das wundert.

Normalerweise sind sie im Krankenhaus, wenn ich um diese Zeit nach Hause komme.

Sie sind kaum zu Hause.

»Hilfe. Bitte helft mir …«, flüstere ich fast mit brechender Stimme.

Wieder keine Antwort.

Angstvoll starre ich die Gestalt an, die mich beobachtet. Dann sehe ich, wie sich der Briefschlitz öffnet und eine behandschuhte Hand einen Umschlag hindurchschiebt. Er fällt zu Boden, als sich die Metallklappe wieder schließt.

Ich rühre mich nicht vom Fleck.

Nach einigen Augenblicken zieht sich die Gestalt zurück und wird zu einem schwarzen Strich, der sich immer weiter entfernt.

Mehrere Minuten lang bleibe ich stehen, während meine Tränen trocknen und meine Hände zittern, und ich überlege, was ich tun soll.

Langsam gehe ich zur Tür, hebe den Umschlag auf und mache ihn auf. Er ist voller Polaroidfotos.

Das erste Bild zeigt unser Haus vom Garten aus gesehen.

Das nächste ist ein durch das Fenster herangezoomtes Bild von mir in meinem Zimmer.

Das nächste zeigt erneut mich, wie ich meine Bluse ausziehe.

Auf dem nächsten bin ich in Unterwäsche zu sehen. Das Foto wurde durch den Spalt in meinen Vorhängen gemacht …

Bebend greife ich nach dem nächsten Polaroid.

Dieses Mal komme ich in ein Handtuch gewickelt aus der Dusche.

Ich weiß schon, was dann kommt.

Mit einem Seufzer nehme ich das letzte Bild.

Kein Foto. Schrift.

`Alles wird enthüllt … Ich bin bereit zum Tanz, du auch? Aces`

Hier geht es nicht mehr um Textmeldungen und Schulstreiche.

Das hier sind meine intimsten Geheimnisse.

Dies ist mein Haus. Mein Zuhause. Wo ich mich sicher gefühlt habe.

Aces muss meine Adresse aus dem zentralen Schulregister haben. Aber ich habe keine Ahnung, wie er durch das Tor gekommen ist. Ich sehe mich im leeren Hausflur um.

Dann gehe ich zur Treppe.

Es ist so still, dass meine Schritte laut hallen.

Wenn im Wald ein Baum umfällt und keiner da ist, macht er dann ein Geräusch?

Mein Telefon summt.

Ich habe das Gefühl, immer wieder denselben Albtraum zu durchleben. Und es nimmt kein Ende.

`[Anhang: 1 Bild]`

`In London auf dem letzten Trip sah ich einen kleinen Slip, hinter der Schaukel im lila Tunnel ist unser Musikschüler am Fummeln. Aces`

Devon knutscht mit einem Kerl auf dem Spielplatz.

Wieder summt mein Telefon.

`Wo das herkommt, ist noch mehr, Chiamaka. Und ich scheue mich nicht, es zu teilen. Aces`

Was will Aces von mir? Was ist der Zweck des Ganzen? Es scheint alles außer Kontrolle, ich drehe durch. Ich kann das Gefühl nicht abschütteln, dass man uns drei Schritte voraus ist, und alles, was wir machen, spielt ihnen direkt in die Hände. Der Sonntag scheint ewig weit weg zu sein, aber ich weiß nicht, was ich sonst tun soll.

Meine Finger schweben über der 9 und der 1 meines Telefons. Aber ich kann nicht die Polizei rufen. Egal, wie schlimm es wird. Ich kann sie nicht anrufen, weil Aces von der Fahrerflucht weiß. Zumindest kann ich sie nicht rufen, bevor ich nicht weiß, wer dahintersteckt. Also rufe ich meine Kontaktliste auf und scrolle nach unten. Eine Sekunde zögere ich, dann rufe ich an.

25

DEVON

Freitag

»Glaubst du wirklich, dass sie jemanden umgebracht hat?«, fragt Terrell.

Ich zucke mit den Achseln. Chiamaka macht den meisten Leuten Angst, aber Mord? Ich weiß nicht. Sie hat allerdings einiges davon abgestritten, was Aces verbreitet hat und was sich als wahr erwies, außerdem ist da noch das Zeug vom USB-Stick.

Ich weiß aber auch, dass Aces alles gegen uns verwenden will, also ist nicht sicher, ob das, was er sagt, wahr ist oder ob es nur ein Teil der Wahrheit ist. Und nach dem Auftauchen der maskierten Gestalt im Gang, den Zetteln von Chiamaka und mir und der Verfolgung habe ich Angst, was als Nächstes kommt. Diese Woche hat sich der Ton geändert. Wenn es bislang eklig war, ist es jetzt gefährlich.

»Soll ich am Sonntag wirklich nicht mitkommen? Ich kann ziemlich gut kämpfen und ich hab eine Menge Spionagefilme gesehen«, bietet Terrell mir an.

»Wir kommen schon zurecht. Ich sende dir ein Update, damit du weißt, dass wir noch leben«, antworte ich.

Das Klingeln des Telefons lässt mich aufschrecken. Wenn man vom Teufel spricht …

»Hallo?«

»Devon?«, höre ich Chiamakas Stimme. Sie klingt durcheinander. Aufgewühlt.

»Alles in Ordnung?«, erkundige ich mich.

Es entsteht eine kleine Pause und ich höre sie schniefen.

»Jemand – Aces – hat mich verfolgt, mich praktisch gejagt …«

»Was? Hast du gesehen, wer es war?«, unterbreche ich sie.

»Nein … er war maskiert, außerdem bin ich um mein Leben gerannt. Aber danke für die Sorge.«

»Tut mir leid.« Terrell sieht mich verwundert an und ich steige vom Bett. »Geht es dir gut? Hat er dich verletzt?«

»Schon gut«, erwidert sie mit bebender Stimme. »Er hat Bilder von mir durch den Briefschlitz geschoben … Er hat Bilder von mir gemacht … von uns. Er hat mir eines von dir auf einem Spielplatz gegeben … Das sah sehr privat aus.«

Ich denke an den Spielplatz. Terrell. Den Kuss.

»Devon?«

»Tut mir leid, ich hab gerade an was anderes gedacht.«

»Schon gut. Es ist nur … Das am Sonntag muss klappen, okay?«

»Okay«, sage ich und nicke.

Sie klingt wirklich aufgewühlt.

»Gut. Ich muss Schluss machen. Pass auf dich auf und versuche, bis Sonntag nichts Belastendes zu tun«, warnt sie mich.

»Wieso?«, wundere ich mich.

Sie seufzt. »Behalt den Schwanz in der Hose, meine ich.«

Oh.

»Du … äh … auch«, meine ich.

»Werde ich tun«, verspricht sie.

»Okay.«

Damit legt sie auf.

»Wer war das?«, erkundigt sich Terrell. Irgendwie habe ich ihn fast vergessen.

Ich will ihm nicht alles erzählen und ihn beunruhigen. Es ist auch so schon gefährlich genug.

»Chiamaka. Sie wollte nur noch einmal den Plan durchgehen«, lüge ich und setze mich neben ihn aufs Bett, ohne ihn anzusehen.

»Hast du ihr davon erzählt, dass wahrscheinlich der Rektor dahintersteckt?«, will er wissen.

Ich schüttle den Kopf. »Nein. Das ist nur eine Theorie. Ich fürchte, das glaubt sie nicht. Dazu steckt sie zu tief in seinem Arsch. Sie will vor allem ihre Titel zurück. Aber wenn er es ist, werden wir es wohl bald wissen.«

Angestrengt sehe ich aus Terrells Fenster, besorgt, dass dort draußen jemand herumschleichen könnte, der uns beobachtet, Geheimnisse sammelt und Pläne schmiedet.

Im Hintergrund läuft ein Cartoon, zu dem mich Terrell überredet hat. Ich schwöre, der Kerl hat denselben Geschmack wie meine kleinen Brüder.

Mein Blick schweift ab und landet auf den Urkunden und Plastikmedaillen an Terrells Wand. Ich habe sie mir bislang noch nie richtig angesehen. Auf allen steht: Star-Schüler oder Höchster Notendurchschnitt und sie stammen aus verschiedenen Jahren.

Terrell ist klug, diese Auszeichnungen sollten mich daher nicht überraschen. Doch er scheint nicht viel zur Schule zu gehen. Ich will am liebsten auch nicht mehr hingehen, ich möchte lieber vor Aces davonlaufen.

Ich frage mich, warum Terrell nicht geht und wovor er davonläuft.

Ich merke, wie ich schläfrig werde. Ich bin schon seit Stunden hier. Einen Moment schließe ich die Augen und drifte langsam weg.

»Versprich mir, dass du am Sonntag nicht stirbst«, höre ich ihn sagen.

Ich bin nicht ganz sicher, ob ich das träume oder ob er es wirklich sagt, aber ich antworte: »Versprochen.«

26

CHIAMAKA

Samstag

Ich hocke zwischen Mas Beinen und lasse mir Cornrows flechten, während wir uns eine Wiederholung von Girlfriends ansehen. Gelegentlich, wenn mir danach ist, biete ich ihr einen Löffel von dem Eis an, das ich esse.

Ich liebe es, meine Haare geflochten zu bekommen, es entspannt. Es ist auch ein bisschen schmerzhaft, aber auf eine angenehme Weise.

»Wie war die Schule diese Woche?«, erkundigt sich Mum beiläufig, als wäre das ganz nebensächlich.

Ich muss an die Gestalt vor der Tür denken, an den Umschlag, der durch unseren Briefschlitz gesteckt wurde, an meinen nackten Körper. Aces kommt mir immer näher. Ich habe den ganzen Tag die Vorhänge nicht aufgezogen, weil ich Angst habe, was sich draußen verstecken könnte.

»Toll«, antworte ich.

»Die Highschool kommt einem viel länger vor, als sie ist, aber glaub mir, wenn du an der Uni bist, egal, ob Yale, Stanford oder die NYU, spielt das keine Rolle mehr.« Mum betont immer, dass es keine Rolle spielt, auf welche Uni ich gehe, aber warum schicken sie und Dad mich dann immer auf Privatschulen und sorgen für die beste Ausbildung, wenn sie im Gegenzug dafür nur Mittelmaß erwarten?

»Und die Uni macht viel mehr Spaß, ist weniger stressig. Die Zeit verfliegt im Nu«, meint sie und schnippt mit den Fingern.

Das sagen die Leute immer über die Uni, dass sie besser ist als die Highschool. Angesichts der letzten drei Wochen ist im Moment wohl alles besser als die Highschool.

»Ich fürchte, ich gehe wohl gar nicht auf die Uni.«

»Sei nicht albern – du hast die Noten, die Einstellung und die außerschulischen Aktivitäten dafür«, zählt sie auf, während sie meine Frisur vollendet.

Das hat mich letztes Jahr, als es Aces noch nicht gab, auch beruhigt.

Jetzt bin ich eine Diebin, eine Lügnerin, eine Mörderin …

Ich sehe nach unten und blinzle die Tränen weg.

»Fertig«, verkündet Mum und seufzt laut. Meine Kniegelenke knacken vom langen Sitzen, als ich aufstehe und zu meinem großen Spiegel gehe.

Mein Spiegelbild zeigt ein Mädchen, das aussieht wie ich, nur anders. Mein normales Ich hat die Haare geglättet, trägt an fünf von sieben Tagen volles Make-up und einen Ausdruck ewiger Zuversicht. Jetzt sehe ich mich an und staune wie immer darüber, wie viel mein Haar ausmacht. In diesem Stil verändert es mich vollkommen. Ich bin nicht länger Chi, sondern Chiamaka, die Tochter einer nigerianischen Mutter, die mein Haar mehr liebt als ich es je könnte.

»Danke, Mum, das sieht toll aus.« Und das meine ich auch so. Ich trage die Haare gerne so. Aber so würde ich nie rausgehen, nie. Es ist zu riskant. Ich glätte es lieber, anstatt angestupst und angestarrt zu werden oder gestreichelt wie ein Tier und ausgefragt. So wie Jamie mich gestern angesehen hat – als wäre ich ein interessantes wissenschaftliches Experiment.

Ich will herausstechen, weil ich die Klügste und Beste bin, nicht weil meine Haare so schön kraus sind.

Mum erscheint hinter mir. Sie lächelt mich an, als wäre sie sehr stolz. Wenn sie nur wüsste, was ich alles getan habe. Wer ich wirklich bin.

»Habe ich dir je erzählt, was dein Name bedeutet?«, fragt sie.

Ich schüttle den Kopf. Darüber habe ich nie nachgedacht.

Mum sieht mich traurig an. »Nun, ich habe dich nach meiner Mutter benannt. Wie du war sie schön und klug, sie wusste, was sie wollte – und was nicht.« Ihr Lächeln wird breiter. »Chiamaka bedeutet Gott ist schön und Adebayo, der Name meines Vaters, bedeutet *Sie, die zu einer freudvollen Zeit kam.*«

Mum spricht nie über ihre Familie. Ich habe sie nie kennengelernt und war auch noch nie in Nigeria. Aber ich weiß, dass Mum sie liebt. Manchmal kocht sie etwas und sagt: Das war das Lieblingsessen meiner Mutter, oder sie erzählt mir von ihrer Kindheit und dem Betrieb in Lagos, wo sie aufgewachsen ist: Du findest New York hektisch? Lagos ist eine Stadt, die wirklich nie schläft. Aber sie geht nie ins Detail, sondern lässt mich lediglich Ausschnitte aus ihrem Leben vor ihrer Heirat mit Dad erahnen. Irgendwie bleibe ich immer unbefriedigt, als hätte ich nach einem Jahr ohne Essen von einer Mahlzeit geträumt, hätte sogar einen Bissen bekommen und dann hätte man sie mir weggenommen, bevor ich meinen Hunger stillen konnte.

Manchmal frage ich mich, ob Mums Familie von ihrer Heirat mit Dad enttäuscht war, so wie Dads Familie, als er Mum heiratete. Ich frage mich, ob sie mich für meine bloße Existenz hassen würden, wenn sie mich je träfen, so wie die Familie meines Vaters.

»Haben deine Eltern Dad je kennengelernt?«, frage ich vorsichtig. Ich möchte so viel wie möglich erfahren, bevor sie dichtmacht.

Mum schüttelt den Kopf.

»Nein. Aber wie dein Dad und ich kamen auch meine Eltern aus verschiedenen Welten. Sie waren zwar beide Nigerianer, aber aus unterschiedlichen Stämmen. Meine Mutter ist eine Igbo und mein Vater Yoruba. Ich fand es schön, in dieser Mischung von zwei Kulturen aufzuwachsen und habe mir gewünscht, dass du das auch so erlebst. Ich wollte, dass du deinen Namen siehst und weißt, wo du herkommst, dass du weißt, wenn ich deinen Namen sage, Chiamaka, dann sage ich damit *Meine Tochter ist schön und klug und sie bringt mir so viel Freude.*« In ihren Augen glitzern Tränen, als sie mein Gesicht in beide Hände nimmt und mich auf die Stirn küsst.

Ich lächle unter Tränen, aber nicht, weil ich traurig bin. Ich bin noch nie zuvor stolz auf meinen Namen gewesen oder wusste, dass er eine so besondere Bedeutung hat.

»Ich muss mich für die Arbeit fertig machen«, sagt Mum, wischt sich über die Augen und tritt zurück.

Ich wünschte, sie könnte bleiben und mir mehr erzählen. Ich wünschte, sie würde weniger arbeiten und mehr Zeit damit verbringen, mir von der Welt zu erzählen, in der sie aufgewachsen ist, und wer sie gewesen ist, bevor ich auf die Welt kam. Doch stattdessen sehe ich ihr nach.

»Ich hab dich lieb!«, sage ich, bevor sie geht. Verwundert sieht sie mich an. Ich sage das nicht oft, daher kann ich ihr ihre Überraschung nicht verdenken.

»Ich dich auch, Chiamaka. In der Küche ist Reis und Eintopf, falls du Hunger hast«, sagt sie und ich nicke. Dann lässt sie mich allein – wie immer – und ich höre nur noch ihre Schritte im Flur hallen.

Mit schwerem Herzen starre ich auf die Tür. Schniefend lasse ich die Tränen kommen und sehe, wie der Raum verschwimmt.

Ein Summton lenkt mich ab.

Mein Gehirn fühlt sich an, als würde es in meinem Kopf vibrieren. Ich schließe die Augen und greife mir an die Brust, während ich ganz flach atme.

Ich gehe zu meinem Telefon, dem einzigen Ding auf meinem Bett, das ich klar sehe, und nehme es ganz vorsichtig hoch, als könnte es explodieren.

`Das ist vielleicht ein wenig forsch, aber ich bin allein zu Hause. B`

Langsam lässt die Angst nach. Sie zieht sich nach innen zurück und wird langsam von einem anderen Gefühl ersetzt.

♠

Ich ziehe mir eine Mütze über die Haare und laufe zu Belle. Kaum habe ich an die weiße Tür geklopft, da zieht sie mich auch schon ins Haus.

»Möchtest du ein Glas Saft oder so?«, fragt sie. Als ich nicke, gibt sie mir einen grünen Saft. Schweigend sitzen wir an ihrem Küchentisch.

Dann beginnt sie: »Das ist hübsch. Ich habe dich noch nie mit einer Mütze gesehen …«

»Manchmal trage ich eine«, antworte ich schwächlich.

Wir schweigen weiter. Nervös trommle ich mit den Fingern auf dem Tisch. Als ich das leere Glas absetze, lächelt sie mich an. Ich bin zum ersten Mal bei ihr zu Hause. Es kommt mir kalt und klinisch vor, aber nicht so kalt wie bei Jamie. Bei ihm kommt man sich eher wie in einem Museum vor als wie in einem Haus, wohingegen Belles Haus einfach nur modern wirkt.

Aus dem Augenwinkel sehe ich einen Bilderrahmen. Es ist ein Familienfoto. Ich bemerke es, weil es das erste ist, das ich in ihrem Haus sehe. Normalerweise hängen überall Fotos von den Bewohnern, aber hier sind die Wände leer und nichts deutet darauf hin, dass sie hier wohnt, abgesehen davon, dass sie einen Schlüssel hat. Ich lächle sie an und stehe auf, um es näher zu betrachten. Auch sie erhebt sich und stellt sich vor mich, sodass sie das Bild mit ihrem Körper verdeckt – und sieht panisch aus.

»Ich möchte sehen, wie die junge Belle ausgesehen hat«, sage ich und versuche, ihr über die Schulter zu sehen, doch wieder versperrt sie mir die Sicht.

»Die ist hässlich und hat keine Schneidezähne. Sollen wir in mein Zimmer gehen?«, fragt sie, und als die Panik abebbt, leuchtet ihr Gesicht auf. »Ich habe da einen Haufen Filme, die ich noch nicht gesehen habe, falls es dich interessiert.«

Ich hebe die Augenbraue und versuche noch einmal, über sie hinwegzusehen – alle haben Fotos von sich als Kind, die ihnen peinlich sind –, aber sie legt mir die Hand an die Wange und küsst mich. Und bevor ich es weiß, sind wir in ihrem Zimmer, eng aneinandergeschmiegt, und küssen uns, meine Finger in ihren blonden Haaren und ihre Arme um meine Taille.

Als ich das Haus betreten habe, habe ich die Schuhe ausgezogen, sodass ich jetzt den weichen Teppich unter meinen Füßen spüre, den ich mit meinen Zehen greifen und wieder loslassen kann. Ich rieche ihren Duft, rosig und leicht wie sie.

Plötzlich lässt Belle mich mit rotem Gesicht los und tritt langsam zurück, bevor sie sich schwer auf ihr Bett fallen lässt, den Blick fest auf mich gerichtet. Es ist nicht kalt, aber mich durchläuft ein Schauer und meine Haare stellen sich auf. Ich habe Gänsehaut an Hals, Armen und Beinen.

Ich kann nur noch an Belle denken, sehe nur noch sie. Ich folge ihr zum Bett und lege meine Hand an ihre blasse Wange, hebe ihr Gesicht an, sodass ihre blauen in meine braunen Augen sehen. Ich lege meinen Kopf an ihren und atme ihren Duft wieder ein. Er lässt mich wünschen, ich könnte mich auflösen und alles vergessen. Die Mission morgen, wie viel Angst ich habe, dass meine Zukunft am seidenen Faden hängt.

Unsere Lippen berühren sich, bewegen sich tiefer und weiter und wir fallen zusammen aufs Bett.

Ich mache mich los, als ich ihre Hände auf meinem Kopf spüre. Wo ist meine Mütze? Panisch ziehe ich mich ein wenig zurück.

»Was ist?«

»Meine Mütze …«

»Hier drin ist es heiß, du brauchst sie nicht … und außerdem gefällt mir deine Frisur. Ich trage mein Haar gelegentlich auch in französischen Zöpfen, aber so winzige habe ich noch nie gesehen«, sagt sie und betrachtet mein Haar genauer.

Französische Zöpfe. Ich muss lachen.

»Das sind keine französischen Zöpfe, das sind Cornrows.«

Wieder wird sie rot. »Äh … sorry, das wusste ich nicht.«

»Schon gut«, antworte ich kopfschüttelnd. Ich bin schon froh, dass du mich nicht ansiehst, als wäre ich irgendwie anders. Aber das sage ich nicht laut, denn ich bin nicht sicher, dass sie das richtig versteht.

Belle nickt und knöpft sich mit leisem Lächeln ihre Bluse auf.

»Möchtest du dich weiter nicht-unterhalten?«, fragt sie, und als ich das Gelb ihres BHs sehe, kribbelt es in meinem Inneren.

»Nicht-unterhalten ist meine Lieblingsbeschäftigung«, antworte ich.

27

DEVON

Sonntag

Dass Chiamaka es ernst meinte, als sie sagte, ich solle ganz in Schwarz kommen, wusste ich, aber nicht, dass sie gemeint hatte *Zieh dich an wie ein Verbrecher*.

Sie winkt mich zum Hintereingang der Schule. In der Hand hat sie einen Schlüsselbund und ihr Gesicht ist von einer Sturmhaube bedeckt. Ich bin durchs hintere Tor gekommen, das üblicherweise für das Reinigungspersonal offen steht. Es ist einer der wenigen Orte von Niveus ohne Überwachungskamera. Auf dem Weg hierher habe ich mich immer wieder umgesehen und nach furchteinflößenden maskierten Gestalten mit scharfen Messern Ausschau gehalten, die uns beide umbringen wollen. Aber die Straßen waren leer und es hatte nicht den Anschein, als würde mir jemand folgen.

Als ich auf sie zugehe, begutachtet Chiamaka mich kritisch. Dann schiebt sie die Sturmhaube leicht hoch und lässt mich ihr wenig begeistertes Gesicht sehen.

»Ging das nicht besser?«, fragt sie im Flüsterton. Ich trage nur Schwarz, ich weiß gar nicht, warum sie sich so anstellt.

Im Grunde sind wir ähnlich angezogen, nur dass sie schwarze Stiefel mit Absätzen und roten Sohlen trägt und ich Turnschuhe. Zumindest werde ich beim Laufen keine Geräusche machen, die Aces und alle möglichen anderen anonymen Leute auf uns aufmerksam machen.

»Was ist?«, will ich wissen.

Sie schüttelt den Kopf und zieht die Sturmhaube wieder über das Gesicht. »Nichts, komm, lass uns zusammen durch das Fenster sehen.«

»Wo schaut man denn da hinein?«, will ich wissen, als wir zur Hintertür und dem Fenster daneben gehen. Da ich Chiamakas großen Kopf vor der Nase habe, kann ich kaum etwas sehen.

»In die Bibliothek.«

Wie praktisch.

»Ist schon jemand da?«

»Offensichtlich nicht. Glaubst du wirklich, ich würde nichts sagen und sie am Computer spielen lassen?«

Ich sehe zum dunklen Himmel hinauf. Bitte, Gott, gib mir Geduld!

»Ich dachte, wir gehen hinein und verstecken uns hinter dem Wagen bei Computer 17?«

»Lass uns reingehen«, seufzt sie laut.

Sie schiebt den Schlüssel ins Schlüsselloch, lautstark, macht die Türe auf, lautstark, und geht hinein, auch lautstark.

Ich bin zwar kein Gauner, aber ich weiß, wie ich es schaffe, nicht umgebracht zu werden, oder entdeckt, etwas, was Chiamaka offensichtlich nicht weiß. Ich gehe ihr nach und beobachte, wie sie vergeblich versucht, auf Zehenspitzen zu laufen. In der Bibliothek ist es kalt und still und einsam. Ich sehe mich um und entdecke Computer 17, der ganz am Rand steht. Still, unberührt, unheilvoll.

»He, sieh mal«, sagt Chiamaka. An einer der Wände sind Hunderte gerahmte Schwarzweißfotos aufgehängt, alle mit Jahreszahl auf dem Rahmen. Von jedem Jahrgang gibt es Fotos in der 9., 10., 11. und 12. Klasse. Es ist irgendwie gruselig, dass die Schule sie ausgerechnet in der Morgan-Bibliothek aufbewahrt. Das ist, als würden die Niveus-Schüler miteinander rummachen, während die früheren Schulabgänger zusehen.

Und ich bin mir ziemlich sicher, dass diese Fotos noch nicht da hingen, als wir zuletzt hier waren.

Ich suche nach den Fotos aus der 11. Klasse für unseren Jahrgang und muss mich ein wenig bücken, um sie zu sehen. Wir sind so viele. In jeder anderen Schule würde mein Gesicht in der Menge untergehen, aber hier finde ich mich leicht. Die dunkle Haut sticht genauso hervor wie die Chiamakas, wir stechen aus dem Meer weißer Gesichter hervor.

Aus dem Augenwinkel sehe ich ein Foto, eine 10. Klasse von 1963. Zwei schwarze Fremde blicken mich an. Auf dem nächsten Bild – jetzt sind sie in der 11. Klasse – sehe ich den Unterschied: Das eine Mädchen ist auf diesem Bild deutlich größer. Manchmal ist es komisch, Schwarzweißfotos von Schwarzen zu sehen. Im Fernsehen könnte man meinen, dass wir bis in die 80er-Jahre gar nicht existiert hätten.

»Wir sollten uns verstecken, bis Aces kommt ... Es ist fast neun und ich will nicht geschnappt werden und in Polyester gekleidet sterben«, erklärt Chiamaka. Ich gehe auf den Wagen bei Computer 17 zu, werde aber schnell in die entgegengesetzte Richtung, zu den Computern 6 und 7, gezerrt.

»Setzt dich da drunter und zieh den Stuhl so, dass er dich verbirgt«, befiehlt sie mir und weicht damit von dem Plan ab, auf dem sie bislang so hartnäckig bestanden hat. Doch ich tue, was sie sagt, lasse mich neben ihr unter dem Tisch nieder und verstecke mich hinter dem Stuhl.

Als ich vorsichtig hervorschaue, steht Computer 17 direkt in meiner Sichtlinie.

Vielleicht ist dieser Plan ja noch besser.

Eine Weile sitzen wir schweigend da. Ich reibe mir den Schlaf aus den Augen, doch als ich den Kopf gegen die Wand lehnen will, stoße ich mich am Tisch.

»Pssst!«, zischt Chiamaka, verärgert, dass ich mich verletzt habe.

Da ich nicht weiß, was herauskommen würde, wenn ich jetzt den Mund aufmache, schweige ich lieber.

»Dabei fällt mir ein … warum bist du so spät gekommen?«, flüstert sie und schlägt mir auf den Kopf. Die Sturmhaube hat sie abgenommen und in den Schoß gelegt.

Gott, bitte … Geduld … danke.

Warum ich so spät gekommen bin? Ich war mit Terrell in einer Eisdiele in der Nähe.

»Ich habe zu Abend gegessen«, antworte ich, denn eigentlich ist Eis ja auch Abendessen.

Ich spüre, wie sie die Augen verdreht. Offensichtlich ist Essen jetzt auch ein Verbrechen.

»Das nächste Mal verschwendest du die Zeit von jemand anderem mit Essen, wir müssen einen Drecksack fassen.«

»Sorry, ich werde stattdessen verhungern und vor Aces in Ohnmacht fallen …«

Sie zwickt mich ins Bein.

»Was ist?«, rufe ich fast und sehe sie an. Sie reißt die Augen auf und legt mir die Hand auf den Mund.

»Ich habe Beine gesehen!«, flüstert sie heiser und wendet den Kopf der Gestalt zu. In meinen Ohren hämmert es, als ich eine Bewegung wahrnehme.

Heilige Scheiße!

Vorsichtig schiebe ich mich vor, um zwischen den Stuhlbeinen hindurchzusehen. Ich sehe eine schwarzgekleidete Person, eine schmale Gestalt mit einem schwarzen Hoodie, in schwarzen Jeans und mit blanken Docs. Sie trägt Handschuhe und nähert sich Computer 17.

Jetzt geht es los.

»Scheiße«, flüstere ich ohne nachzudenken, was die Gestalt abrupt innehalten lässt. Einen Moment erstarre ich und ich schwöre, dass mein Herz stehen bleibt und mein Körper zittert, als ich mich langsam zurückziehe. Die Gestalt dreht sich zu uns, sucht den Raum ab und ich erkenne das gruselige Grinsen der Maske vom Donnerstag, die mich seitdem mit ihrem bleichen, leblosen Ausdruck, der sie so monströs und entsetzlich macht, verfolgt hat. Dann dreht sie sich wieder um und geht zu dem Computer.

Durch die kleine Lücke sehe ich, wie sie den Stuhl vor Computer 17 herauszieht, sich setzt, die Beine übereinanderschlägt und nach der Maus greift.

Mein Herz klopft heftig, während Chiamakas Atem ganz flach wird. Sie hat sich an die Wand gepresst und sich ganz klein gemacht. Ihre Lippen bewegen sich lautlos und sie sieht total panisch aus.

Ich sehe die Beine von Aces, die sanft auf dem Stuhl schwingen.

Langsam setzt Chiamaka sich auf und gibt mir das Seil, das sie irgendwo in der Tasche ihres Hoodies verborgen hatte. Sie wird angreifen und ich soll Aces fesseln und dann machen wir Fotos. Eindeutige, unwiderlegbare Beweise. Außerdem machen wir Fotos von dem Konto und allem, was dort gespeichert ist. Das alles haben wir geplant, aber hier in der Bibliothek scheint es, als würden wir alles überstürzen.

Ehe ich es recht verstehe, ist Chiamaka aufgesprungen und stürzt sich auf die Gestalt.

»Zeig dich, du Miststück!«, schreit sie, was wohl mein Stichwort ist, ebenfalls aufzuspringen.

Chiamaka stößt die Gestalt zu Boden und versucht, ihr die Maske abzureißen. Ein paar blonde Locken schlüpfen unter der Kapuze hervor.

Ich komme langsam näher. Ich will keine Blutflecken auf Terrells Hoodie. Das Seil halte ich bereit, um Aces schnell fesseln zu können.

Endlich kann sie ihr die Maske abreißen, doch anstatt die Gestalt, die ich jetzt als Mädchen erkenne, festzuhalten, taumelt Chiamaka am ganzen Körper bebend zurück. Während sie sie wie erstarrt ansieht, springt das Mädchen auf und rennt davon.

Was zum Teufel soll das?

Ich werfe das Seil weg und rase zur Bibliothekstür, die mir hart entgegenschlägt, und dann den Gang entlang. Doch da ist nichts. Niemand. Kein Geräusch von Schritten, keine Bewegung ist in dem dunklen Flur auszumachen. Ich kann nicht einmal sagen, in welche Richtung sie gelaufen ist. Die Türen der Klassenräume in der Nähe sind alle verschlossen.

Einen Moment lang bleibe ich abwartend stehen, dann gehe ich zurück in die Bibliothek.

»Was sollte der Scheiß, Chiamaka? Du hast sie entkommen lassen!«, rufe ich, als ich die Tür wieder aufmache, doch sie scheint mich nicht einmal zu hören. Sie sieht aus, als hätte sie ein Gespenst gesehen. Ihr Gesicht hat alle Farbe verloren und ihr Mund steht offen.

Ehe ich noch ein Wort sagen kann, rennt auch sie aus der Bibliothek.

Nach der ganzen Planung, das »Miststück« zu erwischen, kneift Chiamaka, als es wirklich ernst wird.

Als ich das Seil aufheben will, fällt mein Blick auf den leuchtenden Bildschirm von Computer 17.

Das Mädchen hat sich in eine Seite eingeloggt, deren Rand mit schwarzen Pik-Assen verziert ist.

Ich setze mich und scrolle zum oberen Rand der Seite.

GEHEIMBUND PIK-ASS

Großzügigkeit, Gnade, Demut, Integrität, Idealismus, Noblesse, Entschlossenheit, Respekt, Eloquenz.

Sind das nicht die Werte unserer Schule?

In einer Ecke grinst mich die Animation eines Kerls an, der Karten austeilt. Auf dem Bildschirm erscheinen die Worte: Willst du Spaß? Drück ENTER! Auch wenn ich fürchte, gleich einen Herzinfarkt zu bekommen, drücke ich ENTER. Die Schulwerte flitzen über den Bildschirm und wirbeln herum, bis sie sich in einer Reihe anordnen. Noch einmal ENTER!, befiehlt mir der Bildschirm und ich gehorche. Schlagartig verschwinden alle Buchstaben bis auf die ersten, die wie ein Akrostichon stehen bleiben.

N
I
G
G
E
R

D
I
E

Mich überläuft es eiskalt und ich bekomme Gänsehaut.

Nigger die?

Scheiße!

Unten am Bildschirm weist ein Pfeil nach unten. Ich scrolle mit klopfendem Herzen herunter. Es taucht ein Ordner mit dem Namen Schachmatt auf und nach einem Doppelklick darauf die Unterordner Turm, Läufer und Springer. Schachfiguren? Ich klicke auf Turm und eine kurze Liste von Namen taucht auf, von denen ich einige kenne, andere nicht. In einer Zeile lese ich Jack McConnel mit einem Häkchen daneben und einem kurzen Satz, den ich zweimal lesen muss, um ihn zu verstehen:

Verbreitung von DRs Nachrichten.

Verbreitung von DRs Nachrichten.

DR … Devon Richards.

Meldungen … Alles, was Aces an die Schüler geschickt hat. Der Bildschirm verschwimmt vor meinen Augen und ich kneife sie zu, um die Tränen herauszupressen. Jack hat die Nachrichten verschickt. Er ist der Grund dafür, dass Dre alles herausgefunden hat. Jack ist der Grund dafür, dass Dre mit mir Schluss gemacht hat. Jack ist der Grund, warum ich keine Luft mehr bekomme, sobald ich die Schule betrete.

Ich reibe mir die Augen und ziehe die Maus nach unten, wo noch weitere bekannte Namen auftauchen. Ich kann nicht weitermachen und klicke mich wie betäubt zurück, um den Ordner Läufer zu öffnen. Auch hier ist eine Liste von Namen mit kurzen Sätzen, die die Aufgaben der Personen beschreiben, alle mit Häkchen dahinter. Die Liste ist nicht lang genug, um die Namen aller Personen bei Niveus zu enthalten, aber viele von ihnen kenne ich als Schüler. Mit wachsender Wut lese ich weitere bekannte Namen wie Mindy Lion und Daniel Johnson und andere, mit denen ich geredet habe, neben denen ich drei Jahre im Unterricht gesessen habe. Alle machen dabei mit. Dabei.

Wobei?

Ich schließe den Ordner Läufer und gehe zum nächsten, Springer, voller Furcht, was ich dort wohl finden werde. Er scheint Namenslisten und irgendwelche Aufgaben zu enthalten, sonst nichts. Ich entschließe mich, Schachmatt ganz zu verlassen. Ich will noch mehr finden. Etwas, das mir sagt, was zum Teufel hier überhaupt los ist. Unter Schachmatt weist ein weiterer Pfeil nach unten. Ich scrolle weiter und finde noch zwei weitere Ordner.

Einer heißt Die Mädchen, der andere Die Jungen. Ich wähle zuerst Die Mädchen. Eine Liste mit Namen und alten Daten taucht auf:

Dianna Walker 1965, Patricia Jacobs 1975, Ashley Jenkins 1985 … In jedem Ordner ist das Bild eines schwarzen Mädchens. Am Ende steht Chiamakas Name und das Bild aus ihrem Jahrbuch. Das, das am Donnerstag auf den Postern aufgetaucht ist.

Ich klicke auf Dianna Walker 1965 und führe die Maus zu einem Dokument mit dem Titel Aces 1. Meine Hände zittern.

Sofort tauchen gescannte Fotos von handgeschriebenen Briefen auf.

Unsere Lieblingsnegerin führt wohl nichts Gutes im Schilde.
Aces

Was ist das denn für ein Scheiß?

Wieder reibe ich mir die Augen und klicke auf Aces 2 in Dianna Walkers Akte. Auf diesem Foto liegt sie nackt auf einem Bett, mit geschlossenen Augen. Das Bild ist schwarz-weiß und zerknittert. Es wirkt, als würde ihr Körper benutzt, ohne ihr Einverständnis. Etwas an dieser Aufnahme scheint komplett falsch zu sein. Es erinnert mich an die Bilder von Chiamaka, die überall an den Schließfächern hingen.

Mir dreht sich der Magen um und ich schließe den Ordner. Mir ist schlecht.

Plötzlich erklingt ein Schnappen. Die Grafiken auf dem Bildschirm beginnen zu verblassen. Schnell nehme ich mein Telefon und mache Bilder von allem, was ich gesehen habe. Mit zitternden Fingern scrolle ich auf und ab, während der Bildschirm immer dunkler wird, und bevor ich weitere Fotos machen kann, lässt mich ein lauter Knall auffahren.

Ich flüchte vom Computer, als wäre er eine Granate, die jeden Augenblick hochgehen kann. Schützend halte ich mir die Arme über den Kopf und bewege mich keuchend und mit hämmerndem Herzen rückwärts. Ich höre noch weitere Schnappgeräusche wie von alten Computerspielen, dann blitzt der Bildschirm auf. Die Pik-Asse erscheinen und verschwinden und der Hintergrund wird blendend weiß.

In großer schwarzer Schrift tauchen die Worte *Bereit für das Spiel?* auf.

Ich raffe mich auf und renne zur Tür. Bebend beobachte ich, wie sich der Computer mit einem letzten Schnappgeräusch herunterfährt und wieder in seinen ominösen dunklen Zustand verfällt.

In meinem Kopf wirbelt alles durcheinander. Mein Gesicht ist nass, mein Körper angespannt. Diese Sache ist viel größer, als wir uns vorgestellt hatten. Um vieles größer! Aces ist nicht eine Person, nicht mal eine kleine Gruppe – es sind viele Leute dabei. Und da waren noch so viele Dateien, die ich mir nicht anschauen konnte. Meine Gedanken überschlagen sich.

Aber die wichtigste Frage ist: Wer war das Mädchen mit der Maske?

TEIL III

WAHL DER WAFFEN

28

CHIAMAKA

Sonntag

Ich höre erst auf zu rennen, als ich weit genug von der Schule weg bin und mich sicher fühle. Tränen nehmen mir die Sicht und die Kälte sticht wie Nadeln auf meiner Haut.

Ich sehe mich auf der Straße um. Es ist dunkel und still. Ich habe das Gefühl, der einzige Mensch auf der Welt zu sein.

Aber ich weiß, dass ich das nicht bin, denn ich habe sie gesehen. Sie war wirklich da. Zitternd klopfe ich auf der Suche nach meinem Telefon meine Taschen ab – einmal, zweimal – und merke panisch, dass ich es nicht habe.

Ich muss es irgendwo verloren haben, aber ich habe es nicht fallen hören – ich habe auf nichts anderes geachtet, als darauf, von dort wegzukommen. Ich schniefe und weine. Die Kälte lässt mich zittern. Nachdem ich die Tränen weggeblinzelt habe, sehe ich ein Stück weiter eine Telefonzelle.

Die Tatsache, dass ich ihre Telefonnummer schon auswendig kann, ist ein bisschen peinlich, aber ich hatte schon immer ein gutes Gedächtnis. Ich stecke ein paar Münzen ein und drücke auf die abgenutzten Tasten. Während ich auf den Klingelton lausche, sehe ich durch das

Glas, panisch, dass ich eine Maske sehen könnte – oder noch schlimmer, das Gesicht, ihr Gesicht, das mich beobachtet.

»Hallo?« Belles Stimme klingt unsicher, wahrscheinlich, weil ich von einer unbekannten Nummer aus anrufe.

»Ich bin es, Chiamaka. Hast … hast du gerade Zeit?«, frage ich und schniefe wieder.

»Oh, hi, was ist mit deinem Telefon passiert?«

Ich weiß nicht, ob ich schon bereit bin, darüber zu reden, was heute Abend passiert ist.

»Kann ich nicht finden.«

In der Ferne bellt ein Hund und ich erschrecke, sehe mich wieder um und warte darauf, dass ihr Gesicht auftaucht.

»Bist du draußen?«, fragt Belle.

»Ja … ich bin joggen gegangen. K…kann ich dich sehen?«, frage ich mit klappernden Zähnen.

»Geht es dir gut?«

»Alles in Ordnung, es ist nur … ich will gerade nicht allein sein.«

Ich habe das Gefühl, wenn ich nach Hause gehe, wartet sie dort auf mich. Wenn sie die Fahrerin des Wagens ist, der mich am Freitag auf dem Heimweg gejagt hat, dann weiß sie, wo ich wohne. Und Mum und Dad sind nicht zu Hause, ich wäre ganz allein.

»Bist du sicher? Du klingst nicht gut, Chi … Du weißt doch, dass du mir alles sagen kannst, oder?«, sagt Belle.

Ich nicke und schließe die Augen.

»Ich …« Meine Stimme wird brüchig. »Ich … ich kann nur nicht allein sein. Kann ich vorbeikommen?«, frage ich.

Es entsteht eine kleine Pause. Ich kann hören, wie sie nachdenkt.

»Ich war … krank, deshalb sieht mein Zimmer katastrophal aus, aber der Waffelpalast müsste offen haben. Treffen wir uns da?«, fragt sie. Ich bin erleichtert.

»Dann bis gleich«, sage ich, lege auf und trete aus der Telefonzelle.

Der Schrei des Mädchens gellt mir in den Ohren. Ich muss an letztes Jahr denken, wo ich sie am Boden habe liegen sehen, mit offenen Augen, voller Blut, reglos … und an heute Abend, wo mich das tote Mädchen angestarrt hat, nachdem ich ihr die Maske abgerissen hatte.

Lebendig, grinsend und rachsüchtig.

♠

Eine halbe Stunde später lehne ich mich im Waffelpalast zurück und sehe zu, wie sich draußen der Himmel von Dunkelblau zu Schwarz verfärbt, völlig ohne Licht und Sterne. Ich versuche, nicht an den Abend zu denken.

Erst jetzt dämmert es mir, dass ich Devon ganz allein in der Schule zurückgelassen habe. Hoffentlich geht es ihm gut. Ich wünschte, ich könnte ihm schreiben und nachfragen. Ich sehe auf meinen dunkelbraunen Kakao, auf dem noch ein paar Fleckchen Sahne schwimmen. Das war das Einzige, worauf ich Lust hatte.

Seufzend setzt sich Belle und legt ihr Portemonnaie auf den Tisch.

»Ich habe uns einen großen Eisbecher für zwei bestellt, weil ich hoffe, dass dich der ganze Zucker etwas aufmuntert«, lächelt sie. Sie klingt ein wenig verschnupft. Sie ist krank, aber trotzdem ist sie gekommen. Ich versuche, mich deswegen nicht zu schlecht zu fühlen.

»Ich muss nicht aufgemuntert werden«, lüge ich gepresst. »Ich habe doch gesagt, es geht mir gut. Ich wollte nur ausgehen.«

»Beinahe hätte ich es geglaubt«, erwidert sie und drückt meine Hand. »Du siehst aus, als hättest du seit Ewigkeiten nicht geschlafen und auch nichts gegessen.« Besorgt sieht sie mich an, doch ihr Gesicht hellt sich sofort auf, als die Bedienung eine große Glasschüssel vor uns hinstellt.

Erfreut klatscht sie in die Hände. Sie ist so glücklich, dass auch ich ein bisschen lächeln muss, als ich das Eis betrachte. Sieben große Eiskugeln, Schokoladenstreusel und ein paar Spritzer dunkelroter Erdbeersirup. Plötzlich dreht sich mir der Magen um und mir wird schlecht.

Wie aus dem Nichts tauchen Bilder von dunkelrotem Blut auf und mit leichtem Schwindelgefühl sehe ich Belle an, die mich fragt, ob alles in Ordnung sei. Ihr Gesicht verwandelt sich in das des Mädchens.

Des Mädchens, das Jamie und ich auf der Straße haben liegen lassen.

Das Mädchen, das nicht tot ist.

Tränen treten mir in die Augen und ich versuche, tief durchzuatmen, doch irgendwie bekomme ich nicht genug Luft. Plötzlich ist Belle dicht bei mir und nimmt mich in die Arme.

»Alles in Ordnung?«, höre ich jemanden fragen.

Keine Ahnung, denke ich und schließe die Augen.

Bis ich mich beruhigt habe, ist unser Eis geschmolzen und abgeräumt worden und Belle sieht mich an, als hätte ich einen dritten Kopf oder so.

Meine Brust schmerzt und immer noch flackern Bilder vor mir auf und verschmelzen mit der Realität. Mein Albtraum wird wahr, wie ich es immer befürchtet habe.

»Ich weiß, dass du es an der Schule gerade schwer hast«, beginnt Belle, »aber du sollst wissen … du kannst mir vertrauen.«

Ich sehe sie an und habe das Gefühl, ich könnte ihr alles erzählen. Ich bin so erschöpft von den Geheimnissen, die auf meiner Seele lasten. Ich kann ihr vertrauen, denke ich und schließe die Augen.

»Aces hat recht. Ich bin ein schlechter Mensch und bevor du widersprichst – es stimmt wirklich. Ich habe eine Menge schlechter Dinge getan und jetzt kommt alles heraus und ich kann nichts dagegen tun.«

Belle schweigt einen Moment. Zuerst sehe ich sie nicht an, weil ich zu viel Angst habe, dass sie mich anschaut, als wäre ich ein Monster. Doch als ich endlich die Augen öffne, ist sie seltsam ruhig.

»Ich habe Angst«, sage ich leise und schniefe, »Angst vor dem, was mir geschieht und was noch passieren wird.«

»Es wird alles wieder gut«, meint Belle und nimmt meine Hände. »Wir haben alle unsere Leichen im Keller.«

Mir ist heiß und ich hoffe, meine feuchten Handflächen stoßen sie nicht ab. Belle sieht mich an, als wäre ich nicht der Mensch, für den ich mich halte. Ich frage mich, wie viele Leichen sie wohl im Keller hat?

Auf einmal verwandeln sich alle Gesichter hier in das Gesicht des Mädchens. Liegt das am Licht? Oder spielt mir mein Kopf wieder einen Streich? Ich habe das Gefühl, umzingelt zu sein.

Belles Haar ist plötzlich blutverklebt, während sich auch ihr Gesicht verändert. Ich habe das Gefühl, den Verstand zu verlieren. Die letzten Reste meiner Vernunft scheinen zu bröckeln und sich aufzulösen.

»Chi …«, sagt sie leise. »Egal, was ist, ich bin immer für dich da, okay?«

In meinem Kopf klickt es, als würde jemand mit den Fingern schnippen, und plötzlich werden alle Gesichter wieder normal, ihres eingeschlossen.

Es ist nicht viel, aber mit Belle hier zu sein, tut mir gut. Und dass ich diese Worte von ihr höre, gibt mir ein Gefühl von Sicherheit.

♠

Montag

Überraschenderweise habe ich tatsächlich geschlafen. Ich habe nicht den üblichen Traum – der mit mir neben ihrer Leiche an der Straße beginnt und damit endet, dass ich in einem dunklen Raum voller blonder Puppen bin –, sondern kann endlich in der Dunkelheit versinken.

An die Niveus zurückzukommen, ist wie an einen Tatort zurückzukehren. Ähnlich wie die schuldbewussten Verbrecher in den Krimis habe ich das Gefühl, in eine Falle zu tappen. Ein Schritt in die falsche Richtung und es ist vorbei. Irgendwie steckt ein Mädchen, das ich vor dem Unfall noch nie gesehen habe, hinter Aces und will mein Leben ruinieren. Aber wer ist sie? Warum tut sie das? Und wie? Ist das die Rache für das, was letztes Jahr passiert ist? Hat sie herausgefunden, wer ich bin, und will sie, dass ich genauso leide wie sie?

Mein erster Gedanke ist, ob es nicht besser für mich wäre, zu Hause zu bleiben, aber da meine Eltern den ganzen Tag nicht da sind und das Mädchen zu mir kommen könnte – vielleicht wartet sie nur darauf, dass ich allein bin, bevor sie zuschlägt –, hatte ich keine andere Wahl, als mich in der Schule in Sicherheit zu bringen, bei meinen Schulkameraden, die mich hassen.

Ich schleppe mich durch die Gänge und versuche, den Kopf oben zu behalten, als ich Ruby, Ava und Cecilia Wright an Rubys Schließfach stehen sehe. Ich habe schon eine Weile nicht mehr mit ihnen gesprochen. Es gab nichts, worüber ich mit ihnen reden wollte.

Auf meinem Rücken scheint eine Zielscheibe zu kleben. Gestern Abend habe ich versagt, ich habe Aces nicht wie geplant aufhalten können und heute könnte alles Mögliche passieren.

Belle ist wegen einer Erkältung zu Hause geblieben und ich habe keine Ahnung, wo mein Telefon ist, deshalb kann ich ihr in der Pause nicht mal schreiben. Ich muss zu meinen »Freundinnen« gehen, um nicht wie die Versagerin auszusehen, als die ich mich fühle.

Trotz meiner Müdigkeit zwinge ich mir ein Lächeln ab, als ich auf sie zutrete.

»Hi Mädels«, sage ich und richte meinen Blick auf Cecilia. CeCe hat mich noch nie gemocht, das hat sie schon in der 10. Klasse klargemacht, als sie sagte: Irgendwann holt dich mal jemand von deinem hohen Ross herunter. Ich habe gelacht und ihr gesagt, dass dieser Wunsch wohl nicht in Erfüllung gehe.

CeCes Blick gleitet an mir auf und ab und bleibt an meinen Schuhen hängen. Ich habe heute meine dunkelgrünen Krokoleder-Pumps von Jimmy Choo an.

»Schicke Schuhe«, sagt CeCe völlig ausdruckslos.

»Danke, CeCe«, lächle ich, »ja, die sind hübsch.« Ich habe keine Lust, zu lügen, um ihr auch ein Kompliment zu machen.

Ava betrachtet ihre eigenen Schuhe und Ruby sieht mich an.

»Ich habe dich seit Tagen nicht gesehen. Ich wollte fragen, wie es dir geht, aber du warst wohl zu beschäftigt«, sagt sie stirnrunzelnd.

»Die letzten Wochen waren ziemlich schwierig, aber das ist nicht so schlimm. Die ganze Sache wird sich totlaufen und dann wird alles wieder normal«, meine ich achselzuckend.

Ruby muss grinsen. In ihren grünen Augen leuchtet ein Feuer, dessen Rauch mir förmlich in die Nase steigt. »Schön, dass du nach allem, was war, deine positive Einstellung nicht verlierst, das mag ich so an dir.« Auch sie sieht auf meine Füße. »Sind das Jimmy Choos?«

Ich nicke langsam und versuche, eine versteckte Bedeutung dahinter zu erkennen.

»Hi Ruby, CeCe und Ava«, piepst eine Stimme hinter uns und ich drehe mich leicht, um die Zehntklässlerin zu sehen – Miranda heißt sie, glaube ich. »Ich bin unterwegs bei Starbucks gewesen und habe euch drei Chai Latte mitgebracht, so wie ihr sie mögt. CeCe, ich weiß, dass du eine Diät machst, deshalb habe ich für dich einen kleinen Becher bestellt, und für Ava und Ruby große Becher.«

»Danke, Molly«, sagt Ruby, als sie ihre Getränke entgegennehmen.

Ich bin ein wenig geknickt, versuche aber, es mir nicht anmerken zu lassen. Die Zehntklässlerin verschwindet und Ruby dreht sich um und stellt ihre Handtasche ins Schließfach. Ich komme mir albern vor, hier herumzustehen, als wollte ich etwas von ihr.

Gerade als ich sagen will *Man sieht sich*, damit sie glauben, ich hätte etwas Besseres zu tun, höre ich jemanden meinen Namen rufen.

»Hey, Chiamaka!«, sagt Devon außer Atem und ein wenig durcheinander. Ich bin froh, ihn wohlauf zu sehen. Ich hatte gehofft, dass es ihm gut ginge, aber auch ihn konnte ich nicht fragen, ich hatte keine Möglichkeit, ihn zu kontaktieren. Es würde mich nicht wundern, wenn er stinksauer wäre.

»Hallo, Richards«, sage ich so neutral wie möglich und hoffe, er will nicht ausgerechnet hier vor allen Leuten mit mir sprechen. Ich stehe sowieso schon ziemlich dumm da vor den Mädchen, er wird das nur noch schlimmer machen.

»Du hast meine Nachrichten nicht beantwortet. Ich muss mit dir sprechen. Allein. Sofort.« Das Letzte flüstert er. Von den drei Mädchen neben mir ist er völlig unbeeindruckt.

CeCe nippt mit ihrem üblichen nichtssagenden Gesichtsausdruck an ihrem Chai Latte, doch Ruby hat sich neugierig umgedreht.

Normalerweise fangen die Leute an zu stottern, wenn sie mit uns reden, und sehen zu uns auf, als wären sie sich der Ehre bewusst, die gleiche Luft zu atmen wie wir. So gleichgültig wie Richards sehen sie nie aus. Ruby gefällt das sicher nicht, was ich lustig finde. Das liebe ich an Devon. Jedem, der Ruby davon abhalten kann, sich für besser zu halten als alle anderen, kann ich nur gratulieren.

Ich räuspere mich und sehe zwischen ihm und den Mädchen hin und her.

»Worüber?«

»Red keinen Mist, Chiamaka, du weißt genau, um was es geht.«

Wir starren einander an. Ausnahmsweise sieht er mal entschlossen aus. So entschlossen, das zu beenden wie ich selbst. Er hat recht: Natürlich weiß ich, worüber er reden will – warum ich weggerannt bin und ihn allein gelassen habe. Aber ich weiß nicht, wie ich ihm erzählen soll, was ich gesehen habe. Ich muss es ihm erzählen, das ist klar – uns läuft die Zeit davon. Etwas sagt mir, dass dieses Mädchen gefährlich ist, was bedeutet, dass sie uns schaden kann. Gestern Abend war vielleicht unsere letzte Chance, ihren Plan zu stoppen, und ich habe es versaut.

Ich muss es ihm sagen, auch wenn er glaubt, dass ich jetzt völlig verrückt geworden bin. Noch bevor ich etwas sagen kann, tritt er näher heran und drängt: »Ich muss mit dir sprechen. Gleich!«

Okay, was glaubt er eigentlich, mit wem er redet? Ich merke, wie ich wütend werde.

»Hast du schon mal was von Intimsphäre gehört?«

Ruby schnauft und legt sich die Hand vor den Mund, während Devon aussieht, als wollte er mir den Hals umdrehen. Aber sein Blick lässt mich innehalten. So energisch ist Devon nie … ich sehe auf seine Hände. Sie zittern.

Was ist gestern Abend passiert?

»In fünf Minuten in Labor 201«, sage ich leise.

Er sieht ein wenig irritiert aus, doch dann nickt er, sieht mich noch einmal kurz an und geht davon.

»Wow, der war ja wütend. Ich habe schon geglaubt, er will uns umbringen oder so«, meint Ava, als er durch die Doppeltür verschwindet.

»Warum sollte er? Er ist doch nicht gewalttätig«, erkläre ich gelassen. Er sah zwar so aus, aber ich weiß, dass er mir nicht den Hals umdrehen würde. So ist er einfach nicht.

»Hat er nicht diesen Sexfilm mit Scotty gemacht?«, erkundigt sich Ruby, doch ich zucke nur mit den Schultern, weil ich nicht mit ihnen darüber reden will. »Der war so schlecht, offensichtlich mit einer Webcam aufgenommen. Wenn ich mal einen mache, besorge ich mir eine richtige Kamera«, fügt sie hinzu.

»Ich muss los, aber es war nett, mit euch zu reden«, unterbreche ich sie und gehe, ohne auf eine Antwort zu warten.

Ein Mädchen springt mir praktisch aus dem Weg, wahrscheinlich aus Angst, ich würde sie am helllichten Tag mit einem meiner Stilettos erdolchen.

Ich mache mein Schließfach auf, stelle meine Handtasche hinein und verberge mein Gesicht hinter meinen Haaren, weil ich blinzeln und schniefen muss.

Ich zucke zusammen, als mir jemand auf die Schulter tippt. Schnell wische ich die Tränen ab, drehe mich um und will den Kerl hinter mir anschreien. Doch als ich Jamie erkenne, halte ich inne.

Ich habe ihn nicht mehr gesehen, seit er mich am Freitag so angefahren hat.

»Ja?«, frage ich und trete zurück. Ich fühle mich in seiner Nähe nicht mehr wohl, nicht einmal in diesem Gang voller Menschen. Jamie sieht genervt aus, als wollte er auf mich losgehen wie alle anderen. Was ist jetzt schon wieder? Gibt es neue Gerüchte? Ich hab es so satt.

»Echt jetzt, Chi?«

»Was jetzt?«

Schweigen.

»Du und Belle? Du kannst es nicht abstreiten. Ich habe die Bilder gesehen.«

Was für Bilder?

»Und Aces lügt schließlich nie, oder?«, fährt er mich an.

Ich sehe ihn finster an, während mir ein Gedanke durch den Kopf schießt. Ich frage mich, ob er weiß, dass das Mädchen lebt. Ich frage mich, ob er es die ganze Zeit gewusst hat …

»Soll ich mich dafür entschuldigen, dass ich ein Mädchen geküsst habe, bei dem du nicht landen kannst? Soll ich sagen, dass es mir leid tut, dass ich die erste Regel der besten Freunde gebrochen habe? Nein, warte, wir sind keine besten Freunde. Wir sind überhaupt keine Freunde. Soll ich um Vergebung bitten, weil ich ohne deine Erlaubnis jemanden mag?«

Er reißt die Augen auf, doch bevor er etwas sagen kann, fahre ich fort, denn das passiert, wenn man seine Gefühle so lange unterdrückt.

»Du mochtest Scotty und Tanner nicht. Du mochtest Georgie und Paul nicht. Du hasst es, wenn ich mit jemand zusammen bin, weil du glaubst, du könntest mich und meinen Körper kontrollieren. Nun, so ist es nicht, Jamie!«

Wie kann er nach allem, was war, immer noch glauben, dass er über irgendetwas bestimmen kann, was ich tue?

Er sieht auf meine Füße und dann wieder hoch. »Dir klebt Klopapier am Absatz.«

Ich werde rot, aber ich sage nichts, sondern knalle nur mein Schließfach zu, sodass er zurückspringt. Dann drehe ich mich um und gehe – irgendwohin.

Die anderen gehen mir aus dem Weg, als ob sich vor mir das Meer teilte. In ihren Gesichtern steht Angst.

♠

Devon sitzt ganz hinten in Labor 201 und wartet auf mich. Ich wusste, dass hier niemand ist, sodass wir uns ungestört unterhalten können. Er sieht so durcheinander aus, als wäre sein eigener schlimmster Albtraum ebenfalls von den Toten auferstanden und hätte sich ihm gestern Abend gezeigt.

Ich schätze, er ist wütend, weil ich weggerannt bin und alles ruiniert habe. Ich an seiner Stelle wäre wütend. Deshalb hat er auch eine Erklärung verdient. Ich werde es ihm einfach geradeheraus sagen, egal, wie er reagiert.

Ich setze mich ihm gegenüber, hole tief Luft und erzähle ihm mein dunkelstes Geheimnis.

»Ich muss dir etwas sagen«, beginnt Devon.

»Ich zuerst«, nicke ich. »Es tut mir leid, dass ich dich letzte Nacht allein gelassen und alles vermasselt habe. Aber ich hatte einen guten Grund dafür.«

Devon scheint nicht besonders daran interessiert zu sein, was ich zu sagen habe. Ich ignoriere seinen Gesichtsausdruck und fahre fort: »Als Aces mich als Mörderin bezeichnet hat, war das nicht völlig aus der Luft gegriffen …« Er zieht die Brauen hoch. Ich wusste doch, das würde ihn interessieren. »Vor etwa einem Jahr sind Jamie und ich vom Strandhaus seiner Eltern nach Hause gefahren und haben unterwegs jemanden angefahren. Es war schlimm, überall war Blut und ich glaubte, das Mädchen wäre tot. Jamie bestand darauf, dass wir weiterfahren und es niemandem sagen, und mit dieser Schuld lebe ich seitdem. Aber gestern Abend, als ich das Mädchen überwältigen wollte und ihr die Maske abriss … das war sie. Das Mädchen, von dem ich geglaubt hatte, wir hätten sie getötet.«

Devon bleibt buchstäblich der Mund offen stehen. »Bist du sicher, dass sie es war?«

»Ganz sicher«, nicke ich. »Ihr Gesicht werde ich nie vergessen.«

»Scheiße«, sagt er.

»Allerdings.« Ich richte mich auf und beuge mich etwas vor.

»Was glaubst du, was das bedeutet?«, fragt er.

Die Frage habe ich mir auch schon gestellt.

»Keine Ahnung«, antworte ich. »Ich weiß nicht, wie sie zu alldem passt oder zu Aces. Aber was wolltest du mir sagen?«

Er nimmt sein Telefon und entsperrt es. »Ich habe den ganzen Abend versucht, dir zu schreiben«, beginnt er. »Als das Mädchen weggerannt ist, hat sie die Seite, in die sie sich eingeloggt hat, offen gelassen. Also habe ich mir die Dateien angesehen.«

Jetzt bin ich schockiert. »Und was hast du gefunden?«

Er hält inne, scrollt durch sein Telefon und schiebt es mir dann zu. »Eine Menge … ich habe eine Menge furchterregenden Mist gefunden. Ich weiß allerdings nicht, wie das Mädchen da reinpasst, sie geht nicht auf die Niveus und ich weiß nicht, was sie am Computer vorhatte«, sagt er, während ich mir sein Telefon ansehe.

Das Bild darauf ist grobkörnig, aber das meiste kann ich erkennen. Ich brauche ein paar Sekunden, um zu verstehen, was da steht, doch dann sehe ich ein Akrostichon aus den ersten Buchstaben unserer Schulwerte. Es ist wie ein Schlag in den Magen. Ich wische und das nächste Bild taucht auf. Eine Namensliste neben … Aufgaben? CA in Chemie beobachten und USB-Stick in CAs Schließfach legen, mit der Information, welche Schulstunden ich an dem betreffenden Tag der Aufgabe hatte. Das ist unheimlich. Ein paar Mal betrachte ich die Liste und suche nach bekannten Namen. Namen von Leuten, denen ich zwar nicht vertraut habe, denen ich aber etwas so Niederträchtiges nie zugetraut hätte. Ich suche nach den Namen meiner »Freundinnen« und finde wie erwartet Rubys und Avas Namen und ihre Aufgaben. Beide sollten Informationen über CA sammeln. Ich blinzle. Ich wusste doch, würde Ruby sich die Chance, mir zu schaden, nicht entgehen lassen. Und Ava auch nicht.

Als ich Belles Namen nicht sehe, bin ich … erleichtert. Ich wische noch einmal. Das letzte Bild zeigt eine Datei mit dem Titel Dianna Walker 1965.

Ich sehe Devon an und frage schaudernd: »War das alles?«

Er schüttelt den Kopf. »Es waren so viele Dateien, ich habe nur ein paar davon gesehen und ich konnte nur diese drei Bilder machen, bis sich der Computer abgeschaltet hat. Vielleicht mit einer Zeitschaltuhr oder so. Ich weiß es nicht.« Er reibt sich die Augen. »Diese ganzen Informationen im Computer … Es scheint, als würde jeder mitmachen. Das geht weit über ein paar Leute hinaus, die sich uns vorknöpfen wollen, weil sie sich rächen wollen oder uns nicht mögen. Das ist … viel mehr.«

Ich nicke zustimmend und wie betäubt. Plötzlich ergibt alles einen Sinn, und dann auch wieder nicht. Ich sehe wieder auf das Telefon. »Wer ist Dianna Walker?«

»Ähm, da war eine Liste von früheren Schülern – Schülern, die Aces wahrscheinlich angegriffen hat … Dianna muss 1965 hier gewesen sein. Viel konnte ich von ihren Dateien nicht sehen, aber mit ihr scheint Aces angefangen zu haben«, erklärt Devon. »Es gab ein Foto … das war genauso wie diese … Plakate von dir.«

Wow.

»Hast du mal nach Dianna Walker gesucht? Wo ist sie jetzt?«

Er schüttelt den Kopf, nimmt sein Telefon und tippt ihren Namen in die Suchmaschine. Ich sehe, wie er durch verschiedene Seiten, Bilder, Soziale Medien, Unternehmen und Nachrichtenforen klickt. Doch es gibt nichts. Nichts stimmt auch nur annähernd überein mit den wenigen Details, die wir haben.

»Ich habe noch einen anderen Namen gesehen…«, murmelt Devon. Über seine Schulter hinweg sehe ich, wie er Patricia Jacobs 1975 eingibt und sich durch die Ergebnisse scrollt. Text und Bilder rollen über den Bildschirm. Patricia Jacobs Niveus, tippt er als Nächstes. Patricia Jacobs Aces. Patricia Jacobs Mobbing. Patricia Jacobs Schulabbruch.

»Es ist, als würde sie nicht existieren«, sage ich mit dumpfem Schmerz in meiner Brust.

»Ja«, bestätigt Devon niedergeschlagen und besorgt. Ich sehe wahrscheinlich ähnlich aus. Ich weiß nicht mehr, was ich denken soll.

Es klingelt zum Unterricht.

»Wir müssen in unsere Klassen gehen und uns normal verhalten.

Heute Mittag treffen wir uns wieder«, schlage ich vor. »In der Morgan-Bibliothek. Da können wir weiter reden und vielleicht noch mehr Beweise finden.« Ich versuche, mir meine Panik nicht anmerken zu lassen. Was ich sonst noch sagen will, verkneife ich mir, denn das denkt er wahrscheinlich auch.

Bei Aces geht es um Rassismus und jemand mit Einfluss an dieser Schule hat es sich zur Aufgabe gemacht, mich und Devon loszuwerden.

Ich fürchte, das werden sie schaffen.

Ich habe mehr Fragen als Antworten. Zum Beispiel, wer das Mädchen eigentlich war und in welcher Verbindung sie zu diesem Rassistenkomplott steht. Wie viele Menschen gehören dazu?

Sind wir hier, wo die maskierten Gestalten in den Ecken lauern und hinter ihren Masken die Gesichter unserer früheren Freunde tragen, sicherer oder zu Hause, wo es so ruhig ist und jeder uns einfach alles antun könnte?

Bevor wir das Labor verlassen, kommt mir noch ein letzter Gedanke.

Das könnte unsere letzte Woche an der Privatakademie Niveus sein.

29

DEVON

Montag

Es klingelt. In der ganzen ersten Stunde habe ich nichts getan. Ich habe nur an meinem Keyboard gesessen und habe es dumpf angestarrt, während die Gedanken in meinem Kopf kreisten. Letzte Nacht habe ich nicht geschlafen, daher habe ich einen Becher billigen Kaffee aus einem der Automaten heruntergekippt. Aber das macht mich nur noch nervöser. Angespannter.

Terrell hat gestern Abend noch angerufen, um sich zu erkundigen, wie es gelaufen ist. Ich hätte es ihm gerne erzählt, aber ich konnte nicht. Ich fand, Chiamaka sollte es als Erste erfahren. Es macht mich fertig. Ich zittere die ganze Zeit, als stünde ein maskiertes Monster hinter mir und würde jede meiner Bewegungen beobachten.

»Devon?«, dringt Mr Taylors Stimme in meine Gedanken.

Ich drehe mich zu ihm um und sage: »Ich wollte gerade gehen – ich habe solche Kopfschmerzen.«

Er nickt und sagt zögernd: »Ich habe gesehen, dass du nicht gespielt hast. Ist alles in Ordnung?«

Eines der ungeschriebenen Gesetze der Gegend, in der ich aufgewachsen bin, lautet: nicht petzen. Obwohl es mir im tiefsten Inneren widerstrebt, sage ich: »Es scheint in letzter Zeit so viel zu passieren.«

Ich kann spüren, wie mein Kapuzen-Ich mein Privatschul-Ich auf diesem Stuhl ohrfeigt und bedroht.

Mr Taylor ist nicht wie die anderen, sage ich mir. Bei ihm fühle ich mich sicher und er hat immer nur mein Bestes gewollt. Am Freitag habe ich ihn gefragt, ob er herausgefunden hat, wer hinter der Plakataktion steht. Er sagte, er wisse es noch nicht, aber dass er auf mich achten würde.

»Was ist los?«, fragt Mr Taylor und zieht sich einen Stuhl heran.

Ich reibe mir über das Gesicht. »Ich glaube, ich weiß, wer diese Poster aufgehängt hat. Und die Leute, die das getan haben, verbreiten immer noch Gerüchte über mich und meine … Freundin. Ich habe geglaubt, ich könnte damit fertig werden, aber es wird immer schlimmer. Ich glaube, wir sind in Gefahr, und wir brauchen jemanden, der uns hilft, bevor es zu spät ist.«

Ich hätte heute nicht kommen sollen. Was ich gesehen habe, hat mir gezeigt, dass Niveus selbst irgendwie hinter der ganzen Sache steckt, aber ich konnte Chiamaka nicht erreichen und musste es ihr sagen. Ich hätte es ihr sagen und dann mit ihr zusammen verschwinden sollen.

Anstatt meinen gesunden Menschenverstand zu benutzen, bin ich wie ein Zombie in die Musikstunde getapst. Ich habe sogar Daniel gesehen. Er hat mir sein strahlendes Lächeln zugeworfen, doch ich konnte nur seinen Namen auf der Liste sehen und dass er so freundlich tut, aber hinter meinem Rücken mein Leben ruiniert.

Ich kann nicht »normal« tun, wenn ich weiß, dass etwas richtig Beschissenes und Gefährliches vor sich geht. Ich hätte nicht auf Chiamaka hören sollen. Ich hätte nicht bleiben sollen.

Auf Mr Taylors Stirn bilden sich Falten. »Ich war auch mal in der Highschool. Kids können grausam sein, daher kann ich mir vorstellen, was du durchmachst.« Plötzlich verändert sich etwas in seinem Blick. Es ist nur ein kurzes Flackern, aber ich bemerke es. Mitleid, glaube ich zuerst, aber es scheint etwas anderes zu sein. »Besonders wenn die Bewerbungen um die Studienplätze anfangen, wird es fürchterlich stressig«, sagt er.

»Die Juilliard ist das Einzige, was mich im Moment daran hindert, den Verstand zu verlieren«, nicke ich. Das Stück wird langsam – irgendwie. Terrell hatte recht mit dem Schlagzeug. Damit wird es eindeutig besser. Aber was ist, wenn es immer noch nicht gut genug ist?

Mr Taylor lächelt mich an. Ich weiß wirklich nicht, warum.

»Du bewirbst dich an der Juilliard?«, fragt er, was echt seltsam ist, denn natürlich tue ich das. Wir haben am Ende der 11. Klasse darüber gesprochen. Nur darauf habe ich hingearbeitet.

Ich bin so verwirrt, dass mir keine Antwort einfällt. Aber ich nicke langsam.

»Mein Sohn …« Ihm entschlüpft ein leichtes Lachen, dann noch eines, dann lacht er aus vollem Hals. »Tut mir leid, ich … dein Gesicht … ich kann nicht mehr«, stößt er hervor, als hätte er einen wirklich guten Witz gehört. Er schlägt sich auf die Schenkel und schreit förmlich: »Mein Junge, du gehst nicht an die Juilliard!« Er reibt sich die Augen und ich spüre, wie etwas zerbricht.

Was soll das? Ich weiß, dass man da nur schwer reinkommt und so, aber … Mr Taylor klingt nicht mehr wie Mr Taylor. Er ist der optimistischste Mensch, den ich kenne, er ermuntert uns, die Dinge zu tun, die wir tun möchten – mich hat er ermuntert, seit ich hierhergekommen bin.

»Was?«, bringe ich hervor, »warum?«

Er streckt die Hand aus und spielt B-Moll auf meinem Keyboard.

»Da nehmen sie nur Schüler mit sehr guten Noten …«

»Ich habe überall nur Einser«, wende ich ein.

»Ich war noch nicht fertig«, fährt er leiser fort. Er steht auf, sodass er vor mir aufragt, und steckt die Hand in seine graue Hosentasche. »Sie sind auch ziemlich streng, was den Unterrichtsbesuch angeht – und wenn mich mein Gedächtnis nicht täuscht, ist der bei dir ziemlich sporadisch.«

Was?!

»Ich dachte, das dürfte man in der 12. Klasse?«, stoße ich hervor.

»Natürlich ... wenn man die Erlaubnis des Lehrers hat«, erklärt er, als hätte ich diese Erlaubnis nicht eingeholt.

Er selbst hat sie mir gegeben, er hat gesagt, ich könne gehen, er hat gesagt, dass es in Ordnung sei, er ...

»Ich dachte ... Sie hätten das geregelt?«, stammle ich.

»Mein Junge, du solltest dein Schicksal nie in die Hände von anderen legen«, belehrt mich Mr Taylor und tritt zurück. Seine sonst so sanften hellblauen Augen sind jetzt sturmgrau.

»Sie haben gesagt, Sie hätten das geregelt«, wiederhole ich wie eine kaputte Schallplatte. Er hat mir gesagt, er hätte es geregelt. »Sie sagten, dass es in Ordnung gehe, wenn ich übe, wann immer ich müsse.« Ich werde lauter. Mir kommt die Galle hoch und ich bin fast bereit, sie über ihn und seinen Anzug zu spucken.

Mr Taylor geht zu seinem Klavier zurück und streicht mit den Fingern über die Tasten, sodass ein lauter, schräger Schwall von Tönen erklingt.

»Das habe ich. Aber schon gut, schon gut ...« Er patscht in die Luft, als würde er mich aus der Ferne tätscheln. »Es ist in Ordnung, nicht an die Uni zu gehen, wirklich.« Er lächelt breit. »Nicht alle Menschen sind für eine Hochschulbildung geschaffen. Besonders deinesgleichen nicht. Deinesgleichen braucht keine Bildung.«

Ich möchte um Hilfe rufen, aber plötzlich steht er auf und verstellt die Tür. Außerdem, wer würde mir schon helfen?

Mr Taylor gehört auch zu ihnen.

»Warum?«, flüstere ich. »Warum tun Sie das?«

Mr Taylors Gesicht verzieht sich zu einem Staunen, weil ich es nicht weiß, obwohl es so offensichtlich ist. Er lehnt sich an den Türrahmen aus Eichenholz.

»Weil ich es kann.«

Damit dreht er sich um und geht und die Tür zum Klassenzimmer schlägt mit einem Knall wie aus einer Pistole hinter ihm zu.

Das ist doch alles nicht wahr. Das kann nicht wahr sein. Mr Taylor, Jack, Daniel … all die Leute, die ich seit Jahren kenne, versuchen, mein Leben zu ruinieren. Aber ich weiß, dass es so ist. Es passiert wirklich.

Ich stopfe meine Sachen in die Tasche, renne aus dem Zimmer und so schnell wie möglich die Treppe hinunter, sodass ich fast stolpere und stürzte. Ich habe Angst, Mr Taylor zu treffen. Ich habe Angst, dass mich alle beobachten. Ich muss hier raus – aber ich muss Chiamaka mitnehmen.

Ich rufe sie an, in der Hoffnung, dass sie ihr Telefon wiedergefunden hat.

Nur der Anrufbeantworter.

Ich versuche es noch einmal. Nichts.

Ich laufe durch die Schule, sehe in verschiedenen Räumen nach, in den Bibliotheken, sogar auf den Mädchentoiletten. Chiamaka ist nirgends zu finden. Wahrscheinlich hat sie Unterricht. Wir hätten schon früher gehen sollen. Sie hätte ihre eigenen Schlüsse ziehen sollen und sich alles zusammenreimen können.

Ich reibe mir die Augen. Ich muss gehen. Ich muss Hilfe holen.

Als ich durch die große Eingangstür ins Freie trete, ruft eine tiefe Stimme: »Hey! Bleib sofort stehen!«

Mir stellen sich die Nackenhaare auf. Das ist wie in einem der Albträume aus meiner Kindheit, in denen ich in irgendeiner Zelle gefangen war und um Hilfe schrie, aber wegen des lauten Gelächters des bösen Albtraummonsters konnte mich niemand hören.

Ich renne so schnell wie möglich auf das schwarze Tor zu und schlage auf den Türöffner an der Treppe.

Ich muss hier raus.

Das Tor beginnt sich langsam und knirschend zu öffnen, bleibt dann aber plötzlich stehen.

Ich möchte am liebsten schreien. Ich will hier raus.

Ich drehe mich zu Rektor Ward um, der eine Fernbedienung in den knochigen Fingern hält. Die Lücke ist schmal, aber ich kann es schaffen. Während sich die Torflügel wieder zu schließen beginnen, springe ich hindurch und zerre meine Tasche mit, gerade noch rechtzeitig, ehe sie zusammenschlagen.

Noch einmal drehe ich mich um. Ward steht oben an der Treppe und sieht mir ausdruckslos nach. Dann macht er einen Schritt vorwärts. Mein Herz macht einen Satz und ich renne los und laufe immer weiter und weiter.

30

CHIAMAKA

Montag

Es ist komisch, im Unterricht zu sitzen und sich Notizen zu machen, als wäre nichts geschehen. Ich spüre die Blicke auf meinem Hinterkopf, und während sich die Worte des Lehrers über mich ergießen, halte ich meinen Stift so fest, dass sich seine Spitze ins Papier drückt.

Ungeduldig tippe ich mit dem Fuß an den Stuhl und warte darauf, dass es klingelt.

Es klingelt.

Ich packe meine Sachen zusammen, während Stimmen die Klingel übertönen, Stühle über den Boden schrappen, Tische gerückt werden und die Schüler den Raum verlassen.

Das Geräusch einiger eingehender SMS erklingt, aber ich bin schon aus der Tür und stürme den Gang entlang zur Morgan-Bibliothek. Ich muss Devon sehen und ihm etwas zeigen, was ich am Sonntag in der Bibliothek gesehen habe, bevor ich sie sah – und ich will unbedingt mein Telefon wiederhaben.

Die Türen der Morgan-Bibliothek knarren laut. Als sie sich hinter mir schließen und den Lärm draußen ausschließen, hämmert mein Herz wie wild. Ich sehe mich um, bücke mich und sehe unter die Tische, unter denen wir uns gestern versteckt haben. Erleichtert sehe ich mein silbernes Handy.

»Gott sei Dank«, stoße ich hervor und hebe es auf.

Überraschenderweise ist der Akku noch nicht leer. Ich habe eine Million Nachrichten von Devon und eine von Belle.

`Schade, dass ich nicht bei dir sein kann, ich vermisse dich x B`

Lächelnd betrachte ich die Nachricht.

`Ohne dich ist Schule doof. Werde schnell gesund, damit ich dich ansehen kann, wenn ich down bin x C`

`Ha, ich bemühe mich x B`

Einen Moment lang starre ich die Nachricht an und stecke dann das Telefon ein. Ich habe den Eindruck, als wäre Belle im Moment das einzig Gute in meinem Leben. Ich habe Angst, dass Aces das auch noch ruinieren wird.

Die Bücherregale sind voll mit allen Büchern dieser Welt – das ist keine Übertreibung. Ich habe mal gelesen, dass Niveus eine Kopie jedes Buches erhält, das in diesem Land publiziert wird. Das ist schon ziemlich beeindruckend, muss ich sagen. Mein Blick fällt jetzt auf die Bücher in der untersten Reihe.

Dieser Teil der Bibliothek ist menschenleer. Niemand sitzt an den Computern. Ich starre auf Computer 17. Er beobachtet mich … als wollte er sich jeden Moment in das Mädchen verwandeln und mich zu Boden reißen, seine grausige Maske lüften und grinsen.

Leises Lachen lenkt mich ab und ich werde rot, als ich das vertraute Geräusch eines sich küssenden Paares höre. Vorsichtig schleiche ich weiter, da ich sie nicht auf mich aufmerksam machen will. Im Knien nehme ich eines der Jahrbücher – das von 1965 – und setze mich am Regal auf den Boden. Meine Finger streichen über den harten dunkelblauen Rücken des Buches, bis sie an die Flagge am unteren Ende kommen, die mit ihrem Rot farblich absticht. Die Konföderiertenflagge.

Ich betrachte die Wand mit den gruseligen Bildern, von denen mich Hunderte von weißen Gesichtern beobachten. Dazwischen stechen gelegentlich auch schwarze Gesichter hervor, ausdruckslos, das Haar streng zurechtgekämmt, so wie meines. Nicht immer sind Schwarze auf den Jahrgangsbildern. Das war zu erwarten. Die meisten guten Schulen haben Menschen wie mich nicht zugelassen, und wenn sie es taten, dann nicht viele. Ich weiß nicht, wie das Leben für diese Schüler gewesen sein muss, als täglich vor der Schule demonstriert wurde und sich Eltern über ihre Anwesenheit beschwerten. Als wären sie gefährliche Kriminelle, nur weil ihre Haut dunkel und nicht hell war.

Ich sehe sie mir alle näher an und betrachte die Gesichter auf den Fotos.

Moment …

Immer wieder betrachte ich die Bilder. Das laute Pochen meines Herzens macht mich ganz unruhig.

1965 … 1975 … 1985 … Die schwarzen Schüler … sie sind alle … verschwunden. Auf den Fotos der Klassen in ihrem Abschlussjahr sind nur noch weiße Gesichter zu sehen.

Ich schlage das Jahrbuch auf und suche nach den dunklen Gesichtern. Schließlich gelange ich zum Abschnitt »Camp Aces 1965«. Einhundert Jahre danach verwalten wir stolz das Erbe unserer Vorfahren, lese ich. Einhundert Jahre zuvor, das war 1865 … das Ende des Bürgerkrieges. Des Krieges, der die Abschaffung der Sklaverei zur Folge hatte.

Mit klopfendem Herzen betrachte ich das große Foto der Männer in alten Niveus-Uniformen. Jeder hält die gleiche Spielkarte in der Hand: das Pik-Ass.

Mir läuft ein Schauer über den Rücken. Ich starre die Männer an und halte inne, als ich am Rand das Gesicht eines Schülers erkenne, der mich angrinst. Fettiges rabenschwarzes Haar, nach hinten gekämmt, hageres Gesicht und dürre, knochige Finger, die sich um die Spielkarte krallen.

Er sieht aus wie …

Rektor Ward?

Aber das kann nicht sein …

Ich zücke das Telefon und schreibe eine Nachricht an Devon.

`Hallo?`

`Komm sofort her!`

`Devon, das ist nicht der Zeitpunkt, mich zu ignorieren.`

`Du hast noch zehn Minuten, bevor ich richtig sauer werde.`

Gerade will ich ihm eine weitere Drohung schicken, als mein Telefon summt.

Eine Benachrichtigung von Facebook.

`[Belle Robinson hat ein neues Bild gepostet]`

Es ist eine alte Aufnahme von ihr an einem See und einem Krokodil, das zufällig mit auf dem Bild ist. Ich like es und will es gerade kommentieren, als ein Kommentar von einer Martha Robinson auftaucht: Das Krokodil würde eine hübsche Handtasche abgeben.

Ich klicke auf Marthas Profil. Die Seite lädt langsam. Zuerst erscheinen persönliche Informationen. Sie ist ein paar Jahre älter als wir und sie und ich haben zwei gemeinsame Freunde: Jamie Fitzjohn und Belle Robinson.

Belle redet nie über ihre Familie. Ich über meine zwar auch nicht, aber die hat sie zumindest schon mal getroffen.

Ich wundere mich ein bisschen, ob Belle mich ihrer Familie lieber nicht vorstellen will. Jamie hat diese Martha offensichtlich kennengelernt. Eltern mögen Jamie immer, meine eingeschlossen. Sie können ebenso wenig wie ich hinter seine Fassade blicken, sie sehen nicht, dass sein Charme künstlich ist und dass sich dahinter eine schreckliche Persönlichkeit verbirgt.

Ich lade die Seite neu, weil ich noch ein wenig mehr herausfinden will. Martha muss Belles Schwester sein.

Endlich lädt die Seite ganz und das erste Bild erscheint. Eines nach dem anderen tauchen Marthas Fotos auf.

Blondes Haar. Ich beginne zu zittern.

Weiße Haut. Ein stechender Schmerz in meinem Magen.

Ihr durchdringender Schrei. Meine Hände werden taub.

So viel Blut.

31

DEVON

Montag

Ich sitze auf Terrells Bett und mir schmerzt die Brust.

»Also, damit ich das richtig verstehe«, beginnt er und sieht mich mit dem Blick an, der mich wieder an verrückte Wissenschaftler denken lässt, »du glaubst, dass sie alle zehn Jahre zwei schwarze Schüler an der Schule zulassen, warten, bis sie sich zurechtgefunden haben, und dann machen sie sie fertig und versuchen, ihr Leben zu ruinieren?«

Ich nicke.

»Und wer ist Aces?«

»Eine ganze Menge Leute an der Schule – Schüler. Ich habe eine Liste mit Namen gesehen, die ich erkannt habe.« Der Gedanke an Jacks Namen verursacht mir fast körperliche Schmerzen. »Und ich glaube, die Lehrer sind auch beteiligt.« Das Gelächter von Mr Taylor hallt noch in meinem Kopf. Ich bin immer noch völlig durch den Wind. »Sie scheinen alle bestimmte Aufgaben zu haben. Und sie machen weiter, bis wir keine andere Wahl mehr haben, als aufzuhören, und bis unsere Zukunft ruiniert ist oder – ich weiß nicht – Schlimmeres passiert.«

»Scheiße.« Terrell steht vom Bett auf und setzt sich vor seinen zerschrammten alten Computer. »Hast du schon mal über deine Schule nachgeforscht?«, fragt er und tippt Niveus in die Suchmaschine ein. Bullshit sitzt auf dem Tisch neben der Maus und sieht mich an, als wäre ich in sein Terrain eingedrungen. Vielleicht bin ich das ja auch.

»Na ja, ein bisschen, als Ma mich für das Stipendium angemeldet hat, aber nicht sehr gründlich.«

»Weißt du, dass niveus lateinisch ist und weiß bedeutet?«

Ich schüttle den Kopf. Das war ja klar.

Dieses Mal tippt Terrell Privatakademie Niveus ein und drückt die Enter-Taste.

»Die sind vielleicht schlau, aber so schlau nun auch wieder nicht«, sagt Terrell leise, völlig auf den Bildschirm konzentriert. »Es ist fast, als wollten sie, dass man den Mist findet. Als wären sie stolz darauf. Ich meine, hier steht, dass die Schule von einigen der größten Befürwortern der Sklaverei gegründet wurde – bekannte Plantagenbesitzer, Kaufleute und Bankiers, die deren Tätigkeiten finanziert haben. Es steht alles da, man muss nicht mal lange suchen.«

Mir schwirrt der Kopf und ich drifte ab, weil ich das alles gar nicht richtig verarbeiten kann. Terrell redet weiter über die Schulgründer, doch ich schließe die Augen und denke an das Geld, das Ma in diese Schule investiert hat, nur damit ich dort meinen Abschluss mache. Alles umsonst. Wir haben uns jeden Tag abgemüht, jeden verdammten Tag, und es ist völlig umsonst.

»Von!«

Ich reiße mich zusammen und sehe Terrell an.

»Hmm?«

»Die Schule wurde 1717 gegründet. Ist es nicht ein sehr großer Zufall, dass der Computer, über den sie den ganzen Mist verbreiten, Computer 17 ist?«

Mein Herz macht einen Satz, als ich Terrell ansehe, dessen Haar wippt, als er konzentriert tippt.

»Terrell«, sage ich vorsichtig. »Woher weißt du das?«

Er sieht mich an. »Was? Dass die Schule 1717 gegründet wurde? Das steht hier.«

Ich schüttle den Kopf. Mein Körper, mein Kopf, alles an mir zittert. »Woher weißt du von Computer 17? Davon habe ich dir nie erzählt.«

Er hält inne, und als er mit den Achseln zuckt, erscheinen die Grübchen. »Du musst es mir erzählt haben.«

Das habe ich nicht. Da bin ich ganz sicher.

Solche Details habe ich mit Absicht ausgelassen. Ich wollte ihn nicht in all das mit hineinziehen. Ich wollte ihn schützen.

»Komisch. Ich kann mich nicht erinnern, es gesagt zu haben.«

»Das mit dem Gedächtnis ist manchmal komisch, oder?«, sagt er nach einer Pause etwas unsicher.

Die einzige Möglichkeit, dass Terrell davon weiß, ist ... wenn er mitmacht. Es passt dazu, dass er auftauchte, als das Ganze gerade anfing, und behauptete, mich zu kennen. Vielleicht soll er mich beobachten wie eine Laborratte und Niveus bezahlt ihn dafür, dass er so tut, als würde er mich mögen.

Ich war ja so blöd. Ich habe einem völlig Fremden vertraut, der trotz allem wohl doch für Aces arbeitet. Das Bild von der lila Röhre. Die Bilder von mir vor Dres Wohnung. Alles über Dre. Vielleicht kennt Jack Terrell daher ... vielleicht arbeiten sie zusammen und versuchen aus irgendeinem Grund, mein Leben zu ruinieren und mir zu schaden.

Warum kann ich mich nicht an dich erinnern, Terrell?

Ich nehme mein Telefon und versuche, nicht allzu panisch auszusehen. »Sieht aus, als bräuchte meine Ma mich«, lüge ich und stehe auf.

»Soll ich dich nach Hause bringen?«, fragt er und erhebt sich ebenfalls.

Kopfschüttelnd ringe ich mir ein Lächeln ab. »Nein, ich glaube, ich muss gerade etwas allein sein.«

Er nickt. »Weißt du, was du wegen Niveus unternehmen willst?«

Ich sage nichts, ich kann mich nicht dazu durchringen. Ich merke, dass er versucht, meinen plötzlichen Stimmungswechsel zu verstehen, und mich unverwandt ansieht, als wollte er etwas sagen.

Ich will einfach nur weg, daher sage ich: »Wir sehen uns, okay?« Er wirkt verwirrt und ein wenig traurig.

Atemlos drehe ich mich um, renne aus seinem Zimmer, die Treppe hinunter und durch die Tür. Er ruft mir noch nach, aber ich halte nicht an und höre nicht weiter hin. Ich laufe nur weg – schon wieder.

♠

Als ich nach Hause komme, steht Ma am Herd und kocht Kartoffeln. Sie sieht mich liebevoll an und breitet die Arme aus, um mich zu umarmen.

Ich stelle die Tasche ab und werfe Terrells Hoodie auf den Boden und gehe zu ihr, um endlich zu weinen. Meine Mutter ist keine solche Lügnerin wie alle anderen.

»Baby, was ist denn?«, fragt sie, aber ich weiß nicht, was ich ihr sagen soll.

Die Schule, für die du mit drei Jobs teuer bezahlen musst, ist unglaublich beschissen und rassistisch.

Niemand hat mich um Erlaubnis gefragt, bevor er mein Privatleben in der Öffentlichkeit ausgebreitet hat.

Ich habe mit dem Freund, von dem du nichts weißt, Schluss gemacht … und ach ja, Ma, ich bin gay und ich will, dass du mich deswegen nicht hasst, weil ich dich so liebe und mit deinem Hass nicht leben könnte, also bitte hass mich nicht.

Das ist los, all das und noch mehr. Aber ich kann nichts sagen, denn sonst werde ich ihr alles sagen, und dann hasst sie mich.

Also weine ich nur und halte sie fest. Das Blubbern im Topf wird immer lauter.

»Vonnie, sag mir, was los ist. Du weißt doch, dass du mir alles sagen kannst, nicht wahr?«

Ich schüttle den Kopf. Das sagt sie jetzt, aber sie meint es nicht. Wenn ich ein Problem mit Mädchen hätte, könnte ich ihr alles sagen, aber das nicht.

»Ich will dich nicht verlieren, Ma.«

»Ich gehe nirgendwo hin, mein Junge. Jesus sorgt dafür, dass es mir gut geht. Sag mir, was los ist.« Sie löst sich von mir und zwingt mich, sie anzusehen.

»Ich hasse die Schule.« Das ist die Untertreibung des Jahres. »Und dabei arbeitest du so schwer dafür, dass ich da hingehen kann.« Ich kann nicht atmen, ich kann sie nicht ansehen. »Ich hasse sie so sehr. Sie schauen auf mich herab und sagen Sachen über mich.« Ich weine so, dass es mich schüttelt. Meine Nase ist dicht und ich komme mir in meinem eigenen Körper gefangen vor.

»Es sind doch nur noch ein paar Monate, Vonnie … Du hättest das schon vor Ewigkeiten sagen sollen, dann hätte ich dich da weggeholt, wenn ich gewusst hätte, dass du woanders glücklicher wärst.«

»Es ist erst jetzt so schlimm geworden. Sie reden ständig über mich.«

»Was sagen sie denn?«, fragt sie besorgt und mit Tränen in den Augen.

Ich kann es nicht. Mir ist so schlecht. Ich weiß seit Jahren, dass ich gay bin. Ich weiß es und habe mich damit abgefunden. Aber bei Gelegenheiten wie dieser, wenn ich weiß, dass das Leben ohne meine Sexualität einfacher sein könnte, wünschte ich, ich wäre nicht mit dieser Last geboren worden.

»Kennst du einen Jungen namens Terrell?«, frage ich, weil ich ihr nicht erzählen will, dass die Gerüchte über mein Sexleben mit einem weißen Jungen aus der Schule und dem Dealer, von dem ich mich ihrer Meinung nach fernhalten sollte, wahr sind. Ich will ihr nicht das Herz brechen und ihr Kummer bereiten.

Ma sieht mich schockiert an. »Du erinnerst dich an Terrell?«

Ma kennt ihn?

»Ich … ich weiß, wer er ist, aber ich erinnere mich nicht an ihn.«

Sie wendet sich ab, schaltet den Herd aus und geht zu unserem Esstisch, um sich auf einen der Gartenstühle zu setzen. Ich bleibe, wo ich bin.

Ma sieht mich an. Ganz direkt. »Ich wollte, dass du mir das mit deiner Sexualität erzählst, wenn du dazu bereit bist. Nach dem Vorfall mit Terrell konntest du dich nicht daran erinnern und ich wollte nicht davon anfangen.«

Meine Sexualität?

Ich laufe zum Mülleimer in der Ecke und übergebe mich. Endlich tut mein Körper das, was er mir schon den ganzen Tag androht. Es ist nur Wasser, da ich noch nichts gegessen habe. Der Gartenstuhl schrappt über den Boden und dann ist Ma da und streicht mir immer wieder über den Rücken.

Ich hasse dieses Gefühl. Was weiß sie, an das ich mich nicht erinnere?

»Wir müssen nicht darüber reden, wenn du nicht dazu bereit bist, Von.«

Ich schüttle den Kopf.

Jetzt ist es heraus. Es gibt kein Zurück mehr.

Die Tränen mischen sich mit dem Rotz aus meiner Nase, als ich mich über den Mülleimer beuge und versuche, zu atmen.

»Ich bin gay«, bringe ich hervor, wobei mir Dolche durch den Körper zucken und ich nicht mal sicher bin, ob ich es laut genug gesagt habe, dass sie es hören kann.

»Ja, das weiß ich«, antwortet sie und mich überschwemmt ein merkwürdiges Gefühl. Ich bin sicher, dass es keine Erleichterung ist. Weitere Tränen mischen sich mit dem ekligen Rotz. Ich strecke meine Hand nach ein paar Taschentüchern aus, die Ma mir reicht.

Heftig wische ich mir damit das Gesicht.

»Ma, was ist mit Terrell passiert? Warum k… kann ich mich nicht an ihn erinnern?«, frage ich. Meine Kehle schmerzt und ist trocken. Ma weicht meinem Blick aus, geht zum Kühlschrank und reicht mir eine Flasche Wasser.

»Das meiste habe ich von Jack gehört.« Ma reibt sich mit ihren abgearbeiteten Händen übers Gesicht. »Was ich sicher weiß, ist, dass du zur Schule gegangen bist und klatschnass, blutüberströmt und mit einer Riesenbeule auf der Stirn nach Hause gekommen bist.«

Ich bekomme Gänsehaut an den Armen, als vor meinem inneren Auge ein Bild von mir im Wasser auftaucht. Ein kleiner Junge, der Terrell sehr ähnlich sieht, zieht mich zurück, Schreie ertönen, bei denen mir fast der Kopf platzt.

»Ich habe Jack gefragt, was passiert ist, warum du nass, blutig und zerschlagen gewesen bist. Normalerweise frage ich nicht, ich weiß, dass du das nicht magst. Aber du bist mein Kind und du warst verletzt.« Ihre Stimme versagt am Ende, doch sie sieht mich fest an, als wollte sie ihre Schwäche nicht zeigen. Selbst ihr Rücken ist kerzengerade.

»Jack hat mir von dir und einem Jungen erzählt, Terrell Rosario. Dass ihr euch geküsst habt und von den falschen Jungs erwischt worden seid«, sagt sie. Meine Brust zieht sich zusammen.

Wieder taucht ein Bild vor mir auf, grobkörnig wie ein altes Video … der Spielplatz meiner alten Schule, Terrells Gesicht, mit kürzeren Haaren, ohne Dreadlocks, nur krause Locken.

»Warte«, sagt Terrell.

Ich gehe zurück und runzle die Stirn.

»Was ist?« Ich muss nach Hause und Ma beim Essenkochen helfen.

Er kommt näher und sieht sich vorsichtig um.

»Weißt du noch, dass du mir erzählt hast, du würdest manchmal an Jungen denken – dass du ihre Hand halten willst?« Er nimmt meine Hand und verschränkt seine Finger mit meinen.

»Ich habe geweint und für dich gebetet, Von.« Mas Stimme lässt die Erinnerung abreißen, als ob ein Videoband aus meinem Gehirn gezogen würde. »Ich habe gebetet, dass alles gut wird«, fährt Ma fort. »Aber ich kenne die Nachbarschaft hier und wusste, dass die Schule zu gefährlich war, besonders, wenn es stimmte, was Jack sagte. Danach wolltest du nicht darüber sprechen, hast dich in deinem Zimmer vergraben, bis ich schließlich glaubte, du hättest es vergessen und die Erinnerung verdrängt.«

Ich habe es tatsächlich vergessen.

Sie streichelt mein Gesicht, streichelt die Tränen, den Rotz und alles andere fort.

»Es macht dir nichts aus, dass ich gay bin?«, frage ich, denn das ist meine größte Sorge. Ich fühle mich erleichtert, als sie den Kopf schüttelt.

»Keine Drogen, keinen Ärger, sei gut in der Schule und geh aus, mit wem du willst. Das ist das Einzige, was ich von dir verlangt habe.«

Wieder weine ich so, dass sich mein Körper krümmt. Ma nimmt mich in den Arm. Nie hätte ich geglaubt, dass dieses Gespräch so verlaufen würde.

»Ich liebe dich so sehr. Ich will nur, dass du glücklich bist«, sagt Ma leise.

Ich dich auch, Ma. Ich will auch, dass du glücklich bist.

♠

Nachdem ich gefühlt stundenlang mit meiner Ma zusammengesessen habe, checke ich in meinem Zimmer meine Nachrichten. Ich sitze mit meinen Brüdern auf dem Bett, die sich Cartoons ansehen und streiten. Das Geräusch von klatschenden Schlägen und Schreien irritiert mich.

`Ich habe deine Nachrichten gelesen, als du geschlafen hast, daher wusste ich von Computer 17. Es tut mir leid, ich wollte nur helfen. T`

`Schon gut.`

Ich bin nicht sicher, ob es okay ist, ich bin mir nicht mal sicher, ob ich ihm noch trauen kann, oder ob die Entschuldigung aufrichtig ist, aber ich bin zu müde, um auf ihn böse zu sein. Außerdem ist er gerade mein einziger wahrer Freund.

`Sorry, wirklich. T`

Immer wieder steht mir die Erinnerung an uns auf dem Schulhof vor Augen, dann die daran, wie wir uns küssen, wie schön das war. Terrell hielt mein Gesicht und küsste mich, als wäre Küssen etwas Gutes ... Und dann so heftige Schmerzen, dass mein Gehirn mir die volle Erinnerung daran verweigert. Aber ich sehe ihre Fäuste, höre sie schreien. Und in diesem Moment weiß ich, dass es sehr, sehr schlecht ist, mich zu küssen. Ich komme mir schmutzig vor. Sie haben dafür gesorgt, dass ich mir verdammt schmutzig vorkam.

Und dann bin ich am Strand, Sand in meinen Schuhen, das Wasser, das mich ruft. Die Wellen krachen heftig, mit weit offenen Armen, an den Strand. Das Meer kommt mir so perfekt vor, so im Einklang mit mir. Aber das ist es nicht, nicht im Geringsten. Es ist chaotisch, es verschlingt Leben und Menschen. Die Wellen brüllen, sie schlagen mit Macht auf den Sand auf, als wäre der etwas Abscheuliches. Doch obwohl das Meer so ein Monster ist, zieht mich dieses Chaos an. Damit bin ich aufgewachsen, mit so einem chaotischen Mist. Das ist alles, was ich kenne.

Mein Vater und sein gigantischer Scheiß, meine Ma und ihr Scheiß – ihre ekligen, gewalttätigen Freunde, die uns verließen, als sie hochschwanger war –, ich und mein Scheiß. Mein tägliches Versagen.

Also ging ich ins Wasser und ließ mich ins Meerziehen. Wie in das vertraute, familiäre Gefühl des Versagens.

Mein Telefon summt und Chiamakas Name erscheint.

`Wo bist du? C`

Ich wechsle von Terrells und meinem Chat zu Chiamakas. Da sind ein Haufen Nachrichten von ihr.

Meine Brüder stoßen mich an, als sie zu kämpfen beginnen.

»Wenn ihr nicht damit aufhört, sage ich es Ma und ihr bekommt den Hintern voll!«, drohe ich, was sie wie immer sofort beruhigt. Ma ist keine sonderlich furchteinflößende Gestalt, mich hat sie als Kind kaum je geschlagen und meine Brüder schlägt auch sie nicht. Aber sie kann einen ansehen, dass man glauben könnte, sie würde einem jeden Moment ohne zu zögern den Hintern versohlen.

Ich konzentriere mich wieder darauf, Chiamaka zu antworten.

Ich bin früher aus der Schule. Habe versucht, dich anzurufen, aber du hast nicht geantwortet. D

Weil ich doch gestern in der Morgan mein Telefon verloren habe. Habe es gerade erst wiedergefunden. Auf jeden Fall weiß ich jetzt, wie das Mädchen, das ich gestern gesehen habe, mit Aces und Niveus in Verbindung steht. Ich schicke dir eine Adresse. Wir treffen uns da. Ich muss was erledigen. Und dann müssen wir uns unterhalten. C

Es war ein harter Tag, und um ehrlich zu sein, fehlt mir im Augenblick die Energie, um über das oder etwas anderes zu reden, aber ich habe wohl keine Wahl. Wir dürfen keine Zeit verschwenden. Und ich will wissen, wie alles in dieser wirren Geschichte nun eigentlich miteinander zusammenhängt.

Es zu verstehen ist der einzige Weg, es zu beenden.

`Okay. D`

Ich vergesse, zu fragen, wann ich da sein soll. Gerade als ich noch einmal schreiben will, werde ich vom Summen meines Telefons unterbrochen, gefolgt von einem Textton, der mein Herz höher schlagen und meine Gedanken rasen lässt.

Ein Windspiel.

32

CHIAMAKA

Montag

Nach der Schule stürme ich zu Belles Haus und lasse das Nachsitzen sausen. Das spielt jetzt alles keine Rolle mehr. Ich bin inoffiziell ausgestiegen. Nach dem, was ich heute herausgefunden habe, kann ich nicht mehr hierher zurück. Genau das wollten sie, dass wir die Schule abbrechen und verschwinden. Ich habe keine Ahnung, was das für meine Zukunft oder die Universität bedeutet, aber wir müssen uns mit Aces beziehungsweise Niveus befassen und zwar sofort.

Gesicht und Brust brennen mir noch von den Tränen, als ich an Belles Haustür klopfe.

Sie macht auf und lächelt mich ein wenig verwirrt von meinem unerwarteten Auftauchen an. Ich erwidere ihr Lächeln nicht, denn ich bin nicht hier, um zu lächeln oder über ihre Witze zu lachen oder mir eine romantische Komödie anzusehen und ihr etwas vorzuspielen.

Ich bin hier, um Antworten zu bekommen.

»Hi, ich wusste nicht, dass du kommst … sonst hätte ich etwas aufgeräumt«, sagt Belle immer noch verschnupft. Sie trägt einen rosa Seidenpyjama und sieht wirklich nicht gut aus. Wenigstens hat sie mich nicht angelogen, was ihre Krankheit angeht. Wir gehen durch den Flur in die Küche. Überall sind weißer Marmor und High-Tech-Geräte. Mein Dad beschwert sich immer über die modernen Küchen und die viele Technik darin. Man kann nicht mal mehr ganz normal einen Kühlschrank aufmachen, sagt er immer. Das ist eine Übertreibung – ich meine, wenn er den Kühlschrank normal aufmachen will, kann er sich ja das Modell holen, das Richards wahrscheinlich hat.

»Ich werde dir ein paar Fragen stellen und ich will die Wahrheit«, verkünde ich. Belle holt einen Stuhl für mich, aber ich bleibe lieber stehen.

Sie sieht von mir zum Stuhl und fragt dann: »Was für Fragen?«

Sie sagt es, als hätte sie keine Ahnung. Und das würde ich ihr sogar abnehmen. Doch ich fürchte, ich werde nie wieder etwas glauben, was mir irgendjemand erzählt …

Wie soll ich die unzusammenhängenden Fragen erklären, die mir seit gestern im Kopf herumschwirren? Dinge, die ich zu verbinden versuche, Fragen, die mir ins Bewusstsein schießen, die dazu führen, dass ich die Augen offen halte, Fragen, die mir den Atem rauben. Fragen, die mich quälen, wie die nach dem vertrauten Gesicht eines toten Mädchens.

»Glaubst du …« Ich halte inne. »Glaubst du, dass der Tod endgültig ist?«

Belle reißt die Augen auf. »Chiamaka, geht es dir gut?«

»Mir geht es bestens«, schniefe ich. »Beantworte einfach die Frage.«

»Was für eine Frage ist das denn?«

»Eine, über die ich ständig nachdenken muss, und ich weiß, für jemand, der unschuldig ist, ergibt das keinen Sinn – aber ich glaube, du kannst mir eine Antwort geben.«

Wir starren einander an. Sie zeigt absichtlich keine Regung, ihr Blick ist leer, aber entschlossen. Ich kann nicht fassen, dass ich das nicht früher durchschaut habe.

Ich bin nicht mehr so gut wie früher …

»Ich werde dir eine Geschichte erzählen, die du bestimmt schon kennst. Vor fast einem Jahr sind Jamie und ich in einem Auto vom Strandhaus seiner Eltern nach Hause gefahren. Und wir haben jemanden angefahren.« Wie immer stehen mir die Bilder mit absoluter Klarheit vor Augen, wie mein Kopf aufs Armaturenbrett aufschlägt und der schlimmste Albtraum meines Lebens von vorne beginnt. »Belle, am Sonntagabend bin ich in die Morgan-Bibliothek an Computer 17 gegangen und habe ein totes Mädchen zu Boden gestoßen. Ein Mädchen, von dem ich glaubte, dass wir sie angefahren haben und verbluten ließen wie ein Tier. Also frage ich dich erneut«, sage ich mit bebender Stimme und tränennassem Gesicht, »glaubst du, dass der Tod endgültig ist? Oder können Tote wieder auferstehen, aus ihren Gräbern aufstehen und ihren Weg an die Niveus finden?«

Belle sitzt seelenruhig da, die Beine übereinandergeschlagen, als wäre das, was ich sage, so spannend wie der Wetterbericht oder dass es gerade Viertel vor fünf ist. Mein ganzer Körper bebt.

Über uns knirschen die Bodendielen und ich sehe auf.

»Ich kann dir das erklären, Chiamaka«, sagt Belle tonlos.

Ich bin nicht mehr so gut wie früher, sonst könnte ich so eine Bitch und Lügnerin durchschauen wie früher.

»Was erklären? Dass deine verdammte Schwester …«

»Bitte, Chiamaka …«, fleht sie mit Tränen in den Augen.

Das Problem bei zwanghaften Lügnern ist, dass man, wenn man nicht genauso schnell ist wie sie, schwer sagen kann, was wahr ist und was nicht. Die Ähnlichkeit mit ihrer Schwester ist unübersehbar. Ich weiß nicht, warum ich das nicht schon früher gesehen habe. Wenn ich sie jetzt ansehe, sehe ich nur Martha.

»Seit ich Martha gesehen habe, habe ich mir hundert wilde Theorien ausgedacht – ich habe Jamie die Schuld gegeben, ich habe geglaubt, ich verliere den Verstand. Faszinierend ist nur, dass ich nicht ein einziges Mal dachte, dass du etwas damit zu tun haben könntest.«

Nicht ein einziges Mal.

»Aber dann habe ich mir die Dinge zusammengereimt und es ist wirklich meine Schuld, dass ich nicht misstrauischer war, als du an diesem ersten Tag an der Schule mit mir gesprochen hast. Erst als ich also mit Richards gesprochen habe und er mir erzählt hat, was für eine widerliche Einrichtung Niveus eigentlich ist, sind mir manche Sachen komisch vorgekommen, zum Beispiel, dass so viele von euch in dieses Ferienlager gehen. Ich habe mich bis dahin nie gefragt, warum ihr in ein Camp geht, in dem ihr mit denselben Leuten zusammen seid wie in der Schule, aber dann … dann bin ich in einem alten Jahrbuch über Camp Aces gestolpert und meine Theorien begannen, Sinn zu ergeben. Ihr braucht so ein Ferienlager für eure kranken Ideen. Ich braucht eine Möglichkeit, einen Ort, an dem ihr planen könnt, wie ihr mein Leben ruiniert. Und das von Devon.« Meine Stimme wird lauter, was mich überrascht. Ich hasse mich dafür, dass ich mich gerade so verwundbar fühle.

»Ich habe es ernst gemeint, als ich dich geküsst habe, Chiamaka«, sagt Belle mit einem kleinen Zögern vor Chiamaka.

Ich schüttle den Kopf. Wieso war ich so unvernünftig? Ich habe mich auf jemanden eingelassen, den ich gar nicht kannte. Andererseits habe ich auch geglaubt, Jamie zu kennen, bis er endlich sein wahres Gesicht gezeigt hat. Sie sind beide gleich schlimm.

»Warum hast du das getan?«, frage ich. Es ist eine Frage mit doppelter Bedeutung. Warum hast du mich geküsst? Warum bist du nicht einfach aus dem Klassenzimmer gegangen und hast nie wieder mit mir gesprochen – und mir diesen Schmerz erspart. Und sie bedeutet auch: Warum machst du das mit? Was ist dieses das überhaupt?

Belle blickt zur Seite. »So einfach ist das nicht. Ich muss dir das alles erklären …«

»Warum hast du das getan, Belle? Was soll das Ganze? Ich hab da ein paar Theorien, aber die will ich lieber nicht glauben. Ich will nicht glauben, dass Leute wirklich so krank sein können. Aber die ganzen Beweise lassen mir da kaum eine andere Wahl. Ich will, dass du mir jetzt sagst: Warum?«

Wieder knarren die Dielen über uns. Wer ist hier? Mein Herz schlägt schneller.

Belle sieht zur Decke hoch und reibt sich die Augen. »Ich hatte keine Wahl. Es ist eine jahrzehntelange Tradition. Meine Mutter, mein Vater ... meine Schwester. Sie sind alle zur Niveus gegangen. Sie sind alle an diesen ... Traditionen beteiligt, weil diese Familie das schon immer getan hat. Wir gehen in dieses Sommerlager, wir lernen etwas über die Vergangenheit ... und wie die Zukunft aussehen könnte, wenn wir es gut planen. Es schien erst so harmlos: Bringe zwei Kids dazu, die Schule abzubrechen, und dann mach einfach weiter und vergiss es ...«

Mir ist schwindelig.

Natürlich hatte sie eine Wahl. Man hat immer eine Wahl.

»... Und es ist ja nicht nur Niveus. Im ganzen Land gibt es solche Institutionen, die ... so etwas machen.«

Immer noch kann sie mich nicht ansehen.

»Und was genau ist so etwas?«, will ich wissen und versuche, ruhig zu klingen.

Belle ist blass und Tränen laufen ihr über das Gesicht. Ich hasse ihre Lügen und ihr falsches Weinen. Wenn hier eine weinen sollte, dann ich!

Dieses Mal kommt das Knarren von der Treppe. Ich sehe hin und erstarre, weil ich erwarte, dass dort eine maskierte Gestalt erscheint.

»Sie nennen es Sozialeugenik«, stammelt sie.

Die Worte sind wie ein Stich in die Brust.

Sozialeugenik.

»Ich wollte dir nicht schaden.« Sie schnieft. »Ich … sobald ich dich kennenlernte, habe ich alles bereut. Ich wollte es ändern, es für dich besser machen, aber das System ist total kompliziert. Es sind so viele Leute beteiligt.«

Ich reibe mir die Augen.

»Dann wird es dich ja freuen, dass du mir nicht geschadet hast. Menschen, die mir egal sind, können mich nicht verletzen.«

Belle zuckt zusammen.

»Und meine Zukunft kannst du auch nicht ruinieren. Die liegt in meinen Händen, nicht denen von Niveus, nicht in deinen oder denen deiner kranken Familie.«

Es klingelt an der Haustür. »Ich werde wohl abgeholt«, erkläre ich und wende mich ab. Ihr Stuhl scharrt über den Boden und sie hält mich am Arm zurück.

»Lass mich los!«, verlange ich.

»Bitte vertrau mir!«

Ihre Augen sind wie Kristalle, in blaues Gift getaucht. Ihre Unterlippe zittert, ihre Augen blinzeln und sie wird rot.

Mitten auf der Treppe sitzt eine weiße Katze und beobachtet die Szene. Als sie merkt, dass ich sie ansehe, springt sie die Treppe wieder hinauf, die unter der plötzlichen Bewegung knarrt.

Wieder sehe ich Belle an.

»Dir vertrauen?« Ich atme schnell und meine Brust hebt und senkt sich. »Ich will dich nie wieder sehen!«

Ich zerre meinen Arm weg und mache die Tür auf.

Draußen wartet Richards auf mich. Sein Blick gleitet zu Belle.

Ich will nicht länger hier sein. Ich will einfach nur weg und sie nie wieder sehen oder an sie denken.

♠

Unerwarteterweise ist mein Zuhause nicht leer, wie meistens an Wochentagen, sondern Dad ist in der Küche und bereitet das Essen vor, als wir hereinkommen.

»Chiamaka?«, ruft er.

»Soll ich hier warten?«, fragt Devon.

Ich schüttle den Kopf. »Komm mit«, befehle ich ihm.

»Ich komme, Dad!«, rufe ich und gehe in die Küche, wo er in einer Schürze am Herd steht und in einem Topf rührt.

»Komm und probier das mal«, verlangt er und hält mir den Löffel hin.

Ich verziehe das Gesicht. »Ich habe keinen Hunger.«

Er hebt die Augenbrauen, nickt aber und hebt den Löffel an den Mund. »Mehr Salz«, murmelt er, hält inne und sieht dann an mir vorbei auf Devon.

»Du hast einen neuen Freund mitgebracht?«, sagt er überrascht. Normalerweise bringe ich keine Unbekannten mit. Er wischt sich die Hände an der Schürze ab, bevor er auf Devon zugeht, der sichtlich erstarrt.

Dad streckt die Hand aus, die Devon schüchtern schüttelt.

»Hi, ich bin Chiamakas Bankkonto, gelegentlich auch Dad genannt«, grinst er. Devon wirkt noch verlegener. Nur Dad findet seinen eigenen Humor lustig. Seine Brille ist beschlagen und er sieht ein bisschen aus wie ein verrückter Wissenschaftler – zwischen den ganzen dampfenden Töpfen und Geräten.

»Egal … Devon und ich müssen heute Abend an einem Schulprojekt arbeiten«, erzähle ich, packe Devon am Arm und ziehe ihn zur Treppe.

»Okay, aber lass die Türe offen«, ruft Dad uns nach.

»Mach ich!«, erwidere ich, bin aber ziemlich sicher, dass Dad in dieser Hinsicht nichts zu befürchten hat.

Wir gehen hinauf in mein Zimmer und ich schließe die Tür – bis auf einen Spalt.

»Also«, beginne ich gleich, sobald Devon auf meinem Bett sitzt. »Als ich in die Bibliothek gegangen bin, habe ich das Jahrbuch von 1965 gefunden. Ich habe es am Sonntag, als wir uns da versteckt haben, schon gesehen, hatte aber keine Gelegenheit, es genauer zu untersuchen. Es ist ein Bild darin von Camp Aces.« Ich tippe auf das Bild, das ich davon gemacht habe und lege Devon mein Telefon in die Hand.

Er sieht das Foto an, ist aber nicht überrascht.

Ich zoome auf ein junges Gesicht. »Sieht der nicht ganz so aus wie Ward?«

Seine Brauen schießen in die Höhe. »Heilige Scheiße!«

»Das ist noch nicht alles. Ich habe herausgefunden, was das tote Mädchen damit zu tun hat. Sie ist die Schwester eines Mädchens, das mir nahestand. Belle Robinson, bei der du mich eben abgeholt hast. Offensichtlich sind alle aus ihrer Familie an die Niveus gegangen und machen bei Aces mit. Irgendwie haben sie den Unfall inszeniert. Aces wurde gegründet, um die Zukunft von schwarzen Schülern zu ruinieren. Man nimmt zwei besonders vielversprechende schwarze Schüler auf, nur um sie dann zu brechen und zu verhindern, dass sie ihre Ziele erreichen.«

Devon starrt völlig abwesend mein Telefon an. Es ist, als wäre er nicht ganz da. Er zittert immer noch. Nicht so sehr wie heute Morgen, aber er sieht aus wie ein überdimensionierter Chihuahua.

Ich schnippe mit den Fingern vor seinem Gesicht. »Hey, Devon?«

Sein Kopf ruckt hoch. Sein Blick ist verschleiert. »Sorry … ja, die ganze Sache ist beschissen.«

Das ist mehr als beschissen. Diese Menschen sind böse. Ich kann sehen, dass er in den letzten vierundzwanzig Stunden viel durchgemacht hat, und kann nicht erwarten, dass er ganz bei der Sache ist. Ich glaube, ich bin selbst nicht ganz da.

Ich bin müde.

»Geht es dir gut?«, frage ich.

Er zuckt mit den Achseln, sieht weg und reicht mir mein Telefon.

Ich setze mich neben ihn.

»Mir geht es genauso. Ich fühle mich beschissen«, antworte ich auf sein Schweigen.

Ein paar Minuten sitzen wir still nebeneinander. Ich muss wissen, wie ich von hier aus weitermachen kann, ich will nicht das Gefühl haben, als steckte ich fest.

Ich bin in dieser Welt aufgewachsen.

Eine Welt, in der man mein Haar getätschelt, gezupft, ausgelacht und angestarrt hat. Nach den Regeln der Schule gab es so etwas nicht. Also habe ich es geglättet, um mich anzupassen und dafür zu sorgen, dass man mich nicht stupst oder antatscht wie ein Haustier.

Ich habe gute Noten bekommen und wirkte klug, doch in ihrer Gegenwart bin ich mir immer ein wenig dumm vorgekommen. Ich habe mir Respekt verschafft, mich angemessen verhalten, geglaubt, ich würde es schaffen. Ich habe gedacht, ich würde nach Yale gehen, gar kein Problem.

A propos Problem.

Egal, was ich tue, egal, wie sehr ich mir die Haare zurechtzerre, egal, wie sehr ich arbeite, ich werde für sie immer die andere sein. Nicht gut genug für den Ort, den ich mein Leben lang versuchte, meine Heimat zu nennen.

Das Problem mit meinen Haaren kann ich lösen, aber nicht die Probleme in dem ganzen System, das mich und Devon und alle, die so aussehen wie wir, hasst.

Ein Schniefen reißt mich aus meinen Gedanken und ich sehe Devon an. Er versucht, sein Gesicht zu verbergen, aber ich sehe, wie er sich mit dem Ärmel seines Alien-Hoodies die Augen reibt.

Er weint.

Ich tue so, als sähe ich das nicht, und warte, bis es nicht mehr so offensichtlich ist, bevor ich weiterspreche.

»Warum sprechen wir nicht lieber morgen darüber, wenn wir beide ausgeruht sind? Es war alles ein bisschen viel heute. Wir können uns morgen früh treffen und uns eine Strategie ausdenken, um diesen Leuten zu zeigen, dass wir nicht so leicht aus der Bahn zu werfen sind.«

Mit verweinten Augen sieht er mich an. »Wie meinst du das?«

»Nun, wir sind schließlich nicht so weit gekommen, um hier aufzuhören. Wir dürfen sie nicht gewinnen lassen, also werden wir uns morgen treffen und uns überlegen, wie wir sie schlagen können. Heute Abend haben wir beide keinen Kopf dafür.«

Er nickt langsam. »Können wir uns gegen zwölf treffen? Ich muss morgens noch wohin.«

Das kann nicht sein Ernst sein.

»Ist das wichtiger als Aces?«

»Ich muss morgen einen Freund besuchen«, beharrt er und steht auf. Ich erhebe mich ebenfalls.

»Gut, dann treffen wir uns um zwölf … Kann ich zu dir kommen?«

»Okay«, sagt er. Ich habe nur aus Höflichkeit gefragt. Ich habe gehört, aus welcher Gegend er kommt. Da war ich noch nie und will eigentlich auch nicht dorthin. Ich hatte gehofft, er sagt Nein.

Wir gehen nach unten, wo Devon sich leise verabschiedet.

»Ist dein Freund schon gegangen?«, fragt Dad, als ich ins Wohnzimmer komme. Er liest ein Buch und isst einen Teller Suppe. Die Brille hat er auf die Nasenspitze geschoben.

Ich nicke. »Ja, er hat sich nicht wohl gefühlt, also treffen wir uns lieber morgen«, sage ich und muss daran denken, wie erschöpft Devon ausgesehen hat.

»Ist in der Schule alles in Ordnung?«, fragt Dad und blättert eine Seite in seinem Buch um.

Ich wünschte, Eltern würden das nicht so häufig fragen. Besonders, wenn die Wahrheit sie verletzen würde und sie einen dann hassen. Wenn ich ihm sagte: »Nein, die Schule ist grässlich. Ich glaube sogar, ich gehe da nicht mehr hin, weil sie alle Rassisten sind und mich hassen, Dad«, würde er das nicht verstehen. Er würde nichts von dem verstehen, was ich sage, weil er sich damit noch nie auseinandersetzen musste. Er würde nur registrieren, dass man mir Diebstahl, Mord und Sex mit beliebigen Jungen vorwirft. Dann würde er mich ekelhaft finden. Und ich hasse mich selbst schon genug für uns beide zusammen.

Außerdem, selbst wenn ich ihm alles erzählte, würde er nichts tun. Dad konnte mich ja nicht mal verteidigen, als seine Familie rassistische Dinge zu mir sagte, als ich klein war. Er sah nur schweigend zu, als Großmutter sich über mich und mein Aussehen lustig machte. Er hat nichts gesagt, als seine Familie nicht länger wollte, dass Mum und ich sie besuchen. Warum sollte er mich also jetzt verteidigen?

Also sage ich: »Die Schule ist großartig, Dad.«

Und dann erzähle ich gleich noch eine Lüge – dass ich müde bin, in mein Zimmer gehe und versuche zu schlafen.

Aber ich kann nur sie sehen.

Bilder von Martha am Boden, nachdem wir sie angefahren haben. Traumsequenzen … vielleicht auch Erinnerungen … von mir betrunken, wie ich in einen Raum stolpere. Im Hintergrund erklingt Partymusik. Ich bekomme Panik, weil überall kleine blonde, blutige Puppen herumliegen. Und dann sehe ich eine Gestalt, die sich zu mir umdreht. Es ist sie.

Ich schreie, aber niemand hört mich. Ich weine, ich kann nicht aufhören zu weinen. Ich sehe mein Spiegelbild hinter ihr im Spiegel. Mein silbernes Kleid glitzert, aber die Träger hängen mir von den Schultern. Ich sehe furchtbar aus.

Ich bin furchtbar.

Ich schreie, aber niemand kann mich hören.

Ich schreie so laut, aber niemand kann mir helfen.

Ein Jahr lang hat mich mein Unterbewusstsein mit einer traumatischen Erfahrung konfrontiert, die nicht echt war. Ich konnte nicht mehr richtig schlafen und nichts davon war echt. Leute, die ich kannte und denen ich vertraute, ließen mich glauben, ich würde den Verstand verlieren. Ich bin wütend und hilflos. Wie löscht man eine falsche Erinnerung?

Mein Kopf kann nicht loslassen, er sieht es immer noch als echt an.

Und nachts, als alles dunkel wird, beginnt trotz allem, was ich inzwischen herausbekommen habe, die wirre Traum- oder Erinnerungssequenz aus der Nacht von Jamies Party wieder von vorne.

33

DEVON

Dienstag

Als ich zehn war, war ich zum ersten Mal im Gefängnis.

Ich erinnere mich sogar an das genaue Datum: 9. September.

Auch wenn es dort öde, dunkel und grau war, war ich ganz aufgeregt. Ich glaube kaum, dass sich schon mal jemand gefreut hat, weil er im Gefängnis war. Ich aber schon. Ich vermisste meinen Vater und nach zwei Jahren wollte er endlich mit mir sprechen. Davor hatte er Mas Bitten, dass wir ihn besuchen dürften, abgelehnt. Dieses Mal hatte Ma seine Bitte, ihn zu besuchen, abgelehnt. Sie war mit mir zum Gefängnis gegangen, weigerte sich aber, mit hineinzukommen und ihn zu sehen.

Er hatte sich seit dem letzten Mal, als ich ihn gesehen hatte, verändert. Zum einen trug er eine weiße Kluft. Das Weiß hob sich scharf von seiner dunklen Haut ab. Sein Haar und sein Bart waren gewachsen. Das Kinn hatte er auf die verschränkten Hände gestützt und er kam mir hinter der Glasscheibe sehr weit weg vor. Ich weiß noch, dass ich ihn eine Weile wie gebannt anstarrte und aus irgendeinem Grund Angst hatte.

Schließlich raffte ich mich auf und schlurfte auf ihn zu. Meine Sneakers waren mir viel zu groß – Ma kaufte sie immer ein paar Nummern zu groß, damit sie ein paar Jahre lang passten. Ich setzte mich vor ihn und endlich sah er auf, als hätte er mich jetzt erst bemerkt. Sein Kopf zuckte zur Seite und ich erblickte ein graues Telefon. Auf meiner Seite der Scheibe bemerkte ich auch eines.

Er nimmt seines ab.

Ich nehme meines auch ab.

»Hallo, Sohn.« Seine raue Stimme jagt mir einen Schauer über den Rücken. Ich habe sie seit zwei Jahren nicht mehr gehört.

»Hi Dad«, sage ich.

Als er lächelt, bekommt er Falten in den Augenwinkeln wie alte Leute. Dad ist nicht so alt, erst zweiunddreißig, und früher hat er auch so ausgesehen. Aber jetzt sieht er alt aus, hat graue Haare in seinen Cornrows und Furchen auf der Stirn.

»Wie geht es deiner Mutter?«

»Gut. Sie arbeitet in der Kantine unserer Schule, daher sehe ich sie oft und sie gibt mir immer eine Extraportion«, erzähle ich. Als die Männer Dad damals abgeholt haben, konnte ich tagelang nichts essen, ohne dass mir schlecht wurde. Aber jetzt habe ich meinen Appetit zurück und ich bin froh, dass Ma mir mehr Pasta gibt als allen anderen.

Er streicht sich mit der Hand über das Gesicht und gähnt ein wenig.

»Bist du müde, Dad?«, frage ich. Seine Augen sind gerötet, so wie Mas, wenn sie müde ist.

»Ja, aber heute Nacht werde ich gut schlafen«, erwidert er. Dann starrt er mich durch die Glasscheibe an. »Wie geht es dir?«

Ich zucke mit den Schultern. Das hat er mich noch nie gefragt. »Keine Ahnung.«

Dad lächelt mich an. »Doch, das weißt du. Sag mir, was du auf dem Herzen hast.«

Ich bin nicht sicher, wie ich ihm das erzählen soll. Ich verstehe es ja selbst nicht ganz.

»Die Jungen in meiner Klasse reden alle über die Mädchen, in die sie verliebt sind. Sie gehen mit ihnen aus und reden ständig darüber«, beginne ich und halte inne, um zu sehen, ob er noch zuhört. Dad nickt, also fahre ich fort: »Aber ich denke nicht so an Mädchen. Ich will nicht mit ihnen ausgehen oder sie küssen.«

Wieder nickt Dad, sieht dann kurz an die Decke und richtet seinen Blick wieder auf mich.

»Als ich elf war, habe ich angefangen, mit Mädchen auszugehen. Das braucht Zeit, keine Angst, bald bist du genauso ein Herzensbrecher, wie ich es war. Hab ich dir mal erzählt, wie deine Ma und ich zusammengekommen sind?«

Ich schüttle den Kopf, obwohl mir Ma bereits ihre Seite der Geschichte erzählt hat. Ich will es von ihm hören. Geschichten werden immer cooler, wenn man hört, wie verschiedene Leute sie erlebt haben.

»Wir sind uns auf der Highschool begegnet, in der 12. Klasse. Ich habe mit meiner Musik gearbeitet, aber als ich dann mein Saxofon beiseitelegte, habe ich sie gesehen und wusste genau, sie ist die Richtige für mich. Wir haben uns geküsst, dich bekommen und geheiratet. Du siehst also, erst als ich viel älter war, habe ich mich auf ein Mädchen festgelegt. Mach dir keine Sorgen deswegen, mein Sohn, dein perfektes Mädchen wartet auch auf dich.«

Ich nicke und fühle mich etwas besser. Es ist nur eine Frage der Zeit.

»Dad, wann kommst du hier raus? Du musst nach Hause kommen. Ma ist traurig ohne dich.«

Dad sieht schweigend nach unten. Ich glaube schon, die Verbindung wäre unterbrochen, doch dann höre ich ihn atmen.

»Ich … ähm …« Er wischt sich wieder über das Gesicht. »Ich habe etwas getan, was in unserem Bundesstaat verboten ist – auch wenn ich es nicht bereue. Ein echter Mann bereut nie etwas, hörst du?«

Ich nicke.

»Die Bundespolizei lässt so was nicht durchgehen, darum bin ich hier. Es ist wichtig, selbst die Kontrolle über etwas zu behalten, das von Bedeutung ist. Aber mach dir keine Sorgen darüber oder dass ich hier bin, klar?«

Ich nicke langsam, bin mir aber nicht sicher, was er meint. Ma will es mir nicht erklären. Dad sieht mich mit einem Blick an, der mir das Gefühl gibt, es wäre überhaupt nichts in Ordnung, dass er es aber verheimlicht. Ich will ihm von meinen Träumen erzählen, in denen er nach Hause kommt und wir wieder eine Familie sind, aber ich glaube nicht, dass er das hören will. Außerdem waren wir sowieso nie eine richtige Familie. Dad war ja nie da.

»Hör zu, Von, ich bin froh, dass du gekommen bist«, sagt er. Ich schwelle an wie einer der bunten prallen Cartoon-Helium-Ballons aus dem Einkaufszentrum. Ich möchte sagen, wie ich mich freue, dass er mich eingeladen hat, aber er scheint noch nicht fertig zu sein und ich möchte nicht unhöflich sein oder so.

»Aber ich will nicht, dass du noch mal hierherkommst. Nie. Nach dem heutigen Tag will ich dich nicht mehr sehen«, fährt er fort.

Der Ballon platzt und alles ist zunichtegemacht.

Was? Warum will er mich nicht mehr sehen?

»Warum?«, frage ich, als die Telefonverbindung unterbrochen wird. Ein Wachmann tippt Dad auf die Schulter und fordert ihn auf, aufzustehen. Mein Herz klopft wild. Ich muss wissen warum, ich muss ihn überreden, dass ich wiederkommen darf.

»Dad!«, rufe ich, doch er steht jetzt und sieht an mir vorbei, als wäre ich gar nicht da.

Dann dreht er sich um und geht durch die grüne Tür, die hinter ihm zuschlägt.

Ich bleibe und beobachte die Tür, warte darauf, dass er zurückkommt und mir sagt, dass das ein Scherz war.

Ich habe geglaubt, es wäre wie ein einem dieser Filme, wo es in letzter Sekunde noch zum Happy End kommt. Die Menschen kehren zurück und alles wird gut. In solchen Filmen gehen die Familien – Eltern, drei Kinder und ein Hund – zusammen an den Strand. Nur so, zum Spaß, plantschen sie im Wasser und das Wasser umarmt sie wie ihre Eltern.

Mein Dad hat mich noch nie umarmt.

Tränen blinken in meinen Wimpern und ich muss blinzeln, damit sie herunterfallen. Mein Herz hämmert und mir ist schwindelig.

Ich schließe die Augen.

Dann stelle ich mir das Meer vor. Die Wellen rauschen an den Strand, aber nicht heftig, sondern freundlich, als wären sie mit Absicht so laut. Ich gehe auf das Meer zu, knie mich hin, berühre es, rieche das Salz, dann lege ich mich hin, lasse mich vom Wasser tragen und umarmen.

Mein Herz beruhigt sich, aber ich weigere mich noch, die Augen zu öffnen. Den Weg vom Eingang bis hierher habe ich mir eingeprägt. Ich will nie wieder hierherkommen. Und aufgeregt bin ich auch nicht mehr.

Also gehe ich hinaus, mit geschlossenen Augen und mit einer Hand an der Wand entlangstreichend, während mich die Wellen umfangen.

Das Geräusch eines Summers holt mich aus der Erinnerung zurück – die letzte Erinnerung an meinen Vater. Ma hat mir gesagt, sie wolle auch nicht, dass ich ihn noch einmal sehe, also bin ich nie wieder hingegangen. Aber manchmal werde ich neugierig, wie es ihm wohl geht und ob er mich noch erkennen würde.

Ich gehe zum Stuhl vor der Glasscheibe, als sich die vertraute grüne Tür öffnet und Dre in einer orangen Kluft erscheint. Ich schnappe nach Luft. Sein Gesicht.

Schnell setze ich mich und greife nach dem Telefon. Dre starrt mich eine Weile an und betrachtet meine Klamotten, dann sieht er mir ins

Gesicht. Schwer lässt er sich auf den Stuhl fallen, lehnt sich zurück und greift so langsam nach dem Telefon, als gäbe es kein Zeitlimit.

»Dre, warum zum Teufel bist du hier drin? Und warum hast du mich angerufen?«, flüstere ich, denn das beschäftigt mich, seit ich gestern die Nachricht von ihm bekommen habe und später seinen Anruf. Ich betrachte kurz die uniformierten Beamten, weil ich nicht ganz sicher bin, ob er durch die Erwähnung des Anrufs Ärger bekommt.

Dre zuckt mit den Schultern. »Ich wollte nur einen ehelichen Besuch.« Seine Stimme klingt müde, als hätte er zu viel geschrien und sei heiser.

Ich sehe ihn finster an. »Wir haben nicht viel Zeit, also hör auf mit den Spielchen.«

Seine Augen sind rot, die Ränder bläulich-violett, und er hat tiefe Tränensäcke.

Schniefend fährt er sich mit dem Ärmel über die Nase. »Die Cops haben meine Wohnung durchsucht und eine Menge Stoff gefunden.«

»Wie?«, frage ich. Keiner seiner Jungs würde ihn verraten, das glaubte ich jedenfalls bislang.

»Jemand muss sie angerufen und erzählt haben, wo sie suchen sollen.«

Jemand …

Aces …?

Mein Herz hämmert und mir ist ein bisschen übel.

»Kannst du auf Kaution raus?«, frage ich und verdränge die Schuldgefühle. Er kann doch auf Kaution rauskommen, oder?

»Zu teuer.«

»Haben sie gesagt, wie lange sie dich hier behalten?«

»Bis zur Verhandlung.«

Verhandlung?

Ich lege den Kopf in die Hand. Dre darf nicht vor Gericht gestellt werden und schon gar nicht ins Gefängnis kommen.

Es ist alles meine Schuld. Wenn wir die Sache früher durchschaut hätten, die Schule eher abgebrochen und getan hätten, was sie wollten, wäre Aces nicht hinter Andre her gewesen.

»Schon gut, es geht mir gut«, sagt Dre mit gerunzelten Brauen. Er legt seine Hand ans Glas. Ich sehe erst die Hand und dann ihn an.

»Dir geht es nicht gut, Dre.« Ich lege meine Hand auf seine an das Glas. Sie sind etwa gleich groß, aber sonst vollkommen verschieden. Ich weiß, dass seine Hände rauer und kräftiger sind als meine.

»Dein Gesicht ist geschwollen.«

Er sieht auf unsere Hände. »Mein Gesicht ist in Ordnung.«

»Ist das der Slang-Ausdruck für zerschlagen? Dre, sieh mich an. Wer war das?«

Andre sieht mich an und mein Gesicht beginnt zu glühen, denn er sieht mich wirklich an, nicht nur mein Gesicht, sondern meine Augen, meinen Mund … sein Blick flackert.

Mit einem tiefen Seufzer sagt er: »Es waren ein paar Jungs. Sie sagten, sie hätten von dir und mir gehört und …« Dres Gesicht verzerrt sich, als er leise zu weinen beginnt. »Sie schlagen mich jeden Abend und sagen, sie wollen mir Vernunft einbläuen.«

Ich würde ihn so gerne umarmen, aber diese blöde Glasscheibe ist zwischen uns. Er wischt sich schnell über die Augen, lässt die Hand sinken und richtet sich auf.

»Wie geht es dir?«, fragt er mit etwas brüchiger Stimme.

Ich bin gestresst, ist das Erste, was mir einfällt. Gestresst und müde.

»Gut«, antworte ich.

»Gut«, wiederholt er.

Ich habe das Gefühl, ich sterbe, weil mein Herz überaktiv ist. Es hämmert, dass es mir in den Ohren klingelt, in der Kehle vibriert und ich kaum schlucken kann. Meine Finger zittern wieder so, als hätte ich zu viel Kaffee getrunken.

»Du musst hier raus«, sage ich. »Du brauchst einen guten Anwalt.«

»Meine Jungs arbeiten daran«, nickt er.

Arbeiten daran. Das kann vieles bedeuten. Zum Beispiel bedeutet es, dass sie ihn mit Drogengeld bezahlen. Aber Dre muss tun, was nötig ist, um hier rauszukommen, daher werde ich ihn nicht verurteilen, vor allem nicht, weil ich dasselbe für Ma getan habe.

Er sieht so klein aus in dieser orangen Kluft, als würde er in seinen eigenen Kleidern ertrinken. Und zerknittert ist sie auch. Ich muss an Pa denken, dessen Kluft ihm wie eine zweite Haut passte. Der weiße Stoff schmiegte sich an seine kräftigen Arme.

»Ich will nicht mehr darüber reden, aber ich wollte dich sehen und hören, wie es dir geht ...« Er sieht sich um. Wir sind hier die Einzigen – abgesehen von den Wachen –, obwohl es noch andere Kabinen gibt. »Ich wollte dir nur sagen, dass ich dich liebe – trotz allem. Ich werde dich immer lieben.«

Mein Herz hämmert, als gäbe es kein Morgen. Ich bin sprachlos und ein wenig geschockt. Ein Teil von mir will genau das, doch andererseits habe ich nicht mehr daran geglaubt.

»Worüber willst du denn sprechen?«, bringe ich hervor und versuche, unbeteiligt dreinzusehen, obwohl er das Klopfen meines Herzens eigentlich hören müsste.

Er zuckt mit den Achseln und sieht mich durchdringend an. »Egal was.«

Egal was?

Am liebsten würde ich ihm von Aces erzählen, aber dafür haben wir wahrscheinlich nicht genug Zeit.

»Warum hast du eine orange Kluft?«, frage ich stattdessen.

Er sieht an sich herunter und erklärt: »Alle Neuen tragen die. Die verschiedenen Verbrechen haben unterschiedliche Farben. Kommt darauf an.«

Ich nicke und tue so, als sähe ich ihn direkt an, indem ich zwischen seine Augenbrauen starre.

»Was bedeutet weiß?«

Dres Augenbrauen schießen nach oben. »Weiß?«

»Hm«, nicke ich.

»Das sind die Jungs aus dem Todestrakt«, sagt er. Es klingt wie mehrere Schüsse in meine Richtung, die mich alle an der gleichen Stelle in meinen Eingeweiden treffen. Einen Augenblick schweige ich und versuche eine Antwort zu finden.

»Todestrakt? Bist du sicher?«

Dres Gesicht verzieht sich. »Du weinst ja.«

Kopfschüttelnd reibe ich mir die Augen. »Das kann nicht wahr sein.«

Dre schweigt, während ich versuche, zu verstehen, was seine Worte bedeuten. Sitzt Pa im Todestrakt?

Wie lange bleibt jemand im Todestrakt, bevor …? Ich habe so viele Jahre verschwendet! Ich habe auf Ma gehört und ihn nicht besucht. Ich habe getan, was er wollte. Ich war so wütend auf ihn, als er mir sagte, dass er mich nicht mehr sehen wollte, dass ich es nicht einmal mehr versucht habe. Gott, wie lange hat er noch? Wie können wir das verhindern?

»Alles gut?«, fragt Dre.

»Es macht mich nur traurig.«

»Das ist es wohl …« Seine Stimme verliert sich, als die Verbindung unterbrochen wird. Er starrt auf den Hörer in seiner Hand. Sein Gesichtsausdruck ist niederschmetternd.

Hinter ihm tauchen zwei Wachen auf, groß, muskulös und gefühllos. Einer von ihm tippt ihm auf die Schulter und Dre steht auf.

Der Blick, den er mir zuwirft, bevor er verschwindet, so wie Pa es getan hat, ist so traurig und verloren, dass es den Anschein hat, als würde er gleich weinen.

Ich habe meine Ma und meine Brüder …

Aber Dre hat niemanden. Keine Mutter, die es kümmert, was aus ihm wird, keinen Vater.

Ich weiß nicht, wie lange ich sitzen bleibe, aber niemand fordert mich auf, zu gehen.

Lange grüble ich darüber nach. Es tut weh, an Dre zu denken, der hier ist, wo man ihn dafür zusammenschlägt, dass er ein Junge ist, der Jungen mag.

Diese Welt ist nicht ideal.

Diese Welt, unsere Welt, mit Häusern, die so marode sind wie die Menschen, die darin wohnen. Menschen, die gebrochen sind, weil die Welt so ist, wie sie ist. Keine Arbeit, kein Geld – dann verkauf Drogen und verdien Geld. So ist diese Welt, so funktioniert sie.

Für mich soll sie nicht so sein. Ich will nicht länger hierbleiben.

Und ich will auch nicht, dass Dre hierbleibt. Er hat niemanden. Seine Welt ist einsam und elend.

Erst nach einer Weile, als sich meine Wangen von den getrockneten Tränen ganz steif anfühlen, stehe ich auf und gehe benommen zum Eingang und zum Empfangstresen.

Dahinter sitzt eine Frau, dieselbe, die mich bei meiner Ankunft registriert hat. Sie hat dunkelbraune Haut, rote Zöpfe und eine dicke Brille. Eine Glasscheibe trennt uns.

Ich streiche mir über das Gesicht und klopfe an das Glas, was sie ruckartig aufsehen lässt.

»Ja?«, fragt sie und hebt eine Braue. Sie wirkt etwas gereizt, als hätte ich sie bei etwas Wichtigem gestört.

»Sorry … ich … ich würde gerne wissen, ob Sie mir etwas über einen Insassen hier sagen können. Es ist mein … mein Vater. Ich will nur wissen, ob er noch Besuch empfängt. Ob ich ihn heute sehen könnte … oder irgendwann anders diese Woche oder …« Ich breche ab. Wieder spüre ich Tränen. Ich versuche, den überwältigenden Drang zu weinen zu verdrängen, aber das ist schwer.

Die Frau hält inne und sieht mich ein wenig freundlicher an. »Ich sehe mal, was ich finde, ja? Wie heißt er denn?«

Ich reibe mir die Augen. »Danke. Sein Name ist Malcolm Richards«, sage ich.

Sie notiert sich den Namen auf einem Blatt und fragt: »Kannst du mir hier ein paar Informationen aufschreiben, damit ich ihn schneller finde? Geburtsdatum, wann er hierherkam ...« Sie schiebt mir das Blatt unter der Scheibe durch und ich nicke, auch wenn ich nicht sehr viele Details kenne. Er war für mich praktisch ein Fremder. Ein Fremder, den ich für mich zu meinem Vater gemacht habe.

Ich habe ein schlechtes Gewissen Ma gegenüber, dass ich ihn doch sehen will, aber sie hat mich angelogen und ich weiß nicht, wie viel Zeit mir noch bleibt, ihn noch einmal zu sprechen. Insgeheim habe ich immer gehofft, dass Pa eines Tages zurückkommen würde und der Mensch wird, als den ich ihn mir immer vorgestellt habe. Das dürfen sie mir nicht nehmen, das lasse ich nicht zu.

Ich weiß nur das Jahr, in dem er hier eingeliefert wurde, nicht das genaue Datum, was nicht sehr hilfreich ist, aber immerhin wenigstens seinen Geburtstag. Es ist der 4. Juli, so wie meiner.

»Hier«, sage ich und gebe ihr das Blatt zurück.

Lächelnd nimmt sie es und beginnt in ihren Computer zu tippen. Ich lausche dem Geräusch von Schritten und Türen, die im Hintergrund knallen.

Das Tippen hört auf, jetzt klickt sie etwas an, dann herrscht einen Moment lang absolute Stille.

»Hast du heute jemanden besucht?«, fragt sie, trommelt mit ihren langen Fingernägeln auf den Tisch und sieht mich an.

»Ja, einen Freund.«

»Einen guten Freund?«, fragt sie nach.

Den besten, denke ich, sage aber nur »Ja« und spüre, wie es mir die Brust abschnürt.

Ich hasse Smalltalk, besonders diese Art von Smalltalk. Ich will nur wissen, wann ich meinen Pa sehen kann.

»Ich bin sicher, es bedeutet ihm viel, dass du gekommen bist«, sagt sie. »Du bist ein guter Junge.«

Ich nicke langsam und blicke ungeduldig auf ihren Computer.

»Sorry, aber haben Sie etwas gefunden?«, erkundige ich mich.

Sie wirkt sichtlich verlegen. »Ja ... der Malcolm Richards, den wir im Register haben, ist leider schon vor einiger Zeit verstorben. Es tut mir leid«, sagt sie.

Verstorben?

»Mein Vater ist tot?« Wie benommen starre ich sie an, als sie nickt. »Wann?«, frage ich, obwohl ich nicht weiß, was mir das helfen soll.

Sie sieht auf den Bildschirm. »Vor etwa sieben Jahren. Am 9. September.« Sie hält inne und sieht mich an, als versuchte sie herauszufinden, wie ich reagiere, bevor sie fortfährt.

Das war der Tag, an dem ich ihn gesehen habe. Als ich zehn Jahre alt war. Es war das letzte Mal, dass ich ihn gesehen habe.

Ich bin ganz still, aber ich habe das Gefühl, als könnten mir jederzeit die Beine wegknicken. Mein Gesicht glüht und ich könnte schreien, aber wenn ich damit anfange, kann ich nicht mehr aufhören.

Es tut so weh, aber gleichzeitig fühle ich gar nichts. Überhaupt nichts.

»Du wusstest doch, dass er im Todestrakt saß, oder?«, fragt die Frau vorsichtig. »Normalerweise bemühen wir uns, die Angehörigen vorher zu informieren, damit sie an diesem Tag mit ihnen sprechen können. Normalerweise bekommen sie einen Raum und etwas Zeit, um sich zu verabschieden.«

Das hatte ich nicht gewusst. Ich hatte nicht gewusst, dass das das letzte Treffen mit ihm sein würde. Ich hatte keinen Raum bekommen, keine Zeit. Er war da und dann war er weg. Hätte ich es gewusst, hätte ich wahrscheinlich nicht so viel über mich selbst gesprochen, ich hätte ihn alles gefragt, was ich wissen müsste, ich hätte ihn gefragt, wie es ihm geht, ob er Ma noch liebt, ob er mich liebt.

Aber die Antwort kenne ich. Natürlich hat er uns nicht geliebt.

Hätte er mich geliebt, wäre er für mich da gewesen und hätte sich nicht einsperren lassen. Er hätte mich nicht glauben lassen, dass er mich nicht sehen will.

Dann hätte ich nicht so viele Jahre damit verschwenden müssen, zu hoffen, dass er kommt und mich vor den Mobbern in der Schule rettet und vor den Mobbern in meinem Kopf. Die, die mir immer sagen, dass ich nicht gut genug bin und es nie sein werde. Die, die mir das Gefühl geben, dass ich nur Ruhe habe, wenn ich ertrinke, wenn mich das Meer für immer davonspült.

»Geht es dir gut?«, fragt die Rezeptionistin.

»Danke«, nicke ich.

»Das muss sehr schwer für dich sein. Es tut mir …«

Ich unterbreche sie kopfschüttelnd. »Alles gut. Wir standen uns nie sehr nahe, mir lag nicht viel an ihm. Ich war nur neugierig«, sage ich.

Alles tut weh.

Sie nickt, aber sie ist nicht überzeugt. »Okay. Pass auf dich auf«, beginnt sie, aber ich bin schon auf dem Weg aus dem Gebäude. Ich will fliehen und mich irgendwo ganz weit weg verstecken.

Ich gehe so schnell, dass ich fast renne. Ich bekomme kaum Luft und lasse meinen Tränen freien Lauf.

Ich fühle mich so einsam und hilflos.

Andre, mein Pa, Niveus, Aces. All das – der bloße Gedanke daran – erstickt mich.

»He!«, ruft mir jemand nach. Es ist die Rezeptionistin. Plötzlich atme ich wieder und die Panik ebbt ein wenig ab.

Sie hält mir mein Telefon, meine Schlüssel und den falschen Ausweis hin, mit dem ich gekommen bin, weil ich noch minderjährig bin. »Du hast deine Sachen vergessen.«

Ich bringe kein Wort heraus, daher nehme ich sie einfach.

Sie sieht aus, als wollte sie etwas sagen, daher warte ich ab.

»Pass auf dich auf, ja?«

Damit geht sie wieder hinein.

Als ich auf mein Telefon sehe, zittern meine Finger so, als würde es vibrieren, obwohl es ausgestellt ist. Ich schalte es ein und sehe sofort Nachrichten von Chiamaka.

Stimmt, wir wollten uns bei mir treffen und über die nächsten Schritte sprechen.

Ich weiß gar nicht, warum ich zugestimmt habe, ich lade sonst nie jemanden ein. Der Einzige, der je bei mir war, war Jack und der gehörte praktisch zur Familie. Bei allen anderen war es mir zu peinlich, wie ich wohne.

Und an die Niveus zu gehen, hat das nur noch verschlimmert.

Als ich über den Parkplatz zur Bushaltestelle laufe, schreibe ich Terrell.

`Hi. Bist du heute in der Schule?`

Obwohl ich leide, muss ich mein Versprechen gegenüber Chiamaka und mir selber einhalten, wir müssen versuchen, Niveus aufzuhalten.

`Nein. T`

`Hast du etwas dagegen, wenn ich mit Chiamaka zu dir komme?`,

frage ich und hoffe ganz egoistisch, dass seine Schwester heute nicht da ist.

`Nein. T`

Zum tausendsten Mal an diesem Tag wische ich mir mit dem Ärmel über das Gesicht, stecke mein Telefon ein und setze mich an die Bushaltestelle. Ich habe Chiamaka gebeten, mich in der Eisdiele bei mir in der Nähe zu treffen, damit sie nicht einfach so vor unserem Haus auftaucht. Ich verdränge die Gefühle, die immer wieder in mir aufsteigen, schließe sie fest in eine der Kammern in meinem Gehirn ein, um sie später wieder hervorzuholen, wenn ich Zeit habe, über meinen Vater und über Dre nachzudenken.

Im Augenblick ist alles, was zählt, die Niveus.

34

CHIAMAKA

Dienstag

Ich treffe Devon in einer schäbigen Eisdiele in seiner Nachbarschaft.

Es ist kaum jemand da, bis auf einen Kerl in der Ecke, der Kaffee trinkt und Zeitung liest. Devon kommt nach mir an, genauso müde wie gestern Abend, die Augen rot, das Haar verstrubbelt und mit mürrischem Gesichtsausdruck.

»Hi«, begrüße ich ihn.

»Hi«, erwidert er.

Ich stehe auf. »Gehen wir zu dir?«, frage ich, in der Hoffnung, dass er seine Meinung geändert hat und nichts dagegen hat, den ganzen Weg bis zu mir zurück zu laufen.

Zu meiner Enttäuschung nickt er und wir gehen gemeinsam los.

Ich folge ihm und sehe mich um. Die Häuser sind klein und ungepflegt, manche sind mit Graffiti beschmiert und haben kaputte Fenster.

Hier sieht es aus wie nach der Apokalypse.

Wir kommen zu einem Haus mit einer roten Tür und einer großen 63 darauf.

Ich warte darauf, dass Devon seinen Schlüssel holt, doch stattdessen klopft er und ich sehe ihn fragend an.

Warum klopft er bei sich zu Hause an?

Aus dem Haus erklingen Geräusche und unwillkürlich trete ich zurück. Die Tür wird aufgeschlossen und geöffnet und dahinter kommt ein lächelnder Fremder mit Brille, dunkler Haut und kurzen zurückgebundenen Dreadlocks zum Vorschein, die seinen Kopf ein bisschen wie eine Ananas aussehen lassen. Sein Blick gleitet zwischen mir und Devon hin und her.

Eine seltsame Spannung liegt in der Luft.

Devon tritt ein und geht wortlos an dem Fremden vorbei. Irgendwas habe ich hier nicht mitbekommen. Ich muss sogar ziemlich viel nicht mitbekommen haben.

»Hi. Ich bin Terrell«, sagt der Fremde.

»Chiamaka …«, antworte ich.

Er grinst breiter. »Weiß ich. Komm rein.«

Er tritt beiseite, um mich einzulassen. Ich zögere kurz und hoffe, dass mich Devon nicht in eine Todesfalle gelockt hat. Dann steige ich über das Unkraut vor der Tür und gehe durch den Flur in ein kleines Wohnzimmer. Auf dem stumm geschalteten Fernseher laufen Cartoons. Ich bekomme Platzangst, hier ist kaum genug Luft zum Atmen.

Devon sitzt auf einem der alten Sofas. Ich setze mich neben ihn an den Rand.

Terrell kommt herein und schaltet den Fernseher mit der Fernbedienung aus.

»Willkommen in meiner bescheidenen Bleibe. Kann ich euch etwas anbieten? Ich war vorhin einkaufen, also gibt es einiges in der Küche da drüben …«

»Moment. Devon, du hast gesagt, wir treffen uns bei dir. Wer ist er und warum treffen wir uns hier?«, unterbreche ich ihn ungeduldig.

»Terrell ist mein Freund. Er weiß alles und er ist gut darin, Dinge herauszufinden. Ich dachte, es kann nicht schaden, wenn er uns beim

Planen hilft. Und bei mir ist es nicht sonderlich gastlich«, erwidert Devon. Was auch immer er damit meint.

Wenn es nur das wäre, hätten wir auch zu mir gehen können.

»Aber du hast gesagt, wir gehen zu dir …«, beginne ich.

»Na, dann habe ich eben gelogen. Sorry«, unterbricht er mich und lehnt sich zurück. »Können wir jetzt anfangen und planen, was wir als Nächstes machen?«

»Als du gegangen bist, habe ich darüber nachgedacht, wie wir Niveus besiegen könnten«, seufze ich, »aber nachdem ich mit Belle gesprochen habe, habe ich erkannt, dass sie zu mächtig sind, als dass wir das allein schaffen könnten.«

»Wer ist Belle?«, will Terrell wissen.

Ich hasse Devon wirklich dafür, dass er mich nicht gefragt hat, bevor er einen Fremden in die Sache hineinzieht.

»Sie ist ein Mädchen aus der Schule. Sie hat auch mitgemacht. Als ich sie damit konfrontiert habe, hat sie mir einen Haufen Mist darüber erzählt, dass ihre Familie da mitmacht und dass dort eine Tradition gepflegt wird, die sie Sozialeugenik nennen. Einige Kids von der Schule, die Legatenkinder, aus Familien, die altes Geld und alte Macht haben, gehen in so ein Sommerlager. Da planen sie, wie sie unsere Zukunft ruinieren können, und nach dem, was sie sagt, ist Niveus nicht die einzige Schule, an der das geschieht.

Terrell reißt die Augen auf.«

»Eugenik?«

Ich nicke.

»Wow«, macht er.

Allerdings wow.

»Soll ich dir noch mehr erklären, bevor wir weitermachen?«, frage ich. Hoffentlich klinge ich nicht zu sarkastisch. Ich vermute, er will uns nur helfen.

»Also nach dem, was Devon erzählt, nimmt eure Schule alle zehn Jahre zwei schwarze Schüler auf, die in ihrem Abschlussjahr von Aces aufs Korn genommen werden. Es werden Lügen, Gerüchte und Geheimnisse verbreitet, die man über sie gesammelt hat … bis die Opfer die Schule abbrechen. Keine Aussichten, auf die Uni zu gehen, traumatisiert und alle Träume, auf die diese Weißen-Hochburg sie hoffen ließ, zerstört«, fasst Terrell zusammen.

Er weiß also alles.

»Ja … so in etwa ist das wohl. Deshalb glaube ich, dass wir das ohne Hilfe von außen auch nicht lösen können. Ich schlage vor, dass wir an die hiesigen Medien gehen, ihnen sagen, was wir wissen, und ihnen einen Bericht über die Niveus-Akademie geben. Was hältst du davon, Devon?«, frage ich.

Ich finde meinen Plan brillant.

»Ich finde deinen Plan dämlich«, meint Devon. »Wie können wir nach alldem überhaupt noch jemandem trauen? Meine Erfahrung hat mich gelehrt, dass wir bei diesem Kampf nur auf uns selbst vertrauen können.«

»Was schlägst du denn vor, wie wir vorgehen sollen, wenn du schon so zynisch und unvernünftig sein willst?«

Ich verschränke herausfordernd die Arme vor der Brust und warte darauf, einen besseren Vorschlag zu hören. Doch er sagt nichts. Triumphierend lächle ich.

»Genau. Das ist ein guter Plan. Du musst mir vertrauen. Ich bin nicht umsonst zum Head Prefect gewählt worden«, sage ich.

»Du bist gewählt worden, weil du den Lehrern in den Arsch kriechst – und ich bin nicht unvernünftig«, murrt Devon.

»Oh? Das sagt der Junge, der mit Scotty ging – dem echt schlimmsten Jungen, mit dem man gehen kann. Und der auch noch Drogendealer ist.«

»Du bist auch mit Scotty gegangen und du solltest nicht von Dingen reden, von denen du nichts verstehst«, erwidert Devon lauter.

»Wer ist Scotty?«, will Terrell wissen.

Ich reibe mir die Schläfen. »Wisst ihr was, wir haben keine Zeit, darüber zu streiten. Entweder vertraut ihr mir oder eben nicht. Ich gehe auch allein zu den Journalisten, wenn es sein muss. Es ist nicht nur eine gute Idee, es ist auch unsere einzige Chance. Terrell, sag ihm, dass es eine gute Idee ist.«

Terrell sieht zwischen uns beiden hin und her und nickt dann. »Sie hat nicht ganz unrecht, Von. Es ist die einzige Lösung … und die Idee ist nicht völlig absurd …«

Ich lächle. »Also, machst du jetzt mit oder willst du weiter schmollen?«

Devon wischt sich die Augen. »Wie ihr wollt.«

Ich habe ein schlechtes Gewissen, weil er so offensichtlich traurig ist, aber wir haben keine Zeit für Paranoia. Wir müssen Aces zur Strecke bringen, bevor sie noch härter zuschlagen.

»Ich habe die Nummern von Central News 1 und US This Morning. Ich versuche es erst bei Central News … mal sehen, was sie sagen«, erkläre ich und hole mein Telefon raus, um anzurufen.

Als ich die Nummer eingegeben habe, sehe ich zu den beiden auf. »Irgendwelche Einwände? Wenn ja, sprecht jetzt oder schweigt für immer.«

»Ruf einfach an«, verlangt Devon.

Also tue ich es.

35

DEVON

Mittwoch

Ich habe letzte Nacht überhaupt nicht geschlafen, weil ich über alles nachdenken musste.

Darüber, dass mein Pa tot ist und dass Ma das wusste und es mir nicht gesagt hat. Über Andre, der allein und voller Angst in einer kalten, dunklen Zelle sitzt. Und darüber, dass ich nicht ganz davon überzeugt bin, dass dieser Plan funktioniert.

Gestern hat Chiamaka bei Central News 1 angerufen und wir haben für heute ein Treffen mit einer Journalistin vereinbart. Ich soll Chiamaka zu Hause abholen, aber ich habe jetzt schon Angst davor. Ich bin es leid, darauf hoffen zu müssen, dass etwas funktioniert, und dann zerschlägt sich diese Hoffnung doch wieder.

Erst nehme ich das Summen gar nicht wahr, bis ich auf den Nachttisch sehe und bemerke, dass mein Telefon leuchtet und das Schlafzimmer erhellt. Ich nehme es und sehe auf die Uhr darauf. Es ist schon 5:00 Uhr morgens.

Die Zeit verfliegt nur so, wenn das Leben den Bach runtergeht.

Es ist eine Nachricht von Chiamaka.

`Bist du wach? C.`

Ja, bin ich.

Das scheint mir untertrieben zu sein. Ja, ich bin wach, aber nicht, weil ich ein Frühaufsteher bin, sondern weil ich jedes Mal, wenn ich die Augen schließe, in wirre Träume abgleite. Die Bilder in meinem Kopf werden monströs und gewalttätig. Ich habe zu viel Angst, um zu schlafen. Also liege ich hier und habe das Gefühl, zu ertrinken, draußen vor dem offenen Fenster prasselt laut der Regen, neben mir schnarchen meine Brüder. Uff.

Wie geht es dir? C

Weiß nicht.

Ich antworte ehrlich. Ich bin hilflos und zornig.

Geht mir auch so.

Gleich darauf summt das Telefon wieder.

Alles wird gut. Dieser Plan wird funktionieren. Ich drucke gerade alle unsere Beweise aus. Vergiss die Plakate nicht. C

Okay,

tippe ich, ohne an ihr *Alles wird gut* zu glauben. Nichts ist gut und wahrscheinlich wird auch nichts gut werden. Und ich bin es leid, so zu leben.

Während der Regen an die Fensterscheiben hämmert und die Kälte ins Zimmer kriecht, sehe ich mich in diesem beengten Zimmer um und habe das Gefühl, mein Leben mit neuen Augen zu betrachten. Der komische grüne Teppich mit dem Blumenmuster, den ich früher kaum beachtet habe, macht mich auf einmal ganz krank. Große dunkle Schränke, aus denen die Kleider hervorquellen, abblätternde gelbe Tapeten und der alte Fernseher, den meine Brüder so lieben. Ich sehe den Raum an und fürchte, dass das Leben vielleicht nie besser sein wird als das hier. Mein Schicksal ist es, die Schule abzubrechen und hier zu bleiben, in diesem Haus, in diesem Zimmer, und zuzuhören, wie Ma zu einem Gott betet, der sich die Ohren zuhält, wenn sie ihn anruft.

Früher konnte ich mir sagen, dass das nicht für immer ist, dass ich eines Tages irgendwo leben würde, wo ich mir nicht das Bett mit meinen Brüdern teilen oder in diesem Haus voller zusammengewürfelter Dinge leben muss. Aber da habe ich mir wohl etwas vorgemacht.

Für Jungen wie mich gibt es kein Happy End.

Die Geschichten, dass man mit harter Arbeit alles erreichen kann, waren eben nur Geschichten. Lügen. Gefährliche Träume.

Ich schließe meinen Chat mit Chiamaka und scrolle ohne zu überlegen auf meinem Telefon herum, auf der Suche nach einem Spiel, nach den Social Media, nach irgendetwas, das mich ablenkt, bis ich aufstehen muss, meine Schulklamotten anziehe und bei meiner Mutter so tue als ob. Ich habe entschieden, ihr noch nichts zu erzählen, aber wenn wir den Plan durchziehen, werde ich das bald tun. Na ja, wenn es funktioniert, wird sie es wohl selbst sehen.

Ich scrolle durch Twitter, rolle mich zusammen und streiche mit dem Daumen über den Bildschirm. Schlagartig kommt mir ein Gedanke.

Neuer Tweet. Der Cursor blinkt mich an und fordert mich auf, etwas zu schreiben. Bei allem, was passiert ist, haben viele Leute der Welt verkündet, wer ich bin. Chiamaka hat mir verkündet, was wir tun sollten. Ein Mal wenigstens will ich auch etwas sagen und ich will, dass jemand mir Beachtung schenkt, irgendjemand. Hier ist die Gelegenheit.

Aber was soll ich sagen? Es ist ja nicht so, als hätte ich viele Follower. Ich nutze diesen Account kaum.

Der Bildschirm leuchtet so hell, dass es ein wenig in den Augen schmerzt. Ich lasse die Daumen tanzen und lese meine Worte dann noch ein letztes Mal.

@DLikesTunes: #NiveusPrivatakademie entlarvt: Die Schule sabotiert ihre schwarzen Schüler. Seit 1965 wurde jeder schwarze Schüler an dieser Schule angegriffen und gezwungen, abzubrechen. Ich bin eines ihrer jüngsten Opfer. Hier sind die Beweise.

Ich füge die Bilder von Computer 17 – das Akrostichon, die Namen, die Checklisten – hinzu. Dann die Bilder von mir und Chiamaka mit den ausgekratzten Augen aus dem Jahrbuch.

Es macht mich krank, diese Bilder anzusehen, aber endlich kontrolliere ich mal etwas, auch wenn es kaum etwas bringt.

Ich drücke auf Senden und der Tweet geht in Umlauf.

Dann schleppe ich mich unter die Dusche und nach unten, wo meine Ma wie jeden Morgen in ihrer Arbeitskleidung sitzt und Toast isst.

»Guten Morgen, Baby«, sagt sie, als sie mich sieht.

»Morgen, Ma«, antworte ich und gehe zum Tresen, um mir auch eine Scheibe zu machen.

»Wie hast du geschlafen?«, fragt sie.

»Gut.«

»Schön.«

Schweigend warte ich auf mein Toastbrot.

Als die Scheiben aus dem Toaster springen, bestreiche ich sie mit Butter und setze mich meiner Ma gegenüber. Schweigend kaue ich. Ich beeile mich nicht, sondern versuche, Zeit zu schinden und die Gedanken, die mich wach gehalten haben, zu verdrängen.

Ich beobachte meine Ma und frage mich, warum sie gelogen hat und warum es ihr so leicht gefallen ist. Ich hätte nicht gedacht, dass sie mich anlügt, aber wir lügen wohl alle mal.

Ist es egoistisch, wenn ich ihr böse bin? Dass ich Antworten will? Dass ich, während sie sich abrackert, damit wir ein Dach über dem

Kopf haben, von jemandem geträumt habe, der sich nie um uns gekümmert hat? Und dass seine Abwesenheit schmerzhaft ist, auch wenn ich das nicht will?

Ma steht auf und stellt ihren Teller ins Spülbecken, bevor sie zu mir kommt und mich umarmt.

»Ich wecke jetzt Eli und James. Gehst du heute früher los?«, fragt sie und hält mein Gesicht noch zwischen ihren Händen. Ich spüre, wie mir grundlos die Tränen kommen, und nicke.

»Okay.« Sie lässt die Hände sinken und sofort vermisse ich ihre Wärme. »Ich hab dich lieb«, sagt sie und geht zur Treppe. Ich sehe ihr nach, bis sie verschwunden ist und ich wieder allein in unserer dunklen Küche sitze.

♠

Pünktlich um eins stehe ich bei Chiamaka vor der Tür. Ich drücke auf den Türsummer am Tor und gehe hinein, als es sich öffnet. Der scharfe Klang hoher Absätze und das Schlagen der Haustür lassen mich aufsehen. Ich gehe Chiamaka entgegen, die mich damit überrascht, dass sie mir eine Tasche in die Hand drückt.

»Halt das mal – ich muss den Riemen an meinem Schuh richten.«

Sie sieht wirklich aus, als wäre sie gerade aufgewacht und losgelaufen. Nicht, dass ich viel über Frisur und Kleidung von Mädchen weiß, oder wie sie aussehen sollen, aber alles an ihr schreit förmlich: Ich bin genau so aufgewacht.

»Danke«, sagt sie und nimmt ihre Tasche wieder. »Steig ins Auto. Der Nachrichtensender ist nicht weit von hier, maximal eine halbe Stunde«, erklärt sie und klickt mit der Fernbedienung zu dem schicken schwarzen Wagen, als wäre das gar nichts. Sie öffnet die Tür und wirft ihre Tasche hinein.

Ich gehe zur Beifahrerseite, doch sie hält mich am Arm zurück.

»Was ist?«

»Nichts«, meint sie kopfschüttelnd. »Ich glaube nur, es ist besser, wenn du fährst.« Nach kurzem Zögern gibt sie mir den Schlüssel. »Hier.«

»Ich soll dein Auto fahren?«, frage ich verblüfft.

»Ja«, antwortet sie, als wäre ihr Vorschlag nicht völlig absurd.

»Ich kann dein Auto nicht fahren«, beichte ich und gebe ihr den Schlüssel zurück.

»Und warum nicht?«, fragt sie gereizt.

»Ich habe keinen Führerschein.«

Sie seufzt laut. »Aber fahren kannst du doch, oder?«

Das erste Mal bin ich mit zwölf gefahren, als wir noch ein Auto hatten. Da musste ich Ma ins Krankenhaus bringen, als sie meinen jüngsten Bruder Eli bekam. Manchmal bin ich auch mit Dres Auto unterwegs gewesen, wenn ich für ihn Lieferungen ausgefahren habe.

»Ja, fahren kann ich …«

»Dann steig ein.«

Wir versuchen kurz, uns gegenseitig niederzustarren. Die Ringe unter ihren Augen und ihr wirres Haar sind jetzt überdeutlich. Sie sieht wirklich müde aus.

»Na gut«, seufze ich.

»Gott sei Dank«, murmelt sie und wirft mir den Schlüssel wieder zu, wobei sie nur knapp mein Gesicht verfehlt. Beinahe hätte ich etwas gesagt, aber das ist es nicht wert, außerdem geht es ihr offensichtlich auch nicht gut, daher sehe ich schweigend zu, wie sie auf der Beifahrerseite einsteigt und die Tür zuknallt.

Ich steige ein, mache die Tür zu und schnalle mich an. Auf einen Knopfdruck hin springt der Motor an. Zu einer anderen Zeit, an einem anderen Tag, in einem anderen Zusammenhang hätte ich ihr gesagt, wie cool ihr Auto ist.

»Moment«, verlangt sie. Ich sehe, wie sich ihre Brust heftig hebt und senkt, doch nach ein paar Sekunden beruhigt sie sich. »Okay, es kann losgehen.«

Obwohl ich wenig Vertrauen in den Plan habe, muss ich unwillkürlich denken: Jetzt geht es los. Endlich tut sich was.

Ich trete aufs Gaspedal und das Auto rollt die Einfahrt hinunter. Die Tore öffnen sich automatisch und gleich darauf rasen wir die Straße entlang, vorbei an weißen Zäunen, großen schwarzen Toren und perfekten Dächern, unter denen perfekte Familien wohnen.

»Lass uns den Plan noch mal durchgehen«, fängt Chiamaka an.

»Wir gehen zu Central News 1 …«, fange ich an.

»Wir gehen zu Central News 1, wir sprechen mit der Person an der Rezeption und sagen, dass wir eine Verabredung mit der Journalistin haben, die ich gestern angerufen habe«, unterbricht sie mich. »Wir zeigen ihr die Dateien und die Ausdrucke, das Bild aus dem Jahrbuch und die Poster. Wir zeigen ihr die Texte … Moment, du hast doch die Poster, oder?«

Die sind sicher in meinem Rucksack verstaut.

»Klar.«

»Gut. Wo war ich? Wir zeigen ihr alles und dann planen wir zusammen mit der Journalistin, wie wir gegen die Schule vorgehen, und sehen, wie es weitergeht. Ab heute ist Schluss damit, dass Niveus Macht über uns hat«, schließt Chiamaka.

»Genau«, antworte ich und versuche, ebenso überzeugt zu klingen wie sie.

Aus dem Augenwinkel entdecke ich ein Polizeiauto.

»Und was ist schon das Schlimmste, was passieren kann? Echt … es wird alles gut werden«, sagt Chiamaka, wie ich vermute, mehr zu sich selbst als zu mir.

»Ja«, erwidere ich, den Blick auf die blinkenden Lichter des Wagens hinter uns gerichtet. Ich hoffe nur, sie blinken nicht uns an. Das Letzte, was ich jetzt will, ist, mit einem Polizisten zu sprechen.

»Und wenn Central News 1 unsere Story nicht bringen will, können wir immer noch zu einem anderen Sender gehen«, fährt sie fort, ohne den Wagen hinter uns zu beachten oder zu merken, wie aufgeregt ich werde.

Das Blinken hat nicht aufgehört.

Ich glaube, sie wollen, dass ich anhalte.

Mir bricht der Schweiß aus und meine Hände werden feucht. Ich habe keine andere Wahl, ich muss anhalten.

Am liebsten würde ich das ganze schöne Auto vollkotzen.

»Chiamaka, ich glaube, ich muss anhalten. Dieser Streifenwagen blinkt uns schon eine ganze Weile an.«

Chiamaka sieht sich um, löst dann ihren Sitzgurt und sagt: »Wir müssen die Plätze tauschen.«

Auch ich löse meinen Gurt und versuche, mich an Mas Worte zu erinnern.

Wenn sie dir Fragen stellen, antworte höflich. Such nicht nach deinem Telefon, rühr deine Taschen nicht an. Tu das bitte nicht. Mach einfach, was sie sagen, und halte die Hände da, wo sie sie sehen können.

Ich hab dich lieb.

»Fahr da rechts ran, wir müssen tauschen, bevor sie uns sehen. Die Scheiben sind getönt, also kriegen sie es hoffentlich nicht mit«, sagt sie, als ich mit zitternden Händen anhalte. Ich bekomme einen Schlag ab und sie flüstert »Beeil dich!«, während wir übereinanderklettern. Endlich sitze ich an ihrem Platz und schrecke auf, als ich höre, wie es ans Fenster klopft.

Chiamaka lässt das Fenster herunter und sagt: »Guten Tag, Officer.«

Er sieht mich an. Ich schaue weg.

»Ist Ihnen klar, dass Sie in einer 30er-Zone 50 gefahren sind?«

Echt?

»Tut mir leid, Officer, ich kann wohl nicht richtig lesen«, sagt sie. Ich ignoriere den Seitenhieb.

»Wollen Sie frech werden?«, fragt der Beamte.

»Nein, Sir«, antwortet Chiamaka kopfschüttelnd.

»Führerschein und Wagenpapiere bitte«, sagt der Beamte gleichgültig und zückt ein Notizbuch.

Chiamaka greift hinter die Sonnenblende und zeigt ihm die Papiere, die er nimmt und langsam prüft. Der Kerl ist der Prototyp des Cops in der ganz normalen Geschichte, in der wir uns ausmalen, wie uns jemand eine Pistole an den Kopf hält. Er ist groß, breit, mit blondem Bart und Knopfaugen.

»Ihr zwei seht aus, als solltet ihr in der Schule sein und nicht auf der Straße«, findet er, immer noch in ihre Papiere starrend.

»Wir sind auf dem College«, lügt Chiamaka.

»Habt ihr Ausweise dabei?«, fragt er.

Was zum Teufel geht ihn das an?

»Bei allem Respekt, Officer, wir sind nicht verpflichtet, Ihnen unsere Ausweise zu zeigen.«

Offensichtlich haben ihre Eltern das gewisse Gespräch nicht mit ihr geführt. Ihre Hände zittern deutlich am Lenkrad.

Vielleicht weiß sie aber auch so wie wir alle, dass die Cops uns bei ihrem eigenen kleinen Eugenik-Spielchen killen.

Schweigend starrt der Mann Chiamaka an. In seinem durchdringenden Blick liegt Frustration. Mein Magen macht einen Salto.

Er schreibt etwas in sein Notizbuch und reicht ihr dann die Papiere zurück.

Als er sich umdreht, kann ich endlich wieder atmen, doch in derselben Sekunde kommt er noch einmal zurück und beugt sich ins Auto. Es ist wie in meinem Albtraum. Die Monster greifen an und jagen mich, aber ich kann nicht fliehen, weil sie immer zu wissen scheinen, wo ich bin.

»Junge!«, sagt er scharf. Ich sehe mit wild hämmerndem Herzen auf.

»Ja, Sir«, antworte ich und hoffe, dass er die Hände in meinem Schoß gut sehen kann.

»Schnall dich an.« Er mustert meine Kleidung und ich sehe an mir herab.

»Ja, Sir«, sage ich. Ich will mich nicht zu viel bewegen, damit er keinen Grund hat, sich zu »verteidigen«.

Meine Hände zittern, mein Gesicht glüht und schwitzt, als ich unter seinem prüfenden Blick endlich den Gurt einrasten lasse.

Schließlich schlägt er aufs Wagendach und geht zu seinem eigenen Auto zurück. Endlich kann ich wieder atmen, auch wenn es fast schmerzhaft ist.

Ich hasse es, dass dieses System, dieser institutionelle Scheiß, mich derartig aus der Fassung bringt. Ich hasse es, dass sie die Macht haben, mir meine Zukunft zu nehmen oder mich zu töten. Sie behandeln meine schwarze Haut, als wäre sie eine Pistole, eine Granate oder ein Messer, etwas, das gefährlich und tödlich ist. Aber eigentlich sind sie es, die gefährlich und tödlich sind. Die Kerle haben alle Macht.

Wenn Niveus uns nicht fertigmacht, dann könnte es jeder von ihnen tun.

»Brauchst du noch einen Moment?«, fragt Chiamaka.

Ich nicke schniefend, ohne dass ich die Tränen und Schluchzer unterdrücken kann. Ich lege den Arm über das Gesicht und lasse mich einfach gehen.

Chiamaka nimmt meine Hand und drückt sie.

Auch wenn ich es nicht gerne zugebe, bin ich froh, dass sie da ist.

♠

Wir stehen auf dem Parkplatz zwischen ein paar anderen Autos und betrachten das Gebäude von Central News 1, als warteten wir darauf, dass es zu uns kommt, anstatt dass wir hineingehen.

»Ich habe Angst«, gesteht Chiamaka.

Ich auch.

»Wie du schon gesagt hast, wir haben nichts zu befürchten«, erwidere ich. Es ist unsere letzte Möglichkeit.

»Genau … nichts.«

Doch es gibt eine Menge, was wir befürchten könnten. Wer weiß, was da drin passieren wird.

Wir bleiben schweigend sitzen und warten darauf, dass der andere den ersten Schritt tut.

Es ist soweit.

Freiheit.

36

CHIAMAKA

Mittwoch

Gemeinsam betreten wir das Gebäude. Ich hole tief Luft und gehe voran durch die offenen Doppeltüren.

Es ist so weit.

Am Empfang sitzt eine Frau, deren blaue Augen uns durchdringend ansehen, als sie aufblickt.

»Hi! Wie kann ich euch helfen?«, fragt sie. Angesichts ihrer gummiartigen Haut fühle ich mich ein wenig unwohl wegen meines eigenen Aussehens.

»Wir haben einen Termin mit Ms Donovan.«

»Wie sind die Namen, bitte?« Sie tippt etwas in ihren Computer.

»Chiamaka Adebayo und Devon Richards.«

Sie tippt langsam und sieht uns dann an.

»Okay, nehmt Platz. Sie kommt gleich.«

Ich seufze. Gott sei Dank. Ich hatte schon Angst, unser Treffen könnte abgesagt oder gar nicht registriert worden sein. Ich bin es gewohnt, dass in letzter Zeit alles schiefgeht.

Wir setzen uns auf die Stühle im Empfangsbereich. Ich sehe Richards an, der die Augen geschlossen hat, als würde er schlafen. Ich wünschte, ich könnte einnicken und etwas entspannen. Aber ich kann nur daran denken, dass das hier klappen muss.

Ich habe es vermasselt, als ich in der Bibliothek davongelaufen bin – das soll mir nicht noch mal passieren. Wir werden hineingehen, der Journalistin die Tatsachen unterbreiten und sie wird eine Story schreiben, die Niveus entlarvt. Das muss sie. Was für ein Mensch würde sich das ansehen und nicht entrüstet sein?

»Devon und Chiamaka?«, ruft eine weiche Stimme und ich drehe mich in die Richtung, aus der sie kam.

Dort steht eine Frau in billigen High Heels, einem schwarzen Bleistiftrock und einer Rüschenbluse. Sie lächelt uns an, was bei ihren großen blauen Augen, dem perfekten lockigen blonden Haar und den blutroten Lippen recht einschüchternd wirkt.

Sie erinnert mich an die Mädchen, mit denen ich mein ganzes Leben lang in die Schule gegangen bin.

»Ja?«, sage ich, als Devon aufwacht und sie erblickt.

»Folgt mir, ich zeige euch Alices Büro«, sagt sie. Alice ist Ms Donovans Vorname. Wir stehen auf und folgen der Barbiepuppe den Gang entlang. Die Wände sind zum größten Teil kahl und weiß und an einigen Stellen blättert die Tapete ab. Es ist eine klinische Atmosphäre, wie in den Krankenhäusern, in denen Mum und Dad arbeiten.

An einer Tür mit dem Schild Donovan bleiben wir stehen und die Frau klopft.

»Herein!«, ruft eine tiefe Stimme und die Frau macht die Tür auf und tritt beiseite, um uns hineinzulassen. Ich gehe zuerst. Devon folgt mir. Hinter einem Schreibtisch sitzt eine Frau und tippt etwas in ihr Telefon, ohne uns anzusehen. Anders als die Frau, die uns hereingelassen hat, hat diese hier dichtes braunes Haar. Sie ist sonnengebräunt und vielleicht knapp über vierzig. Hinter uns knallt die Tür zu und ich erschrecke.

Das Geräusch lenkt sie von ihrem Telefon ab und sie blickt endlich auf.

»Ihr müsst Devon und Chiamaka sein! Setzt euch, setzt euch – ich muss mir nur etwas in meinem Kalender notieren«, sagt sie und tippt weiter, bevor sie ihr Telefon sperrt und es mit dem Bildschirm nach unten auf den Tisch legt.

Sie neigt sich vor, legt das Kinn auf die verschränkten Hände und lächelt uns an.

»Wie kann ich euch beiden helfen?«

Bevor ich etwas sagen kann, beantwortet Devon ihre Frage.

»Wir haben gestern telefoniert, oder besser, Sie haben mit Chiamaka telefoniert, aber ich war auch da. Jedenfalls haben wir Beweise, dass unsere Schule schwarze Schüler sabotiert und wir wollten gerne etwas darüber publizieren.«

Ihre Augenbrauen schießen in die Höhe.

»Ja, ich erinnere mich an das Gespräch. Ich bekomme so viele Anrufe, dass man meinem Gedächtnis gelegentlich ein wenig auf die Sprünge helfen muss, aber ich erinnere mich. Wie könnte ich so eine interessante Geschichte vergessen? Ein anonymer Rassist ist hinter den zwei einzigen schwarzen Schülern einer Privatschule her … und dann zeigt es sich, dass es sich um ein Komplott handelt, bei dem die ganze Schule mitmacht. Was für eine Story«, sagt sie und starrt uns unverwandt an, als wartete sie auf etwas. »Habt ihr irgendwelche belastbaren Beweise? Ohne kann ich schlecht etwas schreiben«, sagt sie schließlich.

Ich nicke. »Ja, haben wir.« Ich mache meine Tasche auf und gebe ihr den Ordner, in dem alles liegt, was ich finden konnte, während Devon seinen Rucksack auspackt. Ms Donovan nimmt meinen Ordner und blättert durch die Seiten. Ihre Augen werden immer größer – und hungriger.

Wenn man mir diese Geschichte erzählen würde, würde ich sie wahrscheinlich nicht glauben, nicht mal mit Beweisen. Sie scheint zu schräg, um wahr zu sein. Aber Niveus ist so schräg – das weiß ich jetzt.

»Das ist …«, beginnt die Journalistin und blättert eine weitere Seite um.

Ich schlucke und mein Bein wippt nervös auf und ab, weil ich Angst habe, sie könnte sagen, dass das Mist ist oder dass wir uns das nur ausgedacht haben.

»Das ist ja grauenvoll … so eine Geschichte habe ich noch nie gehört«, sagt sie und sieht zu uns auf. »Ihr Kids habt viel durchgemacht. Es tut mir so leid.«

Ich bin erleichtert, mir kommen Tränen, die ich aber wegblinzle.

Sie glaubt uns.

»Können Sie daraus eine Story machen? Kann das an die Presse gehen?«, frage ich.

Sie schüttelt den Kopf und mein Herz wird wieder schwer. Nein? Was soll das heißen?

»Ich kann noch viel mehr für euch tun«, erklärt Ms Donovan und lehnt sich zurück, macht ein ernstes Gesicht und legt die Finger ans Kinn. »Heutzutage lesen die Leute keine Zeitung mehr, nicht die, für die eine derartige Story interessant ist … Ihr wollt, dass man euch zuhört? Wir werden das live im Fernsehen bringen.«

»Live senden? Wie denn? Wir sind raus aus der Schule. Wenn wir wieder hingehen, um sie auf frischer Tat zu ertappen, könnten wir getötet werden …«, sagt Devon, dem Ms Donovans Plan nicht zu gefallen scheint.

»Wir müssen sie nicht unbedingt auf frischer Tat ertappen, wir müssen nur einen Enthüllungsbericht live filmen, wenn ihr sie konfrontiert. Drängt sie in die Ecke, sodass sie der Wahrheit ins Gesicht sehen müssen«, schlägt Ms Donovan vor.

Sie hat recht. Wir müssen sie unvorbereitet treffen und die Wahrheit vor aller Welt sichtbar vor einer Kamera ausbreiten. Ich finde, das klingt großartig, auch wenn Devon das noch nicht so sieht.

»Gibt es nicht bald eine Veranstaltung an der Schule? Einen Abschlussball vielleicht, wo wir filmen können?«, fragt sie.

Ich nicke. »Es gibt den jährlichen Benefizball, den Snowflake Ball. Der ist sogar morgen schon.«

»Perfekt. Einfach perfekt!« Ms Donovan schreibt entzückt in ein Notizbuch.

»Wir sollen auf den Ball gehen und was genau tun?«, fragt Devon. Er ist schnippisch und unhöflich. Ich frage mich, was mit ihm los ist. Ich weiß, dass er die Idee von der Unterhaltung mit der Journalistin nicht übermäßig überzeugend fand, aber er ist hier. Er hätte ja nicht mitkommen müssen.

Ms Donovan lässt sich von seinem Ton nicht beeindrucken.

»Haltet eine Rede, sagt ihnen, wie ihr euch fühlt, was sie euch angetan haben. Wir nehmen es auf und senden es an jeden Fernseher in jedem Staat in Amerika. Wir bringen natürlich Sicherheitspersonal mit, damit wir euch schützen können. Klingt das nach einem guten Plan?«

Ich nicke. Es klingt nach einem sehr guten Plan.

Das ist die Art von brisantem Ende, die wir brauchen, wenn wir Niveus zur Strecke bringen und uns eine Chance auf unsere erträumte Zukunft erhalten wollen.

»Na gut«, sagt Ms Donovan mit breitem Lächeln. »Reden wir mal über unsere Strategie.«

37

DEVON

Mittwoch

Gegen vier sind wir wieder bei Terrell.

Den ganzen Rückweg lang hat Chiamaka davon gefaselt, wie aufgeregt sie ist wegen morgen und allem, was wir jetzt gegen Niveus in der Hand haben durch den neuen Plan, den die Journalistin ausgearbeitet hat.

In diesen Plan hat sie volles Vertrauen. Das Treffen hat sie darin bestätigt, dass wir eine Chance haben. Meine Zweifel hat es eher noch verschlimmert.

Der Plan ist kompliziert und riskant. Ich würde nicht auf etwas so Gefährliches setzen. Aber sie würde die Sache auch ohne mich durchziehen und ich kann sie das nicht allein tun lassen. Dabei könnte sie getötet werden. Ich könnte nicht damit leben, wenn ich wüsste, dass ich das vielleicht irgendwie hätte verhindern können.

Eigentlich hätten wir zu Chiamaka gehen sollen, aber ich habe darauf bestanden, dass sie mich bei Terrell absetzt. Sie war einverstanden, weil sie ihm von dem Plan erzählen wollte und wie erfolgreich wir heute ihrer Meinung nach waren. Komischerweise verstehen sich die beiden.

Im Regen sieht Terrells knallrote Haustür trister aus als sonst. Dahinter höre ich Terrell rumoren. Das Schloss klickt und die Tür öffnet sich weit.

Terrell trägt seine graue Jogginghose und ein Black Panther-T-Shirt und zeigt seine markanten Grübchen.

»Kommt rein, wir können nach oben in mein Zimmer gehen«, lädt er uns ein. Chiamaka läuft sofort die Treppe hinauf.

»Hi«, lächelt Terrell.

»Hi«, erwidere ich, ebenfalls lächelnd.

»Lief es gut beim Sender?«, fragt er.

»Chiamaka ist zufrieden«, entgegne ich achselzuckend.

Wie aufs Stichwort ruft sie von oben: »Kommt ihr zwei, oder was?«

»Dann gehen wir mal besser«, meint Terrell und ich folge ihm in sein Zimmer. Chiamaka sitzt auf dem Bett und scrollt durch ihr Telefon, also setze ich mich neben sie, während Terrell sich uns gegenüber auf dem Stuhl an seinem Schreibtisch niederlässt.

»Wie lief es?«, erkundigt er sich.

»Es lief gut. Wir haben einen zuverlässigen Plan. Ich weiß, dass es funktionieren wird, ich spüre es einfach«, berichtet Chiamaka.

Sie ist sich so sicher. Fast naiv. Andererseits ist sie eigentlich ziemlich klug und anscheinend die Rationalere von uns beiden. Vielleicht täusche ich mich ja.

»Und wie sieht der Plan aus?«, will Terrell wissen und dreht sich auf seinem Stuhl hin und her.

»Niveus gibt für die Abschlussklasse den Snowflake Ball. Dazu werden Sponsoren und wichtige Repräsentanten der Top-Universitäten eingeladen. Es ist eine Chance, sich zu beweisen …«, erklärt Chiamaka und fügt nach einer kleinen Pause leiser hinzu: »Wir werden den Ball crashen.«

»Crashen? Ihr wollt also nach allem, was passiert ist, zurück zur Niveus?«, fragt Terrell erstaunt.

Vielleicht sieht er ja, wie gefährlich der Plan ist, und unterstützt zur Abwechslung mal mich.

»Die Journalistin und ihr Team werden dabei sein und alles filmen. Ich werde vor der Kamera erzählen, was Niveus getan hat, und das wird in ganz Amerika gesendet.«

»Heilige Scheiße, das ist genial«, findet Terrell.

»Nicht wahr?«, strahlt Chiamaka.

Also gut, offenbar haben sie jeglichen gesunden Menschenverstand verloren.

Es hat keinen Sinn, etwas zu sagen, das wird morgen so stattfinden, egal, ob es sinnvoll ist oder nicht.

»Ich muss nach Hause gehen und für das große Ereignis planen«, erklärt Chiamaka und steht auf.

»Hast du ein Kleid?«, frage ich.

Beleidigt sieht sie mich an.

»Was glaubst du denn? Natürlich habe ich ein Kleid. Ich habe mir mein Ballkleid schon vor den Sommerferien ausgesucht. Hast du einen Smoking?«

Ich schüttle den Kopf.

»Dann komm morgen vor dem Ball bei mir vorbei. Dad hat Smokings, die er noch nie getragen hat. Ihr habt ungefähr die gleiche Größe … klein und drahtig … Irgendetwas in seinem Schrank müsste dir passen.«

»Danke …«, sage ich, nicht sicher, ob mich diese Beschreibung meiner Person beleidigen soll oder nicht.

»Willst du nicht hierbleiben heute Nacht? Meine Mutter ist bis Sonntag bei meiner Schwester. Ich könnte dir aus Bettlaken eine Art Zelt bauen«, bietet Terrell ihr an.

»Das ist sehr nett von dir, aber ohne dass ich unhöflich sein will … ich würde lieber sterben als hier zu schlafen … in einer … Festung.«

Terrell nickt, als hätte sie nicht gerade sein Zuhause beleidigt. »Ich bringe dich raus.«

»Dann bis morgen«, sagt Chiamaka. Ich murmle etwas zum Abschied, bevor die beiden das Zimmer verlassen. Unten höre ich Chiamaka über etwas lachen, das Terrell sagt, und dann schlägt die Tür zu.

Gleich darauf kommt Terrell zurück.

»Alles klar?«, fragt er und lässt sich wieder auf den Stuhl fallen.

»Da bin ich nicht so sicher«, erwidere ich.

»Liegt das am Plan für morgen?«

»Ich stehe wohl ein bisschen unter Schock. Ich muss gerade mit so viel auf einmal fertig werden.«

»Zum Beispiel?«, forscht Terrell.

Bedrückt lehne ich mich zurück. »Ich habe das Gefühl, es nimmt kein Ende. Selbst wenn das morgen gut geht – da sind Leute, die ich seit Jahren kenne, die meine Freunde waren, von denen ich Antworten will … ich bin einfach so … wütend.«

Dabei bin ich nicht ganz ehrlich, denn eigentlich ist es nur eine Person, auf die ich wütend bin.

»Na, dann schließ damit ab«, meint Terrell.

»Wie denn?«

Terrell rutscht auf dem Stuhl vor, bis er ganz dicht vor mir sitzt.

»Wenn dir diese Leute eine Menge bedeutet haben, dann sag ihnen, was sie falsch gemacht haben, und zeig ihnen, wie du dich fühlst«, sagt er leise.

Ich nicke. Ich muss Jack irgendwie zur Rede stellen.

»Du gibst gute Ratschläge«, bemerke ich.

»Danke, Quickie«, grinst Terrell.

Miau.

Das Geräusch lässt mich aufschrecken und ich sehe mich nach diesem personifizierten Teufel um.

Miau, miau.

Die Katze taucht aus dem Dunklen auf, schleicht durch Terrells Zimmer und rollt sich neben seinen Füßen zusammen. Ich starre sie finster an.

»Hi Bullshit«, begrüßt Terrell die Katze mit Babystimme.

»Ich glaube, ich gehe nach Hause«, verkünde ich und stehe auf.

Terrell streichelt mit einer Hand die Katze und sieht auf. »Ich bringe dich raus.«

Er bringt mich zur Tür und umarmt mich zum Abschied kräftig. Ich erwidere seine Umarmung.

»Sag mir morgen Bescheid, wie es gelaufen ist«, verlangt er, als er loslässt.

Ich nicke und verspreche es ihm.

♠

Ich verbringe den ganzen Abend in meinem Zimmer und grüble darüber nach, wie beschissen die Welt ist. Ich denke an Jack, der die einzige Konstante in meinem Leben gewesen ist.

Ich liege auf meinem Bett, rolle mich zusammen, bis mein Kopf zwischen den Knien liegt, und versuche, mich zu beruhigen, mich nicht so einsam und hilflos zu fühlen. Ich versuche, zu ertrinken, aber das hilft nicht mehr. Ich bekomme den Kopf nicht unter Wasser. Etwas hält mich oben und zwingt mich, mich mit den Gedanken zu befassen, die ich normalerweise wegschließe.

Jemand ist mit einem Schlüssel dort eingedrungen und hat die Büchse der Pandora geöffnet.

Ich frage mich, warum Jack das getan hat, warum er mitgemacht hat. Warum wollte er mich nach allem, was wir durchgemacht haben, so verletzen?

Terrell hat recht, ich muss das zu Ende bringen.

Schniefend nehme ich mein Telefon vom Nachttisch. Es ist erst elf. Das Telefon stecke ich in die Tasche von Terrells Alien-Hoodie. Ohne zu wissen, was ich mir eigentlich dabei denke, schlüpfe ich in meine Sneaker, schleiche mich aus dem Zimmer, die Treppe hinunter und aus dem Haus, wobei ich darauf achte, die Tür leise zu schließen. Ma hat einen leichten Schlaf und bei den seltenen Gelegenheiten, wo ich mich hinausschleiche, muss ich mich bemühen, so leise wie möglich zu sein.

In unserer Nachbarschaft ist es nachts nie ganz still. Es gibt immer ein paar zwielichtige Gestalten, die in dunklen Ecken ihren Geschäften nachgehen, laute Musik und gelegentlich den Knall von Schüssen.

Jacks Onkel wohnt in der Gegend, vor der mich meine Ma immer gewarnt hat, aber weil es Jack war und ich ihn seit Ewigkeiten kannte, durfte ich hingehen. Manchmal, wenn ich nicht schlafen konnte oder es mir nachts langweilig war und Dre zu tun hatte, ging ich zu Jack.

Neben seinem Haus ist eine Lücke, durch die man in seinen Garten gelangt. Jacks Zimmer ist im Erdgeschoss und hat eine große Glastür. Wie erwartet brennt dahinter Licht.

Jack sitzt auf dem Boden und macht Hausaufgaben, den Blick konzentriert auf die Arbeitsblätter gerichtet. Als wir versucht haben, auf die Niveus zu kommen, wollte Jack sich selbst und seinen Brüdern beweisen, dass sie mehr verdient hätten als diesen Ort, diese Nachbarschaft, dieses Leben. Ich wollte nur irgendwohin, wo ich nicht ständig verprügelt wurde.

Manchmal blieben wir bis 3:00 Uhr morgens wach, fragten uns gegenseitig ab und versuchten, an diese Schule zu kommen, die für uns alles ändern sollte. Nie zuvor waren wir uns so nahe gewesen. Bei der Erinnerung daran kommen mir die Tränen und ich wische sie mit dem Handrücken weg.

Früher, wenn ich herkam und klopfte, machte Jack mir die Tür auf und ließ mich herein. Wir machten Videospiele oder redeten über Dinge, über die wir mit anderen nicht sprechen konnten. Manchmal stritten wir uns wegen lächerlicher Sachen, wie zum Beispiel, ob die Erde flach ist. Jack sagte: Überleg mal, ob man uns nicht nur glauben lasst, sie ware rund. Ich sagte ihm, dass er spinne, selbst Flugzeuge, die um die Erde flögen, würden beweisen, dass sie rund sei. Dann sagte er ganz im Ernst: Pac-Man-Theorie! Vielleicht starten die Flugzeuge einfach nur vom selben Ort aus. Ich musste so lachen, dass mir die Tränen kamen und der Bauch wehtat.

Oder wir hatten ernsthafte Diskussionen.

Manchmal bekomme ich keine Luft mehr. Es wird einfach alles zu viel, verstehst du?, sagt Jack und ich nicke, denn ich weiß, dass auch Jack nicht gerade in der Lebenslotterie gewonnen hat. Seine Eltern sind weg, sein Onkel ist ein Trinker und er muss er seine Brüder praktisch allein großziehen. Er schüttelt den Kopf, schlägt auf die Knöpfe der Spielekonsole und schnauft mit glasigen Augen und fleckigen Wangen. Aber ich muss weitermachen, für meine Brüder, flüstert er. Ich habe keine Wahl.

An Tagen wie diesem setzte ich die Spielekonsole ab und tätschelte ihm den Rücken. Manchmal hielt er dann das Spiel an und wir vergaßen die Welt und die ungeschriebenen Gesetze, dass Jungen nicht über Dinge sprechen dürfen, die sie belasten, oder dass sie sich nicht umarmen dürfen. Jack legte seinen Kopf an meine Schulter und weinte.

Doch das war, bevor sich alles veränderte. Bevor ich ihm erzählt habe, dass ich gay bin, und bevor ich angefangen habe, Scotty zu daten. Früher hatte ich gedacht, dass wir immer füreinander da sein würden.

Die Worte von Computer 17 fallen mir wieder ein. Sein Name fett gedruckt: Verbreitung von DRs Nachrichten.

Schniefend sehe ich zum Himmel auf und versuche, weitere Tränen zurückzuhalten. Ich wische mir mit dem Ärmel über das Gesicht und dann klopfe ich an, wie schon so oft.

Jack fährt herum und blinzelt, dann erkennt er mich. Langsam reißt er die Augen auf, als sähe er einen Geist. Ich sehe, wie er mich ein paar Augenblicke lang beobachtet, unbeweglich, als erwartete er, dass ich einbrechen und ihn angreifen würde.

Dann steht er langsam auf. Er trägt ein schwarzes T-Shirt und Shorts. Ich schlucke den Kloß in meinem Hals herunter, als er die Tür aufmacht.

»Was willst du?«, fragt er leise.

»Ich weiß Bescheid über Niveus.«

Schweigen. Seine Haut ist blass und fleckig und er sieht weg.

»Was ist damit?«

»Das weißt du genau. Ich weiß über Aces und den Mist, den du mir angetan hast, Bescheid.«

Jack wird unruhig und vermeidet es, mich anzusehen. »Ich habe zu tun …«

Er versucht, die Tür zu schließen, aber ich dränge mich hinein. »Ich war für dich da, als du niemanden hattest, Jack. Als du auch versuchen wolltest, auf die Niveus zu kommen, hat meine Ma dafür bezahlt, dass wir die Aufnahmeprüfungen machen konnten. Sie hat dir zu essen gegeben und sich um dich gekümmert, weil sie dich liebt wie ihren eigenen Sohn. Dann bist du nicht mehr zu uns gekommen. Das war okay, sie hat sowieso die ganze Zeit gearbeitet, sodass sie es kaum gemerkt hat …« Ich unterdrücke ein Schluchzen, aber ich kann nicht aufhören. Jack starrt mich nur ausdruckslos an, als wünschte er sich, irgendwo anders zu sein, nur nicht hier. »Was habe ich dir denn getan, dass du mich so hasst?«

Jack schnieft und sagt erst einmal gar nichts. Doch dann bricht es aus ihm heraus.

»Ich arbeite hart für alles. Du kommst mit Fördermaßnahmen für Minderheiten oder irgendeinem Stipendium weiter, das es für euch gibt, während ich doppelt so hart arbeiten muss.« Kopfschüttelnd wischt er sich die Augen. »Ich hab dein Leben nicht ruiniert.«

Er sagt das, als zitierte er stur aus einem Drehbuch, das man ihm eingetrichtert hat. Als ob er die Worte auswendig gelernt hätte, obwohl er sie nicht wirklich versteht, aber trotzdem daran glaubt.

»So funktioniert das nicht, Jack. Mir fallen die Sachen nicht einfach so in den Schoß – wenn du so etwas sagst, dann … dann zeigt das nur, dass du mich gar nicht kennst.«

Ich möchte ihm sagen, dass Jungen wie er, Jungen mit weißer Haut, nie doppelt so hart arbeiten. Jungen wie er haben nicht die Last von Hass und Diskriminierung über viele Generationen hinweg zu tragen.

Aber ich weiß nicht, wie ich ihm das erklären soll. Dass ich dieses Stipendium bekommen habe, bedeutet nicht, dass ich dafür nicht auch gearbeitet hätte. Und ich werde weiterhin doppelt so hart arbeiten müssen wie alle anderen. Außerdem war dieses Stipendium im Grunde ein Fluch, denn es hat mich hineingebracht, hat mich glauben lassen, ich könnte träumen und aus dem Teufelskreis ausbrechen, und dann hat es Stück für Stück alles in meinem Leben vernichtet.

Es war ein Kelch mit einem vergifteten Trunk, der zuerst gut war, mir dann aber so schadete, bis nichts mehr von mir übrig war als Fleischfetzen und gebrochene Knochen.

»Du hast mein Leben sehr wohl ruiniert! Ich kann nicht zurück an die Highschool, ich kann keinen Abschluss machen, ich kann gar nichts mehr machen. Du wusstest schon wer weiß wie lange davon und du hast ihnen verdammt noch mal geholfen!«, schreie ich. »Was habe ich denn so Schlimmes getan? Du warst mein bester Freund … ich liebe … ich habe dich geliebt!«

Jack sieht wieder weg, seine Finger krallen sich um die Tür, dass die Knöchel weiß hervortreten.

»Du solltest gehen«, sagt er.

Ich schüttle den Kopf. »Nein, so leicht ist das nicht!«, sage ich und mache einen Schritt nach vorn, als er wieder versucht, die Tür zu schließen. Ich spüre das Glas, das gegen meine Schulter drückt. Als er merkt, dass ich nicht zurückweiche, stößt er mich und ich stolpere leicht. Einen Moment bin ich benommen, dann stoße ich ihn ebenfalls und trete ein.

»Geh weg«, sagt er schwer atmend.

Ich sehe ihn an und denke, dass wir die Leute, die wir zu kennen glauben, eigentlich überhaupt nicht kennen, dass Menschen, die einen lieben sollten – wie Jack, mein Vater, Andre –, einen verlassen. Als würde mit mir etwas nicht stimmen ... als wäre ich nicht gut genug.

Jack wusste genau, wie sehr sich meine Mutter abmüht, aber er hat trotzdem tatenlos zugesehen, obwohl er wusste, was passiert.

Bevor ich mich beruhigen und über die Konsequenzen meines Handelns nachdenken kann, stoße ich ihn wieder und wieder, bis er zurücktaumelt. Dann schlage ich ihn. Er wehrt sich nicht, er lässt sich immer wieder treffen, bis meine Knöchel schmerzen und sein Gesicht blutet. Mein Blick verschleiert sich, sodass sein Gesicht nur noch ein Gemisch aus Farben ist. Wir weinen beide. Jack liegt am Boden und ich bin über ihm.

Als es plötzlich an der Tür klopft, sehe ich auf.

»Jack, alles in Ordnung bei dir?«, ruft sein Onkel. Ich trete von ihm weg. Jack sieht mich kurz an und dreht sich dann zur Seite.

»Ja«, krächzt er. »Alles in Ordnung.«

Ohne ein weiteres Wort drehe ich mich um, schiebe ein letztes Mal seine Tür auf und taumle in die Nacht davon.

♠

Donnerstag

Am nächsten Tag weckt mich das Klingeln meines Telefons. Draußen ist es schon hell und mein Bett ist leer, keine Spur von meinen Brüdern zu sehen. Meine Hand tut weh, die Knöchel sind zerschlagen. Es überrascht mich etwas, dass ich überhaupt geschlafen habe.

Sieht aus, als hätte ich mich endlich Jack stellen müssen, um mal wieder gut schlafen zu können.

Ich greife nach meinem Telefon. Drei verpasste Anrufe von Chiamaka.

Wieso ruft sie mich an? Wie spät ist es? Ich sehe auf die Uhr und schieße hoch.

Es ist schon nach zwei.

Wie lange habe ich geschlafen? Normalerweise weckt mich Ma, wenn sie glaubt, ich würde verschlafen, besonders an einem Schultag. Warum hat sie es heute nicht getan?

Wieder klingelt das Telefon. Ich reibe mir die Augen und nehme den Anruf von Chiamaka entgegen.

»Wo bist du? Ich schreibe dir schon den ganzen Morgen«, fragt sie ein wenig gereizt.

»Tut mir leid, ich habe verschlafen.«

Ich erwarte, dass sie mich anschreit oder irgendwie beleidigt, aber sie sagt nur: »Schon gut. Wann kannst du hier sein? Ich fange an, mich fertig zu machen, es sind zwar noch ein paar Stunden Zeit, aber es wäre gut, wenn du möglichst schnell herkommst, damit wir sehen können, ob dir die Anzüge meines Vaters passen. Wenn nicht, muss ich einen Notfallschneider kommen lassen.«

Jemand, der die Niveus-Blase nicht kennt, hätte vielleicht geglaubt, dass das ironisch gemeint ist, aber durch meine Dates mit Scotty weiß ich, dass es so was tatsächlich gibt. Und sie stehen in der Kurzwahlliste gleich hinter dem Notruf.

»Ich bin in einer Stunde bei dir«, sage ich und versuche, ein Gähnen zu unterdrücken. Warum bin ich denn immer noch müde?

»Gut, dann sehen wir uns gleich«, sagt sie.

Ich suche eine Nachricht von meiner Ma, die mir erklärt, warum sie mich zum ersten Mal seit Jahren zu Hause bleiben lässt, anstatt mich zur Schule zu schicken, finde aber keine. Also schreibe ich ihr.

`Ich hab dich lieb, Ma`

Ich weiß, dass sie das nicht sieht, bis sie Pause hat, wahrscheinlich bald, aber ich muss es ihr vor dieser Selbstmordmission einfach sagen.

Ich werfe das Telefon zur Seite, dusche und packe meinen Rucksack, dann gehe ich los.

Über den Kopfhörer lausche ich klassischer Musik. Ein Stück von Chopin erklingt und ich sehe in den Chat mit Ma. Immer noch nichts. Ich versuche, mich nicht zu schuldig zu fühlen, weil ich ihr so viel verheimlicht habe. Dann suche ich nach einer anderen App, die mich ablenkt, während ich zu Chiamaka laufe. Ich klicke auf Twitter und scrolle langsam herunter. Ich folge hauptsächlich den Seiten für Unizulassungen und ein paar Promis, daher ist nicht viel zu sehen, bis ich meinen eigenen Tweet von gestern sehe.

Ich weiß wirklich nicht, warum ich das gepostet habe.

Ich scrolle weiter, halte aber inne, als ich die Zahlen unter dem Tweet sehe. Unwillkürlich gehe ich langsamer und klicke auf den Tweet, nur um sicherzugehen, dass die Zahlen stimmen.

24.000 Likes.

Heilige Scheiße!

In den Kommentarfeldern reden die Leute darüber, wie beschissen das ist, sie taggen andere und schreiben mir, dass ich nicht allein damit bin.

Normalerweise checke ich meine Social Media nicht sehr häufig, ich werde auch nicht benachrichtigt. Normalerweise sind sie einfach nur in meinem Telefon und fressen Speicherplatz, ohne dass ich mehr tue, als gelegentlich den Tweet einer Zulassungsseite zu liken.

Und plötzlich habe ich Nachrichten von so vielen Leuten. Das ist schräg. Ich klicke auf eine davon.

`@neenaK77: Das ist so bekackt, ich hoffe, du zeigst sie an.`

`@tz_blm: Du hast meine volle Unterstützung. Es ist nicht richtig, dass so etwas heutzutage passiert. Ich dachte, so eine Scheiße wäre nur in den 1950ern passiert.`

Es gibt noch mehr davon in meinem bislang leeren Eingangsordner.

Wenn die Menschen das gesehen haben und mir glauben, dann sehen sie vielleicht auch, was wir heute Abend zu sagen haben, und glauben uns.

`@DLikesTunes: Danke, das tun wir, wir gehen heute Abend hin, um sie aufzuhalten.`

Den Tweet schicke ich an @neenaK77.

Vielleicht hatte Chiamaka ja recht.

Vielleicht können wir Niveus doch schlagen.

Wieder summt mein Telefon und eine Nachricht von Ma taucht auf.

`Ich hab dich auch lieb. Hoffe, du hast gut geschlafen. -Ma`

`Warum hast du mich nicht geweckt?,`

schreibe ich zurück.

`Ich weiß, dass du nicht in der Schule warst. Wir reden später, ja? Hab dich lieb, Von!`

Ma weiß, dass ich nicht mehr hingegangen bin. Weiß sie das von Niveus oder läuft nur ihr besonderer Lügendetektor auf vollen Touren?

Auf jeden Fall muss ich es ihr erklären. Wenn es heute gut läuft, wird das um einiges einfacher.

Hoffentlich läuft es gut.

38

CHIAMAKA

Donnerstag

Devon taucht zu halbwegs vernünftiger Zeit um halb vier auf und ich zerre ihn hinein und die Treppe hinauf.

»Also, wir haben fünf Möglichkeiten in Dads Schrank, die dir passen könnten. Such dir einen aus und ich lasse dich allein, damit du dich umziehen kannst«, sage ich, als wir in mein Zimmer kommen.

Ich habe ihm die fünf Anzüge aufs Bett gelegt. Sie sind alle etwas unterschiedlich. Einer ist aus Samt, ein anderer mit Gold bestickt. Ich habe unterschiedliche Stile gewählt, da ich Devon nicht so gut kenne und nicht weiß, was er bevorzugen würde. Besonders, da seine Alltagskleidung mir keinerlei Rückschlüsse auf seinen Geschmack erlaubt. Er zieht sich an, als machte er absichtlich ein Statement zu hässlicher Kleidung. Es ist schwer, sich vorzustellen, was jemand, der jeden Tag in den gleichen grässlichen Hoodies, Hosen und Sneakers herumläuft, zu einem formellen Anlass tragen würde.

Er nimmt den ersten. Es ist der schlichteste, mit schwarzen Aufschlägen und einer schwarzen Fliege. Das hätte ich mir denken können.

»Der ist recht … schlicht«, sage ich.

»Warum hast du ihn hingelegt, wenn ich ihn nicht aussuchen soll?«, fragt er mich.

»Du kannst ihn ruhig nehmen, ich finde ihn nur ein wenig langweilig … ich meine, wir werden landesweit im Fernsehen zu sehen sein, vor allen Leuten, die uns Unrecht getan haben, da dachte ich … du wolltest dich zur Abwechslung mal gut anziehen.«

Einen Moment lang sieht er mich nur an, dann wirft er den Anzug zurück und nimmt den daneben. Das ist der Auffälligste.

Der Blazer ist golden und hat Satinaufschläge. Eine schwarze Fliege und schwarze Hosen gehören dazu.

Lächelnd klopfe ich ihm auf die Schulter. »Schon viel besser. Ich ziehe mich jetzt auch um, bin gleich zurück.« Damit lasse ich ihn in meinem Zimmer allein und gehe in mein Ankleidezimmer.

Mit meinem Make-up bin ich schon fertig und habe Lockenwickler im Haar. Normalerweise hätte ich zu einem so großen Event jemanden kommen lassen, der mein Haar und mein Make-up macht, damit ich perfekt aussehe, wie alle es erwarten. Aber wozu noch? Sie erwarten ja nichts mehr von mir. Vielleicht haben sie das nie. Es war alles eine Lüge.

Mein Kleid hängt schon bereit. Es ist ein Elie-Saab-Original, das ich mir aus Mailand habe kommen lassen. Ich habe es ausgewählt, weil es aussieht wie für eine Königin gemacht. Etwas, das ich nie war. Ich war nur ein gesellschaftliches Experiment, eine Schachfigur in einem kranken Spiel.

Es ist eines der hübschesten Kleider, das ich je gesehen habe, ärmellos mit einem tiefen Korsagenausschnitt und einem schlichten ausgestellten Rock. Goldene Stickereien rieseln von oben nach unten und enden in schlichtem rosa-goldenen Tüll. Ich habe es den ganzen Tag angestarrt und bin mir vorgekommen wie eine Betrügerin, weil ich etwas so Schönes und Perfektes zum Ball tragen will.

Ich lege den Morgenmantel ab und streiche zögernd über das Kleid.

Dann nehme ich es vom Bügel, mache den Reißverschluss auf und steige zum ersten Mal, seit ich es im Sommer bekommen habe, hinein. In der Mitte hakt der Reißverschluss ein wenig. Es hat schon immer etwas eng gesessen – Elie-Saab-Kleider bekommt man nicht maßgeschneidert. Entweder ist man perfekt oder nicht. Ein Saab-Original ändert man nicht, man ändert sich selbst, hat Ruby einmal gesagt, als sie mir ihr Kleid für den Abschlussball im letzten Jahr zeigte, zusammen mit ihrem Diätplan. Das ist eine bescheuerte Philosophie, so viel ist klar. Ich glaube, diese Modelabels machen das mit Absicht.

Als ich angezogen bin, mache ich meinen Schuhschrank auf. Auf den Borden stehen alle meine Lieblingsschuhe von McQueen bis Saint Laurent. Alle sind wunderschön. Aber heute geht es nicht nur darum, gut auszusehen. Ich brauche meine Kampfschuhe, Schuhe, mit denen ich meine Feinde in den Boden stampfen werde.

Ich bücke mich nach einem ganz besonderen Paar, meinen goldenen Jimmy Choos. Mit Jimmy Choo macht man nie etwas falsch. Als ich mich auf den Stuhl in der Mitte des Zimmers setze und meine Füße hineingleiten lasse, fühle ich mich schon stärker als zuvor.

Nicht, dass ich eine Wahl hätte – ich muss bereit sein, Niveus zu zeigen, dass sie mich nicht erledigt haben und das auch nie schaffen werden.

Wie Mum immer sagt: Unter allen Umständen. Heute ist der letzte Tag, an dem Niveus es schafft, dass sich Menschen wie wir klein und wertlos fühlen.

♠

Als ich in mein Zimmer zurückkomme, sitzt Devon angezogen auf dem Bett und scrollt durch sein Telefon.

Er sieht auf, als ich hereinkomme, und sieht mich leicht erstaunt an.

»Du siehst hübsch aus«, sagt er.

Ich betrachte ihn. Sein Haar müsste gekämmt werden und abgesehen vom Anzug sieht er ein wenig schlicht aus. Er trägt sogar noch diese gottverdammten Sneakers, die er in der Schule immer anhat.

»Danke. Wo sind deine Schuhe?«

Er sieht hinunter und erklärt sachlich: »An meinen Füßen.«

»Die kannst du nicht anziehen.«

»Warum nicht?«

»Weil sie nicht zu deinem Outfit passen.«

Er schweigt, was er in unseren Unterhaltungen häufig tut. Ich frage mich, was er denkt und warum er immer so angespannt ist. Ich schätze, er merkt, dass ich recht habe, und sucht nach einer Möglichkeit, mir für meine Weisheit zu danken.

»Was für eine Schuhgröße hast du? Ich sehe mal, ob mein Dad etwas hat, was dazu passt«, sage ich. Es sollten einfache Halbschuhe sein oder …

»Das geht schon, ich will keine Schuhe von deinem Vater«, widerspricht Devon scharf.

Wieso muss er so schwierig sein?

Na, zumindest wird einer von uns heute Abend angemessen aussehen, das zählt.

»Kann ich wenigstens etwas mit deinen Haaren machen?«, frage ich.

»Okay.«

Ich gehe ins Bad und hole eine ungebrauchte Bürste, einen Kamm und Styling Gel aus meinem Vorratsschrank. In der Ecke sehe ich schwarzen Eyeliner, den ich auch mitnehme, bevor ich zu Richards ans Bett komme. Ich verteile etwas Gel in seinem Haar und kämme es, so gut ich kann.

Ich bin zwar keine Haarexpertin, aber meine eigenen mache ich häufig genug, um es halbwegs gut hinzubekommen. Er sieht tatsächlich aus, als wäre er eben erst aus dem Bett aufgestanden. Was mich nicht überraschen würde.

Als ich mit seinen Haaren fertig bin, nehme ich den Eyeliner und will mich seinen Augenlidern widmen. Er nimmt ruckartig die Hand hoch, als wollte er sein Gesicht schützen.

»Was zum Teufel hast du vor?«

»Eyeliner.«

»Warum?«

»Du hast hübsche Augen … ich dachte … ich glaube, du würdest wirklich gut aussehen damit. Ehrlich«, sage ich.

Er scheint dagegen zu sein und zuerst glaube ich, dass er ablehnen wird, doch dann senkt er die Hand und bleibt ganz starr sitzen. Ich nehme das als mein Stichwort, weiterzumachen, und presse den dicken Pinsel auf sein rechtes Augenlid.

»Kommt Terrell auch?«, frage ich, während ich die Linie ziehe.

»Nein, warum?«

Ich zucke mit den Achseln. »Ich dachte, du bringst ihn vielleicht als dein Date mit oder so … Da habe ich mich wohl getäuscht.«

»Wieso sollte ich ihn als mein Date mitbringen?«

Ich sehe ihn skeptisch an. Die Leute glauben immer, dass sie unauffälliger sind, als es der Fall ist. Ich sehe doch, wie sie sich anschauen.

»Ist er nicht dein fester Freund … oder zumindest macht ihr miteinander rum?«

Er schweigt eine Weile und ich habe schon das Gefühl, eine Grenze überschritten zu haben. Na gut.

»Er ist nicht mein fester Freund«, antwortet er dann.

Also machen sie nur so rum.

»Und jetzt das andere Auge …« Ich drehe seinen Kopf leicht zur Seite. Sein Kiefer ist so angespannt, dass man meinen könnte, ich würde ihm wehtun oder so.

»Ich mag Terrell. Ich wünschte, du hättest ihn mitgebracht … er ist ein viel besserer Gesellschafter als du«, sage ich.

Devon sagt nichts, daher trage ich den Eyeliner schweigend auf.

»So«, sage ich, als ich fertig bin und trete zurück, um mein Werk zu bewundern. Lächelnd stelle ich fest, dass er wirklich gut aussieht. Viel besser als vorher. Ich gebe ihm einen Spiegel, in dem er sich schweigend betrachtet.

Ich weiß wirklich nicht, was Devon denkt.

»Gefällt es dir?«

Er zuckt mit den Schultern.

Das soll wohl Ja heißen.

»Bevor ich es vergesse, ich habe uns Masken besorgt. Es wäre wohl seltsam, wenn wir die Einzigen ohne wären«, sage ich, hole die schwarzen Masken aus einer Schublade und reiche ihm eine. Der Snowflake Ball war schon immer ein Maskenball. Noch so eine Niveus-Tradition.

Ich setze mich neben ihn und sehe auf die Uhr. Es ist kurz nach vier. Der Ball beginnt um sechs.

Die Journalistin von Central News 1 will, dass wir sie benachrichtigen, wenn wir losfahren, damit sie und ihr Team Zeit haben, zu kommen und ihre Geräte aufzubauen. Devon und ich werden durch den Hintereingang kommen, durch den wir am Sonntag in die Morgan-Bibliothek gelangt sind. Da gibt es keine Überwachungskameras. Wir lassen die Tür dort offen, damit die Journalistin mit ihrer Crew hereinkommen kann.

Dann gehen wir auf die Bühne und sie fangen an zu senden.

»Ich bin ehrlich gesagt total aufgeregt wegen heute Abend«, sage ich zu Devon. »Ich kann es gar nicht erwarten, morgen aufzuwachen und mich nicht umschauen zu müssen oder das Gefühl zu haben, den Verstand zu verlieren … Ich will mich unbedingt wieder auf Yale und das Medizinstudium konzentrieren. Ich weiß, du glaubst, es wird nicht funktionieren, aber ich schon. Ich glaube es wirklich.«

Devon betrachtet schweigend seine Schuhe und sieht mich nach ein paar Augenblicken an.

»Zuerst habe ich dir oder der Journalistin nicht geglaubt … deshalb habe ich das von Niveus und das, was sie getan haben, getwittert …«

»Du hast was …?«

»Ich habe getwittert …«

»Das habe ich gehört. Wenn das jemand von Niveus sieht, dann könnten sie uns Probleme machen. Was hast du dir dabei gedacht? Lösch es!«, sage ich mit leichter Panik in der Stimme.

Er sieht mich schuldbewusst an.

»Was denn noch?«, frage ich, denn offensichtlich hat er mir noch nicht alles gesagt.

»Ich … das ist viral gegangen. Ich wollte es dir schon sagen, aber ich habe es auch erst auf dem Weg hierher gesehen. Es hat über vierundzwanzigtausend Likes. Eine Menge Menschen glauben uns.«

Ich reiße die Augen auf. Vierundzwanzigtausend? Wow.

»Außerdem, hast du nicht mit diesem Mädchen gestritten, das dir gesagt hat, was Niveus getan hat? Glaubst du nicht, dass sie denen schon allen Bescheid gesagt hat, dass wir alles wissen? Wir haben schon genug Probleme«, meint Devon.

Der Gedanke an Belle lässt mich schlucken. An sie und ihre Rolle bei dem Ganzen habe ich überhaupt nicht mehr gedacht. Ich habe überhaupt nicht an sie gedacht oder daran, dass ich sie heute Abend sehen werde. Meine Brust wird eng.

Ich brauche einen Drink.

Schnell stehe ich auf. »Willst du einen Drink?«

»Alkohol, meinst du?«

»Ja, Alkohol.«

Er nickt.

»Gehen wir in den Keller«, sage ich und er folgt mir aus meinem

Zimmer und die beiden Treppen hinunter in den Keller. Dort ist eine Bar mit allem, was dazugehört. Ich mache einen der Schränke auf, hole eine Flasche Chardonnay heraus und stelle sie auf den Tresen.

Dann schenke ich zwei Weingläser voll und schiebe eines davon zu Devon.

Der Wein schmeckt mir nicht mal, aber ich weiß, dass er mir hilft, zu entspannen. Ich habe nur ein halbes Glas eingegossen, damit wir nicht zu entspannt sind und auch nicht überdreht, nur genug, um etwas flüssigen Mut zu bekommen. Ich nehme das Glas und hebe es hoch.

»Auf was trinken wir, Richards?«, frage ich.

Er sieht einen Moment auf, dann hebt auch er sein Glas.

»Auf die Vernichtung der Niveus-Akademie!«, sagt er.

»Auf die Vernichtung von Niveus!«, wiederhole ich.

39

DEVON

Donnerstag

Mit den Masken über den Gesichtern gehen wir zum Hintereingang der Schule.

Weiter weg hören wir Leute kreischen und Schüler betreten lachend das Gebäude.

Chiamaka nimmt den Schlüssel zum Hintereingang und schließt rasch auf, dann treten wir ein. Wir haben vereinbart, dass wir in der Morgan-Bibliothek auf die Journalistin und ihr Kamerateam warten. Wir haben die Morgan gewählt, weil Chiamaka das Jahrbuch von 1965 als Beweis mitnehmen wollte.

Außerdem gibt es dort keine Überwachungskameras.

In der Morgan geht Chiamaka zum ersten Bücherregal, bückt sich und nimmt einen blauen Band heraus.

»Hab's!«, sagt sie, klappt es auf und blättert ein paar Seiten durch. In ihrer Handtasche sind die Poster und Ausdrucke für später, wenn wir vor allen auf die Bühne treten wollen.

Ich schlucke und sehe mich in der Bibliothek um. Nervös schweift mein Blick umher, durchsucht die Gänge zwischen den Regalen.

Ich habe das Gefühl, beobachtet zu werden.

»Könntest du rausgehen und draußen am Hintereingang Ausschau halten? Sie sagt, sie sind gleich da«, bittet mich Chiamaka.

Ich nicke.

Als ich an der Hintertür bin, riecht es nach Rauch. Der Spaß und die Spiele haben bereits begonnen. Jedes Jahr wird hier getrunken und geraucht und aller möglicher Unsinn gemacht, von denen sie den unteren Jahrgängen erzählen, damit die ganz aufgeregt darauf warten, selbst in die 12. Klasse zu kommen und das Gleiche zu tun. Es ist schon seltsam, dass sie ausgerechnet davon so begeistert sind – als würden sie das nicht zu Hause immer schon tun: trinken, rauchen und sich in das Leben anderer Menschen einmischen. Aber ich schätze, es ist die Tatsache, dass es hier an der Schule vor der Nase von Lehrern und Sponsoren stattfindet, die sie so reizt.

Mein Telefon vibriert und ich nehme es heraus.

`Eingehender Anruf von Terrell`

Warum ruft Terrell mich an? Er weiß doch, dass heute der Ball ist.

»Hallo?«

»Seid ihr schon in der Schule?«, fragt Terrell.

»Ja, ich warte auf die Journalisten. Warum?«, frage ich leise.

»Ich bin hier«, sagt er.

»Was? Warum?«

»Hi!«, sagt Terrell, aber dieses Mal kommt seine Stimme nicht aus dem Telefon. Ich drehe mich um und dort steht er, ganz schwarz gekleidet wie zu einer Beerdigung. Schwarzes Hemd, schwarze Jeans, schwarze Schuhe. Ich glaube, ich habe Terrell noch nie so farblos gesehen.

»Was machst du denn hier?«, frage ich verwundert.

Es ist, als wäre er nicht echt.

»Ich muss dir was sagen … Eigentlich wollte ich es nach heute Abend tun, wenn sich alles beruhigt hat, oder wenn du nicht so angespannt bist, aber das wäre dir gegenüber nicht fair. Ich könnte gut verstehen, wenn du mich danach hasst, ja? Ich will nur, dass du weißt, dass es mir unglaublich leid tut …«

»Terrell, wovon redest du?«, frage ich atemlos.

»Ich hätte es dir schon längst sagen sollen, aber ich hatte Angst.« Ich betrachte ihn genauer. Seine Augen glänzen feucht, als würde er gleich weinen.

»Was ist?«, frage ich mit klopfendem Herzen.

Terrell sieht kurz zur Seite.

»Ich … ich habe deiner Schule geholfen. Ich habe Niveus geholfen, dich auszuspionieren.«

40

CHIAMAKA

Donnerstag

Ms Donovan schreibt, dass sie da ist, also schicke ich eine Nachricht an Devon.

`Sie sind hier.`

Dann stehe ich auf und gehe zur Tür, doch als ich darauf zugehe, öffnet sie sich.

Ich trete zurück und sehe mich nach einem Versteck um. Ich ziehe einen der Stühle zurück, um unter einen Tisch zu kriechen, wobei mir in der Eile die Maske herunterfällt. In diesem Moment kommt Jamie herein.

Sein hübsches Gesicht blickt eiskalt drein. Er hat die Haare kürzer als neulich und trägt einen dunkelblauen Anzug mit schwarzer Fliege, die eng um seinen Hals liegt.

»Hallo, Chiamaka«, sagt er voller Hass. Er nimmt die Hand aus der Tasche und zückt sein Lieblingsfeuerzeug. Die kleine Flamme leuchtet auf und verlischt wieder.

»Was machst du hier?«, frage ich, stolz, dass ich nicht stammle oder zurücktaumle. Ich bleibe stehen, die Arme verschränkt und starre ihn genauso an wie er mich.

»Das sollte ich dich fragen. Du bist hier nicht willkommen.«

»Wer hat dich denn zum Allmächtigen gemacht?«, lache ich. »Meine Eltern bezahlen das Schulgeld – da bin ich hier mehr als willkommen.«

Er kommt näher und lässt erneut einmal kurz die Flamme am Feuerzeug aufleuchten. Auf der goldenen Hülle ist sein Name eingraviert. Er hält es ganz fest, als hätte er Angst, es zu verlieren.

Jamie und sein Feuerzeug erinnern mich an ein verwöhntes Kind und sein Lieblingsspielzeug. Ich dachte immer, dass seine Liebe für Feuer aus den Ferienlagern stammte, aber ich bin sicher, dass sein perverses Vergnügen daran, Dinge brennen und zu Asche werden zu lassen, schon vorher bestanden hat. Wo andere Kinder mit Puppen und Autos gespielt haben, hat Jamie sicher mit Feuer gespielt und zugesehen, wie die Flammen zum Leben erwachten und wieder verloschen, immer und immer wieder, bis es zur Obsession wurde.

»Du hast kein Recht, hier zu sein«, sagt er finster. »Ich verstehe euresgleichen einfach nicht. Selbst als ich dich gejagt habe, als ich dir diese Bilder gezeigt habe …« Er klickt mit dem Feuerzeug und die Flamme zuckt hoch. »Nach Martha.« Klick. »Obwohl ich dir so viele Gelegenheiten gegeben habe, zu verschwinden … du machst einfach weiter. Glaubst du etwa, ich hätte den Tweet deines Freundes nicht gelesen? Ihr haltet euch wohl für oberschlau, was? Kleine Miss Senior Head Prefect. Ich hätte gedacht, dass wenigstens du so viel Verstand hast, hier nicht aufzutauchen, aber du scheinst ja keinen Hinweis zu kapieren.«

Er stößt ein hässliches Lachen aus und spielt wieder mit dem Feuerzeug. Das Lachen macht mich schaudern.

»Bist du in mich verliebt? Ist es das?«

Mir ist klar geworden, dass das, was ich für Jamie empfunden habe, keine Liebe war, nicht mal Verliebtsein. Meine Gefühle für ihn waren mir auch ziemlich egal. Ich wusste nur, dass ich ganz oben sein wollte, um jeden Preis. Selbst wenn das bedeutete, dass ein hirnloser Schwachkopf meine Hand hielt und ich jedem erzählte, er sei mein Freund. Oder wenn ich die schmierigen Pfoten eines gemeinen Jungen wie Jamie ertrug, wann immer ihm danach war.

Was ich fühlte, war der verzweifelte Wunsch, in einer Welt Macht zu haben, in der das für Mädchen nicht vorgesehen ist. Schon gar nicht für Mädchen wie mich.

Das einzige Mal, dass ich so etwas wie Liebe verspürt habe, war mit Belle. Ich glaube nicht, dass irgendein Kerl, der mir je begegnet ist, auch nur annähernd das in mir auslöste, was ich bei Belle gespürt habe.

Also … Liebe? Das ist wohl ein Wunschtraum von Jamie.

»Ich hasse dich«, erkläre ich.

Er grinst breiter. »Nein, tust du nicht.« Er tritt näher, aber ich weiche nicht zurück. »Du liebst mich, aber ich will dich nicht haben. Wer will dich schon? Du bist eine Hure. Jeder weiß das. Deshalb habe ich dich auf meiner Party geküsst. Ich wusste, dass du irgendwann mit mir schlafen würdest. Du würdest doch mit jedem schlafen …« Er legt den Kopf schief und kommt näher. »Ich habe dich nie gemocht. Aber ich war neugierig. Ich wollte es probieren und das habe ich auch …«

Mein Herz hämmert laut. Ich bin angewidert und versuche, nicht zu weinen.

»Du warst ganz gut … aber Belle war besser«, fügt er hinzu und klickt wieder mit dem Feuerzeug.

Das ist jetzt gefährlich dicht an meinem Gesicht. Ich spüre die Hitze an meiner Haut. Als ich blinzle, fällt eine Träne. Aber ich rühre mich nicht. Ich wage es nicht.

»Ich gebe dir eine letzte Chance, aus dieser Schule zu verschwinden, wo du nicht erwünscht bist, ansonsten wirst du sehen, wozu ich wirklich fähig bin.« Jamie klickt noch einmal, so dicht, dass meine Haare Feuer fangen. Schnell stolpere ich einen Schritt zurück und lösche die Flamme. Jamies Gelächter hallt in der Bibliothek.

Ich werde mich von Jamies Worten nicht verletzen lassen. Diese Macht soll er nicht über mich haben. Ich bin Chiamaka Adebayo – ich muss mir von keinem Idioten sagen lassen, wer ich bin und was ich sein sollte.

»Bist du jetzt fertig mit deiner kleinen Ansprache?«, frage ich und fahre fort, ohne ihn zu Wort kommen zu lassen. »Du kannst mich ruhig eine Hure nennen, das ist mir egal. Aber du, Jamie, du bist derjenige, der mit seinen Gefühlen nicht klarkommt, deshalb machst du das alles.«

Jamie sieht mich erstaunt an.

»Du ärgerst dich, dass ein Mädchen wie ich tun kann, was es will, und sich einen Dreck darum schert, was du oder irgendjemand anderes zu sagen hat. Du ärgerst dich, dass dir das gefallen hat. Deine rassistischen Eltern und diese rassistische Schule haben dir eine Aufgabe gegeben – mir nahe zu kommen und mir dann in den Rücken zu fallen – doch stattdessen hat es dir gefallen, jede Sekunde. Es hat dir gefallen, mich zu küssen …«

»Halt den Mund!«, knurrt Jamie.

»Dir hat der Sex gefallen, die Heimlichtuerei …

»Ich sagte, halt den Mund!«, schreit Jamie.

Was mich nur noch entschlossener macht.

»Du ärgerst dich, dass ich deine Freundin geküsst habe«, lächle ich, auch wenn es wehtut, »und dass wir mehr als das gemacht haben.«

Er stößt mich heftig gegen die Wand, doch ich lache ihm ins Gesicht, obwohl weitere Tränen fließen. Aber es sind keine Tränen der Trauer. Ich habe das Gefühl, frei zu sein, als würde ich fliegen.

»Du bist ein Loser, Jamie. Ein Versager. Eine Enttäuschung. Du hast es nicht geschafft, mich auf dein niedriges Niveau herunterzuholen, und das ist es, was dich umtreibt …« Ich muss abbrechen, weil mir Jamie die Hände um den Hals legt und zudrückt. Er schüttelt und würgt mich, während ich keuchend und immer noch lachend nach Luft ringe.

Auch wenn ich keine Luft bekomme, muss ich immer noch lächeln.

Er drückt immer weiter zu, mit hochrotem Kopf und vor Wut zitternd. Da ich nicht will, dass Jamies Gesicht das Letzte ist, was ich sehe, bevor ich sterbe, mobilisiere ich alle meine Kräfte und trete ihm kräftig in die Eier.

Jamie lässt mich los und taumelt zurück. Ich muss husten und sowohl mein Hals als auch meine Brust tun weh. Trotzdem mache ich weiter und trete gleich noch einmal zu. Dieses Mal fällt er mitsamt seinem Feuerzeug hin und stöhnt laut auf.

»Du dämliche Fotze!«, keucht er.

Ich reibe mir den Hals und sehe ihn mit schiefgelegtem Kopf an. Er ist so jämmerlich, wie er sich da so am Boden windet. Ich trete ihm meinen Absatz dahin, wo ich weiß, dass es am meisten wehtut, sodass er aufschreit.

Ihn heulen zu sehen, verschafft mir eine perverse Befriedigung.

Wusste ich doch, dass ich die richtigen Schuhe ausgesucht habe.

»Fahr zur Hölle, Jamie«, sage ich, bevor ich meine Maske aufhebe und zum Ausgang gehe.

Erst vor der Tür bemerke ich, wie mir die Beine zittern und mein Herz hämmert. Ich berühre die Haarsträhne, die er angezündet hat. Sie ist verklebt und verbrannt. Immer noch rieche ich den Rauch, spüre ich seine Hände um meinen Hals.

Trotzdem ist ein Teil meiner Macht wiedergekehrt. Die Macht, die ich früher jeden Morgen spürte, wenn ich in die Schule kam und wusste, dass ich meine Position an der Spitze verdient hatte. Jetzt fühle ich sie, weil ich mir meine Stimme wiedererkämpft habe, weil ich Jamie daran gehindert habe, aus mir das zu machen, was er sich vorstellt.

Ein schwaches Mädchen, das er ohne Bedenken niedertrampeln und verletzen kann.

Dieses Mädchen existiert nicht. Es hat nie existiert.

41

DEVON

Donnerstag

»Was zum Teufel soll das heißen?«, frage ich und weiche vor Terrell zurück.

»Ich wollte dich nicht verletzen. Das würde ich nie tun. Irgend so ein alter Knabe ist zu mir in die Schule gekommen und hat gesagt, er würde die Arztrechnungen für meine Schwester bezahlen, wenn ich dich beobachte und ihm Bericht erstatte.«

Mir ist schwindelig. Das kann doch alles nicht wahr sein!

»Das war, nachdem wir das erste Mal zusammen waren. Ich habe kurz darüber nachgedacht. Ich wollte, dass es meiner Schwester besser geht. Ich war verzweifelt, daher habe ich überlegt, ob ich es tun sollte … Einen Tag lang hab ich's ungefähr getan, aber ich hab schnell rausgefunden, dass ich das nicht kann. Also sagte ich dem Knaben, ich würde es nicht tun. Dass ich dir das nicht antun könnte. Dann hast du angefangen, mir von deiner Schule zu erzählen, und ich wollte es dir nicht sagen, weil ich Angst hatte, dass du mich hassen würdest, und weil der Typ gesagt hat, wenn ich dir etwas von ihm oder unserem Deal erzähle, würde es für dich nur noch schlimmer werden, also habe ich nur versucht, euch so gut wie möglich zu helfen …«

Mein Telefon vibriert und ich sehe schnell auf mein Telefon und lese eine Nachricht von Chiamaka.

Sie hat vor ein paar Minuten geschrieben, dass die Journalisten gekommen sind.

`Sie haben es durch den Haupteingang geschafft. Ich stehe bei ihnen an der Hintertür zum Ballsaal. Beeil dich. C`

»Ich muss gehen«, sage ich. Terrell will ich im Moment nicht mal ansehen.

»Von …«

»Sei einfach still, okay?«, schreie ich. Da ich Chiamakas Make-up um meine Augen nicht ruinieren will, blinzle ich die Tränen zurück, gehe ins Gebäude und lasse Terrell allein draußen stehen.

Drinnen werde ich zum Schatten und bewege mich schnell, mit gesenktem Kopf und meiner Maske, bis ich hinter den Ballsaal komme, wo Chiamaka steht.

»Wo sind sie?«, frage ich.

»Auf Position.« Sie lässt die Maske sinken. Ich bemerke rote Flecken an ihrem Hals, die aussehen, als würden sie von Fingern stammen. Ist etwas passiert?

Doch ich habe kaum Zeit, Luft zu holen, geschweige denn, Fragen zu stellen. Sie nimmt meine Hand und öffnet die Tür.

Bevor ich mich versehe, betreten wir gemeinsam den Ballsaal.

42

CHIAMAKA

Donnerstag

Niemand bemerkt uns, als wir hereinkommen. Am Hintereingang zur Bühne hängt ein Vorhang, der uns für den Moment noch vor den anderen verbirgt. Durch einen Spalt kann ich sie sehen. Sie sitzen alle an großen runden Tischen und unterhalten sich. Der Saal ist so schön geschmückt, wie ich mir das immer vorgestellt habe. Hohe Decken, blitzende Kronleuchter und große, pittoreske Fenster zum Meer hin. Es ist perfekt. Ich habe das Gefühl, in einem Film zu sein.

Dieser Ballsaal wurde extra für diesen Anlass gebaut und wird seit Jahrzehnten für den Snowflake-Ball genutzt. An allen anderen Tagen des Jahres sind die Türen verschlossen. Von diesem Ball habe ich geträumt, seit ich an der Niveus angefangen habe.

Ich habe gehofft, wenn ich einmal hier stehe, würde das ein glücklicher Moment sein. Ein Meilenstein des Erfolgs. Ich wollte die Snowflake-Königin werden. Neben der Position als Head Prefect und der Abschlussrede habe ich mir das am allermeisten gewünscht.

Doch wenn ich mir jetzt die Kronen für die Ballkönigin und für den Ballkönig betrachte, die auf ihren tiefroten Kissen liegen, erkenne ich, wie albern das alles ist. Das Präfektenabzeichen, die Krone. Es sind nur Metallklumpen, auf die ich viel zu viel Selbstwertgefühl verschwendet habe.

Ich hole tief Luft und trete durch den Vorhang. Sofort wenden sich uns die Gesichter zu und die Stimmen werden leiser, das Flüstern lauter.

Ich stehe jetzt ganz vorne und sehe mich um. Ich bemühe mich, nicht zu zittern. An den Tischen sitzen bekannte Fremde, die Gesichter von glitzernden Masken verdeckt.

Sie hassen mich. Jede Person in diesem Raum hasst mich … und dieses Wissen verleiht mir den Mut, den letzten Rest von Stolz abzulegen, zu den Kissen zu gehen und mir eine Krone zu schnappen. Devon sieht mich schräg an, als ich mir das bedeutungslose Metallteil auf den Kopf setze.

Überrascht und amüsiert warten die Leute ab, was ich wohl als Nächstes tun werde.

Ganz hinten sehe ich eine Gestalt durch die Tür hereinschlüpfen. Terrell? Hat Devon ihn doch eingeladen?

Das ist gut. Er wird sehen, wie wir Niveus zur Strecke bringen. Er hat uns bei der Planung geholfen, also ist es nur richtig, dass er dabei ist. Außerdem weiß ich, dass jetzt zumindest ein Mensch außer Devon hier ist, der mich wahrscheinlich nicht hasst.

Ich sehe mich nach Ms Donovan und ihren Kameramann um. Sie sind beide als Servicekräfte verkleidet, sodass sie unter dem anderen Personal nicht weiter auffallen. Sicherheitsleute sehe ich nicht, aber ich gehe davon aus, dass sie irgendwo im Raum verborgen sind und bereit, einzuspringen, wenn es nötig werden sollte. Ms Donovan zählt an den Fingern von fünf herunter, während der Kameramann die Linse in unsere Richtung schwenkt. Dann hält sie den Daumen hoch und ich beginne deutlich in das kleine Mikrofon zu sprechen, das sie mir zuvor an mein Kleid gesteckt hat.

»Mein Name ist Chiamaka Adebayo und das hier ist mein Freund Devon Richards. Planmäßig sind wir die beiden einzigen schwarzen Schüler an der Privatakademie Niveus. Alle zehn Jahre nimmt Niveus zwei schwarze Schüler auf. Man wartet bis zur 12. Klasse, bevor zugeschlagen und eine Kampagne mit psychischer und physischer Gewalt durchgeführt wird. Ihr Ziel ist es, die Schüler dazu zu bringen, die Schule abzubrechen und ihnen jegliche Hoffnung auf die Zukunft zu nehmen. Es ist ein Spiel, das Niveus Sozialeugenik nennt.«

Ich schlage das Jahrbuch von 1965 auf.

»Dies hier ist ein Bild von Camp Aces, einem Ferienlager für die Kinder der einflussreichsten Familien und für diese Familien selbst. Dort wird geplant, wie sie das Leben der schwarzen Schüler ruinieren wollen. Und seit Beginn dieses Projekts hat jeder einzelne schwarze Schüler die Schule vor dem Abschluss abgebrochen. Es gibt keine Erklärung, wohin sie gegangen sind. Sie verschwinden einfach. Sie verschwinden, weil Niveus sie verschwinden lässt. Deswegen sind wir hier. Wir werden diesen Kreislauf durchbrechen, indem wir allen erzählen, was an dieser Schule wirklich vor sich geht. Wir sind hier, um Niveus, seine Schüler, Lehrer und Sponsoren als das zu entlarven, was sie sind.«

Ich nehme die Plakate aus der Tasche und reiche das Jahrbuchfoto von uns mit den ausgekratzten Augen Devon, während ich eines der etwas zahmeren Bilder hochhalte, die Aces gemacht und durch meinen Briefschlitz geworfen hat. Dabei sehe ich von der Kamera ins Publikum.

»Wir wurden physisch bedroht, wir wurden verfolgt, wir wurden hereingelegt. Man drang in unsere Privatsphäre ein und verbreitete persönliche Fotos und Informationen in der ganzen Schule. Und jetzt sagen wir NIE WIEDER!«, schließe ich.

Hier stehe ich, wie ich es mir immer erträumt habe. Ganz vorne, als ihre Königin. Doch es ist nicht im Geringsten so, wie ich es mir vorgestellt habe, absolut nicht. Trotzdem fühle ich mich mächtig.

Ich suche erneut nach der Journalistin, ziehe aber verwundert die Brauen hoch, als ich sie in der Menge nicht sehe. Wo ist sie hin? Auch der Kameramann ist weg.

Dann geraten die Leute an ihren Tischen in Bewegung. Bald sehe ich, was sie tun. Sie vertauschen ihre Masken. Jetzt haben alle die gleiche. Die Maske aus dem Gang. Die Maske, die mich nach Hause verfolgt hat.

Jeder im Raum trägt eine.

Sie bleiben ganz ruhig sitzen.

In der Stille kann ich das Blut in meinen Ohren rauschen hören.

Das ist Aces. Jeder Einzelne, mit dem ich die letzten Jahre verbracht habe. Jeder, dem ich in die Augen gesehen habe, neben dem ich im Unterricht gesessen habe, an dem ich in den Fluren vorbeigegangen bin. Jeder Einzelne, der mich von Anfang an nur erniedrigen wollte, der zugesehen hat, wie ich mir den Weg nach oben erkämpfte, nur um mich zu stürzen. Jeder Einzelne wusste, dass er sich hinter dieser Maske verstecken konnte: ein Kult, der nichts anderes will, als mich und Devon versagen zu sehen.

»Ist deine Vorstellung jetzt zu Ende?«, sagt eine tiefe, dunkle Stimme hinter mir. Als ich mich rasch umdrehe, sehe ich wie erwartet rabenschwarzes Haar, ein zerknittertes, ausdrucksloses Gesicht und glanzlose Augen, die auf mich herabstarren.

»Wir haben euch die Chance gegeben, euch mit einem Rest von Würde zurückzuziehen, doch ihr zwei wollt offensichtlich, dass es euch genauso ergeht wie Dianna Walker.«

»Was haben Sie Dianna angetan?«, fragt Devon entsetzt.

Ich habe das Gefühl, in einem Albtraum zu stecken.

»Sie machen uns keine Angst. Wir haben alles aufgezeichnet und es wird in ganz Amerika gesendet«, sage ich.

»Ach, tatsächlich? Wo sind denn die Kameras?«, fragt Rektor Ward.

Ich sehe mich im Meer der Aces-Masken um. Von Ms Donovan und ihrem Kameramann ist nichts zu sehen. Was geht hier vor?

»Ist das wahr, Alice? Werden uns diese zwei Ketzer hier alle vernichten?«, fährt Rektor Ward fort und wendet sich an die Menge, wo einer der Anwesenden die grässliche weiße Maske abnimmt. Dahinter erscheint das lächelnde Gesicht von Ms Donovan.

Nein!

»Verdammt …«, flucht Devon.

Verdammt, denke ich.

Das kann nicht wahr sein. Wie ist das möglich? Wieso ist sie auch dabei?

Dann fällt mir ein, was Belle gesagt hat, als ich sie am Montag konfrontiert habe.

… es ist ja nicht nur Niveus. Im ganzen Land gibt es solche Institutionen, die … so etwas machen.

Central News 1 gehört dazu.

Und Gott weiß wer noch.

Wir müssen hier raus, denke ich, als ich plötzlich ein Geräusch vernehme. Schritte und Rufe.

Unwillkürlich fahre ich zurück, als die Türen der Halle auffliegen und eine Menschenmenge hereinstürmt. Außenseiter. Sie rufen einen Slogan, den ich aber nicht verstehe.

Einige steigen auf die Tische und zertreten das teure Porzellan. Andere schreien nur und lassen laute Musik aus Telefonen und Lautsprechern erschallen.

Demonstranten?

Endlich höre ich, was sie rufen: Keine Gerechtigkeit, kein Frieden! Immer und immer wieder.

So viele dunkle Gesichter dringen in das Meer von Weiß ein.

Und alle sind wütend.

Ich glaube, sie kämpfen für uns.

Devon neben mir hat die Augen weit aufgerissen.

Plötzlich fühle ich, wie mich eine große Hand packt und mich durch den Vorhang nach hinten zieht. Ich sehe mich um und versuche, mich aus dem kräftigen Griff zu befreien, doch dann spüre ich kaltes Metall an meiner Stirn.

Eine Pistole.

43

DEVON

Donnerstag

Überall sind Demonstranten. Laute Musik und Geschrei durchbrechen die Stille.

Es herrscht Chaos. Aber noch merkwürdiger ist die Tatsache, dass ich wohl noch nie so viele schwarze Menschen auf einmal außerhalb meiner Nachbarschaft gesehen habe.

Und definitiv waren noch nie so viele schwarze Menschen in der Niveus-Akademie. In all den Jahren waren es immer nur Chiamaka und ich.

Die Leute hier kämpfen … und sie scheinen für uns zu kämpfen.

Ich wollte nicht recht haben mit Central News 1. Ich wollte, dass alles gut wird. Aber wenn ich eines gelernt habe, dann, dass in dieser Welt nur wenig gut wird.

Ich drehe mich nach Chiamaka um, doch die ist plötzlich nicht mehr da. Sofort verspüre ich leichte Panik, wie früher als kleines Kind im Supermarkt, wenn plötzlich die Mutter weg ist. Hinter mir höre ich ein Geräusch und gehe ihm nach durch den Vorhang, durch den wir gekommen sind. Im Gang dahinter sind zwei Gestalten, und als ich näherkomme, sehe ich sie deutlicher.

Neben der Tür steht Chiamaka, starr vor Entsetzen, weil Rektor Ward ihr eine Pistole an den Kopf hält.

Wie gebannt starre ich auf meinen Ex-Rektor, der kurz davor ist, Chiamaka zu erschießen.

Bebend trete ich zu dem dicken Vorhang zurück und versuche, ihn beiseite zu ziehen, ohne dass Ward es merkt. Wenn ich schnell mache, kann ich ihn vielleicht wegstoßen, mir die Pistole schnappen und ihn an seinem Vorhaben hindern.

Ich frage mich, was mit Dianna Walker geschehen ist. Das erste Mädchen, das Aces aufs Korn genommen hat, im Jahr 1965. Haben sie sie … getötet?

Ward sagt irgendetwas zu Chiamaka, von dem ich nur die Worte *Klassenzimmer* und *Geh schon* mitbekomme. Chiamaka ist in Panik. Ich muss ihn aufhalten. Er packt sie fest am Arm und bugsiert sie zur Tür.

Er schiebt sie noch ein Stück weiter und will nach der Türklinke greifen, zuckt aber zurück.

In diesem Moment stürze ich mich auf Ward und remple ihn an, in der Hoffnung, dass er aus dem Gleichgewicht gerät. Ich habe nur nicht erwartet, dass er so stark ist. Er stolpert, fällt aber nicht.

Er sieht mich angewidert an. Im Hintergrund hören wir Leute schreien und singen.

Ich sehe, dass sich Chiamaka an Ward heranschleicht.

»Was haben Sie mit Dianna gemacht?«, stoße ich atemlos hervor. »Haben Sie sie umgebracht?«

Chiamaka nimmt etwas aus ihrer Tasche.

Ward hebt eine Braue. »Warum findet ihr das nicht selbst heraus?«, fragt er und zielt jetzt mit der Pistole auf mich. In diesem Moment sticht Chiamaka etwas in seinen Hals, woraufhin er erstarrt, zu Boden geht und die Pistole fallen lässt.

Chiamaka nimmt die Pistole mit einem Taschentuch und schiebt sie von ihm weg. Ich bin sprachlos. In der Hand hält sie eine Art Taser.

»Alles in Ordnung?« Ich frage mich, wo sie wohl den Taser her hat.

Sie reibt sich die Augen. »Ja. Wir müssen hier weg.«

Ich nicke und wir gehen durch den Vorhang. Als wir einen lauten Knall hören, zucken wir zusammen.

Ich sehe nach oben. An der Decke kräuselt sich Rauch.

Moment mal … Rauch?

Die Menschen im Saal sehen sich jetzt auch um und fragen sich, woher das Geräusch kam.

Mein Herz klopft heftig, und gerade, als ich nach Chiamakas Hand greife, gibt es eine weitere Explosion.

Instinktiv ducke ich mich.

Dann beginnt plötzlich die Decke zu bröseln wie in einem Katastrophenfilm und Holzstücke fallen herab.

Heilige Scheiße!

Jetzt erklingen Panikschreie. Chiamaka packt mich am Arm und zerrt mich zum Ausgang. Wir winden uns durch die Leute, die alle zu flüchten versuchen, während sich im Ballsaal Rauch breitmacht.

Als wir endlich durch die Vordertüre in den Gang kommen, ist dort noch mehr Rauch. Die Ballgäste halten sich die Hand vor den Mund, husten, rennen und suchen verzweifelt nach dem Ausgang.

Wir rennen so schnell, dass ich ein paarmal fast stürze, weil ich über Chiamakas langes Kleid stolpere. Als wir durch den Schuleingang an die frische Luft kommen und die Treppe hinunterstolpern, erklingen weitere Explosionen. Ich bin völlig außer Atem und huste, ich fühle mich desorientiert.

Mein Atem steigt in weißen Fetzen aus meinem Mund auf und löst sich dann in Luft auf, er sieht aus wie ein Geist.

Ich sehe zu Niveus zurück, dem einst so großartigen, riesigen Gebäude, das jetzt vor meinen Augen zerfällt, aufgezehrt von gierigen roten Flammen.

Es ist schon seltsam, dass es mir erst jetzt bewusst wird. Doch dann sehe ich das Offensichtliche.

Die Schule brennt.

Die Niveus-Akademie brennt.

44

CHIAMAKA

Donnerstag

Endlich sind wir draußen und sehen Niveus in Flammen aufgehen.

Schon hört man Sirenen, und Feuerwehrleute rennen in das einstürzende Gebäude. So grässlich es auch ist, ich würde am liebsten lachen.

Selbst die Mächtigsten können zu Fall gebracht werden. Und wir alle sind Zeugen.

Wir sehen die große Niveus-Akademie fallen. Endlich.

»Da waren noch Menschen drin«, sagt jemand in meiner Nähe verzweifelt. »Die haben keine Chance mehr.«

Ich frage mich, wer das Feuer gelegt hat … oder ob es ein Unfall war. Plötzlich schnürt sich mir die Brust zusammen.

Ich kaue an meiner Unterlippe und frage mich, ob auch noch Demonstranten drinnen sind.

Und auf einmal erstarre ich, als mir wieder einfällt, dass ich Terrell im Publikum gesehen habe.

War er wirklich da?

Oder habe ich ihn mir eingebildet?

Hoffentlich. Hoffentlich habe ich ihn mir nur eingebildet.

Ich sehe Devon an. Er wirkt völlig abwesend, wie in Trance sieht er unsere alte Schule brennen.

»Devon«, sage ich gerade laut genug, dass er mich hören kann.

»Ja?«, erwidert er einsilbig.

»Wo ist Terrell?«

»Was?«, fragt er und dreht sich besorgt zu mir um.

»Ich habe ihn drinnen gesehen … glaube ich … Ist er gekommen? War er hier?«, frage ich in der Hoffnung, dass er Nein sagt.

Doch bevor er antworten kann, ertönt eine weitere Explosion und ein großer Teil des Daches stürzt ein.

45

DEVON

Donnerstag

Mir fällt wieder ein, wie Terrell mir von seiner Beteiligung an der Sache erzählt hat.

Terrell ist hier.

Er ist da drin.

Mir wird schlecht.

Ich muss zu ihm.

Ich weiß nicht, was mich antreibt, aber ich renne auf das Gebäude zu.

Das ist alles meine Schuld, alles meine Schuld. Ich hätte ihn nicht so stehen lassen sollen.

Chiamaka reißt mich zurück und ich beginne, seinen Namen zu rufen, als ob er mich da drinnen hören könnte.

Die Flammen schlagen immer höher und verschlingen Niveus vollkommen. Ich möchte am liebsten schreien.

»Terrell!«, rufe ich.

Doch natürlich bekomme ich keine Antwort.

Ich kann ihn nicht auch noch verlieren … ich kann nicht noch mehr Menschen verlieren. Ich fühle mich schwach, als würde ich fallen …

»Devon?«, ruft jemand. Ich bin fast sicher, dass ich die Stimme nur in meinem Kopf höre.

Doch dann drehe ich mich um und sehe Terrell direkt vor mir stehen, mit ebenso besorgtem Gesicht wie ich. Vor Erleichterung falle ich ihm um den Hals. Ich vergesse alles, was geschehen ist, und halte ihn nur fest, froh, dass ihm nichts passiert ist. Er umarmt mich und ich lege weinend den Kopf an seine Schulter.

Ich hatte wirklich geglaubt, ich hätte ihn verloren. Gott sei Dank geht es dir gut, Terrell, flüstere ich in Gedanken.

Ich kann sein Herz hämmern spüren.

Nach ein paar Augenblicken löse ich mich von ihm und wische mir die Tränen aus dem Gesicht.

»Ich habe geglaubt, du wärst da drinnen«, erkläre ich.

»Ich bin okay«, sagt er, aber er richtet seinen Blick auf Chiamaka, nicht auf mich. »Es freut mich, dass es euch auch gut geht.«

»Ich habe wirklich gedacht, es wäre aus mit dir«, sagt Chiamaka mit feuchten Augen. Das überrascht mich. Sie kennt ihn kaum, doch sie weint, als hätte sie beinahe einen guten Freund verloren. Was mich noch mehr überrascht, ist, dass sie ihn umarmt.

Als in der Ferne Sirenen erklingen, drehe ich mich um. Neben den Löschzügen parken Krankenwagen.

»Wir sollten abhauen, bevor die Polizei kommt«, meint Terrell.

Ich nicke.

»Du hast recht.«

Das Letzte, was ich will, ist, mich irgendwelchen Polizeibeamten zu stellen.

♠

Wir landen in Terrells Schlafzimmer.

Er baut schnell eine Trennwand aus Bettlaken und gibt uns etwas zum Umziehen. Ich trage eines seiner Supermann-T-Shirts und Jogginghosen. Chiamaka hat ihren Eltern gesagt, dass es ihr gut gehe und dass sie bei einer Freundin bleibe. Jetzt trägt sie einen Schlafanzug, den Terrell offensichtlich besitzt, auch wenn ich ihn nie etwas so Normales habe tragen sehen, abgesehen von der Kleidung an diesem Abend.

Wir sitzen hinter der Abtrennung und reden über den Abend – die Demonstranten, das Feuer und die halbseidene Journalistin. Ich will nicht sagen *Hab ich doch gleich gesagt*. Ich wusste, dass das zu gut war, um wahr zu sein, zu leicht. Ich wusste, wir hätten keinem Fremden trauen sollen. Niveus kann jeden kaufen, ganz klar.

Das hätten wir wissen sollen. Zumindest wissen wir es jetzt.

Wenigstens etwas.

Ich bin so erschöpft, dass ich eine Ewigkeit schlafen könnte, aber wir reden bis nach 1:00 Uhr und kommen zu dem Schluss, dass die Demonstranten wahrscheinlich aufgrund meines Tweets und der Nachricht über den Ball gekommen sind. Hoffentlich wurde keiner von ihnen verletzt. Ich weiß nicht, wo wir jetzt ohne sie wären.

Vielleicht hätte Ward beenden können, was er begonnen hat.

»Was glaubt ihr, wie das Feuer ausgebrochen ist?«, fragt Chiamaka.

Es war ein verheerendes Feuer. Wahrscheinlich wird man die meisten Gebäude ganz neu bauen müssen.

Ich zucke mit den Achseln. »Das könnte alles Mögliche gewesen sein.«

»Bedeutet das, dass die Schule geschlossen wird?«, erkundigt sich Terrell.

»Wahrscheinlich«, vermutet Chiamaka.

Eine Weile sitzen wir schweigend da.

Ich überlege, was jetzt wohl passiert … was geschieht mit Mr Ward … und mit Aces? Wird das nach dem Brand jetzt alles untergehen?

Als ob Chiamaka meine Gedanken lesen könnte, murmelt sie: »Ich bin müde und würde gerne ins Bett gehen … Wo ist bitte das Badezimmer?«

»Im Gang nach links«, sagt Terrell.

Sie verlässt das Lakenzelt und lässt uns allein.

Schweigen.

»Können wir reden?«, fragt Terrell.

Ich nicke, denn bei Terrell kann man sich vor einem Gespräch nicht drücken. Er ist sehr direkt und will alles immer gleich ausdiskutieren. Dachte ich zumindest. Denn diese eine Sache hat er wochenlang für sich behalten.

»Es tut mir leid. Das Letzte, was ich wollte, ist, dich zu verletzen. Ich wollte das sowieso nie durchziehen. Ich würde dir nie schaden wollen, niemals. Das habe ich dem Kerl auch gesagt.«

»Okay«, sage ich.

Nervös sieht er mich an. »Hasst du mich jetzt?«

Ich sehe ihn an, doch so sehr ich ihm auch böse sein will, Terrell hat etwas an sich, was das unmöglich macht. Ich bin zwar verletzt, aber ich hasse ihn nicht. Das könnte ich gar nicht.

Ich schüttle den Kopf und antworte: »Nein, ich hasse dich nicht.«

»Danke.«

»Schon gut.«

Ich weiß nicht, ob damit alles gleich wieder gut ist, aber das wird es auf jeden Fall.

Draußen erklingt ein komisches Geräusch, und erst glaube ich, dass es Chiamaka ist, doch Terrell steht auf und sagt: »Ich muss Bullshit füttern. Er kriegt schlechte Laune, wenn der Service zu spät kommt.«

»Ich glaube, deine Katze mag mich nicht«, sage ich und lehne mich etwas zurück.

Terrell zieht eine Braue hoch. »Ich glaube, er mag mich nur nicht mit dir teilen müssen. Er wird sich schon daran gewöhnen.«

Das kann ich nur schwer glauben. Diese Katze sieht mich an, als würde sie mich am liebsten tot sehen. Wenn das nicht völlig ausgeschlossen wäre, wäre ich davon überzeugt, dass auch Bullshit bei der ganzen Aces-Sache mitgemacht hat.

»Das bezweifle ich«, murmle ich.

Terrell lächelt, woraufhin ich auch lächeln muss und wir sehen einander einen Moment lang schweigend an. Dann schiebt Terrell seine Brille nach oben und verlässt das Lakenzelt. Draußen höre ich ihn mit Bullshit reden. Er schimpft mit ihm, weil er seine Unterhaltung gestört hat.

Ich nehme das Telefon und suche nach Berichten über das Feuer und über mögliche Verletzte. Ich frage mich, ob Jack gekommen ist.

Die Berichte sagen nicht viel aus, nur dass es an der Schule einen Brand gab, dessen Ursache noch unbekannt ist.

Als ich wieder aufsehe, schüttet Terrell Futter in eine Schüssel im Gang. Ich sehe ihm zu, wie er seinen Kater beim Fressen streichelt.

Dann kommt er wieder in das Lakenzelt und setzt sich mir gegenüber.

»Katzenfutter stinkt entsetzlich«, meine ich naserümpfend.

»Na, gut, dass wir das nicht essen müssen«, lacht Terrell.

Chiamaka erscheint wieder, die Arme verschränkt und die Stirn gerunzelt.

»Was ist?«, frage ich.

»Wo soll ich schlafen?«

»Du kannst mein Bett nehmen. Mir macht es nichts aus, hier mit Devon zu schlafen«, sagt Terrell.

Ich werde rot, ignoriere aber den Doppelsinn seiner Worte.

»Danke, Terrell«, lächelt Chiamaka und steigt in das Bett, als hätte sie das sowieso vorgehabt, egal ob er Ja oder Nein sagt.

»Damit bleiben wir beide wohl im Zelt. Soll ich noch mehr Kissen und Decken holen?«, fragt Terrell.

Ich schüttle den Kopf. Mir reicht das, was da ist.

Ich lege mich zuerst hin, betrachte die Laken, die über uns aufgehängt sind, und bemühe mich, Terrells Nähe zu ignorieren, als er sich neben mich legt.

Während wir schweigend nebeneinanderliegen, werde ich langsam müde. Es ist die Kombination aus dem Stress vom Ball heute und meiner emotionalen Erschöpfung, die mich abdriften lässt.

»Siehst du dir die Sterne an?«, fragt Terrell.

»Was?«, frage ich verwundert.

»Du hast so intensiv nach oben gesehen, dass es aussah, als suchtest du in meinen Laken nach Sternen.«

»Habe ich auch … da sind heute Nacht Millionen von Sternen«, nicke ich und deute ins Nichts.

»Ich kann sie sehen … und ich weiß auch die Namen von einigen.«

»Na, dann klär mich mal auf«, verlange ich, während Terrell sich zurechtlegt und nach oben sieht.

»Der da, das ist Tupac – natürlich benannt nach der Legende. Die Wissenschaftler meinten: Wow, dieser Stern ist krass hell, nennen wir ihn Tupac …«

Ich muss lachen und Terrell grinst mich an.

»Vielleicht solltest du dir überlegen, ob du nicht Blödsinn unterrichten solltest«, schlage ich vor.

»Hm, vielleicht sollte ich das.«

So reden wir noch eine ganze Weile weiter, unterhalten uns, Terrell macht Witze, über die ich lachen muss.

Das Letzte, an was ich denke, bevor mich der Schlaf übermannt, ist:

Nie wieder Niveus.

Nie wieder Aces.

46

CHIAMAKA

Freitag

Seit ich heute Morgen aufgewacht bin, laufen in Terrells Fernseher die Nachrichten.

Er sitzt neben dem verschlafenen Devon auf dem Boden und trinkt Kaffee. Beide sehen schweigend die Bilder dessen, was von Niveus übrig ist, sowie Aufnahmen des Feuers von gestern.

Es heißt, ein Kurzschluss sei dafür verantwortlich gewesen und dass es eine furchtbare Tragödie sei.

Das alles kommt mir vor wie ein furchtbarer Traum, doch es ist wahr.

Unsere Schule ist abgebrannt.

Mit dem Kaffee, den mein neuer Freund Terrell für mich gemacht hat, setze ich mich zu ihnen auf den Boden und sehe die Nachrichten zusammen mit ihnen.

Ich verspüre große Erleichterung, als ich das Gebäude brennen sehe. Es kommt mir vor wie der perfekte Abschluss für diese Geschichte.

Die Niveus-Akademie in Schutt und Asche.

Über den Bildschirm laufen nun große Buchstaben.

ES WURDE BESTÄTIGT, DASS AN DER UNGLÜCKSSTELLE DIE LEICHEN DREIER SCHÜLER GEFUNDEN WURDEN

Es sind Menschen gestorben? Die Meldung verursacht mir ein flaues Gefühl. Alle bei Niveus waren Teil der rassistischen Maschinerie, aber ich kannte sie. Man trauert auf jeden Fall ein bisschen um die Menschen, die man kannte und mit denen man jahrelang zu tun hatte.

Das erste Gesicht aus einem Jahrbuch taucht auf und trifft mich wie ein Schlag in den Magen.

»CeCe …«, sage ich leise.

»Du kanntest sie?«, fragt Terrell.

Ich nicke.

»Sie war ein beliebtes Mädchen an der Schule«, fügt Devon hinzu.

Ein beliebtes Mädchen.

»Wir standen uns nicht sehr nahe. Ehrlich gesagt, war sie ziemlich gemein zu mir«, erkläre ich. Nicht, dass ich je sonderlich nett zu ihr gewesen wäre. Doch das verringert das flaue Gefühl in meinem Magen kein bisschen.

CeCe und ich waren uns ungeheuer ähnlich. Klug und bereit, eine Menge dafür zu tun, unsere Titel zu schützen und an der Spitze zu stehen.

Und jetzt ist sie tot und bleibt für immer ein beliebtes Mädchen und nichts weiter.

Ein weiteres Gesicht taucht auf, jemand, den ich auch schon mal gesehen habe.

Mir ist schlecht.

»Kanntest du ihn?«, fragt Terrell.

Ich schüttle den Kopf.

»Er war in meiner Musikklasse«, flüstert Devon.

»Tut mir leid«, sage ich.

Schweigend warten wir auf das dritte Gesicht. Plötzlich bekomme ich Angst. Ich bin nicht sicher, warum. Diese Leute wollten mein Leben – unser Leben – ruinieren. Ihnen war es egal, ob wir leben oder sterben.

Warum fühle ich mich denn dann so schlecht?

»Noch ein Junge«, sagt Terrell, als das dritte Bild erscheint.

Ich erstarre.

Devon starrt mich an, sagt aber nichts.

Mein Blick verschleiert sich. Ich weiß nicht, wie ich mich dabei fühlen sollte, wie ich reagieren sollte, also denke ich nicht weiter darüber nach, bleibe einfach sitzen und lasse es geschehen.

Mein Gesicht ist nass. Ich hasse mich dafür, dass ich weine, denn das hat er gar nicht verdient.

»Ich brauche frische Luft«, erkläre ich, stelle den Kaffeebecher auf den Boden, stehe auf und verlasse Terrells Zimmer.

Auf dem Weg die Treppe hinunter spüre ich weitere Tränen kommen und laufe nach draußen.

Die Morgenluft ist kühl und ich fühle mich ganz schwach.

Ich kann es nicht glauben.

Wieder reibe ich mir die Augen, während meine Tränen weiter fließen.

Ich kann nicht glauben, dass Jamie tot ist.

»Chiamaka?«, erklingt eine Stimme hinter mir. Schnell reibe ich mir über die Augen und drehe mich um.

»Ja?«, antworte ich.

Richards sieht aus, als machte er sich Sorgen um mich.

Das sollte er eigentlich nicht. Es gibt nichts, worüber er sich Sorgen machen sollte. Nur ein Mädchen, das wegen eines scheußlichen toten Ex-Besten-Freundes weint.

»Willst du hier weg?«, fragt er.

Verwundert sehe ich ihn an. Ja, bitte! »Und an welchen Ort hast du da gedacht?«

»Irgendwohin, wo es ruhiger ist als hier.«

Ich nicke. Das klingt genau nach dem Ort, nach dem ich mich sehne.

♠

Kurz darauf gehen wir zum Strand hinunter. Wir sind gelaufen, da sich keiner von uns im Moment fit genug fühlt, um zu fahren.

Ich habe eines der besseren Hemden von Terrell angezogen, eines ohne die Darstellung irgendwelcher schrägen Superhelden, und Devon hat den Pyjama von letzter Nacht anbehalten. Terrell ist zurückgeblieben, um Frühstück zu machen.

Am Strand fällt mir auf, wie still es ist. Richtig still. Als wäre die ganze Welt verschwunden.

Die Wellen schlagen an den Strand und Devon setzt sich in den Sand.

Ich habe den größten Teil meines Lebens in dieser Stadt verbracht, aber hier bin ich noch nie gewesen. Ich wusste nicht einmal, dass dieser Ort existiert.

»Woher kennst du das hier?«, frage ich ihn und setze mich neben ihn.

»Als ich jünger war, bin ich oft hierhergekommen, wenn es zu Hause und in der Schule zu stressig wurde«, antwortet er.

Ich nicke. Ich verstehe, warum. Hier ist es wirklich friedlich. Gerade will ich ihm sagen, wie schön es hier ist, als er weiterspricht.

»Vor einigen Jahren habe ich hier versucht, mich umzubringen.«

Überrascht sehe ich ihn an.

»Oh«, erwidere ich. Denn das ist alles, was mir als Antwort darauf einfällt.

»Ich glaube, ich dachte, dass es einfach schön wäre … zu sterben, an meinem Lieblingsort zu ertrinken. Jetzt finde ich andere Wege, um zu versinken und mit meinem Leben fertig zu werden«, erzählt er.

»Was hat dich damals abgehalten?«

Zuerst antwortet er nicht.

»Jemand ist mir gefolgt … er hat mich herausgezogen und nicht zugelassen, dass ich sterbe«, sagt er dann leise.

»Klingt nach einem guten Menschen.«

»Das ist er«, bestätigt Devon.

Schweigend beobachten wir die Wellen.

»Weißt du, du bist kein schlechter Mensch … weil du um ihn trauerst«, sagt er dann.

Ich nehme an, er spricht von Jamie.

»Ich trauere nicht um ihn«, bestreite ich.

Devon nickt.

»Nun, selbst wenn du um ihn trauern wolltest, macht dich das nicht zu einem schlechten Menschen. Es macht dich einfach nur menschlich«, erklärt er.

»Okay«, erwidere ich. Ich möchte das Gespräch über Jamie beenden.

Es fällt mir schwer, den Jamie, den ich mochte, meinen besten Freund, seit ich vierzehn war, von dem echten Jamie zu trennen, der ein rassistischer Feigling war, der mich nie wirklich mochte und immer die Absicht hatte, mir mein Leben zu versauen.

Aber irgendwie muss ich den falschen Jamie loslassen. Ich weigere mich, um jemanden zu trauern, der im umgekehrten Fall wahrscheinlich über meinen Tod jubeln würde.

Völlig unerwartet spüre ich eine Berührung an meiner Hand, als Devon seine Finger zwischen meine legt und zudrückt. Ich sehe ihn überrascht an, aber das bemerkt er nicht.

Und meine Hand ziehe ich auch nicht zurück.

In dieser Welt habe ich mich oft allein unter Menschen und Gesichtern gefühlt, die nicht so aussahen wie meine. Meine Eltern arbeiten immer. Meine Freunde sind alle hinterhältige Schauspieler. Meine Beziehungen waren nie echt.

Aber in diesem Moment hier mit Devon, bin ich ganz und gar nicht allein.

Kein bisschen.

47

DEVON

Freitag

Als ich später allein bin, sehe ich mir meinen Tweet an.

Seit ich das letzte Mal nachgesehen habe, hat sich die Zahl der Unterstützer verdoppelt. Man redet über den Protest und meinen Tweet, der ihn ausgelöst hat. So viele Menschen unterstützen uns und die Wahrheit.

Ich hoffe, dass es gut geht, dass die Wahrheit ans Licht kommt und nicht begraben wird. Hoffentlich kommen wir unbeschadet aus der Sache heraus.

Ich sehe in meinen Posteingang und finde einen Haufen neuer Nachrichten. Eine kommt von einem bestätigten Konto und fällt mir ins Auge. Ich klicke darauf.

Sie ist von einer schwarzen Journalistin.

`@CindyIsHere47: Ich habe deinen Tweet gesehen und würde gerne mit dir sprechen. Sag Bescheid, ob du interessiert bist. Cindy`

Eigentlich will ich niemandem mehr aus einer Institution vertrauen, die ganz leicht von Niveus gekauft werden kann. Doch dann klicke ich auf ihr Profil und reiße die Augen auf, als ich sehe, für wen sie arbeitet.

Diese Mediengruppe ist groß und bekannt für ihre kompromisslosen Artikel und gewagten Bilder. Sie stellen das Leben von Menschen wie uns dar, die unter dem System leiden.

Die Nachricht werde ich Chiamaka zeigen. Ich zeige ihr, von wem sie kommt, und frage sie, was sie davon hält.

Aber für den Moment logge ich mich aus Twitter aus.

Ich bin zu Hause in meinem Zimmer.

Ich schließe die Augen und tue so, als wäre die Zukunft schon da und ich wäre irgendwo anders und lebte ein völlig anderes Leben.

Träume sind gefährlich. Aber dieses Mal lasse ich sie zu.

Ich glaube, wir haben ein Happy-End verdient.

Epilog

DAS NÄCHSTE FEUER

Sechzehn Jahre später

Ein Brief der Underground Society

Sehr geehrte Mrs Johnson,

wie wir gehört haben, möchten Sie Ihren Sohn Rhys Johnson an der Privatakademie Pollards anmelden. Wir schreiben Ihnen, um Sie davor zu warnen, Rhys an diese Schule zu schicken, da die Privatakademie Pollards ihre schwarzen Schüler systematisch angreift, um eine Art Sozialeugenik zu betreiben. Im Anhang finden Sie Dokumente, die bis ins Jahr 1965 zurückreichen, als der erste Fall von Sozialeugenik an der inzwischen geschlossenen Privatakademie Niveus vorkam, der das erste schwarze Opfer tragischerweise das Leben kostete, wie Sie aus den Dokumenten ersehen können. Seit 1965 durchlebten alle dort eingeschriebenen schwarzen Schüler traumatische Ereignisse, die unter anderem, aber nicht ausschließlich in emotionaler und physischer Gewalt bestanden. Darüber hinaus erlitten die Schüler schwere mentale Traumata. Die Schule versuchte, akademische Zeugnisse, Collegebewerbungen und Arbeitsmöglichkeiten zu sabotieren.

Um sicherzugehen, dass Ihrem Sohn eine ähnliche Erfahrung an der Pollards erspart bleibt, möchten wir ihn gerne einladen, an die Ruby Bridges Akademie zu kommen. Diese Schule wurde von der Underground Society gegründet - einer Gesellschaft, die gestiftet wurde, um die systematische Ungleichbehandlung an Schulen im ganzen Land zu verringern.

Niveus war nicht die einzige Institution, die Sozialeugenik betrieb. Wir arbeiten immer noch daran, weitere Menschen aufzuspüren, die damit in Verbindung standen, während wir gleichzeitig den Schülern, die wir als Ziel solcher Institutionen ausmachen, eine Alternative bieten möchten. Unser Ziel ist die Reformierung aller Systeme, angefangen bei der Bildung.

Wir hoffen, unser Angebot sagt Ihnen zu.

Mit freundlichen Grüßen

Dr. Chiamaka Adebayo und Professor Devon Richards

Mitbegründer der Underground Society

DEVON

Ich sehe ihm beim Schlafen zu. Lautlos hebt und senkt sich seine Brust. Der Bart zu lang und wirr, der Kopf kahlgeschoren – wie immer. Es ist dunkel im Zimmer, obwohl es Mittag ist. Eigentlich müsste ich längst weg sein, aber seine Schönheit zieht mich an und nimmt mich gefangen.

Mein Blick fällt auf seinen nackten Rücken, auf mein Lieblingstattoo, das mit den Zahlen. Ich lasse meine Finger über das Datum auf seinem Rücken gleiten, dann küsse ich es.

»Wenn du mich schon anfasst, dann bitte da, wo es auch was bringt«, murmelt er schläfrig.

»Das würde dir so gefallen, nicht wahr, T?«

Seine Grübchen tauchen auf und er lacht.

»Warum bist du denn so früh auf?«, stöhnt er.

»Erstens ist es schon halb eins und außerdem habe ich um eins einen Arzttermin.«

»Das ist doch nur eine Ausrede, um sie zu sehen«, wirft er mir vor und dreht sich zu mir um. »Gott, ich werde es nie leid, dein Gesicht anzusehen.«

Mein Herz schlägt schnell, aber gleichmäßig.

»Ich werde es auch nie leid, mich anzusehen«, gebe ich zurück und küsse ihn flüchtig.

»Ach, tatsächlich?«, grinst er, schlingt die Arme um meine Schultern und hält mich fest.

»Hmm-mmmm«, mache ich und küsse ihn wieder.

Bei ihm habe ich das Gefühl, mich ständig aufs Neue zu verlieben. Ich werde ihn nie leid. Das ist eine der wenigen Dinge, derer ich mir sicher bin.

Ich weiß, dass ich den ganzen Tag verschwende, wenn ich mich jetzt nicht losreiße, also stehe ich auf, bevor er mich zurückhalten kann.

»Ma hat dir Frühstück gemacht«, sage ich, während ich meine Jacke anziehe.

»Ich liebe sie mehr als alles auf der Welt«, grinst er.

»Dann heirate doch sie«, fordere ich ihn auf und gehe hinaus. Ich laufe die Treppe hinunter in den Flur und dann in die Küche. Ma sitzt auf einem Hocker und macht Sudoku-Rätsel. Aus ihrem Haarknoten ragen ein paar graue Locken hervor. Sie ist süchtig nach diesen Sudokus. Vor ihr köchelt etwas in einem Topf.

Eine Zeit lang habe ich es ihr ungeheuer übelgenommen, dass sie mir das mit Pa verschwiegen hatte, sodass ich ihre Anrufe nicht beantwortete und nicht nach ihr sah. Es ist schwer, zu vergeben, wenn man so verletzt ist. Aber das bin ich nicht mehr. Ich weiß jetzt, dass ich nur sie als Familie brauchte. Und wenn ich jeden Tag aufwachen kann und Terrells Gesicht sehe und Ma, wie sie ihre Rätsel löst, dann glaube ich, dass mir das mehr als genug ist …

»Ich muss zum Arzt, Ma«, sage ich, umarme sie von hinten und küsse sie dann auf die Stirn.

»Ist Terrell schon wach?«

Ich nicke. »Ich habe ihm gesagt, dass du Frühstück gemacht hast.«

»Gute Fahrt«, wünscht sie mir.

Eilig haste ich aus der Tür, die Treppe hinunter und in mein Auto.

Es ist nicht weit bis zum Krankenhaus, wo ich an der Rezeptionistin vorbeilaufe – sehr zu ihrem Missfallen –, die Treppe hinauf und direkt in ihr Büro, wo ihr Name auf einem Schild an der kastanienbraunen Tür prangt.

Ich klopfe, und als sie »Herein« ruft, trete ich ein und sehe sie an ihrem Schreibtisch sitzen und Papiere durchsehen. Sie wirft mir einen kurzen Blick zu und ich gehe lächelnd zu ihr und umarme sie herzlich.

»Richards, wenn du keinen Herzinfarkt hast, musst du dich hinten anstellen!«

Ich verdrehe die Augen. »Keine Zeit, ich muss eine Musikstunde geben. Ich wollte nur kurz hereinkommen und Hallo sagen.«

Sie zieht eine Braue hoch und fragt: »Hast du mir Kaffee mitgebracht?«

Ich lasse mich auf einen Stuhl vor ihrem Schreibtisch fallen. »Ich bin doch nicht dein Untergebener.«

Sie hat das Haar hochgesteckt und ihr makelloser Kittel ist maßgeschneidert.

»Woher soll ich das wissen, du kleidest dich jedenfalls so«, meint sie, hinter ihrer Brille hervorblinzelnd, aber leise lächelnd.

Ich schaue an den meisten Tagen herein. Wenn sie nicht zu viel zu tun hat, gehen wir zusammen essen. Heute ist offensichtlich keiner dieser Tage. Sie betrachtet weiter ihre Papiere wie ein hirnloser Zombie und unterschreibt gelegentlich etwas mit schwarzer Tinte. Dann klingelt ihr Telefon, das sie nur kurz ansieht und dann ignoriert.

»Wie geht es Mia?«, erkundige ich mich.

»Sehr gut. Sie ist sehr schwanger, aber es geht ihr gut«, erwidert sie, ohne mich anzusehen. »Ich wollte dir eigentlich etwas sagen«, fügt sie hinzu und sucht in ihren Papieren. »Ich habe gesehen, dass sich ein schwarzer Schüler, Rhys Johnson, an der Pollards bewirbt. Ich habe Mitglieder der Gesellschaft gebeten, mit seiner Familie zu sprechen und sie dazu zu bringen, es sich noch einmal zu überlegen, aber sie wollen das Beste für ihn und das ist in dieser Stadt die Pollards.«

»Und? Lassen wir zu, dass sie ihn dort einfach einschreiben?«, will ich wissen.

Chiamaka nickt. »Wir werden sie beobachten. Es wird jemand auf ihn aufpassen. Wir werden jemanden in die Schule einschleusen. Alles, damit wir verhindern, dass ein weiteres schwarzes Kind an Orten wie der Niveus verletzt wird.«

CHIAMAKA

Es ist schon spät, als ich mein Büro verlasse, um nach meinem letzten Patienten zu sehen.

Ich nicke der Schwester zu, die eine schwangere Frau hereinrollt, und lächle, als mir der klinische Geruch nach Bleiche in die Nase steigt.

Meine Schuhe quietschen auf dem Boden und aus meinem Haarknoten haben sich ein paar Strähnen gelöst, die mir ins Gesicht fallen und meine Sicht behindern. Doch die Zimmernummer ein Stück weiter kann ich erkennen.

Ich muss an den Jungen, Rhys, denken. Er könnte an dieser Schule so viel leiden. So wie wir. So wie unsere Vorgänger.

Ich muss daran denken, wie viele schwarze Seelen durch weiße Vorherrschaft und ihre Lügen getötet wurden. Mit wie vielen von uns Experimente gemacht wurden. Wertlose Körper in einem Spiel.

Ich muss an Henrietta Lacks denken, deren Körper sie benutzten, misshandelten und wegwarfen, obwohl sie die Medizin für immer veränderte. Sie bekam nie ihre Rache für die Art und Weise, wie man ihre Zellen stahl und sie in der medizinischen Forschung einsetzte, als hätte man ein Recht auf ihren Körper. Weil sie schwarz war und eine Frau, bedeutete sie ihnen rein gar nichts.

Für mich sind sie und alle anderen, die von dieser Welt und ihren Systemen gebrochen wurden, der Grund, warum ich jeden Tag aufstehe und handle.

Ich betrete das Zimmer.

Dort liegt er, mein letzter Patient. Sein Gesicht ist eingefallen und kränklich. An seinen Armen und seinem Hals stehen grüne und blaue Adern hervor. Er liegt auf dem Rücken und sieht zu mir auf.

Er stirbt.

Ich schließe die Tür hinter mir und lächle.

Er erwidert meinen Blick, und als ich auf ihn zugehe, werfe ich einen Blick auf den Herzmonitor.

Ich höre das Piepen der Maschine, die ihre Zickzacklinie aufzeichnet.

Mit den Fingern trommle ich auf dem Gerät und sehe ihn an. Er versucht zu sprechen, bringt aber kein Wort hervor.

Das ist auch nicht notwendig.

Der Schock steht ihm ins Gesicht geschrieben.

»Hallo, Rektor Ward«, sage ich.

ENDE

SCHLUSSWORT DER AUTORIN

Liebe Leserinnen und Leser,

Pik-Ass schrieb ich in einer sehr düsteren Phase meines Lebens. Ich hatte gerade an der Universität angefangen, was aus verschiedenen Gründen schwierig war. Ich hatte keine Freunde, ich hasste mich selbst und rappelte mich gerade erst wieder empor und erkannte, wie schwer es Leute wie ich hatten. Ich las Bücher, sprach mit Leuten und erkannte schließlich, dass die Umstände, in denen ich aufgewachsen war, kein Zufall waren, sondern auf einem System beruhten, das man geschaffen hatte, um gegen mich zu arbeiten.

Ich bin in South London aufgewachsen, an einem Ort, den man »ends« nennt, was man im Amerikanischen als »the hood« bezeichnen würde. Meine Heimatstadt ist für ihre Diversität und ihre große Zahl schwarzer Einwohner bekannt. An meiner Highschool waren neunzig Prozent schwarze Schüler, und erst als ich in Schottland an die Universität ging, merkte ich, wie viel meine Gemeinde in London mir bedeutete.

Als ich an der Universität anfing, konnte ich zum ersten Mal in meinem Leben tagelang unterwegs sein, ohne einen einzigen anderen farbigen Menschen zu sehen. Auf dem Campus konnte ich die Blicke der anderen spüren, als wüssten sie irgendetwas über mich, und das machte mich nervös. Zum ersten Mal wurden mir komische Fragen gestellt wie »Ist das dein echtes Haar? Kann ich es mal anfassen?« Und bei Vorlesungen über Sklaverei und die Kolonisation von Afrika starrten mich alle im Saal an.

Ich hatte wirklich das Gefühl, als ob etwas Heimtückisches vor sich ginge, und obwohl niemand hinter mir her war wie Aces hinter den Charakteren meines Buches, war doch irgendetwas Finsteres im Gange, etwas, das sich meiner Kontrolle entzog. Es war dieses mächtige System, das sich jedes Mal bemerkbar machte, wenn ich zum Unterricht ging oder einfach nur über den Campus schlenderte.

Diese Systeme sorgten dafür, dass nur wenige Menschen mit meinem Hintergrund zur Universität gingen und dort ohne Probleme erfolgreich sein konnten.

In meinem ersten Jahr an der Uni hatte ich auch begonnen, *Gossip Girl* zu sehen. Das wurde geradezu zur Obsession und ich sah alle Folgen innerhalb weniger Wochen. Danach wünschte ich mir, es hätte dort mehr Schwarze gegeben. Ich war so eingenommen von Blair Waldorf und ihrer Darstellung, dass ich fand, es wäre eine Schande: Es gab kaum Serien, die so bekannt waren wie *Gossip Girl* oder *Pretty Little Liars* und in denen solche unglaublichen weiblichen Hauptfiguren von schwarzen Schauspielerinnen gespielt werden.

Damals entstand die Idee von *Pik-Ass* und schon kurze Zeit später begann ich mein zweites Semester und hatte den ersten Entwurf für das Buch fertig.

In diesem Roman werden wichtige Themen und Probleme angesprochen wie Klassendiskriminierung, Rassismus und Homophobie. Er ist außerdem auf viele Arten sinnbildlich, was man beim Lesen hoffentlich merkt. Dabei habe ich jedoch darauf bestanden, den Ort so neutral wie möglich zu halten. Es ist schwierig, Leser bei der Stange zu halten, wenn man keine genauen Angaben macht, daher werden zwar Orte erwähnt, die vertraut klingen, doch die Geschichte selbst soll keinen konkreten Ortsbezug aufweisen.

Ich möchte, dass die Leser dieses Buches die darin angesprochenen Probleme nicht als etwas betrachten, das nur einige wenige betrifft, sondern begreifen, dass Rassismus ein globales Problem ist, eines, das man nicht kleinreden oder nur auf ein Land oder eine Gruppe reduzieren kann.

Ich begann *Pik-Ass* als achtzehnjährige Studienanfängerin zu schreiben – einsam, deprimiert und mit jeder Menge Fragen über die Welt und mich selbst. Beim Schreiben dieses Buches habe ich nicht nur meine Charaktere auf ihren Reisen begleitet und sie gelenkt, sondern auch mich selbst. Es war wie eine Art Selbsttherapie und ich hoffe, dass es den schwarzen Menschen, die es in die Hand nehmen, ebenso geht.

Das Universum funktioniert gelegentlich seltsam und es scheint mir fast schicksalhaft, dass *Pik-Ass* in meinem Abschlussjahr publiziert werden wird. Es ist, als wäre ich zusammen mit meinen Charakteren gewachsen und hätte mich weiterentwickelt. Jetzt warte ich aufgeregt darauf, dass andere sie kennenlernen.

Ich hoffe, wenn ihr dieses Buch lest, seht ihr nicht nur die Finsternis, unter der wir leiden und von der wir oft glauben, dass wir ihr nie entrinnen können. Ich hoffe, ihr seht, dass es auch für Schwarze ein Happy-End geben kann und dass wir es auch verdient haben.

In Liebe
Faridah

DANKSAGUNG

Ich möchte so vielen Leuten danken, dass es gar nicht genug Bäume gibt, um meine Dankbarkeit auszudrücken, doch ich werde mein Bestes versuchen und dabei so wenig Holz wie möglich verbrauchen.

Zu allererst danke ich meiner Mutter für alles, was sie für mich getan hat. Sie hat mich immer zur Kreativität ermuntert und das nigerianische Sprichwort ignoriert, das besagt: »Wenn du kein Arzt, Anwalt oder Ingenieur wirst, bist du ein Versager.« Ihr war mein Glück mehr wert als alles andere. Bei meiner Mutter fühlte ich mich nie als Versagerin. In meiner Kindheit war das Leben nicht immer leicht, aber sie konnte mich immer mit einer Geschichte aufmuntern. Abends erzählte sie nigerianische Märchen oder dachte sich coole Abenteuer aus, die Liebe zum Geschichtenerzählen habe ich also von ihr.

Ich danke auch meinen Schwestern Maliha und Tamera dafür, dass sie mich unterstützt haben und sich (mit nur wenig Bestechung) meine Ideen angehört haben.

Besonderer Dank geht an The Bent Agency, die dafür gesorgt hat, dass ich mich dort wohlfühle.

Dank an Molly Ker Hawn für ihre Unterstützung in einer für mich so schwierigen Zeit.

Großer Dank gebührt meiner wunderbaren Agentin Zoë Plant, die mich aufnahm und stets für mich und meine Bücher eintrat – danke auch dafür, dass du meine vielen nächtlichen E-Mails beantwortet hast.

Höchsten Dank verdienen auch meine Lektoren Becky Walker, Foyinsi Adegbonmire und Liz Szabla, die nicht nur an Pik-Ass glaubten, sondern auch an mich. Ich hätte nie gedacht, dass meine Geschichte ein so perfektes Heim bei so hervorragenden Lektoren finden könnte.

Ich danke allen bei Feiwel and Friends und Jean Feiwel dafür, dass er mich bei Feiwel mit offenen Armen empfangen hat, und Molly Ellis, Elizabeth Clark und Dawn Ryan sowie allen anderen bei Macmillan dafür, dass mein Traum wahr geworden ist.

Dank geht an Adekunle für das wunderbare Cover – es hat mir im wahrsten Sinne des Wortes den Atem verschlagen, als ich es gesehen habe. Danke, dass du meine Charaktere auf so erstaunliche Weise zum Leben erweckt hast!

Ich danke meiner Cousine Ade dafür, dass sie mich aus dem tiefen Loch herausgeholt hat. Ohne sie wäre dieses Buch nie geschrieben worden und ich säße wahrscheinlich immer noch ganz tief unten.

Dank an alle, die mich auf dieser Reise unterstützt haben. Ihr wisst, wen ich meine. Wenn ich anfangen würde, Namen zu nennen, könnte ich wirklich kein Ende finden, und wie eingangs schon erwähnt, gibt es dafür gar nicht genug Holz.

Und als Letztes danke ich dem Wasserkessel in meinem Zimmer. Ich nenne ihn Steve. Ich habe darin jede Menge Teewasser gekocht und er hat mich durch sehr schwere Zeiten begleitet.

Danke!